高等职业教育电子信息类新形态一体化教材

Python应用开发项目化教程

Python YINGYONG KAIFA XIANGMUHUA JIAOCHENG

主　编　李洪建　于腾飞
副主编　刘增光　于海波　李晓明　王舟盛
　　　　杨　悦　童得力　郭爱文
参　编　吕　鹏　武　迪　蒋　洋　徐田田　高　杰
　　　　杜　慧　张禄国　张　财　李广震　马　帅

中国教育出版传媒集团

高等教育出版社·北京

内容提要

本书是 AI 创新教材,是高等职业教育电子信息类新形态一体化教材。

本书编写遵循项目式开发逻辑,以培养学生综合素养为核心组织内容,设计了 12 个结合生活和岗位需求的项目,包括"向世界介绍自己""开发温度转换小程序""开发奥林匹克运动会奖牌榜统计程序""开发班级随机点名小程序""开发'行进的小汽车'小游戏""设计系统登录验证工具""模拟创建信息化战队""开发提取网页信息小程序""开发数字化教务系统""开发弹球小游戏""开发'贪吃蛇'小游戏""开发人工智能手势识别系统"。

为了提升教学效果,本书不仅配套微课视频、操作演示等二维码资源,而且配备 AI 学习助手,扫码即可开启智能互动,享受 AI 答疑、个性化学习方案定制等服务。

本书适合用作高等职业院校 Python 程序设计课程教材或教学参考用书,也可作为全国计算机二级考试的参考资料和初学者的入门教程。

图书在版编目(CIP)数据

Python 应用开发项目化教程 / 李洪建,于腾飞主编.
北京:高等教育出版社,2025.7. -- ISBN 978-7-04-064995-6

Ⅰ. TP311.561

中国国家版本馆 CIP 数据核字第 2025D364R0 号

| 策划编辑 | 万宝春 | 责任编辑 | 程福平 | 万宝春 | 封面设计 | 张文豪 | 责任印制 | 高忠富 |

出版发行	高等教育出版社	网　址　http://www.hep.edu.cn
社　　址	北京市西城区德外大街 4 号	http://www.hep.com.cn
邮政编码	100120	网上订购　http://www.hepmall.com.cn
印　　刷	上海叶大印务发展有限公司	http://www.hepmall.com
开　　本	787mm×1092mm　1/16	http://www.hepmall.cn
印　　张	25.25	
字　　数	583 千字	版　次　2025 年 7 月第 1 版
购书热线	010-58581118	印　次　2025 年 7 月第 1 次印刷
咨询电话	400-810-0598	定　价　56.00 元

本书如有缺页、倒页、脱页等质量问题,请到所购图书销售部门联系调换

版权所有　侵权必究
物　料　号　64995-00

配套学习资源及教学服务指南

AI学习助手

本书配备专属AI学习助手,扫描下方二维码即可开启智能互动,享受以下服务:
1. AI答疑,突破学习难点;
2. 个性化学习方案定制;
3. 智能生成练习题及答案。

二维码链接资源

本书配套有微课视频、操作演示等学习资源,在书中以二维码链接形式呈现。手机扫描书中的二维码进行查看,随时随地获取学习内容,享受学习新体验。

打开书中附有二维码的页面   扫描二维码   查看相应资源

教师教学资源索取

本书配有课程相关的教学资源,例如,教学课件、教案、操作素材等。选用教材的教师,可扫描下方二维码,关注微信公众号"高职智能制造教学研究",点击"教学服务"中的"资源下载",或电脑端访问地址(101.35.126.6),注册认证后下载相关资源。

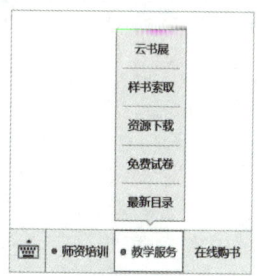

★如您有任何问题,可加入工科类教学研究中心QQ群:240616551。

二维码资源列表

页码	资源类型	资源名称	页码	资源类型	资源名称
002	微课视频	任务1.1：探索编程世界	115	微课视频	任务5.1：绘制可以移动的小汽车
010	微课视频	任务1.2：向世界说您好	128	微课视频	任务5.2：实现小汽车岔路口选择
021	微课视频	任务1.3：构建个人简历	138	微课视频	任务5.3：实现小汽车循环跑圈
027	源代码下载	项目1 综合实战	149	微课视频	任务5.4：处理错误指令
027	操作演示	项目1 综合实战	157	源代码下载	项目5 综合实战
029	源代码下载	项目1 拓展案例	158	操作演示	项目5 综合实战
032	微课视频	任务2.1：输出不同单位的温度	162	源代码下载	项目5 拓展案例
038	微课视频	任务2.2：转换温度单位	166	微课视频	任务6.1：开发登录界面程序
045	微课视频	任务2.3：模拟温度转换器	172	微课视频	任务6.2：完成用户注册程序
052	微课视频	任务2.4：记录与查询历史数据	180	微课视频	任务6.3：验证用户名和密码
057	源代码下载	项目2 综合实战	186	源代码下载	项目6 综合实战
058	操作演示	项目2 综合实战	187	操作演示	项目6 综合实战
059	源代码下载	项目2 拓展案例	189	源代码下载	项目6 拓展案例
063	微课视频	任务3.1：开发奥运会参赛国一览表程序	194	微课视频	任务7.1：创建模拟士兵
069	微课视频	任务3.2：统计各国奖牌数	198	微课视频	任务7.2：赋予模拟士兵特质
073	微课视频	任务3.3：排序奥运奖牌榜	202	微课视频	任务7.3：管理各类模拟士兵
080	源代码下载	项目3 综合实战	210	源代码下载	项目7 综合实战
081	操作演示	项目3 综合实战	211	操作演示	项目7 综合实战
082	源代码下载	项目3 拓展案例	213	源代码下载	项目7 拓展案例
085	微课视频	任务4.1：统计班级人数	217	微课视频	任务8.1：提取网页手机号码
094	微课视频	任务4.2：多种方式实现随机算法	223	微课视频	任务8.2：提取并格式化输出网页信息
103	微课视频	任务4.3：开发随机点名小程序	231	微课视频	任务8.3：生成岗位信息词云图
108	源代码下载	项目4 综合实战	239	源代码下载	项目8 综合实战
109	操作演示	项目4 综合实战	240	操作演示	项目8 综合实战
111	源代码下载	项目4 拓展案例	244	源代码下载	项目8 拓展案例

续 表

页码	资源类型	资源名称	页码	资源类型	资源名称
249	微课视频	任务9.1：设计数字化教务系统用户界面	331	微课视频	任务11.3：设计贪吃蛇的食物
253	微课视频	任务9.2：开发数字化教务系统信息管理功能	335	源代码下载	任务11.3：设计贪吃蛇的食物
259	微课视频	任务9.3：实现系统数据可视化分析	338	微课视频	任务11.4：实现贪吃蛇的吞噬与增长
266	源代码下载	项目9 综合实战	341	源代码下载	任务11.4：实现贪吃蛇的吞噬与增长
267	操作演示	项目9 综合实战	343	微课视频	任务11.5：设计贪吃蛇的道具
268	源代码下载	项目9 拓展案例	345	源代码下载	任务11.5：设计贪吃蛇的道具
273	微课视频	任务10.1：初始化游戏用户界面	348	源代码下载	项目11 综合实战
284	源代码下载	任务10.1：初始化游戏用户界面	349	操作演示	项目11 综合实战
287	微课视频	任务10.2：开发自由碰撞的弹球	350	源代码下载	项目11 拓展案例
292	源代码下载	任务10.2：开发自由碰撞的弹球	355	微课视频	任务12.1：部署OpenCV开发环境
295	微课视频	任务10.3：开发控制弹球底板	358	源代码下载	任务12.1：部署OpenCV开发环境
298	源代码下载	任务10.3：开发控制弹球底板	362	微课视频	任务12.2：采集手掌信息
300	微课视频	任务10.4：升级美化弹球小游戏	365	源代码下载	任务12.2：采集手掌信息
302	源代码下载	任务10.4：升级美化弹球小游戏	367	微课视频	任务12.3：识别手掌手势
304	微课视频	任务10.5：记录并存档游戏的最高分	370	源代码下载	任务12.3：识别手掌手势
307	源代码下载	任务10.5：记录并存档游戏的最高分	373	微课视频	任务12.4：设计手掌指尖识别
309	源代码下载	项目10 综合实战	374	源代码下载	任务12.4：设计手掌指尖识别
310	操作演示	项目10 综合实战	378	微课视频	任务12.5：开发手掌人机交互程序
315	源代码下载	项目10 拓展案例	380	源代码下载	任务12.5：开发手掌人机交互程序
320	微课视频	任务11.1：初始化游戏用户界面	383	源代码下载	项目12 综合实战
322	源代码下载	任务11.1：初始化游戏用户界面	384	操作演示	项目12 综合实战
326	微课视频	任务11.2：实现贪吃蛇的键盘控制	385	源代码下载	项目12 拓展案例
329	源代码下载	任务11.2：实现贪吃蛇的键盘控制			

前言

在数字技术迅猛发展的时代背景下,编程已成为联结人类智慧与科技未来的关键纽带,Python作为全球深受欢迎的编程语言之一,在数据科学、人工智能及自动化等诸多前沿领域中占据重要地位。Python不仅适合编程初学者,也是专业人士进行复杂项目开发的必要工具之一。随着技术的不断演进,精通Python已成为提升个人竞争力的重要技能素质,不仅能显著提升个人在数智产业中的就业竞争力,而且作为一门跨领域编程语言,可以弥合技术与生活及工作中的实际需求之间的鸿沟,成为解决生活与工作问题的技术助手。

本书编写以党的二十大关于深化教育改革、促进教育公平、提高教育质量的精神为引领,坚持以学生为中心,以促进就业为导向,由山东科技职业学院的资深教师团队倾力打造,同时邀请了山东东方信达信息科技股份有限公司、临沂职业学院、华为技术有限公司等单位共同参与编写,结合了高校教师的教学经验与企业工程师的项目实践经验,通过"项目化教材开发"模式,构建了理论与实践紧密结合的学习体系,不仅保证了全书内容的前瞻性和实用性,而且使得学习者能够直面行业需求,提前适应未来职场的挑战,培养既懂技术又懂应用的复合型人才。

本书特色如下:

(1) **项目化贯穿,强化职业能力培养**。采用"以项目为主体、以开发为主线"的教学模式,精心设计12个项目,涵盖生活有趣案例、企业真实案例、有趣游戏开发等多元场景,同时注重思政元素的有机融入,让学生"想编程、爱编程、能编程",内容按照项目开发逻辑循序渐进展开,将教学过程与工作过程相对接,实现工作过程系统化,通过行动导向、任务驱动等教学方法,有效强化学生编程职业能力。

前 言

（2）**校企深度合作，打造特色优质资源**。依托华为、中慧云启科技集团、山东东方信达等企业，组建校企双元结构化教学团队，对接 Python 开发工程师等岗位需求，梳理知识技能图谱，开发了丰富多样的课程资源，教材共包括 12 个项目，每个项目都按"任务＋项目实战＋项目拓展"的结构体系组成，旨在构建由浅入深、循序渐进的学习路径，同时教材配套了立体化教学资源库，包括微课视频、PPT 课件、电子教案、项目源代码、实操视频等资源，实现"教—学—练—评"全过程覆盖。

（3）**融入跨学科教学理念，培养复合型人才**。融入 STEAM 教学理念，整合科学、技术、工程、艺术、数学多元目标，结合"生活＋岗位＋游戏＋思政"元素设计项目，培养学生综合素养，通过知识图谱、技能图谱等可视化课程路线，动态生成学习路径，同时结合数智技术，借助"AI 学习助手"打造智能伴学，赋能个性化学习，致力于培养"强专业基础、多学科融通、高综合素养"复合型人才，提升学生数字化适应力、胜任力与创造力。

本书编写过程中，得到了各高校教师与企业专家的大力支持与专业指导，谨此向为本书提供支持与帮助的机构及个人致以诚挚感谢，期望未来能持续获得业界同仁的关注与支持，同时欢迎广大读者提出宝贵意见，以便我们在后续修订中进一步完善优化。

编　者

目 录

项目 1　向世界介绍自己 …………………………………………………………………… 001
　　任务 1.1　探索编程世界　/　002
　　任务 1.2　向世界说您好　/　010
　　任务 1.3　构建个人简历　/　021
　　项目 1 综合实战　/　027
　　项目 1 拓展　美化个人简历　/　029
　　课后练习　/　030

项目 2　开发温度转换小程序 …………………………………………………………… 031
　　任务 2.1　输出不同单位的温度　/　032
　　任务 2.2　转换温度单位　/　038
　　任务 2.3　模拟温度转换器　/　045
　　任务 2.4　记录与查询历史数据　/　052
　　项目 2 综合实战　/　057
　　项目 2 拓展　设计高精度温度转换器　/　059
　　课后练习　/　060

项目 3　开发奥林匹克运动会奖牌榜统计程序 ………………………………………… 062
　　任务 3.1　开发奥运会参赛国一览表程序　/　063
　　任务 3.2　统计各国奖牌数　/　069
　　任务 3.3　排序奥运奖牌榜　/　073
　　项目 3 综合实战　/　080
　　项目 3 拓展　冒泡排序奥运奖牌榜　/　082
　　课后练习　/　082

目 录

项目 4　开发班级随机点名小程序 ·················· 084

　　任务 4.1　统计班级人数 / 085

　　任务 4.2　多种方式实现随机算法 / 094

　　任务 4.3　开发随机点名小程序 / 103

　　项目 4 综合实战 / 108

　　项目 4 拓展　开发一体化考勤系统 / 111

　　课后练习 / 112

项目 5　开发"行进的小汽车"小游戏 ·················· 113

　　任务 5.1　绘制可以移动的小汽车 / 115

　　任务 5.2　实现小汽车岔路口选择 / 128

　　任务 5.3　实现小汽车循环跑圈 / 138

　　任务 5.4　处理错误指令 / 149

　　项目 5 综合实战 / 157

　　项目 5 拓展　开发赛车小游戏 / 162

　　课后练习 / 163

项目 6　设计系统登录验证工具 ·················· 165

　　任务 6.1　开发登录界面程序 / 166

　　任务 6.2　完成用户注册程序 / 172

　　任务 6.3　验证用户名和密码 / 180

　　项目 6 综合实战 / 186

　　项目 6 拓展　实现用户登录验证 / 189

　　课后练习 / 190

项目 7　模拟创建信息化战队 ·················· 192

　　任务 7.1　创建模拟士兵 / 194

　　任务 7.2　赋予模拟士兵特质 / 198

　　任务 7.3　管理各类模拟士兵 / 202

　　项目 7 综合实战 / 210

　　项目 7 拓展　模拟信息化战队管理 / 213

　　课后练习 / 214

项目 8　开发提取网页信息小程序 ·················· 215

　　任务 8.1　提取网页手机号码 / 217

　　任务 8.2　提取并格式化输出网页信息 / 223

任务 8.3　生成岗位信息词云图　/　231

项目 8 综合实战　/　239

项目 8 拓展　个性化招聘信息推荐　/　244

课后练习　/　245

项目 9　开发数字化教务系统 　　247

任务 9.1　设计数字化教务系统用户界面　/　249

任务 9.2　开发数字化教务系统信息管理功能　/　253

任务 9.3　实现系统数据可视化分析　/　259

项目 9 综合实战　/　266

项目 9 拓展　实现智慧学情分析　/　268

课后练习　/　269

项目 10　开发弹球小游戏 　　271

任务 10.1　初始化游戏用户界面　/　273

任务 10.2　开发自由碰撞的弹球　/　287

任务 10.3　开发控制弹球底板　/　295

任务 10.4　升级美化弹球小游戏　/　300

任务 10.5　记录并存档游戏的最高分　/　304

项目 10 综合实战　/　309

项目 10 拓展　开发弹球消消乐游戏　/　315

课后练习　/　316

项目 11　开发"贪吃蛇"小游戏 　　318

任务 11.1　初始化游戏用户界面　/　320

任务 11.2　实现贪吃蛇的键盘控制　/　326

任务 11.3　设计贪吃蛇的食物　/　331

任务 11.4　实现贪吃蛇的吞噬与增长　/　338

任务 11.5　设计贪吃蛇的道具　/　343

项目 11 综合实战　/　348

项目 11 拓展　开发贪吃蛇大作战　/　350

课后练习　/　351

项目 12　开发人工智能手势识别系统 　　353

任务 12.1　部署 OpenCV 库的开发环境　/　355

任务 12.2　采集手掌信息　/　362

目 录

任务 12.3　识别手掌手势　/　367
任务 12.4　设计手掌指尖识别　/　373
任务 12.5　开发手掌人机交互程序　/　378
项目 12 综合实战　/　383
项目 12 拓展　识别手掌控制计算机音量　/　385
课后练习　/　386

参考文献 ··· 388

项目 1

向世界介绍自己

导读

本项目是 Python 课程的开篇,是迈出 Python 编程旅途的第一步。该项目要求编写一段 Python 代码,实现自我介绍的功能,旨在通过这一基础性编程活动,熟悉 Python 语言的基本结构及其执行逻辑。通过完成该项目,掌握 Python 的基本知识,包括但不限于变量的定义与赋值、简单数据类型的使用以及基础的输入输出函数。这些知识构成了 Python 编程的核心基础,也是所有编程的基石。

项目描述

本项目通过编写代码实现自我介绍,不仅可以锻炼编程能力,还可以从生活上培养自信,从而敢于在未来学习和生活中展现才能与个性,增强自我认同感,培养自信和积极的自我表达能力。

在课程起始阶段,需要掌握 Python 编程的入门技巧,首先通过学习编写简单的 Python 代码,熟悉 Python 的基础语法,包括 print() 函数的使用和变量的声明与赋值。本项目实现效果如下。

```
**************************************************
 * * 姓名:张三
 * * 年龄:18 岁
 * * 电话:17600001111
 * * 教育背景:
           北京大学,计算机科学与技术,本科
**************************************************
```

项目 1　向世界介绍自己

思维导图

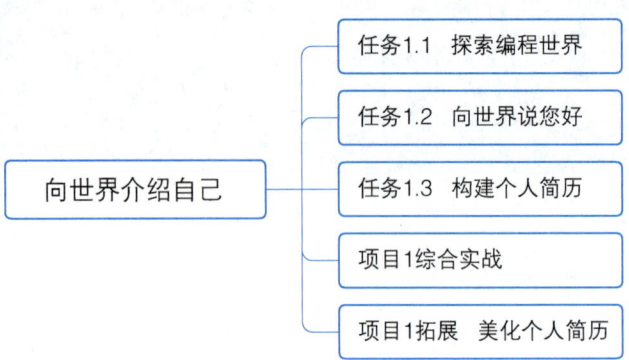

项目目标

1. 能力目标
(1) 掌握 Python 语言的基本语法和结构，能够使用 Python 编写简单的程序。
(2) 能够使用 Python 的编译工具快速发现并修正错误。
(3) 具备在项目实施过程中与团队成员协作的能力。

2. 知识目标
(1) 了解 Python 发展的历史、特点以及在不同领域的应用。
(2) 熟悉不同编译工具的使用方法和特点。
(3) 掌握使用 Python 的 print() 函数进行输出，以及理解和使用转义字符。

3. 素养目标
(1) 通过使用数字工具和资源提升学习和创造能力。
(2) 在团队合作中，培养沟通、协调和合作的能力，理解团队合作精神的重要性。

任务 1.1　探索编程世界

任务1.1：探索编程世界

任务目标

本任务的核心目标是通过探索编程世界，培养实际操作技能，初步掌握 Python 语言及其在各领域的应用知识，培养解决问题的能力和实践意识。本任务将学习如何根据操作系统的要求选择合适的 Python 版本，并能够在不同平台上配置开发环境，通过实际操作和编程练习，了解 Python 的广泛适用性和实用性。

任务 1.1 探索编程世界

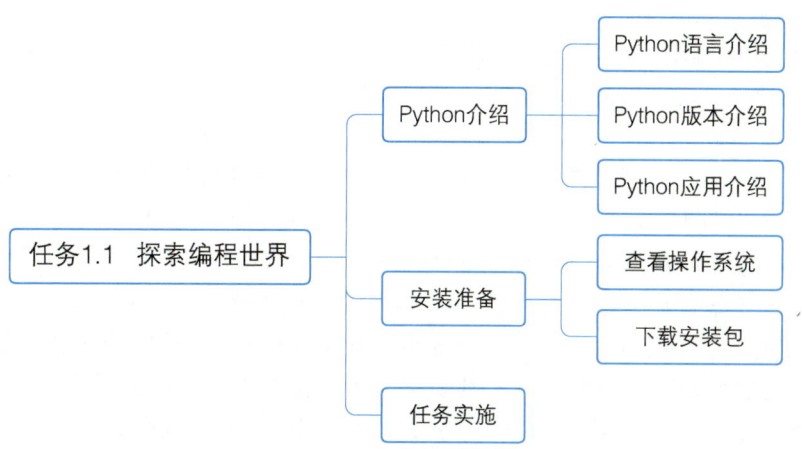

 任务描述

作为 Python 编程语言的初学者,了解 Python 的特点、应用领域等基础知识是至关重要的。中国有句古话:"工欲善其事,必先利其器。"在深入学习 Python 之前,首先要了解 Python 编程语言的特点,同时搭建好编程环境,为学习之旅准备好必要的"工具"。

本任务将带领同学们"探索编程世界",建立对 Python 编程语言重要性的认识,并且激发学习兴趣。在自己的操作系统内成功搭建 Python 编程环境,加深对软件安装和环境配置的理解;任务实施不仅仅是安装 Python,还包括了对 Python 编程环境的初步探索,让学生对 Python 编程有一个直观的认识,并为进一步深入学习打下基础。

任务分析

(1) 双击打开 Python 安装包,启动安装程序。
(2) 按步骤提示,逐步完成 Python 的安装过程。
(3) 安装完成后,使用命令行测试 Python 是否安装成功。
(4) 编写 Python 程序运行测试。

知识储备

一、Python 介绍

Python 由 Guido van Rossum 在 1991 年发布的高级编程语言,如今已被广泛应用于网络爬虫、机器学习、数据分析与可视化等领域。它融合了解释型、面向对象、动态类型系统等诸多特性,并配备了功能强大的标准库。Python 的设计理念着重于代码的可读性,其语法简洁而清晰,甚至被誉为"可执行的伪代码",因而成为很多编程初学者迈入编程世界的最佳选择之一。

1. Python 语言介绍

Python 的编程范式多样,支持面向对象、命令式、函数式和过程式等多种风格,可以提供在不同软件开发领域的灵活应用。其丰富全面的标准库覆盖了网络编程、文件操作、数据处理等关键功能,进一步提升了 Python 在各种应用场景中的实用性。

Python 丰富的库函数使其有广泛应用领域,从 Web 开发领域的 Django 和 Flask 框架,到数据分析领域的 Pandas 和 NumPy 库,再到机器学习领域的 TensorFlow 和 PyTorch 库,Python 都发挥着举足轻重的作用。Python 具有的跨平台特性使其能在 Windows、macOS (OS X)、Linux 和 Unix 等多种操作系统上都能流畅运行。这一优势,加之其开源的特性,使得 Python 成为全球众多开发者和组织青睐的编程语言之一。

Python 之所以广受欢迎,更在于其易学易用的特点。它的语法简洁易懂,贴近数学表达,即便是编程新手也能迅速掌握。同时,活跃的 Python 社区提供了海量的资源和文档,为开发者解决编程过程中遇到的问题提供了有力的支持。

2. Python 版本介绍

Python 是一种广泛使用的通用编程语言,自诞生以来,它经历了多个版本的迭代和发展。

Python 2:这是 Python 的早期版本,首次发布于 2000 年。Python 2 在过去的几十年中被广泛使用,并积累了大量的第三方库和相关工具。

Python 3:这是目前 Python 的最新版本,首次发布于 2008 年。Python 3 在语法、特性和生态系统方面进行了大量的改进和优化。例如,print 语句更改为 print() 函数,整数除法操作将得到精确的浮点数结果,引入了新的关键字如 nonlocal,改进了迭代器等。这些变化使得 Python 3 更加严谨、清晰和易于使用。

Python 2 和 Python 3 的差异如下:

(1)语法差异:Python 2 和 Python 3 在语法上存在一些差异。例如,Python 2 中 print 是一个语句,而在 Python 3 中,它变成了一个函数,需要加上括号。此外,Python 3 中的除法操作会得到精确的浮点数结果,与 Python 2 的整数除法有所不同。

(2)特性改进:Python 3 引入了许多新的特性,如支持 Unicode 字符串,引入新的数据类型(如集合和字节数组)和新的异常处理方法等。这些新特性使得 Python 3 更加适应现代编程需求。

(3)生态系统:虽然 Python 2 拥有更多的第三方库和相关工具,但随着时间的推移,越来越多的库和工具已经开始支持 Python 3。目前,Python 3 的生态系统已经趋于完善,为开发者提供了丰富的资源和相关支持。

> ☕ **注意事项** 虽然 Python 2 仍然在一些旧的系统和项目中继续使用,但官方已经停止了对其的支持。因此,建议优先选择 Python 3 进行学习和开发。

3. Python 应用介绍

Python 以其独特的优势,在科学计算、Web 开发、数据分析与大数据处理、网络爬虫、机器学习、游戏开发、自动化运维与测试等多个领域都有广泛的应用。

(1)科学计算:Python 成为探索性、交互式以及计算密集型科学研究领域的标杆。

NumPy 和 SciPy 等强大的科学计算库使 Python 具备了复杂矩阵运算、深入数值分析等方面的能力,使得科研人员能够利用 Python 轻松应对数据处理和分析的挑战。

(2) Web 开发:Python 开源和跨平台的特性使得开发者能够灵活应对各种开发需求。Django 和 Flask 等流行的 Python Web 框架为开发者提供了强大的支持,简化了 Web 应用的开发流程,使得快速构建高性能、可扩展的 Web 应用成为可能。国内知名网站如知乎、网易、豆瓣都是用 Python 开发的;国外的 Quora(社交问答网站)、Pinterest(图片社交分享网站)等也都是基于 Python 开发的。图 1-1 所示为 Python 开发的知乎网站首页。

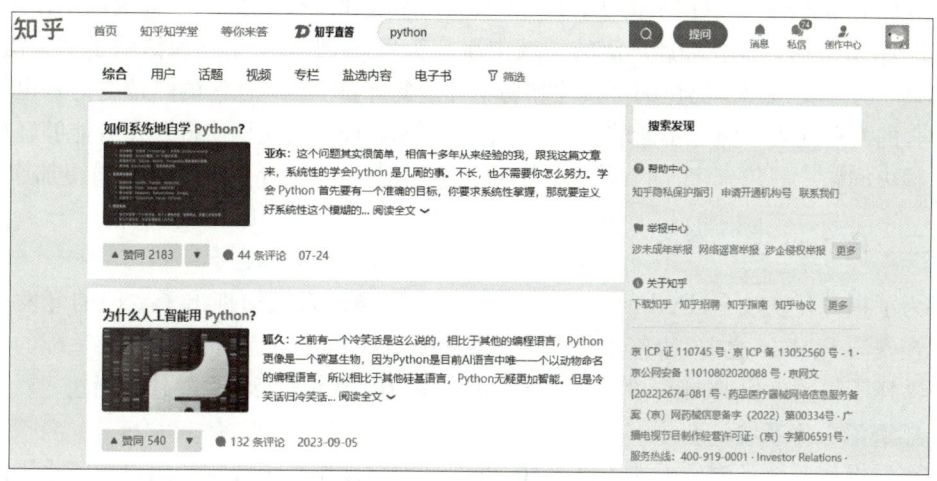

图 1-1 知乎网站首页

(3) 数据分析与大数据处理:在数据分析领域,Python 以其直观易懂的语法和丰富的数据分析工具库如 Pandas、Matplotlib 等,成了数据科学家和分析师们的得力助手。它能够轻松处理海量数据,并通过可视化手段将数据背后的故事直观地展现出来,为决策者提供有力支持。

(4) 网络爬虫:Python 在网络爬虫方面的应用也颇受赞誉。借助其简单易学的语法和强大的功能库,开发者可以快速构建出高效的网络爬虫程序,轻松抓取和分析网页信息,为数据获取和挖掘提供了极大的便利。

(5) 机器学习:在机器学习领域,Python 的 TensorFlow、Keras、Scikit-learn 等强大的机器学习库提供了丰富的算法和模型支持,从简单的线性回归到复杂的深度学习模型,Python 都能轻松应对,进一步推动了人工智能技术的飞速发展。

(6) 游戏开发:借助 Pygame 和 Panda3D 等强大的游戏开发库,Python 开发者可以轻松获取开发游戏所必需的基础功能,从而便捷地构建出富有趣味性和创意的游戏作品。这些库为游戏制作提供了丰富的资源和工具,使得游戏开发过程变得更加高效和愉悦,例如,谷歌网页在断开网络连接时出现的小恐龙游戏 T-Rex,就是通过 Python 的 Pygame 库实现的。谷歌 T-Rex 游戏如图 1-2 所示。

(7) 自动化运维与测试:Python 是自动化工具和脚本编写的主要语言之一。它可以用于自动化测试、系统监测和数据采集等。Python 的灵活性和易用性使得它在系统网络

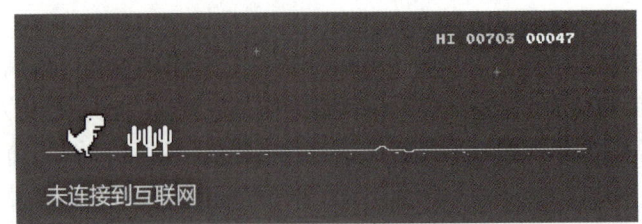

图1-2 谷歌T-Rex游戏

运维方面非常合适,可以用来构建管理系统、监控系统和发布系统等,从而提高工作效率。

Python之所以能在如此广泛的领域中崭露头角,主要归功于其简洁明了的语法、强大的第三方库支持以及出色的可读性和易学性。此外,Python社区的热情与活跃也为这门语言的发展注入了源源不断的活力。丰富的资源和详尽的文档使得开发者能够轻松上手并解决问题。展望未来,随着技术的不断进步和创新,Python的应用前景将更加广阔。

二、Python安装准备

为了提升开发效率,Python针对32位和64位操作系统均推出了专门的开发工具包。在安装Python之前,请务必确认操作系统类型,以确保能够下载并安装适配的安装包。这样不仅能确保Python的流畅运行,还能避免因版本不匹配而导致的问题。

1. 查看操作系统类型

查看操作系统类型的方法丰富多样,可满足不同操作系统版本和用户技能水平的需求。针对Windows操作系统,可以通过以下途径来确认版本信息:

(1) 利用"设置"菜单:简单按下Win键,依次选择"设置""系统"及"关于",在"关于"页面,操作系统的版本信息一目了然。

(2) 借助"命令提示符":通过Win+R快捷键打开"运行"窗口,输入"cmd"以启动命令提示符,随后键入"systeminfo"或"winver"命令,系统将展示操作系统名称及版本号等信息,如图1-3所示。

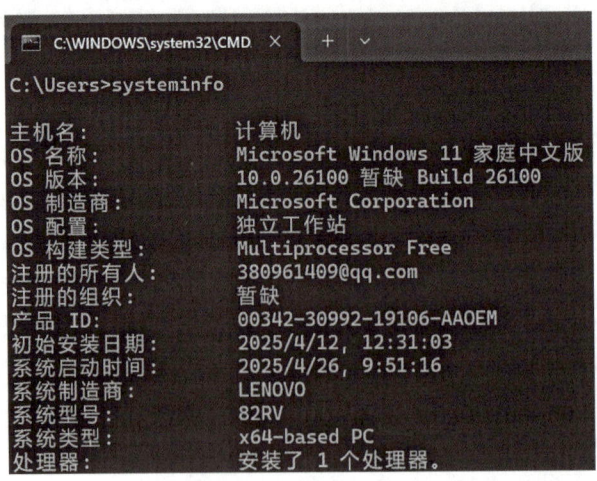

图1-3 借助"命令提示符"查看操作系统类型

（3）通过"此电脑"属性进行查看：在桌面上定位"此电脑"图标，右击鼠标并选择"属性"，即可查看系统的版本信息。

对于 macOS 操作系统，只需单击屏幕左上角的苹果图标，然后选择"关于本机"，即可查看操作系统的名称和版本号等信息。

2. Python 安装包下载

搜索 Python 官方网站并打开，如图 1-4 所示。Python 是一个开源项目，由 Python Software Foundation 维护。

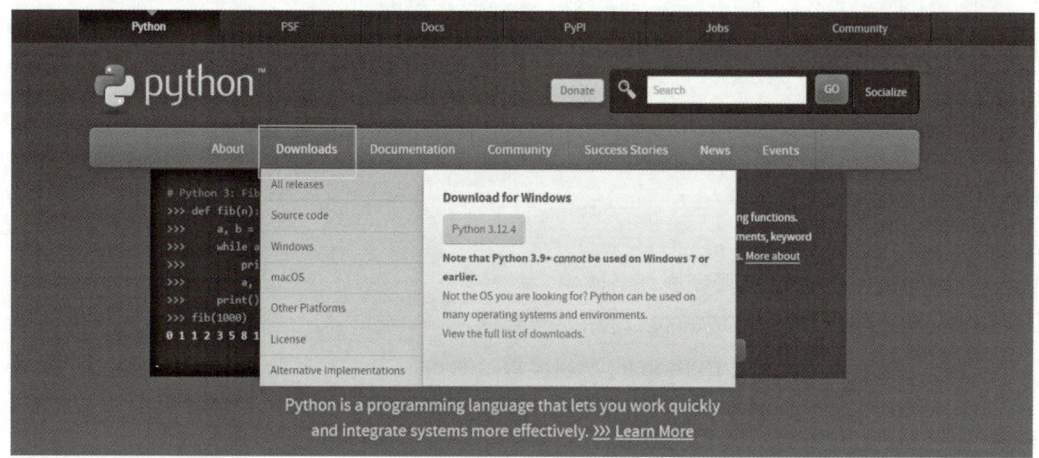

图 1-4　Python 官方网站

单击"Downloads"链接，进入 Python 安装包的下载页面。在该页面，选择当前最新的稳定版本（如 Python 3.10.4）进行下载，如图 1-5 所示。

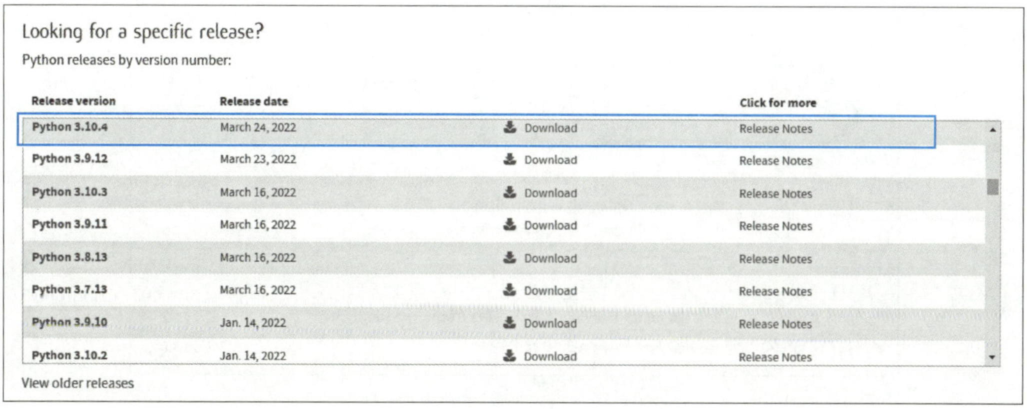

图 1-5　Python 安装包的下载页面

选择对应操作系统安装版本，单击下载链接进行下载。例如，下载 Windows installer（64-bit）版本，如图 1-6 所示。

项目 1　向世界介绍自己

Files							
Version	Operating System	Description	MD5 Sum	File Size	GPG	Sigstore	SBOM
Gzipped source tarball	Source release		ead819dab6d165937138daa9e51ccb54	26.0 MB	SIG	.sigstore	SPDX
XZ compressed source tarball	Source release		d68f25193eec491eb54bc2ea664a05bd	19.7 MB	SIG	.sigstore	SPDX
macOS 64-bit universal2 installer	macOS	for macOS 10.9 and later	b6de6aea008605f5d4096014c2ad3c43	44.0 MB	SIG	.sigstore	
Windows installer (64-bit)	Windows	Recommended	f3df1be26cc7cbd8252ab5632b62d740	25.5 MB	SIG	.sigstore	SPDX
Windows installer (32-bit)	Windows		d9c98b529889aba04ca5ec1c6b5f986f	24.3 MB	SIG	.sigstore	SPDX
Windows installer (ARM64)	Windows	Experimental	f3c2064f11c5f4eee475928a0fc62199	24.8 MB	SIG	.sigstore	SPDX
Windows embeddable package (64-bit)	Windows		8db759b337ac4f6966f52b3662c05dd7	10.6 MB	SIG	.sigstore	SPDX
Windows embeddable package (32-bit)	Windows		19691145551a41114b32a556bb2bcb89	9.4 MB	SIG	.sigstore	SPDX
Windows embeddable package (ARM64)	Windows		0a863fd2485b3057a2eea108f1252160	9.8 MB	SIG	.sigstore	SPDX

图 1-6　选择 Python 版本

任务实施

可以通过以下 4 个步骤完成任务。
（1）双击打开 Python 安装包，启动安装程序。
（2）按提示，逐步完成 Python 的安装过程。
（3）安装完成后，使用命令行测试 Python 是否安装成功。
（4）编写 Python 程序运行测试。

步骤一：双击打开 Python 安装包，启动安装程序，如图 1-7 所示。

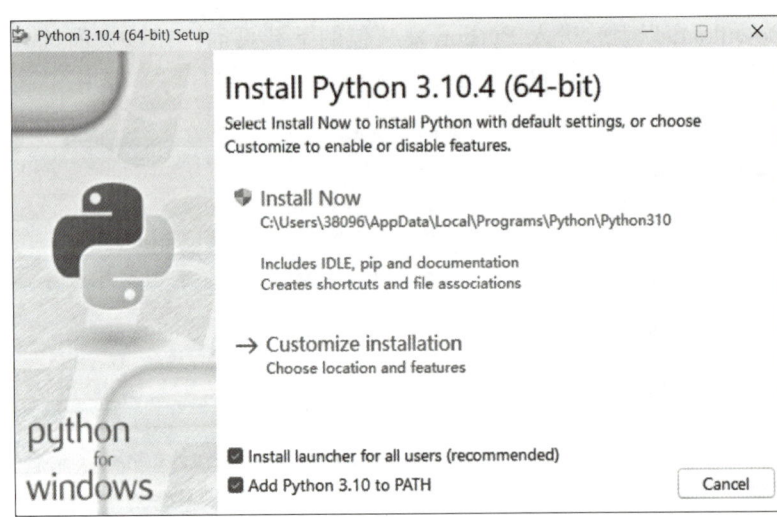

图 1-7　Python 安装包安装向导

步骤二：按提示，逐步完成 Python 的安装过程。首先勾选图 1-7 中复选框"Add Python 3.10 to PATH"，将 Python 路径加入至系统环境变量中，确保 Python 能在命令行界面中直接运行。完成选择后，单击"Install Now"按钮进行安装。

步骤三：安装完成后，通过命令行界面测试 Python 是否已经成功安装。可以在命令行中输入"python"或"python3"并回车，查看是否能够成功启动 Python 解释器，如图 1-8 所示。

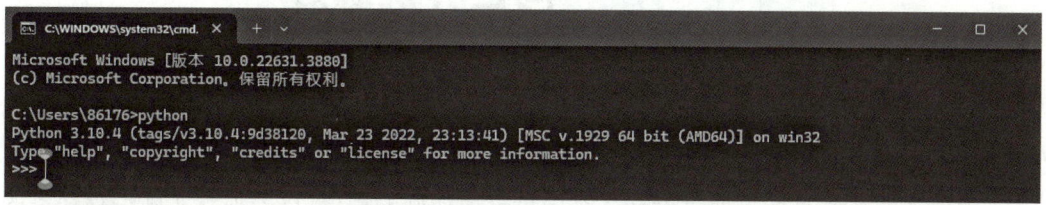

图 1-8　成功启动 Python 解释器

步骤四：为了验证 Python 环境的正确性，可以编写一个简单的 Python 程序进行测试，并运行它以确认一切正常。例如，可以创建一个打印"Hello World"的程序，并尝试运行它，如图 1-9 所示。

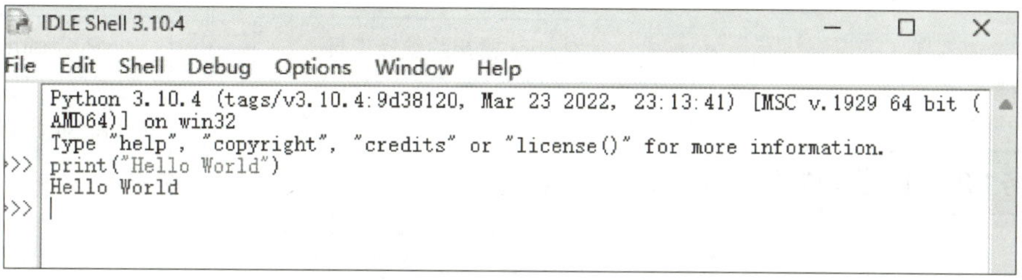

图 1-9　成功运行程序

> 🔷 **小提示**　Python 的 print()函数是一个内建函数（Python 直接提供的、无需导入任何模块即可使用的函数），用于在控制台输出文本或变量的值。这个函数在 Python 编程中非常常用，主要用于调试、展示数据或向用户显示信息。在本次任务中，我们仅将它作为测试工具使用，以验证程序运行的状态。关于 print()函数的更深入知识点和用法，将在后续的任务中进行详细讲解。

任务小结

通过本次"探索编程世界"的任务，作为 Python 编程语言的初学者，已经迈出了重要的一步。在深入了解 Python 之前认识到了掌握基础知识的重要性。任务实施过程中不仅完成了 Python 的安装，还对 Python 编程环境进行了初步探索，从而建立了对 Python 编程语言重要性的认识，更在实际操作中加深了对编程语言的理解。这标志着成功迈出了探索编程世界的第一步，为后续深入学习和实践打下了坚实的基础。

任务 1.2　向世界说您好

任务 1.2：向世界说您好

任务目标

本任务的核心目标是通过设计一个向世界说您好的程序,培养独立实施编程任务的技能、深入理解目前主流编译软件的搭建和配置知识,培养实践操作与解决问题意识。通过实际操作,能够在一个多样的编程环境中独立完成从编写代码到运行程序的完整编程实践流程,熟练操作各类编译软件,并执行"Hello World"程序。

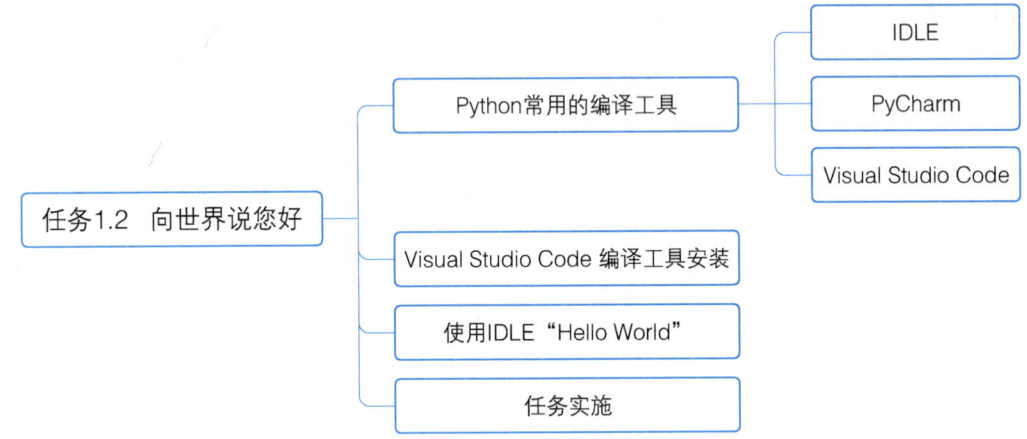

任务描述

在 Python 程序开发过程中,为了提高开发效率,通常会使用 Python 自带的开发工具 IDLE 或集成编译软件 PyCharm、Visual Studio Code 等进行开发。Python 集成编译软件不仅包含 IDLE 的功能,而且有语法高亮、智能缩进、函数调用提示、代码跳转等功能。

在本任务中将全面地对目前主流编译软件进行介绍,了解其特点、优势及其适用场景,选择其中 Visual Studio Code 编译软件进行安装,安装完成后,使用 IDLE 和 Visual Studio Code 编写经典的"Hello World"程序。通过本任务,不仅能够学会使用 Python 编译工具,还将建立起编程思维,为进一步的编程学习打下坚实的基础。

任务分析

(1) 在 Visual Studio Code 编译软件内新建文件夹。
(2) 在文件夹内新建 Python 文件。

(3) 文件内编写程序"Hello World"并保存。
(4) 运行 Python 程序代码。

知识储备

一、Python 常用的编译工具

Python 作为一种广泛使用的高级编程语言,其灵活性和易用性使其在科学计算、数据分析、机器学习等领域得到了广泛应用。然而,Python 的解释执行特性虽然方便快捷,但在性能上往往不如编译型语言。为了克服这一限制,开发者和研究者开发了多种 Python 编译工具,以提高 Python 代码的执行效率。以下是一些常用的 Python 编译工具。

1. IDLE

Python 的 IDLE(Integrated Development and Learning Environment)是 Python 官方提供的一个集成开发环境,专为 Python 设计。IDLE 是一个非常基础但功能强大的集成开发环境,它提供了代码编辑、运行和调试的功能,非常适合初学者学习和使用 Python。具有简单易用、免费且开源、语法高亮等优点,但相对于其他软件来说也存在一些缺陷,如性能问题、社区支持有限等。IDLE 常用快捷键见表 1-1。

表 1-1 IDLE 常用快捷键

快捷键	说　　明	适　用　范　围
F1	打开 Python 帮助文档	Python 文件窗口和 Python Shell 窗口均可用
Alt+P	浏览历史命令(上一条)	仅 Python Shell 窗口可用
Alt+N	浏览历史命令(下一条)	仅 Python Shell 窗口可用
Alt+3	注释代码块	仅 Python 文件窗口可用
Alt+4	取消注释代码块	仅 Python 文件窗口可用
Alt+G	转到某一行	仅 Python 文件窗口可用
Ctrl+Z	撤销操作	Python 文件窗口和 Python Shell 窗口均可用
Ctrl+5	保存文件	Python 文件窗口和 Python Shell 窗口均可用
Ctrl+]	缩进代码块	仅 Python 文件窗口可用
Ctrl+[	取消缩进代码块	仅 Python 文件窗口可用

2. PyCharm

PyCharm 是由 JetBrains 公司开发的一款专业的 Python 集成开发环境(IDE),它广泛应用于 Python 开发社区。PyCharm 提供了丰富的功能,旨在提高开发效率和代码质量。相对于 Python 自带的 IDLE 来说优点明显,其优缺点如下。

优点:

(1) 代码高亮和智能提示:PyCharm 能够提供强大的代码高亮和智能提示功能,帮助开发者快速编写高质量的代码。

(2) 调试工具:它内置了强大的调试工具,可以帮助开发者更有效地测试和调试代码。

(3) 数据库管理:PyCharm 集成了数据库管理功能,方便开发者进行数据库操作。

(4) 版本控制集成:支持多种版本控制系统,如 Git、SVN 等,使得代码管理和协作更加便捷。

(5) 插件生态:拥有丰富的插件生态系统,可以扩展其功能以满足不同开发需求。

缺点:

(1) 资源消耗:作为一个功能丰富的 IDE,PyCharm 在运行时可能会消耗较多的系统资源,特别是在处理大型项目时。

(2) 难度略高:对于初学者来说,PyCharm 配置复杂,较难掌握,尤其是其复杂的配置和高级功能。

(3) 成本问题:虽然 PyCharm 提供了免费的社区版,但专业版需要付费,这可能会限制某些用户的使用。

3. Visual Studio Code

Visual Studio Code(简称 VS Code)是一款由微软开发的轻量级但功能强大的源代码编辑器,支持多种编程语言,包括 Python。它是一个跨平台的编辑器,可以在 Windows、macOS 和 Linux 操作系统上运行。相对于 PyCharm 编译软件来说优缺点如下。

优点:

(1) 轻量级与快速启动:VS Code 是一款轻量级的代码编辑器,相较于 PyCharm,它占用更少的系统资源,并且启动速度更快。这使得 VS Code 在快速编辑和查看代码方面具有优势。

(2) 跨平台支持:VS Code 支持 Windows、macOS 和 Linux 操作系统,为开发者提供了在不同操作系统上保持一致开发体验的可能性,而 PyCharm 主要面向 Windows 平台。

(3) 丰富的插件生态系统:VS Code 拥有庞大的插件市场,开发者可以根据自己的需求选择和安装插件来扩展编辑器的功能。虽然 PyCharm 也支持插件,但 VS Code 的插件生态系统更为广泛和多样。

(4) 简洁的界面与易于定制:VS Code 具有简洁的用户界面和灵活的布局,开发者可以根据自己的喜好进行个性化设置。它还提供了丰富的主题选择,使得开发者能够定制自己的开发环境。

(5) 免费与开源:VS Code 是一款免费开源的代码编辑器,这使得它对于个人开发者或小型团队来说更加经济实惠。相比之下,PyCharm 的专业版是需要付费的。

缺点:

(1) 专业功能相对较弱:虽然 VS Code 功能强大且灵活,但在一些高级功能方面相对于 PyCharm 存在不足。例如,对于复杂的调试需求、代码重构工具或静态代码分析工具,PyCharm 可提供更为专业和深入的支持。

(2) 大型项目支持:在处理大型项目时,VS Code 可能会对系统资源有较高的需求,特别是在打开多个文件或进行复杂的代码分析时。这可能导致软件运行缓慢或卡顿。而

PyCharm 在这方面表现得更为稳定。

综上所述,VS Code 相对于 PyCharm 来说具有轻量级、快速启动、跨平台支持、丰富的插件生态系统和免费开源等优点,但在专业功能和大型项目支持方面可能存在一定的不足。对于初学者而言,VS Code 编译软件是更为适宜的选择。

二、Visual Studio Code 软件安装

1. 软件下载

可以搜索 VS Code 官方网站并打开,根据不同的操作系统(Windows、macOS 或 Linux)选择对应的版本进行下载。VS Code 软件官方网站页面下载按钮如图 1-10 所示。

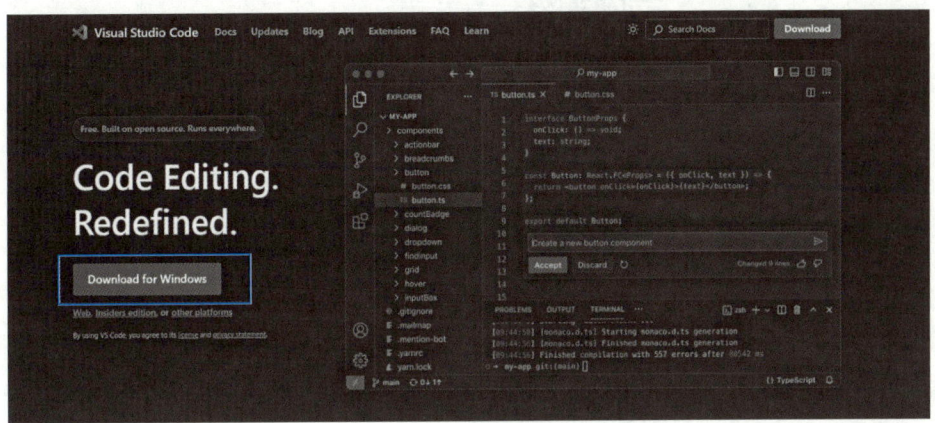

图 1-10　VS Code 软件官方网站页面

2. 软件安装

(1)下载完成后,双击安装包开始安装。

(2)打开安装包,勾选"我同意许可协议",单击"下一步",如图 1-11 所示。

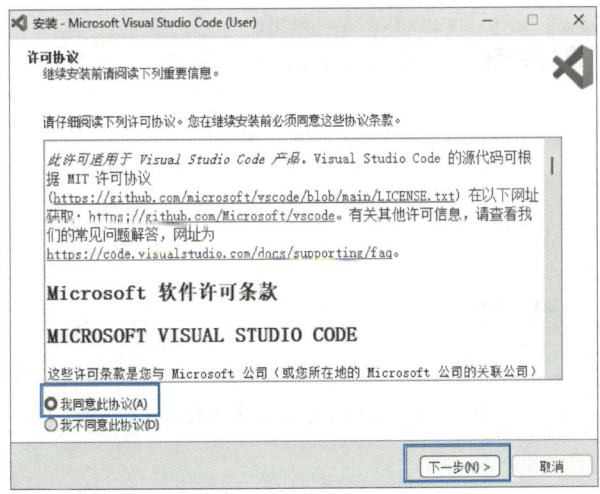

图 1-11　VS Code 安装窗口

(3) 选择安装路径,建议不要将 VS Code 安装在系统盘,以免影响系统运行。同时,路径中最好不要包含中文或特殊字符,如图 1-12 所示。

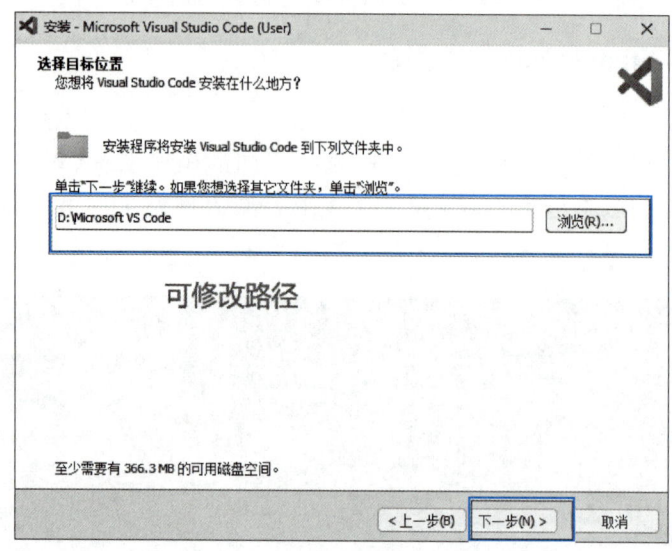

图 1-12　VS Code 安装位置

(4) 取消勾选"不创建开始菜单文件",单击"下一步",如图 1-13 所示。

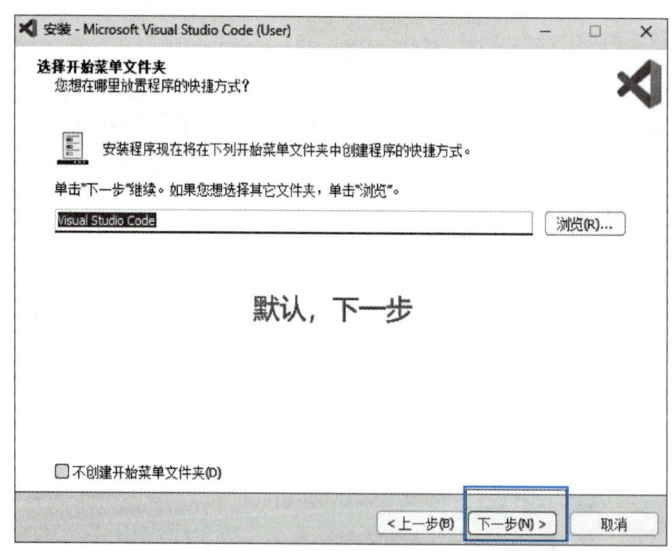

图 1-13　VS Code 选择开始菜单窗口

(5) 单击"安装"按钮,如图 1-14 所示,等待安装过程完成。

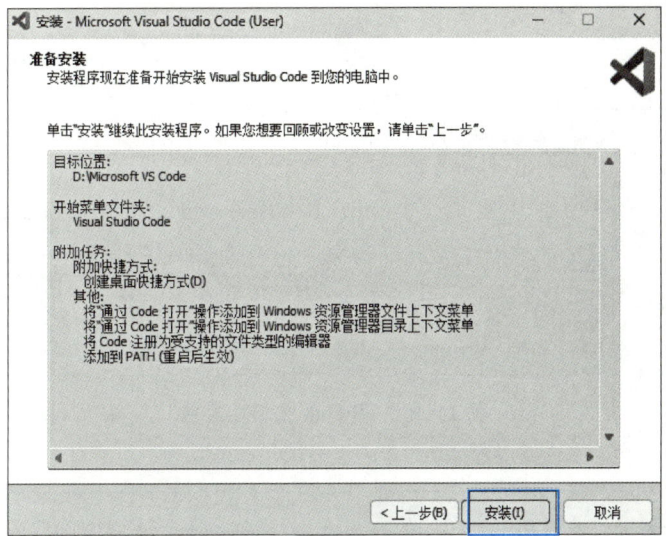

图 1-14　VS Code 准备安装窗口

(6) 打开 VS Code 安装完成窗口,勾选"运行 Visual Studio Code",单击"完成"按钮,如图 1-15 所示。

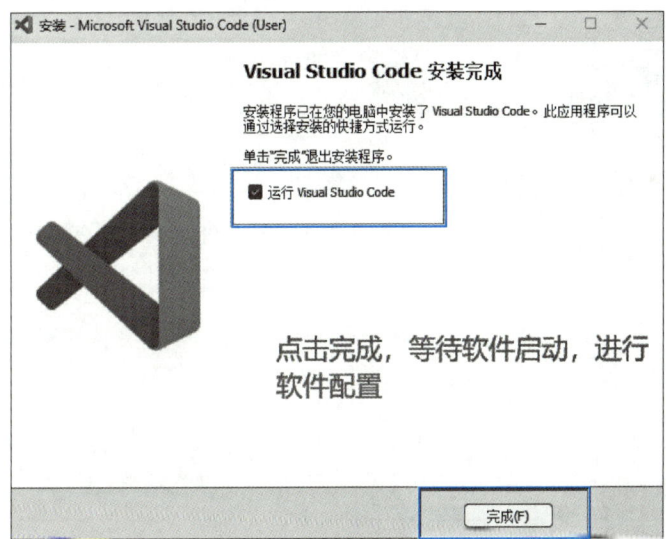

图 1-15　VS Code 安装完成窗口

3. VS Code 软件配置

(1) 双击桌面 VS Code 软件图标打开软件。

(2) 在 VS Code 中打开扩展视图(单击左侧的扩展图标或使用快捷键 Ctrl+shift+X),在搜索框内搜索"Chinese (Simplified) Language Pack for Visual Studio Code",单击 Install 按钮,如图 1-16 所示。

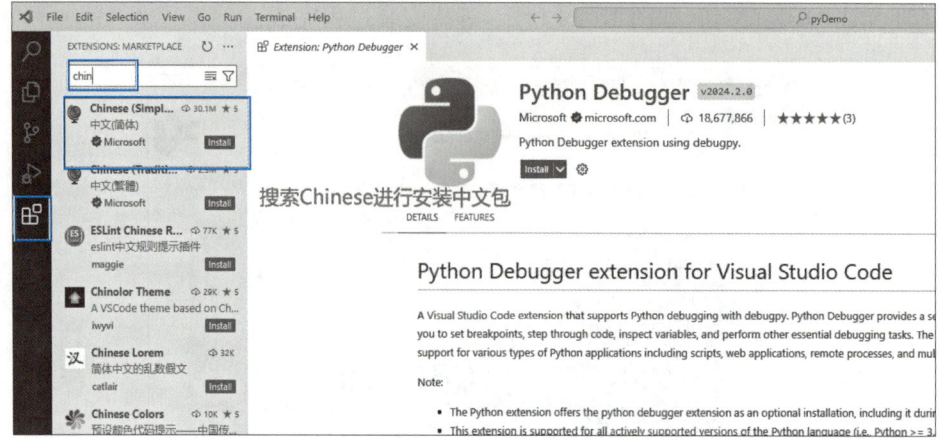

图 1-16　VS Code 安装中文包

> **注意事项**　VS Code 部分安装包在安装完成后需要重新启动 VS Code 软件。

（3）重新启动 VS Code 软件，用同样的操作去安装 Python，如图 1-17 所示。

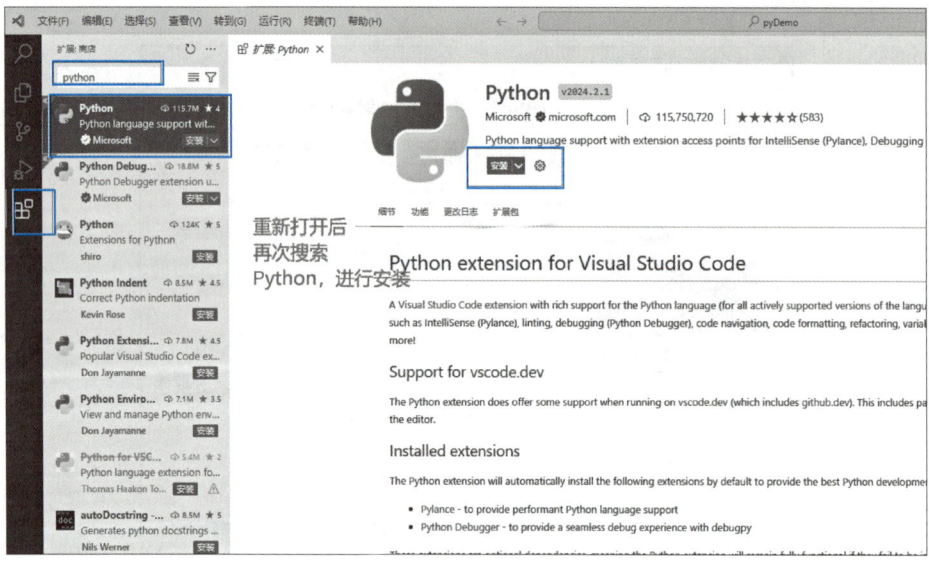

图 1-17　VS Code 安装 Python

相关链接

VS Code 可以自行修改主题、界面字体、界面字号、代码编辑区字体字号等设置，上述功能修改在左下角的"设置"中，可单击查看，如图 1-18 所示。

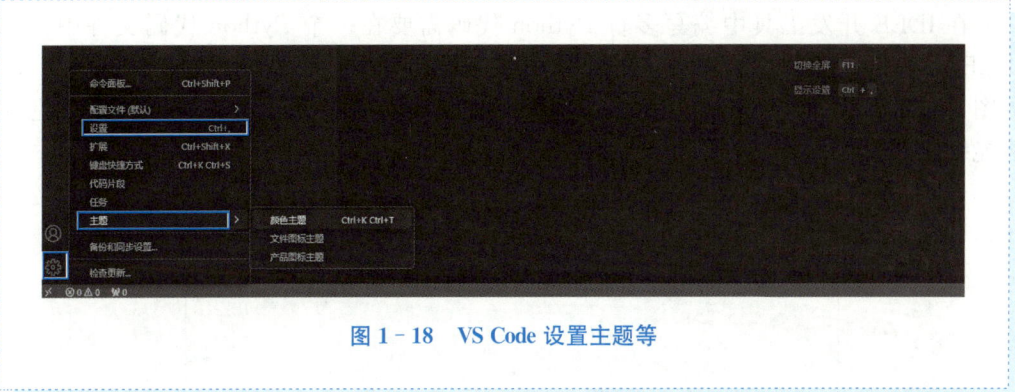

图 1-18　VS Code 设置主题等

三、使用 IDLE 输出"Hello World"

Python 安装过程中会默认包含 IDLE 开发工具,前提是安装了 Td/Tk 组件,这一组件在安装时通常是默认勾选的。接下来,将具体介绍如何借助 IDLE 来开发 Python 程序。

1. 启动 IDLE 开发工具并编写代码

在操作系统的搜索框中输入"IDLE",找到并单击该工具以启动。请注意,在该交互模式下,每次只能输入一行 Python 代码,如图 1-19 所示。

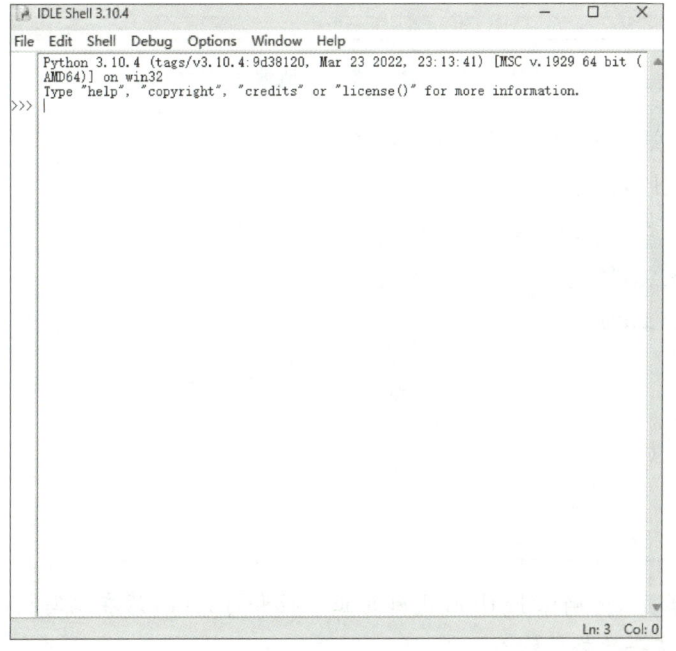

图 1-19　IDLE 初始窗口

2. 新建 Python 代码文件并保存编写的代码

在 IDLE 开发工具中编写多行 Python 代码需要在一个 Python 代码文件中。在 IDLE 开发工具的菜单栏单击 File→New File 命令,创建多行 Python 代码编写文件窗口,如图 1-20 所示。在该窗口内编写的 Python 代码,开发工具会根据代码的从属关系进行智能缩进。

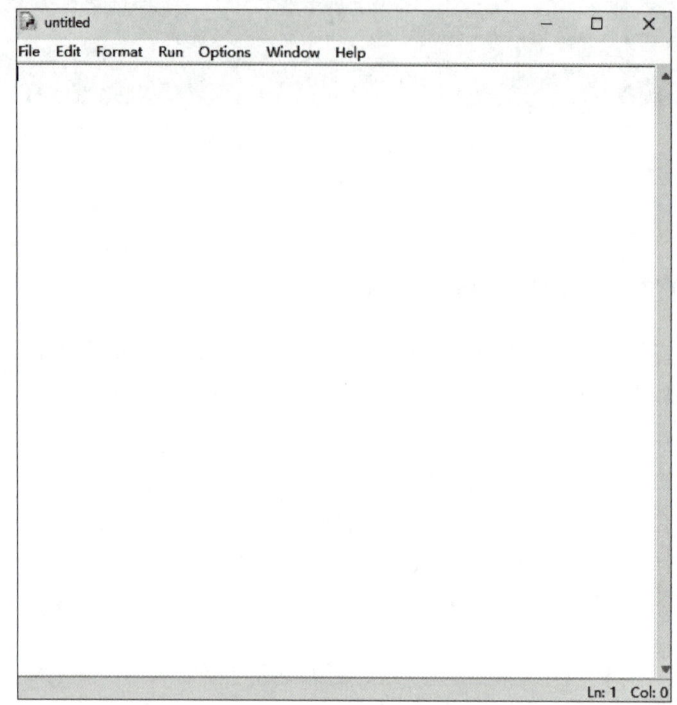

图 1-20　IDLE 多行代码编写文件窗口

3. 在"新建文件"窗口内编写代码并执行

编写如下代码,保存并运行该代码。

```
print("Hello")
print("World")
```

运行结果:
Hello
World

注意事项　为确保 Python 代码的正确性和可读性,请在编写代码时,所有字符均采用英文半角格式输入。

编写完代码后,执行文件保存操作。可以通过单击菜单栏中的"File"然后选择"Save"选项来保存文件,或者直接使用快捷键Ctrl+S。在保存时,将文件命名为"demo.py"。完成保存后,在IDLE开发工具中,可以通过单击菜单栏的"Run"然后选择"Run Module"来运行程序,或者直接使用F5功能键来启动程序。

相关链接

Python文件的后缀名有多种,每种后缀名都有其特定的用途和意义。比较常见的后缀名有.py、.pyc、.pyo和.pyd,此外,还有一些其他较为少见的Python文件后缀名,如.pyw、.pyz、.pywz等,它们各自具有特定的用途和场景。

任务实施

可以通过以下四个步骤完成任务要求。
(1) 在VS Code编译软件内新建文件夹。
(2) 在文件夹内新建Python文件。
(3) 文件内编写程序"Hello World"并保存。
(4) 运行Python程序代码。

步骤一:打开VS Code软件后,依次单击菜单栏中的"文件"和"打开文件夹"。然后,在计算机磁盘中选择一个适当的文件夹,这个文件夹将作为后续保存代码文件的位置。打开VS Code软件后,在软件内新建"项目一"文件夹,如图1-21所示。

图1-21 VS Code新建文件夹操作

步骤二:选中"项目一"文件夹,新建"任务2.py"文件,如图1-22所示。在新建文件时需要注意后缀名".py"也需要手动输入。

步骤三:在代码编辑区域内编写如下代码,用快捷键Ctrl+S保存。

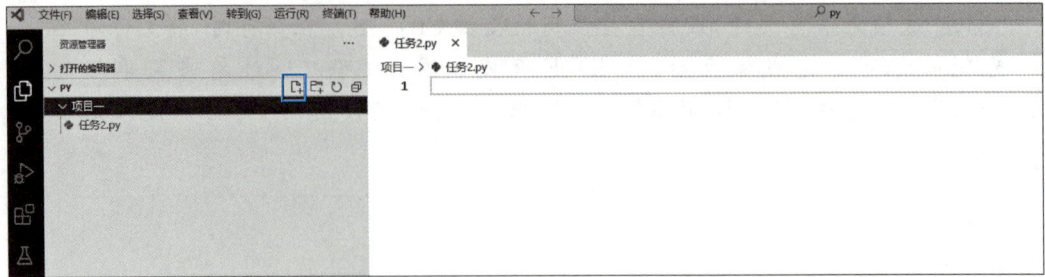

图 1‑22　VS Code 新建文件操作

```
print("Hello")
print("World")
```

运行结果：

Hello

World

步骤四：单击 VS Code 右上角运行键，运行结果在弹出的终端内显示，如图 1‑23 所示。

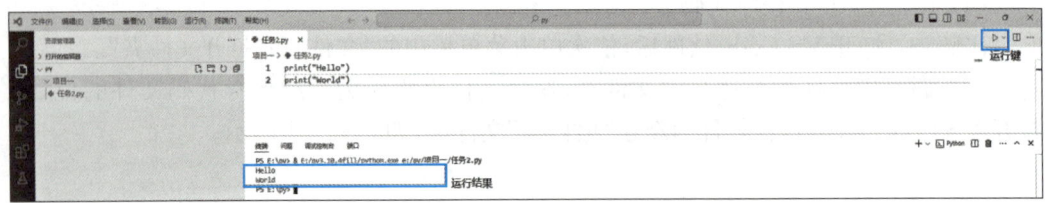

图 1‑23　VS Code 运行代码文件

任务小结

通过本次"Hello World"的任务提升对 Python 开发环境的熟悉程度，全面了解并比较不同的 Python 编译软件，选择最适合自己的开发工具。任务中详细介绍了 Python 自带的 IDLE 以及主流的第三方编译软件如 PyCharm 和 VS Code，强调了这些工具的特点、优势和适用场景。选择功能丰富的 VS Code 进行安装，并通过它以及 IDLE 分别编写了"Hello World"程序，从而实践了编程基础。此过程不仅锻炼了实操能力，还帮助建立起编程思维，为未来深入学习编程奠定了坚实基础。

任务 1.3 构建个人简历

任务目标

本任务的核心目标是通过构建个人简历，培养实际编程思维和代码组织技能，深入理解编程基础概念及数据输出处理知识，培养实践操作与问题解决意识。通过本任务将学会使用字符串、变量、程序注释以及转义字符，并熟练掌握 Python 编程中的 print() 函数进行基本数据的输出处理。通过任务实施，学会将所学知识应用到实际编程中，锻炼其实际编程思维和代码组织能力。

微课视频

任务 1.3：构建个人简历

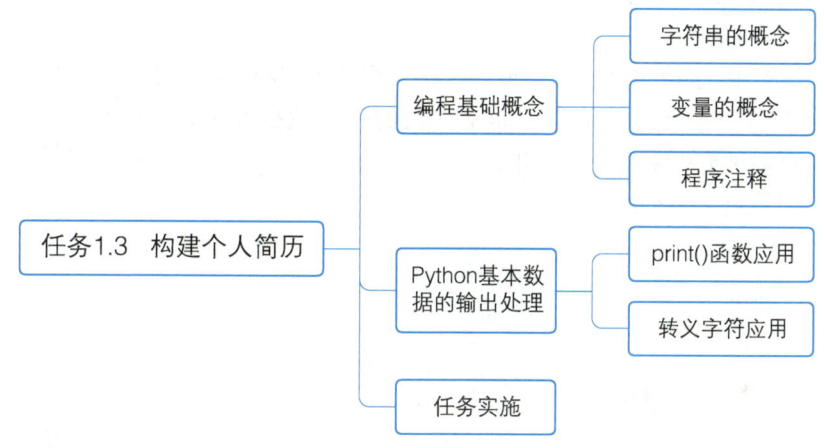

任务描述

本任务将构建个人简历，将编程知识应用于解决实际问题。学习编程中的基础概念，包括字符串、变量的概念及程序注释的重要性，了解如何表示和操作文本数据、如何存储和使用数据，掌握如何编写可读性强的代码。深入学习 Python 的基本数据输出处理。通过 print() 函数的应用，将数据输出到控制台。同时，探索转义字符的应用，了解如何处理字符串中的换行、制表符等特殊字符。任务效果如下：

```
***************************************************
    姓  名    张三
    年  龄    18
    手机号    17600001111
***************************************************
```

任务分析

(1) 新建"任务 1.3.py"代码文件。
(2) 使用关键信息生成相关变量。
(3) 文件内编写程序打印相关变量。
(4) 运行 Python 程序。

知识储备

一、编程基本概念

Python 以其简洁的语法和强大的功能著称,而掌握其基本概念,如字符串、变量和注释,是构建坚实编程基础的基石。

1. 字符串的概念

在 Python 中,字符串是由一个或多个字符组成的,这些字符可以是字母、数字、标点符号或其他符号。字符串是编程中非常常见的一种数据类型,用于处理文本数据。在 Python 中,有多种方式来定义字符串。

(1) 单引号定义字符串。

```
'Hello, World! '
```

(2) 双引号定义字符串。

```
"Hello, World!"
```

(3) 三引号定义字符串。

```
'''Hello, World! '''
```

(4) 不同引号互相包裹。

```
"It's a beautiful day."
'She said, "Hello, World!"'
```

(5) 三引号定义多行字符串。这种方式非常适合定义包含多行文本的字符串。

```
"""
Twinkle, twinkle, little star,
How I wonder what you are.
Up above the world so high,
Like a diamond in the sky.
"""
```

2. 变量的概念

在 Python 中，变量是用来存储数据的容器。一个变量的名称就是一个标识符，它用于引用内存中存储的值。Python 是一种动态类型语言，因此不需要显式声明变量的数据类型，它会根据值自动推断数据类型。

变量的创建通过赋值号实现。

```
a = "a"
```

以下是有关 Python 变量的一些重要信息：

有效的标识符字符包括大写字母 A 至 Z、小写字母 a 至 z、下划线_和数字 0 至 9。但标识符不能以数字开头。

Python 有一些保留字（或称为关键字），它们具有特殊的含义，不能用作普通标识符。例如，关键字包括 if、else、for、while 等，如下所示。标识符的拼写必须与关键字完全一致，不能用作变量名。

```
False     await     else      import    pass      None      break     except
in        raise     True      class     finally   is        return    and
continue  for       lambda    try       as        def       from      nonlocal
while     assert    del       global    not       with      async     elif
if        or        yield
```

标识符在 Python 中用于识别特定的对象，可以是类名、函数名、模块名或变量名。在编程中，合理选择有意义的标识符对于代码的可读性和维护性非常重要。

> **小提示** 标识符是用来识别特定对象的名称。在 Python 中，变量名是其中一种标识名，后面还会学到函数名、类名、模块名。

3. 程序注释

在 Python 编程中，注释是代码中的重要组成部分，用于解释代码的功能、目的和实现方式，帮助开发者更好地理解代码。Python 中的注释有两种形式：单行注释和多行注释。

(1) 单行注释。使用#符号来标记单行注释。Python 解释器会忽略#后面的所有内容,示例如下。

```
# 这是一个单行注释
x = 5  # 这里给变量 x 赋值为 5
```

(2) 多行注释。Python 本身没有直接支持多行注释的语法,但通常使用三个双引号(""")或三个单引号(''')来实现类似多行注释的效果。这种方式实际上是创建了一个多行字符串,但在代码中不将其赋值给任何变量,因此这个字符串不会被执行,从而达到了注释的效果,示例如下。

```
'''
这是一个多行注释的示例。
可以在这里写下多行文字来解释代码的功能或目的。
'''
y = 10 # 这里给变量赋值为 10
```

> **小提示** 注释在编程中扮演着至关重要的角色。通过添加注释,其他开发者能够更容易地理解代码的逻辑和原作者的意图,从而提高了代码的可读性。在长期的代码维护过程中,注释也起到了关键的作用,它能帮助开发者迅速回忆起代码的功能及其实现方式,进而提升维护的效率。特别是在团队项目中,清晰明了的注释更便于团队成员间的协作,使得大家能更好地理解彼此的工作思路。注释需要遵循一定的约定俗成:首先,注释内容应当简洁且明确,避免过于冗长或模糊不清的描述;其次,建议在函数或类的起始处添加文档字符串,对其功能、参数及返回值进行简要说明;再者,注释应与代码保持高度同步,防止两者出现错位;最后,编写注释时应客观描述,不包含个人情绪。

二、基本数据的输出处理

1. print() 函数的应用

print() 函数主要的用途是在控制台或命令行界面输出信息。在 Python 中,print() 函数被用来输出一个或多个对象到标准输出设备(如屏幕)。print() 函数可以接受任何类型的对象。

以下是一些使用 print() 函数的例子:

```
print("Hello, World!")
name = 'Hello, World! '
print(name)
```

运行结果:
Hello, World!
Hello, World!

知识之窗

"Hello, World!"程序在计算机科学中有着悠久的历史,它的起源可以追溯到1978年,由 Brian Kernighan 和 Dennis Ritchie 在他们的经典作品《The C Programming Language》中首次引入。这个简单的程序被设计为演示如何在 C 语言中进行基本的输出。从那时起,"Hello, World!"程序就演变成了学习新编程语言第一步的传统,它提供了一个简单的方式来验证编程环境是否已经正确设置,同时也给初学者提供了一个简单的入门,让他们能够看到自己编写的代码已经产生了实际的输出。因此,无论是在线下授课还是线上教学中,"Hello, World!"都常常是指导初学者编写的第一个程序。

2. 转义字符的应用

在 Python 中,转义字符可以用来表示一些特殊字符或符号。它们以反斜线\开始,后面跟着一个字符,用于描述特定的含义。Python 中常用的转义字符见表 1-2。

表 1-2 Python 中常用的转义字符

符号	描述	符号	描述
\\	反斜线符号	\'	单引号
\'	单引号	\a	响铃
\b	退格(Backspace)	\f	换页
\n	换行	\r	回车
\t	横向制表符	\v	纵向制表符
\0nn	由八进制数 nn 表示的字符	\xnn	由十六进制数 nn 表示的字符
\unnnn	由十六进制数 nnnn 表示的 Unicode 字符	\Uhhhhhhhh	由十六进制数 hhhhhhhh 表示的 Unicode 字符

这些转义字符使得在字符串中插入特殊字符、执行格式化和控制文本布局变得更加便捷。

例如,如果想在字符串中插入一个双引号,但不想结束字符串,可以使用\"。如果想插入一个换行符,可以使用\n。

```
print("\t Hello,World!")
```

运行结果：

Hello, World!

转义字符是 Python 字符串处理的重要工具，广泛应用于文本处理、编程等领域。无论是编写代码还是处理文本数据，了解和灵活运用这些转义字符都能提高工作效率。

任务实施

可以通过以下四个步骤完成任务要求。
(1) 新建"任务 1.3.py"代码文件。
(2) 使用关键信息生成相关变量。
(3) 文件内编写程序打印相关变量。
(4) 运行 Python 程序。

步骤一：打开 VS Code 软件，在"项目 1"文件夹内新建"任务 1.3.py"Python 代码文件。

步骤二：在文件内创建姓名、年龄、手机号等变量，并进行赋值，代码如下。

```
name = "张三"
age = "18"
Phone = "17600001111"
```

步骤三：使用 print() 输出函数，打印以上信息的字段，并且运用转义字符进行对齐操作，代码如下。

```
print("姓    名\t",name)
print("年    龄\t",age)
print("手机号\t",Phone)
```

步骤四：使用快捷键 Ctrl+S 保存代码，单击运行按钮，运行程序。

运行结果如下所示。

姓   名   张三
年   龄   18
手机号   17600001111

任务小结

在"构建个人简历"任务中，成功地将编程知识运用于实际问题的解决过程中。通过此任务，深入学习了编程中的几个基础概念，并对 Python 的基本数据输出处理有了更进一步的了解。在深入学习Python的基本数据输出处理方面,通过实践掌握了print()函数的应用,能够熟练地将数据输出到控制台。同时,探索转义字符的应用,进一步增强了对字符串的处理能力。通过任务1.3的实践与学习,不仅巩固了编程基础知识,还提升了解决实际问题的能力,为未来的编程学习和职业发展奠定了坚实基础。

项目1综合实战

 实战描述

源代码下载

项目1综合实战

本项目展示了如何利用Python编程中打印输出函数、变量、字符串的应用等基础知识有效地组织和展示个人简历的关键信息。代码通过定义关键信息的变量来存储姓名(name)、年龄(age)和电话号码(Phone)。这些变量被赋值为特定的字符串,以便于后续的引用和输出。为了增强信息的可读性和结构感,采用了字符串复制的方式,使用"*"*50来打印由50个星号组成的外框线。通过本项目实践的过程,将培养逻辑思维与解决问题的基本能力,这对于后续更加深入地编程学习和探索,具有重要的启蒙和铺垫作用。运行结果如下所示。

```
**************************************************
* *姓名:张三
* *年龄:18 岁
* *电话:17600001111
* *教育背景:
        北京大学,计算机科学与技术,本科
**************************************************
```

实战分析

(1)使用关键信息生成相关变量。
(2)使用字符串复制方式打印外框。
(3)使用字符串拼接方法打印基本信息。
(4)自行增加简历信息。

项目实施

操作演示

项目1综合实战

 知识之窗

在Python中,可以使用+运算符进行字符串拼接,同时也可以使用*运算符进行字符串复制。

＋运算符：用于将两个或多个字符串拼接在一起，实现字符串的连接。例如：

```
str1 = "Hello"
str2 = "World"
result = str1 + " " + str2
print(result)
```

运行结果：
```
Hello World
```
＊运算符：用于将一个字符串重复指定的次数，实现字符串的复制。例如：

```
str1 = "Hello"
result = str1 * 3
print(result)
```

运行结果：
```
HelloHelloHello
```
步骤一：在文件内创建姓名、年龄、手机号等变量，并进行赋值，代码如下：

```
name = "张三"
age = "18"
Phone = "17600001111"
```

步骤二：使用字符串复制的方式打印出简历的外边框，代码如下：

```
print(" * " * 50)
print(" * " * 50)
```

步骤三：在外边框内部，使用字符串拼接的方式打印基本信息，代码如下：

```
print(" * * 姓名：" + name)
print(" * * 年龄：" + age + "岁")
print(" * * 电话：" + Phone)
```

步骤四：输入其他信息完善简历，这里以教育背景为例，在简历内添加教育背景等信息，代码如下：

```
print(" * * 教育背景：")
print("\t 北京大学,计算机科学与技术,本科")
```

 项目小结

本项目通过设计向世界介绍自己的 Python 程序,讲解 Python 编程软件的配置与简单输入输出语句的使用,以此实现个人信息与简历的自动化生成与展示。通过本项目的学习,不仅有助于提升逻辑思维与技术整合能力,而且可以引导深入思考如何以结构化、精准化的方式进行自我表达,进而增强信息组织与语言表达能力。

通过本项目的实践,学习者不仅提升了编程能力,而且在实现自动化输出个人简历的过程中,学会了如何更有效地组织和表达个人信息,这无疑也是沟通能力的一种提升。本项目成功地将沟通与编程相结合,为学习者提供了一个既实用又富有挑战性的学习体验。

项目1拓展　美化个人简历

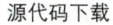
源代码下载

项目拓展描述

在本项目中,初步探索了 Python 编程的基础知识,包括 print() 输出函数、字符串的拼接与赋值,以及变量赋值等关键概念。在前面学习的知识点的基础上,对个人简历进行进一步的完善,以展示更丰富的个人信息,至少包含个人基本信息、学历信息和工作经历等内容。利用 print() 函数将完善后的个人简历输出到控制台中。

项目1拓展案例

通过结合本项目所学的 Python 编程知识点,创建一份包含个人基本信息、学历信息和工作经历等内容的详细个人简历。

项目拓展效果展示

```
**************************************************
                  个人简历
**************************************************
* * 姓名：张三
* * 年龄：18 岁
* * 电话：17600001111
教育背景：
          ××大学,计算机科学与技术,本科
          ××大学,计算机科学与技术,硕士
```

工作经历：
　　　　2015—2018 年，××公司，软件工程师
　　　　2018 年至今，××公司，高级软件工程师
　　**

课 后 练 习

一、选择题

1. Python 中打印输出的函数是什么？（　　）
   A. echo（）　　　B. output（）　　　C. print（）　　　D. display（）
2. 在 Python 中，以下哪个是正确的字符串定义方式？（　　）
   A. 'Hello, World! '　　　　　　　　B. "Hello, World! '
   C. 以上 A 和 B 选项均正确　　　　　D. 以上 A 和 B 选项均不正确
3. 在 Python 中，以下哪个选项是合法的变量名？（　　）
   A. 1st_variable　　　　　　　　　　B. variable-name
   C. variableName　　　　　　　　　 D. $variabl
4. 在 Python 中，以下哪个是正确的变量赋值方式？（　　）
   A. x＝10　　　B. 10＝x　　　C. x—＞10　　　D. 10—＞x
5. 以下 Python 代码中，变量 result 的值是什么？（　　）
   ```
   str1 = "Hello, "
   str2 = "World!"
   result = str1 + str2
   ```
   A. "Hello, "　　　　　　　　　　　B. "World!"
   C. "Hello, World!"　　　　　　　　 D. "World! Hello, "

二、程序设计题

1. 编写一个 Python 程序，输出一首古诗词，要求带有古诗词的格式。
2. 编写一个 Python 程序，设计输出个人的成绩单。

项目 2

开发温度转换小程序

导读

本项目将深入探索 Python 编程语言的核心概念和数据类型，通过温度转换小程序这一具体项目案例，介绍整数(int)、浮点数(float)、字符串(str)、元组(tuple)等基础数据类型在数据处理和程序逻辑中的使用，通过历史记录管理等项目需求，学习这些数据类型在存储和操作数据序列中的应用。

项目描述

2023年5月30日，搭载神舟十六号载人飞船的长征二号运载火箭在酒泉卫星发射中心发射升空。当这艘宇宙之舟踏入浩渺无垠的外太空时，为确保航行的精准与安全，必要的温度调控措施随之启动，以确保飞船内部环境的稳定与舒适。

本项目设计一款温度转换小程序，实现温度信息的数据类型转换，将输入的摄氏温度转换为华氏温度，并以易读的字符串形式输出。同时，需要设计一个历史记录系统，保存转换结果，并允许用户根据时间查询历史温度转换数据，实现效果如下所示。

请输入当前环境的温度(℃)：
22
请输入当前日期(格式：2025-04-25)：
2025-05-06
当前环境温度为22℃
正在换算华氏温度，请稍等……
当前环境温度为71.60°F
('2023-10-10', '5℃', '41°F', '2023-12-20', '-3℃', '26.6°F', '2024-05-17', '12℃', '53.6°F', '2024-07-09', '8℃', '46.4°F', '2025-05-06', '22.0℃', '71.6°F')

项目 2　开发温度转换小程序

思维导图

- 项目2　开发温度转换小程序
  - 任务2.1　输出不同单位的温度
  - 任务2.2　转换温度单位
  - 任务2.3　模拟温度转换器
  - 任务2.4　记录与查询历史数据
  - 项目2综合实战
  - 项目2拓展　设计高精度温度转换器

项目目标

1. 能力目标
（1）能够准确识别和区分数字类型与字符串类型的变量。
（2）灵活运用数字类型和字符串类型的操作和方法进行编程。
（3）具备根据实际需求，创建和定义适用的元组类型的能力。
（4）会使用索引、切片等手段访问元组中的元素，灵活应用元组于编程中。

2. 知识目标
（1）掌握Python数字类型和字符串类型的基本概念及其编程应用。
（2）了解数字类型和字符串类型的特征、表示方法，以及相互之间如何转换和应用。
（3）熟悉元组在实际编程中的应用场景，了解其基本概念、特性及创建、访问和操作方法。

3. 素养目标
（1）培养遵循Python编程规范的良好编程习惯。
（2）通过提升逻辑思维能力，能够设计出适用的数字和字符串类型的解决方案。
（3）通过解决实际问题，培养沟通能力和自主学习能力，增强创新能力和合作精神。

任务 2.1　输出不同单位的温度

微课视频
任务2.1：输出不同单位的温度

任务目标

本任务的核心目标是通过编写输出不同单位温度的程序，培养Python编程技能，深入理解并掌握 Python 中的数字数据类型及其操作知识,培养学生实践操作与问题解决意识。本任务将全面介绍数字数据类型的概念、数字类型的分类、数字运算符等知识点,帮助学生掌握这些知识点的基本用法和在实际编程中的重要作用。

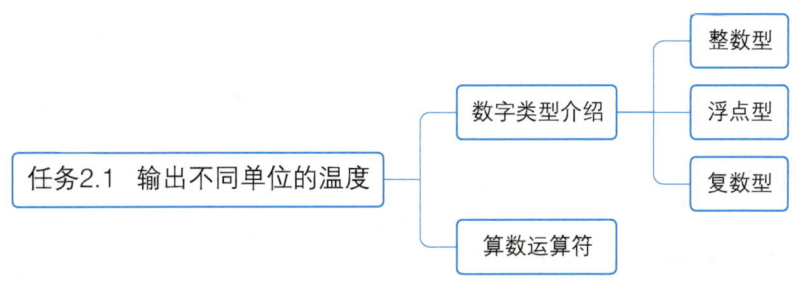

任务描述

在不同的历史阶段,人类发明了各种表达温度的单位。例如,1714 年英国物理学家引入华氏温标;1731 年法国物理学家提出列氏温标;1742 年瑞典天文学家确立摄氏度作为温度单位。直到 1848 年,英国物理学家提出了热力学温标的概念,以开尔文作为温度的度量单位。随着科学技术的不断进步,摄氏度和开尔文逐渐成了国际上广泛认可并使用的温度单位。为了方便进行不同温度单位之间的转换,设计一款 Python 程序,该程序利用 Python 中的数字类型(特别是整数和浮点数)来转换不同温度单位的温度并进行输出。任务效果如下所示。

当前温度的摄氏度为:32.5
当前温度的华氏度为:90.5
当前温度的开氏度为:305.65
当前温度的列氏度为:26.0

任务分析

(1) 设定初始温度(摄氏度)并且打印作为提示信息。
(2) 将摄氏度信息的数据类型转换为浮点数型数据。
(3) 使用算数运算符将摄氏度信息转换为其他温度单位。
(4) 使用输出语句以字符串的形式将转换后的温度信息进行打印输出。

知识储备

一、数字类型介绍

数字类型是数据类型的一种,在 Python 中,数字类型主要包括整数(integer)、浮点数(float)和复数(complex)等。与其他编程语言不同,Python 编程语言在定义变量时无须

事先声明变量类型,但可以使用 type()函数来判断变量类型。例如,如下代码:

```
a = 1
b = 2.2
print(type(a))
print(type(b))
```

运行结果:

< class 'int' >

< class 'float' >

1. 整数型

整数型又称为整型,用于表示不含小数部分的整数的数据类型,Python 整型支持的最大值和最小值取决于系统的整数类型。在 32 位系统中,整型的数值范围为 —2147483648 到 2147483647,64 位系统中的整型数值范围更大。

整数类型通常用十进制的类型来表示。整数类型可以分为下面几种。

(1) 十进制整数,如 0、—5、22。

(2) 十六进制整数,使用 0、1、2、3、4、5、6、7、8、9、a、b、c、d、e、f 来表示整数,以 0x 开头,如 0x5、0xd、0xbdf。

(3) 八进制整数,使用 0、1、2、3、4、5、6、7 八个数字来表示整数,以 0o 开头,如 0o22、0o63。

(4) 二进制整数,使用 0、1 两个数字来表示整数,以 0b 开头,如 0b11、0b10010。

在 Python 编程中,若需将其他数据类型的数字(如浮点型数字、字符串等)转换为整数类型,可以使用内置的 int()函数。如下代码所示:

```
pai = 3.14
int_pai = int(pai)
print(int_pai)
print(type(int_pai))
```

运行结果:

3

< class 'int' >

> ☕ **注意事项**　在使用该函数时,如果字符串包含非数字字符或浮点数,int()函数将引发 ValueError 异常,如果浮点型数字存在小数点则会将小数点直接舍弃。

2. 浮点型

浮点型是一种用于表示实数的数据类型,包括小数和科学计数法表示的数。

浮点型有两种表示形式:一种是小数的表示形式,例如3.14、0.314等;另一种是指数的表示形式,例如3.14e-2,3.14e-3等。

浮点型在计算机内部存储时采用科学计数法表示,因此存在四舍五入误差。例如,在数学中,0.1+0.2等于0.3,但在计算机中,由于浮点数的精度问题,0.1+0.2可能等于0.30000000000000004。当出现这种情况时,可以使用round()函数进行四舍五入取整。round()函数会在项目4中详细讲解。

在Python编程中,若需将其他数据类型的数字转换为浮点类型,可以使用内置的float()函数。如下代码所示:

```
h = 2
float_h = float(h)
print(float_h)
print(type(float_h))
```

运行结果:

```
2.0
< class 'float' >
```

3. 复数

复数在Python数据类型中是一种特殊的数,由实部和虚部组成。在数学上,复数可以表示为$a+bi$的形式,其中a是实部,b是虚部,i是虚数单位(满足$i^2=-1$)。在Python中,可以使用j作为虚部标识,例如:3+4j。

复数在科学计算、工程和数学等领域具有广泛的应用,例如线性代数、微积分、信号处理等。在Python中,使用NumPy和SympY等库可以方便地进行复数运算和处理。

二、算数运算符

运算符是编程语言中用于执行特定操作的符号,在Python中,运算符分为算数运算符、关系运算符、逻辑运算符、赋值运算符和位运算符,和其他大多数语言一样遵循运算符的优先级。

算数运算符主要用于执行基本的算数运算,Python中的算术运算符见表2-1。

表2-1 算数运算符

符号	功能	描述
+	加	两数相加
-	减	两数相减
*	乘	两数相乘

续表

符号	功能	描述
/	除	两数相除
//	整数除	两数相除,取整数
%	取余	两数相除,取余数
**	幂运算	x**y 即 x 的 y 次幂,当 y 小于 0 时,即为开方运算

算术运算符示例如下:

```
num_1 = 9
num_2 = 4
print(num_1 + num_2) # 加法 结果：13
print(num_1 - num_2) # 减法 结果：5
print(num_1 * num_2) # 乘法 结果：36
print(num_1/num_2) # 除法 结果：2.25
print(num_1//num_2) # 整数除 结果：2
print(num_1 % num_2) # 取余 结果：1
print(num_1 ** num_2) # 幂运算（9*9*9*9）
```

运行结果:
13
5
36
2.25
2
1
6561

任务实施

可以通过以下四个步骤完成任务要求。
(1) 设定初始温度(摄氏度)并且打印作为提示信息。
(2) 将摄氏度信息的数据类型转换为浮点数型数据。
(3) 使用算数运算符将摄氏度信息转换为其他温度单位。
(4) 使用输出语句与字符串格式化将转换后的温度信息进行打印输出。

任务 2.1 输出不同单位的温度

步骤一：设定一个变量 c 作为初始温度（用摄氏度表示），并且进行打印作为提示信息展示。

```
c = 32.5
print("当前温度的摄氏度为：",c)
```

步骤二：为了程序的严谨性，将初始温度（用摄氏度表示）设置为浮点型数据类型。

```
c = float(c)
```

步骤三：使用算术运算符进行温度的换算，将摄氏度转化为华氏度、开氏度以及列氏度。

```
f = 9/5 * c + 32
k = c + 273.15
re = 4/5 * c
```

步骤四：将换算完成的不同单位温度通过打印输出函数 print() 输出到屏幕上。

```
print("当前温度的华氏度为：",f)
print("当前温度的开氏度为：",k)
print("当前温度的列氏度为：",re)
```

运行结果如下所示：
当前温度的摄氏度为： 32.5
当前温度的华氏度为： 90.5
当前温度的开氏度为： 305.65
当前温度的列氏度为： 26.0

任务小结

在这次 Python 编程任务中，重点探讨了数字类型在实际编程中的应用，通过输出不同单位温度的小程序实现了温度从摄氏度到各温度单位的转换。这一过程有效地利用了整数变量与浮点数变量的特点，最终输出转换结果，向用户提供清晰的温度信息。此次任务不只加深了对 Python 中数据类型的理解，也增强了解决现实问题的技能。

任务 2.2 转换温度单位

任务2.2：转换温度单位

任务目标

本任务的核心目标是通过编写转换温度单位的程序,培养 Python 编程技能,深入理解字符串数据类型的关键知识点,培养实践操作与问题解决意识。任务将涵盖字符串数据类型介绍、字符串数据类型的输入,以及一系列字符串数据类型的常用方法等,确保能够熟练掌握这些基础概念的运用,并理解在实际编程场景中的核心价值和重要性。

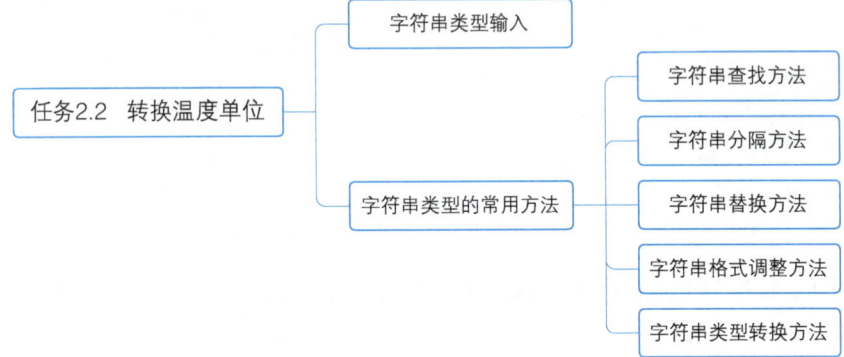

任务描述

在该任务中,学习如何接收用户输入的字符串数据,并理解字符串在程序中的重要性。学习如何使用字符串的查找方法来确定特定字符或子字符串在字符串中的位置;通过字符串分隔方法,能从解析输入的字符串中提取出有用的数据片段。最终,将完成一个能够接收用户输入、进行温度转换并输出结果的程序。这不仅锻炼了对字符串操作的掌握,也提高了解决实际问题的能力。通过本任务,将更深入地理解字符串在编程中的应用,并为今后更复杂的编程挑战打下坚实的基础。任务效果如下所示。

```
**************************************************
请输入当前温度(摄氏度):22
********************温度单位转换********************
**************************************************
********************摄氏度:22**********************
********************华氏度:71.6********************
**************************************************
**************************************************
```

任务分析

（1）在屏幕上呈现提示信息并且请求用户输入当前温度（摄氏度）。
（2）利用数据转换将输入的温度信息转换为浮点型。
（3）使用数字运算符将摄氏度信息转换为华氏度信息。
（4）使用输出语句与字符串格式化将转换后的温度信息进行打印输出。

知识储备

一、字符串类型输入

在 Python 编程语言中，input()函数是一个用于接收用户输入的函数，可以接收多种输入类型。input()函数的语法如下：

```
input(prompt)
```

其中，prompt 是一个可选参数，用于显示给用户看的提示信息。如果省略 prompt，则默认显示一个空格作为输入提示。

当调用 input()函数时，程序会暂停执行，等待用户输入。用户输入的内容将作为一个字符串返回。例如，如下代码：

```
age = input("输入年龄：")
print("请确认您的年龄：",age)
```

运行结果：
输入年龄：18
请确认您的年龄：18

二、字符串类型的常用方法

作为 Python 中常用的一种数据类型，字符串具有众多内置函数。

>  **小提示**　字符串在 Python 中被归类为不可变对象，这意味着内容在创建后不能被直接修改。因此，在本节所学习的带返回值方法中，并不是在修改原始字符串，而是在其基础上创建并返回一个新的字符串。这些方法不会改变原始字符串的值，而是生成其变换后的新版本。

1. 字符串查找方法

字符串查找方法有 find()、rfind()、index()、rindex()、count()等几种方法，常用的字

符串查找方法见表 2-2。

表 2-2 字符串查找方法

方法	语法	说明
find()	str.find(strs, start, end)	查找 strs 是否包含在 str 中,如果有则返回 strs 首次出现的索引下标,否则返回-1;start、end 参数可选,表示范围
rfind()	str.rfind(strs, start, end)	用法与 find()方法一致,不同的是如果 str 中存在子字符串 strs,则返回 strs 最后出现的索引下标
index()	str.index(strs, start, end)	查找 strs 是否包含在 str 中,如果有返回 strs 首次出现的索引下标,否则将抛出一个 ValueError 的异常;start、end 参数可选表示范围
rindex()	str.rindex(strs, start, end)	用法与 index()方法一致,不同的是如果 str 中存在子字符串 strs,则返回 strs 最后出现的索引下标
count()	str.count(strs, start, end)	返回 strs 在 str 字符串中出现的次数;start、end 参数可选表示范围

下面代码简单演示字符串查找方法的使用:

```
# 本节课程内的字符串操作方法都基于此字符串
str1 = '张三对生物学充满了热情。但是,传统的生物学方法有局限性。因此,她选择学习Python,因为Python有着广泛的应用。她希望能通过Python来解决问题。'
print(str1.find("Python"))
print(str1.find("Python",5,10)) # 在下标5-10之间查找 不存在返回-1
print(str1.rfind("Python"))
print(str1.index("Python"))
print(str1.rindex("Python"))
print(str1.count("Python"))
print(str1.index("P-Python")) # 不存在-抛异常 ValueError
```

运行结果:

38

-1

68

38

68

3

ValueError:substring not found（不存在的数据会抛出异常导致程序终止）

> **课堂思考**
>
> find()方法和 index()方法的区别。

虽然两个方法都是字符串的查找方法,并且都会返回子字符串出现的位置,但是find()方法在没有找到子字符串时会返回-1,而 index()方法则会抛出异常(报错)。

2. 字符串分隔方法

字符串的分隔方法有 split()、rsplit()、partition()、rpartition()等几种方法,常用的字符串分隔方法见表 2-3。

表 2-3 字符串分隔方法

方 法	语 法	说 明
split()	str.split(strs,num)	以空白字符分隔字符串 str,以列表形式返回;如果 strs 有参数,则以 strs 进行分隔字符串 str;如果 num 有参数,则进行分隔 num 次,返回 num+1 个字符串
rsplit()	str.rsplit(strs,num)	用法与 split()一致,不同的是分隔时从字符串尾端开始分隔
partition()	str.partition(strs)	以首次出现的 strs 为分隔符进行分隔,以元组形式返回;将字符串分割为三部分,包括 strs 前面的字符串,strs,strs 后边的字符串
rpartition()	str.rpartition(strs)	用法与 partition()方法一致,不同的是以最后出现的 strs 为分隔符进行分隔字符串 str

下面代码简单演示字符串分隔方法的使用:

```
print(str1.split("Python"))
print(str1.rsplit("Python",2))  # 从后向前分隔两次
print(str1.partition("Python"))
print(str1.rpartition("Python"))  # 从后向前分隔
```

运行结果:

['张三对生物学充满了热情。但是,传统的生物学方法有局限性。因此,她选择学习',',因为','有着广泛的应用。她希望能通过','来解决问题。']

['张三对生物学充满了热情。但是,传统的生物学方法有局限性。因此,她选择学习Python,因为','有着广泛的应用。她希望能通过','来解决问题。']

('张三对生物学充满了热情。但是,传统的生物学方法有局限性。因此,她选择学习',

'Python', ',因为 Python 有着广泛的应用。她希望能通过 Python 来解决问题。')
('张三对生物学充满了热情。但是,传统的生物学方法有局限性。因此,她选择学习 Python,因为 Python 有着广泛的应用。她希望能通过', 'Python', '来解决问题。')

3. 字符串替换方法

replace()方法是字符串的替换方法,字符串替换方法见表 2-4。

表 2-4 字符串替换方法

方 法	语 法	说 明
replace()	str.replace(old, new, max)	将字符串 str 中的 old 字符串替换成 new 字符串,默认替换全部,如果 max 参数有赋值,则替换不超过 max 次

下面代码简单演示字符串替换方法的使用:

```
print(str1.replace("她","she"))
print(str1.replace("她","she",1)) # 替换不超过一次
```

运行结果:

张三对生物学充满了热情。但是,传统的生物学方法有局限性。因此,she 选择学习 Python,因为 Python 有着广泛的应用。she 希望能通过 Python 来解决问题。

张三对生物学充满了热情。但是,传统的生物学方法有局限性。因此,she 选择学习 Python,因为 Python 有着广泛的应用。她希望能通过 Python 来解决问题。

> **小提示** replace(old, new, max)方法在替换过程中,严格遵循不超过 max 次替换的原则。具体来说,当原字符串中 old 字符出现 2 次,而 max 值为 5 时,实际替换次数仅为 2 次。这一操作不会超过设定的 max 次数,同时也不会引发异常。

4. 字符串格式调整方法

center()、ljust()、rjust(),这三个方法用于返回指定宽度的新字符串,原字符串居中、左对齐或右对齐出现在新的字符串之中。相关说明见表 2-5。

表 2-5 字符串格式调整方法

方 法	语 法	说 明
center()	str.center(width, fillchar)	返回一个指定宽度 width 的字符串。若原始字符串的宽度小于 width,则剩余的空间将使用字符 fillchar(默认为空格)进行填充,以确保返回的字符串达到所需的宽度。相反,如果 width 小于原始字符串的宽度,函数将直接返回原始字符串,不做任何更改

续　表

方　法	语　法	说　明
ljust()	str.ljust(width, fillchar)	用法与center()相似,不同的是返回的字符串中原字符左对齐,而不是居中对齐
rjust()	str.rjust(width, fillchar)	用法与center()相似,不同的是返回的字符串中原字符右对齐

下面代码简单演示center()、ljust()、rjust()方法的使用:

```
str1 = "张三对生物学充满了热情"
print(str1.center(20,'*'))
print(str1.ljust(20,'-'))
print(str1.rjust(20,'+'))
```

运行结果:

* * * * 张三对生物学充满了热情 * * * *

张三对生物学充满了热情 - - - - - - - -

+ + + + + + + + 张三对生物学充满了热情

5. 字符串类型转换方法

数据类型转换在处理来自不同数据源的输入或需将数据适配至特定函数和方法时尤为重要。除了之前提到的字符串常用操作方法,Python还提供了许多字符串数据类型转换内置函数,本节将重点介绍int()、float()、str()以及eval()这四种函数。

int():将一个数值或字符串转换为整数,或者将一个浮点数转换为整数(通过截断小数部分)。

```
str1 = int("12") # 字符串转整数类型
print(type(str1))
print(int(3.14)) # 将浮点型转为整数型,去小数点
```

运行结果:

< class 'int' >

3

float():将一个数值或字符串转换为浮点数。

```
a = float("3.414") # 字符串类型转浮点类型
b = float(6) # 整数型转浮点型
print(a)
print(b)
```

项目 2　开发温度转换小程序

运行结果：
3.414
6.0

str()：将一个数值或者浮点数转换为字符串类型。

```
x = str(3) #  x 现在是 '3'
y = str(3.14) #  y 现在是 '3.14'
```

eval()：内置函数 eval() 把任意字符串转化为 Python 表达式并求值。

```
result = eval("5 + 3")
print(result)
x = 10
y = 20
result = eval("x * y")
print(result)
```

运行结果：
8
200

任务实施

可以通过以下四个步骤完成任务要求。
（1）在屏幕上显示提示信息并且请求用户输入当前的温度（摄氏度）。
（2）利用数据转换将输入的温度信息转换为浮点型。
（3）使用数字运算符将摄氏度信息转换为华氏度信息。
（4）使用输出语句与字符串格式化将转换后的温度信息进行打印输出。

步骤一：在屏幕上显示提示信息"请输入当前环境的温度（℃）："，接收用户输入的温度数据并存储于变量 centigrade 中。

```
print("请输入当前环境的温度（℃）：")
centigrade = input()
print("当前环境温度为%s 摄氏度"%centigrade)
```

步骤二：进行温度单位的换算。将字符串类型的变量转化为浮点类型，以确保后续计算的准确性。随后，利用转换后的浮点数值进行摄氏度与华氏度之间的换算。

> **小提示** 华氏度＝摄氏度＊1.8＋32
> ```
> print("正在换算华氏度,请稍等......")
> centigrade = float(centigrade)
> ```

步骤三：使用数字运算符将摄氏度信息转换为华氏度信息。

```
Fahrenheit = centigrade * 1.8 + 32
```

步骤四：打印换算完成的华氏度（保留两位小数）。

```
print("当前环境温度为%.2f 华氏度"%Fahrenheit)
```

·课堂讨论·

请各位在小组内展开讨论，共同探讨本任务可能的解决方案有几种，并提出小组所倾向的解决方案。在交流过程中，鼓励大家充分发表意见，集思广益，以期找到最佳解决路径。

任务小结

在本次 Python 编程任务中，探讨数字类型（特别是整数和浮点数）与字符串类型数据在温度单位转换中的关键应用。通过设计一个程序，成功实现了接收用户输入的摄氏度并将其转换为对应的华氏度。在此过程中，充分利用了整数和字符串类型变量的特性，确保了数据的准确处理和转换。最终，程序以字符串的形式打印输出了转换结果，为用户提供了直观的温度信息。本次任务不仅加深了对 Python 数据类型的理解，还提升了解决实际问题的能力。

任务 2.3　模拟温度转换器

任务目标

本任务的核心目标是通过模拟温度转换器程序，理解培养学生实践操作与代码优化

微课视频

任务2.3：模拟温度转换器

项目 2　开发温度转换小程序

意识,掌握字符串格式化技术,学会生成具有特定格式的字符串输出;理解格式字符和转义字符,熟悉格式化字符串时使用的格式字符和转义字符的语法和用途;区分字符串常量与可变字符串,了解在不同场景下何时使用字符串常量和可变字符串;实现温度转换逻辑,编写代码实现摄氏度和华氏度之间的转换;应用字符串操作于用户交互,通过格式化字符串与用户进行有效的交互,接收输入并显示结果;同时,通过恰当的字符串格式化,提高代码的可读性和专业性。

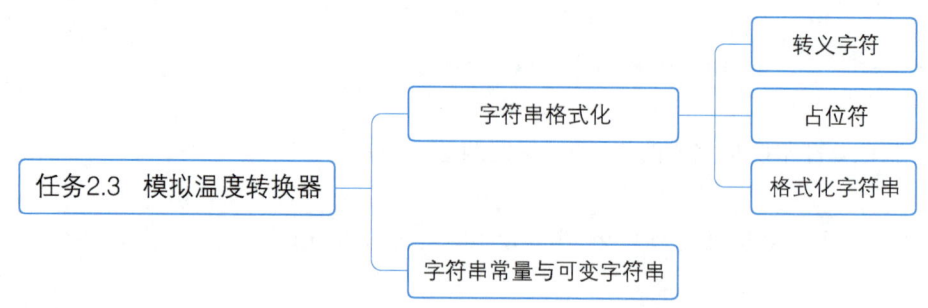

任务描述

在这个任务中,将开发一个能够模拟温度转换器功能的程序。学生需要学习字符串格式化的概念,探索转义字符的使用,这些字符允许在字符串中包含特殊字符或指示特定的格式化行为。例如,\n 代表换行,\t 代表制表符等。最终开发出一个完整的模拟温度转换器程序,该程序能够根据用户输入的摄氏度或华氏度,转换并显示对应的温度。通过本任务,不仅能够加深对字符串操作的理解,还能够提升解决实际问题的能力,为进一步的编程学习奠定坚实的基础。任务效果如下所示。

```
********************温度转换器********************
**请输入当前温度的摄氏度：32
********************开始温度转换********************
********************当前温度的华氏度为：89.60********************
********************当前温度的开氏度为：305.15********************
********************当前温度的列氏度为：25.60********************
********************温度转换结束********************
```

任务分析

(1) 初始化界面和请求用户输入摄氏度。
(2) 根据用户输入的值按照温度单位转换公式进行温度转换。
(3) 使用字符串格式化转换并打印转化结果。
(4) 使用输出语句将最后转换的信息打印输出。

 知识储备

一、字符串格式化

Python 格式化字符串主要涉及字符串的拼接、转义字符、格式字符、str.format() 以及 f-string（格式化字符串字面值）等，在先前的知识介绍中，已经详细讲解了字符串的拼接和部分转义字符。鉴于本项目的主要目标，此处不再赘述这些内容，值得注意的是，其余转义字符、格式字符、str.format() 以及 f-string（格式化字符串字面值）等的学习。

1. 转义字符

在之前的章节中提到过字符串中的某些特殊字符需要使用转义字符进行表示，其中 Python 中常用的转义字符见表 2-6。

表 2-6 转义字符

转义字符	说　明	转义字符	说　明
\n	换行符	\r	回车符
\t	制表符	\'	单引号
\b	退格符	\''	双引号
\f	换页符		

下面代码简单演示转义字符的使用：

```
str1 = "你好,\b 李四！"
print(str1)
```

运行结果：
你好李四！

2. 占位符

字符串格式化表达式用%表示，%符号之前的字符串为格式字符串，%符号之后是需要填入字符串中的实际参数，Python 支持许多占位符，常用的占位字符见表 2-7。

表 2-7 占位符

格式字符	说　明	格式字符	说　明
%s	字符串（采用 str() 的显示）	%d	整数
%r	字符串（采用 repr() 的显示）	%i	十进制整数

续 表

格式字符	说　明	格式字符	说　明
%c	单个字符	%f、%F	浮点数(默认保留六位小数)
%e	指数(基底写为 e)	%g	指数(e)或浮点数(根据显示长度)
%E	指数(基底写为 E)	%G	指数(E)或浮点数(根据显示长度)
%o	八进制整数	%x	十六进制整数

下面代码简单演示占位符的使用：

```
name = "李四"
age = 18
height = 183.5
print("我的名字是%s,我今年%d岁,我身高%fcm"% (name,age,height))
```

运行结果：

我的名字是李四,我今年18岁,我身高183.500000cm

> **注意事项**　在格式化浮点型数据时,%f 或%F 是默认保留六位小数的,可以通过"%m.nf"%x(m 为返回值的宽度,n 为要保留的小数,x 为要处理的数据)的方法进行修改保留的小数,代码如下：
>
> ```
> height = 183.5
> print("我身高%10.2fcm"% height)
> ```

运行结果：

我身高 183.50 cm

3. 格式化字符串

在 Python 中,format()函数是用于格式化字符串的一个方法。可以将指定的值替换到字符串中,从而生成一个新的字符串。format()函数的基本语法为：str.format(format_spec)。其中,format_spec 是一个格式化字符串,包含了要替换的值和相应的占位符。占位符使用大括号{}表示,可以包含属性名、索引(从 0 开始)、格式化操作符等。

下面代码简单演示 format()函数的基础使用方法：

```
name = "Macau"
area = "China"
# 不带字段
```

```
result1 = "My name is {},I am from {}。".format(name,area)
# 带数字编号
result2 = "My name is {1},I am from {0}。".format(area,name)
# 打乱顺序
result3 = "My name is {1},I am from {0},{0} {1}。".format(area,name)
print(result1)
print(result2)
print(result3)
```

运行结果：

My name is Macau,I am from China。
My name is Macau,I am from China。
My name is Macau,I am from China,China Macau。

> **注意事项**　在format()函数不带字段使用时{}和参数的个数必须匹配，否则会报错。

在format()函数的进阶使用方法中，占位符如何被替换取决于每个格式的说明符，格式说明符以":"作为前缀来表示。格式说明符如下：
- <（默认）左对齐、>右对齐、^中间对齐、=（只用于数字）在小数点后进行补齐。
- 取位数"{:4s}"、"{:.2f}"等

下面代码简单演示format()函数的进阶使用方法：

```
# 默认左对齐
print('{} in {}'.format('Macau','China'))
# 取10位左对齐,取10位右对齐
print('{:10s} in {:> 10s}'.format('Macau','China'))
# 取10位中间对齐
print('{:^10s} in {:^10s}'.format('Macau','China'))
# 保留2位小数
print('{} is {:.2f}'.format(1.123,1.123))
# 保留2位小数,右对齐,取10位
print('{0} is {0:> 10.2f}'.format(1.123))
# '%' - 百分数。
print('{:% }'.format(20))
```

运行结果：

Macau in China

```
Macau        in        China
Macau     in    China
1.123 is 1.12
1.123 is       1.12
2000.000000%
```

从 Python3.6 及以后的版本，引入了 f-string，含义与字符串的 format() 方法类似，但形式更加简洁。允许在字符串中嵌入变量、表达式等，从而实现字符串的动态生成。代码如下：

```
name = "Macau"
area = "中国"
print(f"我的名字是{name},我来自{area}。")
```

运行结果：
我的名字是 Macau,我来自中国。

二、字符串常量与可变字符串

字符串常量在 Python 中指的是不可变的字符串对象，通常用于表示文本信息。在 Python 中的标准库中定义了数字字符（string.digits）、标点符号（string.punctuation）、英文字母（string.ascii_letters）、大写字母（string.ascii_uppercase）、小写字母（string.ascii_lowercase）等常量，示例代码如下：

```
import string
print(string.digits)
print(string.punctuation)
print(string.ascii_letters)
print(string.ascii_uppercase)
print(string.ascii_lowercase)
```

运行结果：
0123456789
!"# $ % &'() * + , - ./:; < = > ? @ [\]^_`{|}~
abcdefghijklmnopqrstuvwxyzABCDEFGHIJKLMNOPQRSTUVWXYZ
ABCDEFGHIJKLMNOPQRSTUVWXYZ

在 Python 中，字符串被归类为不可变对象，这意味着不支持直接进行原地修改。若需要更改字符串中的值，必须创建一个全新的字符串对象。然而，对于那些确实需要能够原地修改的 Unicode 数据对象的情况，Python 提供了 io.StringIO 对象以及 array 模块作为替代方案。这些工具允许更灵活地处理字符串数据，并在需要时进行修改。将会在后续章节中深入探讨这些内容的详细用法和特性。

任务 2.3 模拟温度转换器

> 任务实施

可以通过以下四个步骤完成任务要求。
（1）初始化界面和请求用户输入当前温度的摄氏度。
（2）根据用户输入的值按照转换公式进行温度转换。
（3）使用字符串格式化转换并打印转化结果。
（4）使用输出语句将最后转换的信息打印输出。

步骤一：打印一条居中的标题来初始化界面，然后请求用户输入当前温度的摄氏度，并将其转换为浮点数存储在变量 c 中。如下：

```
print("温度转换器".center(45," * "))
c = float( input(" * * 请输入当前温度的摄氏度："))
```

步骤二：程序根据用户输入的摄氏度 c，计算出对应的华氏度 f、开氏度 k 和一个假设的列氏度 re。它们的关系如下：

```
f = 9/5 * c + 32
k = c + 273.15
re = 4/5 * c
```

步骤三：使用字符串格式化来创建包含转换结果的字符串（str1、str2、str3），并且使用 center 方法将这些字符串居中打印在屏幕上。如下：

```
print("开始温度转换".center(45," * "))
str1 = "当前温度的华氏度为:% .2f"% (f)
str2 = "当前温度的开氏度为:% .2f"% (k)
str3 = "当前温度的列氏度为:% .2f"% (re)
```

步骤四：打印获取到的元素信息。

```
print(str1.center(45," * "))
print(str2.center(45," * "))
print(str3.center(45," * "))
print("温度转换结束".center(45," * "))
```

运行结果：
******************* 温度转换器 *******************
 ** 请输入当前温度的摄氏度：36.5

项目2　开发温度转换小程序

```
************************开始温度转换************************
********************当前温度的华氏度为:97.70********************
********************当前温度的开氏度为:309.65********************
********************当前温度的列氏度为:29.20********************
************************温度转换结束************************
```

课堂讨论

请各位在小组内展开讨论,共同探讨本任务可能的解决方案有几种,并提出小组所倾向的解决方案。在交流过程中,鼓励大家充分发表意见,集思广益,以期找到最佳解决路径。

任务小结

通过本次编程任务的学习,掌握了字符串格式化的关键技术,学会了如何应用这些技术生成具有专业格式的输出,理解了格式字符和转义字符的语法与应用,掌握了在不同编程场景中使用字符串常量与可变字符串的区别。此外,通过编写代码实现了摄氏度和华氏度之间的转换逻辑,也提高了解决实际问题的能力。

任务2.4　记录与查询历史数据

任务2.4：记录与查询历史数据

任务目标

本任务的核心目标是通过记录与查询历史数据,掌握元组的创建方法、空元组的定义以及元组类型的基本操作,如索引和切片、使用 len() 函数获取长度、使用 count() 函数统计元素出现次数和使用 index() 函数查找元素位置。通过本次学习任务,应能够熟练运用这些操作来处理和分析元组数据。

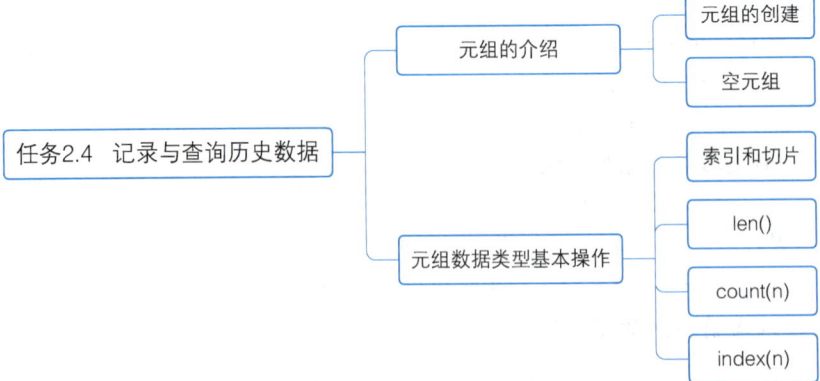

任务2.4 记录与查询历史数据

任务描述

我国古代就非常重视数据记录与查询。例如,商代早期的人口统计表册《卜辞》就记录了人口数量,显示了商代已有人口调查统计的表册。西周时期,通过采风制度收集民歌来观察社会民情,可以视为最早的社情民意调查。现在,随着技术的发展,数据记录与查询的方式也发生了变化。本任务,将探索学习数据的存储策略。通过元组这一高效工具,将确保信息得到妥善保存。这样的做法不仅极大地方便了后续的数据处理,而且能够随时回顾和查阅过往的转换记录,为学习和研究提供有力的支持。任务效果如下所示。

请输入您想要查询历史数据的具体时间(例如2025):2024
该时间的温度数据:8℃,46.4℉

任务分析

(1) 创建温度相关的元组,元组中包含时间、摄氏度、华氏度。
(2) 利用元组的查找方法,将用户输入的时间在元组中查找下标。
(3) 使用时间下标推断出对应的华氏度和摄氏度的下标并获取出对应温度。
(4) 使用打印输出函数将获取到的元素进行打印。

知识储备

一、元组的介绍

Python的元组(tuple)是一种基本的数据类型,是一种有序的、不可变的序列类型。这意味着一旦元组被创建,就不能再修改其内容。元组的使用非常灵活,可以在很多场景下替代列表(list)来使用,尤其是在需要保证数据不被修改的情况下。

元组与列表在形式上颇为相似,不过两者之间存在一个显著的差异:元组使用一对圆括号"()"来包含其所有元素,而非列表所采用的方括号"[]"。由于元组是不可变的,所以在某些场景下比列表更加高效。例如,在需要频繁访问但不需要修改的数据集合中,使用元组可以节省内存并提高性能。至于列表的更多细节与特性,将在项目3中做详尽的阐述。

元组的创建很简单,通常只需要用圆括号将元素括起来(圆括号是可选的),元素之间用逗号分隔,需要注意的是,如果元组中只有一个元素,需要在元素后面加上逗号,否则会被当作一个普通的数据类型,而不是元组。例如,如下代码:

```
name = ("张三",)  # 一个元素的元组
names = ("张三","王五","李四","赵六")  # 多元素元组
```

```
name1 = "张三","王五", # 不带括号的元组
print(type(name)) # 打印 name 的数据类型
print(names)
```

运行结果：

< class 'tuple' >

('张三', '王五', '李四', '赵六')

2. 空元组

在 Python 中，空元组是一个不包含任何元素的元组。就像空列表或空字典一样，空元组是一个长度为零的序列。可以通过多种方式创建一个空元组，但最常见的方法是使用一对空括号()，例如：empty_tuple = ()；或者使用 tuple() 函数，例如：empty_tuple = tuple()。

空元组在编程中有以下多种用途。

（1）作为函数的返回值：当函数需要返回一个元组但在某些情况下没有实际数据要返回时，可以返回空元组。

作为默认参数：在函数定义中，可以使用空元组作为默认参数，以确保参数总是一个元组，即使调用者没有提供任何值。

（2）作为数据结构的一部分：在一些数据结构中，可能需要使用空元组来表示没有子项或没有附加信息的情况。

（3）在条件语句中：可以使用空元组来检查序列是否为空，并根据结果执行不同的操作。

（4）作为占位符：在代码开发过程中，可能会先使用空元组作为占位符，稍后再填入实际的值。

> **注意事项** 尽管空元组在语法上是用一对空括号()表示的，但括号本身在 Python 中还有其他用途，比如改变运算的优先级。因此，在定义只有一个元素的元组时，需要在元素后面加一个逗号来避免歧义，例如 single_element_tuple = (1,)。但在定义空元组时，不需要逗号，直接使用()即可。

3. 元组数据类型的基本操作

元组支持索引和切片操作，通过这些操作可以访问元组中的元素。索引操作使用方括号和元素的索引值来获取元素，切片操作使用冒号和切片范围来获取元组中的一部分元素。示例代码如下：

```
names = ("张三","王五","李四","赵六")
print(names[0]) # 访问元组：打印元组下标为 0 的元素（即第一个）
print(names[1:3]) # 元组切片：打印下标 1 到下标 3 的元素（不包含下标 3）
```

运行结果：

张三

('王五', '李四')

元组还支持一些内置的函数和方法，如 len()：函数可以返回元组的长度；"+"操作符：可以将两个元组合并成一个新的元组；"*"操作符可以将一个元组重复指定的次数；count(n)：返回 n 在元组中出现的次数；index(n)：返回 n 第一次在元组中出现的下标。示例代码如下：

```python
names = ("张三","王五","李四","赵六")
nums = ("0","2","4")
print(len(names)) # 打印元组长度
print(names + nums) # 元组拼接
nums1 = nums * 3 # 元组重复
print(nums1) # 打印重复后的元组
print(nums1.count("0")) # 打印"0"在元组中出现的次数
print(nums1.index("2")) # 打印第一个"2"的下标
```

运行结果：
4
('张三', '王五', '李四', '赵六', '0', '2', '4')
('0', '2', '4', '0', '2', '4', '0', '2', '4')
0
1

课堂思考

元组在使用 count(n) 方法时，若元组中没有指定元素 n 返回什么内容？在使用 index(n) 时，元组没有元素 n 返回什么内容？

当元组在使用 count(n) 方法时，如果元组中没有出现指定的元素 n，该方法会返回 0，表示该元素在元组中的出现次数为零次。

另外，当使用 index(n) 方法在元组中查找元素 n 时，如果元组中不存在该元素，Python 会抛出一个 ValueError 异常，提示该元素不在元组中。这是因为 index(n) 方法预期元素 n 一定存在于元组中，并且会返回其首次出现的索引位置；如果找不到该元素，程序就会引发错误。

任务实施

(1) 创建温度相关的元组。

(2) 利用元组的查找方法,将用户输入的时间在元组中查找下标。
(3) 使用时间下标推断出对应的华氏度和摄氏度的下标并获取出对应温度。
(4) 使用打印输出函数将获取到的元素打印。

步骤一:温度转换的相关数据已被整理并存储于一个特定的元组中,这一元组详实地记载了过往每一次的温度转换记录。如下:

```
temperature_tuple = ("1226","5℃","41℉","0119","-3℃","26.6℉","0306","12℃","53.6℉","1024","8℃","46.4℉")
```

步骤二:需要用户输入查询关键字如日期1226(12月26日),来追溯和查看这些历史数据,根据用户输入的时间在元组内精准查找,定位到对应时间的下标。如下:

```
time_in = input("请输入您想要查询历史数据的具体时间（例如1226）：")
# 时间的具体下标索引
time_index = temperature_tuple.index(time_in)
```

步骤三:根据找到的时间下标获取到对应日期的温度(摄氏度、华氏度),并且打印出来。如下:

```
# 对应日期的摄氏度下标索引
s = temperature_tuple[time_index + 1]
# 对应日期的华氏度下标索引
h = temperature_tuple[time_index + 2]
```

步骤四:打印获取到的元素信息。

```
print("该时间的温度数据：" + s + "，" + h)
```

运行结果:
请输入您想要查询历史数据的具体时间(例如1226)：1024
该时间的温度数据:8℃,46.4℉

> **小提示** 鉴于尚未掌握判断语句的使用方法,用户在输入时间查询时,必须严格选择元组内已预设好的时间格式。否则,系统将会因无法识别或匹配错误的时间输入而抛出异常,导致查询操作无法顺利进行。

任务小结

在本次 Python 编程任务中,深入探讨了元组相关操作的多样化应用。通过成功地从元组中读取了存储的历史数据,理解元组在数据保存方面的优势,并灵活运用了获取下标索引和切片操作等技巧。此次任务不仅深化了对 Python 元组类型的认识和理解,还提升了代码效率和可读性。

项目 2 综合实战

实战描述

源代码下载

项目 2 综合实战

在本项目中,首先请求用户输入当前环境温度的摄氏度以及相应的时间信息。在接收到用户输入的摄氏度输入后,将立即将其精准地转换为对应的华氏度,并将结果清晰地展示给用户。

同时,为了确保数据的可追溯性和便于后续分析,会将此次温度转换的详细数据(包括摄氏度温度、华氏度温度以及转换时间)妥善保存在已有历史数据元组中。这样,用户就可以根据时间信息轻松检索和查看历史的温度转换记录,以满足各种查询需求。运行结果如下所示。

请输入当前环境的温度(℃):
22
请输入当前日期(格式:2025-04-25):
2024-05-06
当前环境温度为 22℃
正在换算华氏度,请稍等……
当前环境温度为 71.60°F
('2023-10-10','5℃','41°F','2023-12-20','-3℃','26.6°F','2024-05-17','12℃','53.6°F','2024-07-09','8℃','46.4°F','2024-05-06','22.0℃','71.6°F')
请输入您想要查询历史数据的具体时间(例如 2025-01-01):
2024-05-06
您所查询时间为:2024-05-06
该时间的温度转换数据为:22.0℃,71.6°F

实战分析

(1) 使用输入函数输入当前环境温度和日期。

(2) 利用数字运算符将输入的环境温度转换为华氏度。
(3) 使用元组的拼接将输入和转换的数据与历史数据进行组合。
(4) 用户输入日期后对应打印出相关的摄氏度和华氏度信息。

操作演示
项目2综合实战

项目实施

步骤一：请求用户输入当前环境的摄氏度温度以及相应的时间信息。代码如下：

```
centigrade = input("请输入当前环境的温度（℃）：\n")
time_s = input("请输入当前日期（格式：2025 - 04 - 25）：\n")
print("当前环境温度为%s摄氏度"% centigrade)
```

步骤二：在接收到用户的摄氏度温度输入后，将立即将其精准地转换为对应的华氏度温度，并将结果清晰地展示给用户。代码如下：

```
print("正在换算华氏度,请稍等……")
centigrade = float(centigrade) # 将输入温度转换数据类型
Fahrenheit = centigrade * 1.8 + 32 # 计算华氏度
print("当前环境温度为%.2f华氏度"% Fahrenheit) # 打印保留两位小数的华氏度
```

课堂思考

已知元组是不可更改的数据类型，那如何在历史数据的元组中追加新的数据呢？

步骤三：将此次温度转换的详细数据(包括摄氏度、华氏度以及转换时间)妥善保存在已有历史数据元组中(元组不可更改，故使用元组的拼接，将旧的数据加上新的数据，形成新的元组)。代码如下：

```
centigrade_s = str(centigrade) + "℃" # 摄氏度转格式加单位
Fahrenheit_s = str(Fahrenheit) + "℉" # 华氏度转格式加单位
temperature_tuple_old = ("2023 - 10 - 10","5℃","41℉","2023 - 12 - 20"," - 3℃","26.6℉","2024 - 05 - 17","12℃","53.6℉","2025 - 07 - 09","8℃","46.4℉")
tempe_new = (time_s,centigrade_s,Fahrenheit_s) # 将输入的数据建立元组
```

```
# 元组不可更改,故使用元组的拼接,将旧的数据 + 新的数据,形成新的元组。
temperature_tuple_new = temperature_tuple_old + tempe_new
print(temperature_tuple_new) # 打印新的元组
```

步骤四:用户可以输入时间查询历史温度转化数据。代码如下:

```
time_in = input("请输入您想要查询历史数据的具体时间(例如 2025 -
01 - 01)\n: ")
time_index = temperature_tuple_new.index(time_in)
s = temperature_tuple_new[time_index + 1]
h = temperature_tuple_new[time_index + 2]
print("您所查询时间为: %s\n 该时间的温度转换数据为: %s,%s"% (time_in,s,h))
```

项目小结

本项目通过设计摄氏度与华氏度的温度转换小程序,讲解 Python 中整数、浮点数、字符串等基础数据类型的操作方法;通过设计输入输出程序与温度转换工具算法,以此实现对用户交互逻辑的系统化设计与实践。通过本项目的学习,引导学生将数据操作与程序逻辑有机结合,进而增强其面向实际应用场景进行编程及解决结构化问题的能力。

项目 2 拓展　设计高精度温度转换器

项目拓展描述

源代码下载

项目 2 拓展案例

该程序设计了一个交互式 Python 应用——高精度温度转换器,旨在记录和查询温度数据。用户可方便地输入当前温度与日期,程序会自动将摄氏度转换为华氏度,并将这些数据以元组的形式存储。此外,用户还能轻松查询历史温度数据。只需输入特定日期,程序便会迅速检索并返回相应的温度信息。通过直观的输入输出操作,该程序全面展示了数据的存储、单位转换以及高效检索等核心流程。

项目拓展效果展示

请输入当前环境的温度(℃):

32

请输入当前日期(格式：2025 - 04 - 25)：
2024 - 07 - 18
当前环境温度为 32℃
正在换算华氏度,请稍等……
当前环境温度为 89.600000℉
('2023 - 10 - 10', '5℃', '41℉', '2023 - 12 - 20', ' - 3℃', '26.6℉',
'2024 - 05 - 17', '12℃', '53.6℉', '2024 - 07 - 09', '8℃', '46.4℉',
'2024 - 07 - 18', '32.000000℃', '89.600000℉')
请输入您想要查询历史数据的具体时间(例如 2025 - 01 - 01)：
2024 - 07 - 18
您所查询时间为：2024 - 07 - 18
该时间的温度转换数据为：32.000000℃,89.600000℉

课后练习

一、选择题

1. 在 Python 中,以下哪个表达式的结果为浮点数(float)？(　　)
   A. 5 / 2　　　　　B. 5 // 2　　　　　C. 5 * 2　　　　　D. 5 ** 2
2. 在 Python 中,以下哪个变量可以被成功赋值为一个复数(complex number)？(　　)
   A. x = 3 + 4j
   B. x = 3 + 4i
   C. x = 3 + 4
   D. x = 3j + 4
3. 在 Python 中,以下哪个方法用于查找字符串中的子字符串,并且没有子字符串时会抛出异常？(　　)
   A. index()
   B. upper()
   C. capitalize()
   D. find()
4. 在 Python 中,可以使用哪种方式来格式化字符串,以便在字符串中插入变量的值？(　　)
   A. 使用%运算符和占位符
   B. 使用{}占位符和.format()方法
   C. 使用 f-string(格式化字符串字面值)
   D. 以上都是
5. 在 Python 中,以下哪个操作是元组支持的？(　　)
   A. 修改元组中的元素
   B. 删除元组中的元素
   C. 连接两个元组
   D. 对原有元组进行追加元素
6. 在 Python 中,以下哪个语句能正确地创建一个元组？(　　)
   A. my_tuple = (1, 2, 3)
   B. my_tuple = [1, 2, 3]
   C. my_tuple = {1, 2, 3}
   D. my_tuple = < 1, 2, 3 >

二、程序设计题

1. 设计程序,实现用户输入用户名与密码后登录主界面,并且输出问候语。

例如：＊＊＊＊＊＊——主页——＊＊＊＊＊＊＊
　　　　＊　　　你好张三　　　＊
　　　　＊　　　欢迎回家　　　＊
　　　　＊＊＊＊＊＊＊＊＊＊＊＊＊＊＊＊

2. 设计程序，要求用户输入简单的数字进行运算，例如"3＊6"，计算完成后输出运算结果，结果保留两位小数。

项目 3

开发奥林匹克运动会奖牌榜统计程序

导 读

本项目通过开发奥林匹克运动会奖牌榜统计程序,深入学习 Python 中集合、字典和列表这三种极为重要的数据结构的具体用法。我们将依次完成奥运会参赛国一览表、各国奖牌榜统计以及奥运奖牌榜排序这三个子任务,在这个过程中,还会掌握简单的分支结构以及排序功能的实现方式,从而全面提升我们在 Python 编程方面的技能和素养。

项目描述

奥运会,这一全球最具影响力的体育盛会,其起源可以追溯到公元前 776 年的古希腊。历经千年的演变,奥运会已经成为国际顶级赛事,吸引了世界各地的优秀运动员参与。

本项目将以 2008 年北京奥运会某一阶段的数据为基础,设计一款奥运会奖牌榜系统,为用户提供方便快捷的奖牌统计和排序服务。项目核心任务是集合不同的数据类型实现奥运会奖牌的统计和排序,将参赛国家和奖牌数以易读的方式展示,并按照金牌数、银牌数和铜牌数进行排序,实现效果如下所示。

```
| 排名 1 | China     | 金牌: 38 | 银牌: 32 | 铜牌: 23 |
| 排名 2 | USA       | 金牌: 35 | 银牌: 28 | 铜牌: 30 |
| 排名 3 | Russia    | 金牌: 32 | 银牌: 28 | 铜牌: 22 |
| 排名 4 | Australia | 金牌: 21 | 银牌: 25 | 铜牌: 15 |
| 排名 5 | Japan     | 金牌: 21 | 银牌: 15 | 铜牌: 28 |
```

思维导图

- 项目3 开发奥林匹克运动会奖牌榜统计程序
  - 任务3.1 开发奥运会参赛国一览表程序
  - 任务3.2 统计各国奖牌数
  - 任务3.3 排序奥运奖牌榜
  - 项目3综合实战
  - 项目3拓展 冒泡排序奥运奖牌榜

项目目标

1. 能力目标

(1) 能够独立分析问题,并将大问题灵活分解为可操作的小问题。
(2) 具备根据问题需求选择并使用合适数据结构和算法的能力。
(3) 灵活运用编程实现对实际问题的解决。

2. 知识目标

(1) 掌握 Python 中集合、字典和列表的基本操作和使用场景。
(2) 熟悉如何根据实际问题选择合适的数据结构。
(3) 了解数据的排序方法和实现。
(4) 理解不同数据结构的性能特点。

3. 素养目标

(1) 通过使用数字工具和资源提升学习和创造的能力。
(2) 在团队合作中,培养沟通、协调和合作的能力,理解团队精神的重要性。

任务 3.1 开发奥运会参赛国一览表程序

任务目标

本任务的核心目标是通过奥运会参赛一览表程序,深入理解 Python 集合的基本概念和操作知识,培养数据处理与问题解决意识。通过本任务的学习、掌握 Python 中集合的创建、元素的添加和删除,以及集合的交集、并集等操作;理解集合在处理无序和不重复数

微课视频

任务3.1:开发奥运会参赛国一览表程序

项目3　开发奥林匹克运动会奖牌榜统计程序

据时的优势，为后续的奖牌统计和排序任务打下基础。通过完成这个任务，学生将有机会熟悉和掌握Python的集合数据结构和相关的操作，这将对后续的编程学习和实践非常有帮助。

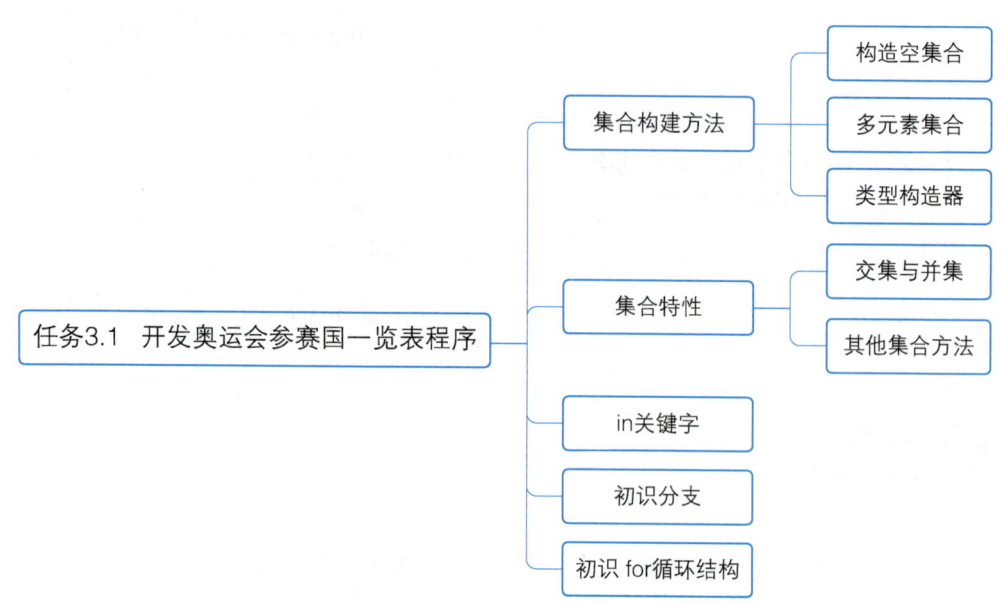

任务描述

在奥运会中，来自全世界的各国各地区的运动员会聚一堂，共同参与这场体育盛事。为了更好地管理和展示这些参赛国家，需要创建一个参赛国一览表。这个一览表需要包含所有参赛的国家和地区，并且每个国家只能出现一次。

在这个任务中，需要使用Python的集合(set)数据类型。集合是一个无序的不重复元素序列。创建一个集合，然后向其中添加参赛国家。同时允许用户查询某个国家是否在参赛国家列表中。

此外，还需要实现一些集合的基本操作，比如添加国家、查看所有国家，以及计算参赛国家的数量，查询某个国家是否在参赛国家表中。这些操作将帮助学生熟悉集合的使用，为后续的任务打下基础。任务效果如下。

请输入要添加的国家：
英国
请输入要查询的国家：
中国
中国在参赛国家列表中
当前有2个参赛国家，它们是：
中国
英国

任务分析

(1) 通过 set() 类型构造器来创建集合。
(2) 使用 add() 函数向集合中添加元素。
(3) 使用 in 关键字查询某个国家是否在参赛国家表中。
(4) 显示当前的国家数量与所有国家。

知识储备

Python 中的集合 (set) 是一个无序的、不重复的元素集。主要功能包括成员检测以及消除重复元素。集合对象也支持集合运算，例如并集、交集、差集和对称差集等。

一、集合的构建方法

1. 构造空集合

在 Python 中，构造一个空集合需要使用 set() 类型构造器，直接使用一对空的大括号 {} 会创建一个空字典而不是集合。以下是具体的代码：

```
empty_set = set()
```

2. 多个元素的集合

使用大括号，其中的项以逗号分隔：

```
{a, b, c}
```

3. 类型构造器

```
list = ["hello", "world"]
list_set = set(list)
print(list_set)
```

运行结果：
{'hello', 'world'}

二、集合的特性

集合的元素是无序的，也就是说，排列顺序是不固定的。此外，集合的元素是唯一的，不能有重复的元素。

1. 集合的交集与并集

```
# 创建两个集合
set1 = {"张三", "李四", "王五"}
set2 = {"张三", "赵六"}
# 计算两个集合的交集
intersection = set1.intersection(set2)
print(intersection)
```

运行结果：
{'张三'}

```
# 计算两个集合的并集
union = set1.union(set2)
print(union)
```

运行结果：
{'张三', '李四', '王五', '赵六'}

2. 其他集合方法

```
# 创建一个集合
names = {"张三", "李四", "王五"}
# 添加元素
names.add("赵六")
print(names)    # 输出：{'张三', '李四', '王五', '赵六'}
# 删除元素
names.remove("赵六")
print(names)
```

运行结果：
{'张三', '李四', '王五'}

三、in 关键字

in 关键字顾名思义是检查某个元素是否在另一个元素中的方式，使用方法如下：

```
names = {"张三", "李四", "王五"}
print("张三" in names)
```

```
print("王二" in names)
```

运行结果：
True
False

四、初识分支

分支结构是编程中的一种基本逻辑结构，其基本形式是 if-else 结构。允许程序根据条件来选择执行不同的代码块。以下是一个简单的示例。

这里只需要知道其中含义，能复制粘贴使用即可，在后面的课程中会更具体讲解细节。

```
x = 10
if x > 0:
    print("x 是正数")
else:
    print("x 是非正数")
```

运行结果：
x 是正数

五、初识 for 循环结构

for 循环是编程中的另一种基本结构，允许程序重复执行一段代码。以下是一个简单的示例，for 循环会遍历这个序列类型的数据（序列类型数据有：字符串、列表、集合、字典、元组），每次执行时，i 的值会被设为序列中的下一个值，然后执行 print(i)。

同样的，这里只需要知道其中含义，能复制粘贴使用即可，在后面的课程中会更具体讲解什么是迭代和循环的细节。

```
for i in "是正数":
    print(i)
```

运行结果：
是
正
数

任务实施

（1）通过 set() 类型构造器或 {} 来创建集合。

(2) 使用 add() 函数向集合中添加元素。
(3) 使用 in 关键字查询某个国家是否在参赛国家列表中。
(4) 显示当前的国家数量与所有国家。

步骤一：首先，创建一个集合来存储参赛国家。可以使用{}来创建一个集合，默认已经包含中国。

```
participating_countries = {"中国"}
```

步骤二：使用 input() 函数输入国家名并且赋值给 country 变量，然后将变量追加到集合 participating_countries 中。

```
country = input("请输入要添加的国家：")
participating_countries.add(country)
```

步骤三：输入查询的国家名，使用 if...else... 判断当前输入的国家是否存在集合中，并且给予对应的输出反馈。

```
query_country = input("请输入要查询的国家：")
if query_country in participating_countries:
    print(f"{query_country}在参赛国家列表中")
else:
    print(f"{query_country}不在参赛国家列表中")
```

步骤四：显示当前的国家数量与所有国家。

```
print(f"当前有{len(participating_countries)}个参赛国家,他们是：")
for country in participating_countries:
    print(country)
```

> **小提示**　如果输入中国，只会出现一次中国，自动去重。如果选用其他类型来保存国家，便会涉及使用 in 关键字来判断是否存在。

运行结果如下所示。
请输入要添加的国家：俄罗斯
请输入要查询的国家：中国
中国在参赛国家列表中

当前有 2 个参赛国家,它们是:
俄罗斯
中国

任务小结

在此任务中,学习了如何创建集合,向集合添加元素,检查元素是否存在,以及如何遍历集合。通过这个任务,理解了集合在处理无序和不重复数据时的优势。

任务 3.2 统计各国奖牌数

任务目标

任务3.2:统计各国奖牌数

本任务的核心目标是通过设计一个统计各国奖牌数的程序,深入理解字典数据类型的知识,将掌握字典的相关知识点,包括字典的概念、不同的创建方法及其语法结构和字典的基本操作等方法,深入理解 Python 中字典的使用方法,提高数据处理的能力,并在实际编程中更加灵活地应用字典。

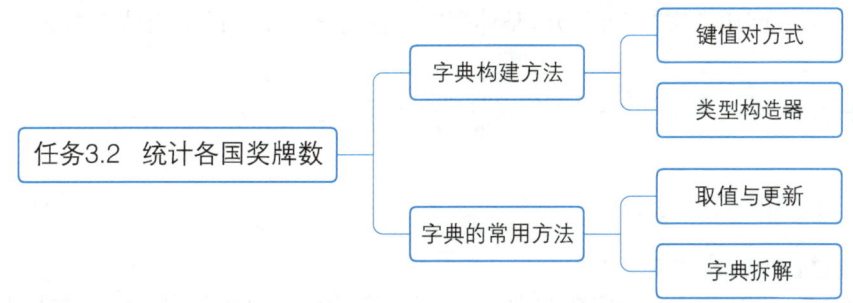

任务描述

在上一任务的内容中,深入了解了奥运会参赛国一览表创建的核心原理与技巧。本任务将这些知识作为坚实的基础,继续探索学习数据的存储策略。通过字典这一高效工具,将确保参赛国家的奖牌统计信息得到妥善保存。这样的做法不仅极大地方便了后续的数据处理流程,而且能够随时回顾和查阅过往的统计记录,为学习和研究提供有力的支持。任务效果如下所示。

请输入要添加的国家:新加坡
请输入金牌数:10

请输入银牌数：5
请输入铜牌数：3
请输入要查询的国家：新加坡
新加坡的奖牌信息是：{'金牌':'10','银牌':'5','铜牌':'3'}
当前的奖牌统计信息是：
中国的奖牌信息是：{'金牌': 0, '银牌': 0, '铜牌': 0}
新加坡的奖牌信息是：{'金牌':'10','银牌':'5','铜牌':'3'}

任务分析

（1）创建奖牌统计相关的字典。
（2）对字典内国家的信息进行追加。
（3）根据国家名查询奖牌信息。
（4）显示当前的奖牌统计信息。

知识储备

Python字典（dictionary）是Python编程语言中的一种数据结构，用于存储键值对（key-value pairs）的无序集合。

字典在Python中是非常重要且常用的数据结构，可以根据特定的键来访问、添加、修改和删除数据，所以键必须要求是唯一的，并且类型不可修改。字典中每个元素都是一组键值对，元素之间用英文","分隔开，整体用"{}"括起来。字典的语法结构如下所示。

```
dict_t = {"键1": "值1", "键2": "值2"}
```

一、字典的构建方法

1. 通过键值方式构造

在Python中，构造一个字典非常简单，只需要使用一对大括号{}，并在其中放入一些键值对。每个键值对由一个键和一个值组成，之间用冒号分隔。以下是具体的代码：

```
attendance = {"张三":"出勤", "李四":"出勤", "王五":"缺席"}
```

2. 类型构造器

类型构造器（或称为类型转换函数）是一种特殊的函数，可以将某种类型的值转换为另一种类型。下面是简单的示例：

```
# 构造一个空字典
```

```
attendance = dict()
print(attendance)
```

运行结果:
{}

二、字典的常用方法

1. 取值与更新

字典操作中,取值方法 get() 和更新方法 update() 是两种非常常用的字典方法。get() 方法用于安全地从字典中获取指定键的值,若键不存在则返回指定的默认值;而 update() 方法则用于将另一个字典的键值对添加到当前字典中,实现字典内容的更新。代码示例如下:

```
# 创建一个字典
attendance = {"张三":"出勤", "李四":"出勤", "王五":"缺席"}
# 使用 get 方法获取键 "张三" 对应的值
status = attendance.get("张三")
print(status)    # 输出:出勤
# 使用 update 方法更新键 "王五" 对应的值
attendance.update({"王五":"出勤"})
print(attendance)
```

运行结果:
出勤
{'张三': '出勤', '李四': '出勤', '王五': '出勤'}

2. 字典拆解

字典提供了拆解方法,包括 keys()、values() 和 items(),分别用于提取字典中的所有键、所有值以及所有的键值对。这些方法在处理和操作字典数据时非常实用。拆出所有的键使用 keys() 方法,代码示例如下。

```
# 创建一个字典
attendance = {"张三":"出勤", "李四":"出勤", "王五":"缺席"}
# 使用 keys 方法获取所有的键
names = attendance.keys()
print(names)
```

运行结果:
dict_keys(['张三', '李四', '王五'])

拆出所有的值使用 values() 方法,代码示例如下。

```
# 创建一个字典
attendance = {"张三": "出勤", "李四": "出勤", "王五": "缺席"}
# 使用 values 方法获取所有的值
statuses = attendance.values()
print(statuses)
```

运行结果:
dict_values(['出勤', '出勤', '缺席'])
拆出所有的键值组使用 items() 方法,代码示例如下。

```
# 创建一个字典
attendance = {"张三": "出勤", "李四": "出勤", "王五": "缺席"}
# 使用 items 方法获取所有的键值对
items = attendance.items()
print(items)
```

运行结果:
dict_items([('张三', '出勤'), ('李四', '出勤'), ('王五', '缺席')])

任务实施

(1) 创建奖牌统计相关的字典。
(2) 对字典内国家的信息进行追加。
(3) 根据国家名查询奖牌信息。
(4) 显示当前的奖牌统计信息。

步骤一:创建一个字典来存储各国的奖牌信息,字典中包含国家名称、金牌数、银牌数、铜牌数。可以使用{}来创建一个字典,并默认已经包含中国的奖牌信息。

```
medal_count = {"中国": {"金牌": 0, "银牌": 0, "铜牌": 0}}
```

步骤二:使用 input() 函数对字典追加新的信息,信息包含国家名称、金牌数、银牌数、铜牌数。可以使用字典的键值对语法来向字典中添加元素。

```
country = input("请输入要添加的国家:")
gold = input("请输入金牌数:")
silver = input("请输入银牌数:")
```

```
bronze = input("请输入铜牌数：")
medal_count[country] = {"金牌": gold, "银牌": silver, "铜牌": bronze}
```

步骤三：使用 input()函数获取输入的国家名，使用 if 语句进行判断是否存在字典中，根据查询结果给予不同反馈。

```
query_country = input("请输入要查询的国家：")
if query_country in medal_count:
    print(f"{query_country}的奖牌信息是：{medal_count[query_country]}")
else:
    print(f"{query_country}的奖牌信息未找到")
```

步骤四：使用 print()函数显示当前的奖牌统计信息。

```
print(f"当前的奖牌统计信息是：")
for country, medals in medal_count.items():
    print(f"{country}的奖牌信息是：{medals}")
```

任务小结

通过这个任务，不仅掌握了字典的基本使用方法，也了解了字典在实际问题中的应用，学会了如何利用字典来存储和处理复杂的数据结构。这对于后续的学习和项目实践有重要的帮助。在实际操作过程中，可能会遇到一些问题，如键不存在的错误等。这需要在编写程序时，注意对可能出现的异常情况进行处理，以保证程序的稳定运行。

任务 3.3 排序奥运奖牌榜

微课视频

任务 3.3：排序奥运奖牌榜

任务目标

本任务的核心目标是通过设计一个排序奥运奖牌榜的程序，深入理解列表数据类型的知识，建立数据处理与应用意识，掌握列表的相关知识点，包括列表的概念、创建方法、

项目 3　开发奥林匹克运动会奖牌榜统计程序

基本操作（如添加、删除、修改元素）以及列表的常用方法与函数。

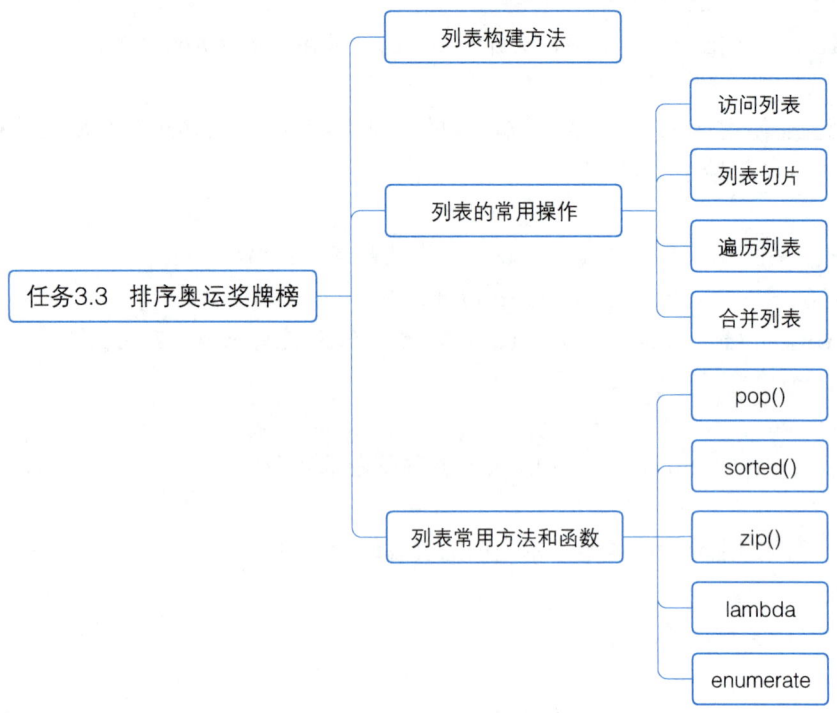

任务描述

在前两个任务中，已经学习了如何使用集合和字典来存储和管理奥运会的参赛国家和奖牌信息。本任务中，将进一步学习如何使用列表来对奖牌榜进行排序。将根据各国的金牌数、银牌数和铜牌数，设计一个排序算法，生成一个按照奖牌数排序的奖牌榜。任务效果如下所示。

排名：1，国家：中国，金牌：38，银牌：32，铜牌：18
排名：2，国家：美国，金牌：35，银牌：28，铜牌：32
排名：3，国家：日本，金牌：27，银牌：14，铜牌：17

任务分析

（1）创建包含国家、金牌、银牌、铜牌等信息的列表。
（2）使用排序函数对列表进行排序。
（3）打印排序后的奖牌榜。

知识储备

Python 的列表（list）是一种有序的数据集合，具有有序性、可变性、元素多样性等特点,列表可以随时添加或删除其中的元素。列表是 Python 中使用最频繁的数据类型,可以包含任意类型的对象,例如数字、字符串、列表等。列表中的元素是通过索引访问的,索引从 0 开始。这意味着列表中的第一个元素的索引是 0,第二个元素的索引是 1,依此类推。

索引允许直接访问列表中的特定元素。这是通过在列表名称后的方括号中指定元素的索引来完成的,见表 3-1。

表 3-1 列表元素索引

正向索引	0	1	2	3	4
逆/负向索引	-5	-4	-3	-2	-1
列表元素	'a'	'b'	'c'	'd'	'e'

一、列表构建方法

创建列表的标准方法是将元素放入方括号[ ]中,元素用逗号分隔。
示例:

```
# 定义一个名为 'students_list' 的列表变量,它包含三个字符串元素。
# 这三个字符串分别代表三个学生的名字。
students_list = ["John Doe", "Jane Smith", "Emily Davis"]
```

二、列表的常用操作

1. 访问列表

通过指定索引来访问列表中的元素,使用 list[index] 的格式。

```
students_list = ["John Doe", "Jane Smith", "Emily Davis"]
# 访问第二个元素
second_student = students_list[1]   # 索引从 0 开始,所以 1 表示第二个元素
print(second_student)   # 输出:Jane Smith
```

Python 也支持负索引,从列表的末尾开始计数。例如,-1 表示最后一个元素,-2 表示倒数第二个元素,以此类推。

```
print(my_list[-1]) # 输出:cherry
print(my_list[-2]) # 输出:banana
```

2. 列表切片

使用 list[start:end:step] 格式来访问列表的一部分，其中 step 是可选的。

```
# 访问前两个元素
first_two_students = students_list[:2]   # 结束索引不包含在内
print(first_two_students)   # 输出：['John Doe', 'Jane Smith']
```

3. 遍历列表

使用 for in list 语句来遍历列表中的每个元素。

```
# 遍历并打印所有学生的姓名
for student in students_list:
    print(student)
```

4. 合并列表

使用"+"操作符来合并两个列表。

```
# 合并两个列表
additional_students = ["Alice Johnson", "Bob Smith"]
all_students = students_list + additional_students
print(all_students)
```

三、列表常用方法和函数

1. pop 方法

使用 pop(index) 方法移除指定索引位置的元素。如果不提供索引，pop() 默认移除并返回最后一个元素。

```
# 移除第一个元素
removed_student = students_list.pop(0)   # 移除并返回列表中第一个元素
print(removed_student)   # 输出：John Doe
```

2. sorted 方法

sorted() 是 Python 中的一个内置函数，用于对可迭代对象进行排序并返回一个新列表，保留原始对象不变。该函数具备两个主要的可选参数：key 和 reverse。key 参数允许指定一个函数，用于在每个元素上执行并以其返回值作为排序的依据；而 reverse 参数则控制排序的顺序，设为 True 时将进行降序排序。sorted() 函数的灵活性使其成为 Python

数据处理中不可或缺的工具,适用于多种数据结构和复杂的排序需求。以下是一个使用 sorted()函数的例子:

```
# 示例:使用sorted()函数对一组数字进行排序
numbers = [3, 1, 4, 1, 5, 9, 2, 6]
sorted_numbers = sorted(numbers)
# 输出排序结果
print(sorted_numbers)  # 将输出:[1, 1, 2, 3, 4, 5, 6, 9]
# 使用key参数进行排序,例如:根据数字的绝对值排序
sorted_numbers_by_abs = sorted(numbers, key = abs)
# 输出根据绝对值排序的结果
print(sorted_numbers_by_abs)  # 将输出:[1, 1, 2, 3, 4, 5, 6, 9]
# 使用reverse参数进行降序排序
sorted_numbers_desc = sorted(numbers, reverse = True)
# 输出降序排序结果
print(sorted_numbers_desc)  # 将输出:[9, 6, 5, 4, 3, 2, 1, 1]
```

3. zip函数

zip是Python的一个内置函数,可以将多个可迭代对象中的元素打包成一个个元组,然后返回这些元组组成的列表。如果传入的可迭代对象长度不一,那么zip()函数会以最短的那个可迭代对象为准。以下是一个使用zip()函数的例子:

```
# 定义两个列表,分别存储名字和年龄
names = ['Alice', 'Bob', 'Charlie']
ages = [25, 30, 35]
# 使用zip()函数将名字和年龄配对,然后转换成列表
zipped = list(zip(names, ages))
# 打印配对后的结果
print(zipped)  # 输出:[('Alice', 25), ('Bob', 30), ('Charlie', 35)]
```

此代码段展示了如何使用zip()函数将两个列表中相对应位置的元素配对,并生成一个包含元组的列表。如果列表长度不同,zip()函数会停在最短列表的末尾。

4. lambda函数

lambda函数也被称为匿名函数,是Python中一种简洁的函数定义方式。与常规函数不同,lambda函数没有名字,使用关键字lambda来定义。lambda函数主要用于定义简单的、一次性使用的函数。

lambda函数的基本语法是:

```
lambda arguments: expression
```

lambda 后面的 arguments 是函数参数,可以有任意多个,用逗号分隔。冒号":"后面的 expression 是表达式,这个表达式的值就是这个函数的返回值。

例如,以下是一个 lambda 函数,接收两个参数,并返回这两个参数的和:

```
add = lambda x, y: x + y
print(add(1, 2))
```

运行结果:
3

通过 sorted() 函数的 key 参数来指定排序的规则时,lambda 函数经常被用作 key 参数的值,因为可以在一行代码内定义一个简单的函数。例如,如果有一个字典列表,每个字典都有一个 age 的键,可以使用下面的代码来按照 age 的值进行排序:

```
people = [{'name': 'Tom', 'age': 20}, {'name': 'Jerry', 'age': 18}, {'name': 'Spike', 'age': 22}]
sorted_people = sorted(people, key = lambda x: x['age'])
print(sorted_people)
```

运行结果:
[{'name': 'Jerry', 'age': 18}, {'name': 'Tom', 'age': 20}, {'name': 'Spike', 'age': 22}]

5. enumerate 函数

enumerate() 是 Python 的一个内置函数,可以在遍历一个可迭代对象时,同时获取每个元素的索引和值。enumerate() 函数接受两个参数:一个是可迭代对象,另一个是起始索引(默认为 0)。以下是一个使用 enumerate() 函数的例子,其中的 for 变量 1, 变量 2 in enumerate(names,索引)。该例可以理解为列表推导式的展开版,这里记住这个固定搭配即可,在后面课程会展开讲解 for 循环。

```
# 定义一个名字列表
names = ['A', 'B', 'C']
# 使用 enumerate() 遍历列表,enumerate() 允许同时获取元素的索引和值
# 索引从 1 开始计数,这是通过 enumerate() 的第二个参数指定的
for i, name in enumerate(names, 1):
    # 使用格式化字符串打印出每个元素的索引和值
    print(f"{i}. {name}")
```

运行结果：

1. A
2. B
3. C

任务实施

（1）创建包含国家、金牌、银牌、铜牌等信息的列表。
（2）使用排序函数对列表进行排序。
（3）打印排序后的奖牌榜。

步骤一：创建一个列表来存储各国的奖牌信息。每个元素是一个字典，包含国家名和对应的金牌数、银牌数和铜牌数。

```
medal_list = [{"country": "中国", "gold": 38, "silver": 32, "bronze": 18},
              {"country": "美国", "gold": 35, "silver": 28, "bronze": 32},
              {"country": "日本", "gold": 27, "silver": 14, "bronze": 17}]
```

步骤二：使用排序函数，根据金牌数、银牌数和铜牌数对列表进行排序。可以使用 Python 的内置函数 sorted()，并提供一个自定义的排序函数。

```
medal_list_sorted = sorted(medal_list, key = lambda x: (x['gold'], x['silver'], x['bronze']), reverse = True)
```

步骤三：利用 for 循环语句对列表信息进行拆分并打印排序后的奖牌榜。

```
for i, country_info in enumerate(medal_list_sorted, 1):
    print(f"排名：{i}, 国家：{country_info['country']}, 金牌：{country_info['gold']}, 银牌：{country_info['silver']}, 铜牌：{country_info['bronze']}")
```

> **小提示**　在 Python 中，可以使用 lambda 函数来定义一个简单的排序函数，然后将这个函数作为 sorted() 函数的 key 参数，以实现自定义排序。同时，注意 sorted() 函数的

项目 3 开发奥林匹克运动会奖牌榜统计程序

> reverse 参数，当其为 True 时，表示降序排序；为 False 时，表示升序排序。在这里需要按照金牌、银牌、铜牌的数量进行降序排序，所以设置 reverse 为 True。

任务小结

通过本任务，学习了如何使用 Python 的列表和字典来存储和处理奖牌榜信息，并实现了一个对金牌数量、银牌数量和铜牌数量排序的算法。

项目 3 综合实战

源代码下载

项目 3 综合实战

实战描述

现在手上有这样几组数据，分别是：国家名称、金牌数量、银牌数量、铜牌数量。具体数据如下：

countries = ['China', 'USA', 'Russia', 'Australia', 'Japan']
gold = [38, 35, 32, 21, 21]
silver = [32, 28, 28, 25, 15]
bronze = [23, 30, 22, 15, 28]

希望将所有数据汇总，并按照金牌、银牌、铜牌的顺序排列，并且格式美观，要求输出效果如下：

```
| 排名 1 | China     | 金牌： 38 | 银牌： 32 | 铜牌： 23 |
| 排名 2 | USA       | 金牌： 35 | 银牌： 28 | 铜牌： 30 |
| 排名 3 | Russia    | 金牌： 32 | 银牌： 28 | 铜牌： 22 |
| 排名 4 | Australia | 金牌： 21 | 银牌： 25 | 铜牌： 15 |
| 排名 5 | Japan     | 金牌： 21 | 银牌： 15 | 铜牌： 28 |
```

实战分析

（1）需要使用 zip() 函数将国家名称、金牌数量、银牌数量、铜牌数量这四个列表组合起来，生成一个新的列表，其中每个元素是一个包含国家名称和金牌数量、银牌数量、铜牌数量的元组。

（2）将每个元组转换为一个字典，字典中包含国家名称和金牌数量、银牌数量、铜牌数量。

（3）使用 sorted() 函数和 lambda 函数对这个字典列表进行排序，排序的规则是先按金牌数量排序，金牌数量相同的再按银牌数量排序，金牌和银牌数量都相同的再按铜牌数量排序。

(4) 按照指定的格式打印出排序后的结果。

项目实施

操作演示

项目3综合实战

步骤一：使用 zip() 函数将四个列表组合起来，生成一个新的列表，其中每个元素是一个包含国家名称和金牌数量、银牌数量、铜牌数量的元组。代码如下：

```python
countries = ['China', 'USA', 'Russia', 'Australia', 'Japan']
gold = [38, 35, 32, 21, 21]
silver = [32, 28, 28, 25, 15]
bronze = [23, 30, 22, 15, 28]
data = list(zip(countries, gold, silver, bronze))
```

步骤二：将每个元组转换为一个字典，字典中包含国家名称和金牌数量、银牌数量、铜牌数量。代码如下：

```python
data = [{'country': c, 'gold': g, 'silver': s, 'bronze': b} for c, g, s, b in data]
```

步骤三：使用 sorted() 函数和 lambda 函数对这个字典列表进行排序，排序的规则是先按金牌数量排序，金牌数量相同的再按银牌数量排序，金牌和银牌数量都相同的再按铜牌数量排序。代码如下：

```python
data = sorted(data, key = lambda x: (x['gold'], x['silver'], x['bronze']), reverse = True)
```

步骤四：按照指定的格式打印出排序后的结果。代码如下：

```python
for i, d in enumerate(data, start = 1):
    print(f"| 排名 {i} | {d['country']:10} | 金牌: {d['gold']:3} | 银牌: {d['silver']:3} | 铜牌: {d['bronze']:3} |")
```

项目小结

本项目通过开发奥林匹克运动会奖牌榜项目，讲解 Python 中的数据处理与排序操作，列表、字典、集合等类型数据的使用，zip() 函数、sorted() 函数及 lambda 函数的综合应用,运用格式化字符串进行结果输出。通过对数据的处理,实现不同功能的数据自定义排序,不仅提升了对Python数据结构的理解能力,而且引导学生将编程知识运用于真实场景,解决生活中的实际问题。

项目3拓展　冒泡排序奥运奖牌榜

源代码下载

项目3拓展案例

项目拓展描述

编程世界中,排序算法层出不穷,而冒泡排序是其中的一种基础且易理解的算法。冒泡排序是通过不断地遍历待排序的数列,两两比较相邻元素,并在顺序错误时交换彼此的位置。这个过程会一直重复,直到整个数列中的元素都按顺序排列,即无须再进行任何交换。下面,提供一个Python程序示例,利用冒泡排序对奥运奖牌榜进行排序。

项目拓展效果展示

2024年某阶段的奥运奖牌榜(冒泡排序后):
1. USA - 金牌:19, 银牌:26, 铜牌:26, 总数:71
2. China - 金牌:19, 银牌:15, 铜牌:11, 总数:45
3. France - 金牌:12, 银牌:14, 铜牌:18, 总数:44
4. Australia - 金牌:12, 银牌:11, 铜牌:8, 总数:31
预测的总冠军是:USA - 金牌:19 银牌:26 铜牌:26 总数:71

课　后　练　习

一、选择题

1. 在Python中,以下哪个函数可以用于排序?(　　)
　A. order()　　　　B. sortd()　　　　C. sorted()　　　　D. arrange()
2. 在Python中,以下哪个函数可以用于将多个可迭代对象打包成一个个元组?(　　)
　A. pack()　　　　　　　　　　　　B. tuple()
　C. zip()　　　　　　　　　　　　　D. bundle()
3. 在Python中,以下哪个函数可以用于在遍历一个可迭代对象时,同时获取每个元素的索引和值?(　　)
　A. index()　　　　　　　　　　　　B. enumerate()
　C. iterate()　　　　　　　　　　　D. loop()

4. 在 Python 中，sorted() 函数的默认排序顺序是哪种？（ ）
A. 升序　　　　　B. 降序　　　　　C. 随机　　　　　D. 不变

5. 在 Python 中，以下哪个函数可以用于创建一个空集合？（ ）
A. list()　　　　B. dict()　　　　C. set()　　　　　D. tuple()

6. 在 Python 中，集合的特性是什么？（ ）
A. 有序且元素可重复　　　　　　B. 有序且元素不可重复
C. 无序且元素可重复　　　　　　D. 无序且元素不可重复

7. 在 Python 中，以下哪个函数可以用于在一个集合中添加元素？（ ）
A. append()　　　　　　　　　　B. extend()
C. add()　　　　　　　　　　　　D. insert()

二、程序设计题

1. 编写一个 Python 程序，要求该程序使用 sorted() 函数将一个数字列表排序。例如，如果给定的列表是 [5, 1, 9, 3, 7]，那么输出应该是 [1, 3, 5, 7, 9]。

2. 编写一个 Python 程序，要求程序使用 zip 函数将两个列表打包成一个元组列表。例如，如果给定的列表是 ['Alice', 'Bob', 'Charlie'] 和 [25, 30, 35]，那么输出应该是 [('Alice', 25), ('Bob', 30), ('Charlie', 35)]。

项目 4

开发班级随机点名小程序

导读

本项目将深入探索 Python 编程语言中内置的对象与函数,并特别关注它们在实际项目中的具体应用。通过构建班级随机点名小程序这一有实际意义的项目案例,详细展示内置对象、运算符、内置函数以及关键字等核心要素在程序逻辑中的灵活应用。此外,还将引入 random 随机扩展库,进一步提升点名的随机性和程序实用性。

项目描述

在中国古代文化中,守时是一种深受重视的传统美德,这一观念在礼制和儒家思想中均有所体现。儒家思想亦强调守时的重要性,如孔子在《论语》中所言,君子务本,守时即为务本之一。

本项目开发一款实用的班级随机点名小程序,旨在提升课堂管理的效率与趣味性。该程序将首先对学生信息列表进行追加与完善,确保数据的准确性和完整性。随后,将运用 random 随机扩展库,从完善后的学生信息列表中随机抽取点名,并且确保每次点名结果的公正性、唯一性和随机性。

目前班级人数为:6
随机抽到的同学为:李四
该学生点到情况(1/0):(0为未到)
是否继续点名(y/n):y
随机抽到的同学为:王五
该学生点到情况(1/0):(0为未到)
是否继续点名(y/n):n
点名结束。

思维导图

- 项目4 开发班级随机点名小程序
  - 任务4.1 统计班级人数
  - 任务4.2 多种方式实现随机算法
  - 任务4.3 开发随机点名小程序
  - 项目4综合实战
  - 项目4拓展 开发一体化考勤系统

项目目标

1. 能力目标
(1) 能够准确区分识别 Python 关键字、内置对象的类型。
(2) 灵活运用各种运算符的操作和方法进行编程。
(3) 具备根据实际需求,能够引用合适的内置函数进行编程。
(4) 会使用 random 库解决编程中的实际问题。

2. 知识目标
(1) 掌握 Python 内置函数和运算符的基本概念及其编程应用。
(2) 了解 Python 中内置对象和关键字的种类及其编程应用。
(3) 探索 Python 中 random 库在实际编程中的应用场景,了解其特性、创建方法和编程应用。

3. 素养目标
(1) 培养遵循 Python 编程规范的良好编程习惯。
(2) 培养发展逻辑思维能力,能够设计出适用的运算符、内置对象类型相关解决方案的能力。
(3) 通过实际问题解决,锻炼使用内置函数有效解决问题的能力,提升分析问题和解决问题的能力。

任务 4.1 统计班级人数

微课视频

任务 4.1:统计班级人数

任务目标

本任务的核心目标是通过实现统计班级人数的程序,全面掌握 Python 编程技能,深入理解 Python 中内置对象、内置函数等核心概念及其操作的知识,通过全面介绍内置对象的类型分类,了解不同对象类型的特点和用途;对常见的内置函数进行分类和应用解析,掌握这些函数的基本用法和在实际编程中的重要作用。最终,全面掌握 Python 中内置对象、运算符、内置函数与关键字的相关知识,并在实际编程中灵活运用,从而提升编程能力和代码质量。

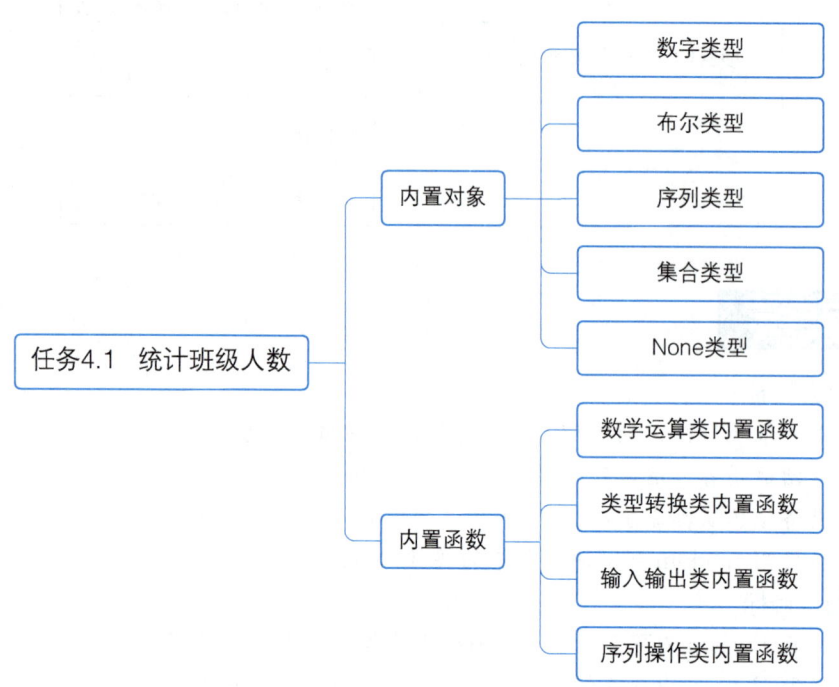

任务描述

在 Python 项目编程过程中,内置对象、运算符、内置函数与关键字等要素的运用无疑是不可或缺的,本任务旨在运用已掌握的 Python 知识,对班级学生信息进行添加,并在此基础上进行班级名单人数统计。通过此过程,我们将能够全面把握班级学生的基本情况,为后续的数据分析和管理工作奠定坚实基础。任务效果如下所示。

目前班级人数:3
请输入姓名:张三
请输入年龄:28
姓名:张三
年龄:28
学号:371104
张三同学信息已成功加入班级,目前班级人数为:4

任务分析

(1) 创建一个班级学生信息的列表,信息包含学生 id、学生姓名与学生年龄。
(2) 生成新输入学生的学号,学号应与名单内学生学号连贯。
(3) 输入学生相关信息,并赋值与对应的变量。
(4) 将新输入的学生信息追加到学生信息列表中。
(5) 统计打印班级人数。

知识储备

一、内置对象

Python 的内置对象是由 Python 语言本身定义并直接提供的对象,无须进行额外的导入或定义即可直接使用。这些内置对象构成了 Python 语言的基础框架,Python 提供了强大的功能和便捷的操作方式,大部分的内置对象在之前的章节中已详细讲述,在此做一次总结。

Python 的内置对象包括但不限于以下几种类型:

(1) 数字类型:如整数(int)、浮点数(float)、复数(complex)等,它们用于表示数学运算中的数值。

(2) 序列类型:包括列表(list)、元组(tuple)和字符串(str),用于存储有序的元素集合,支持通过索引访问元素、切片、连接等操作。

(3) 集合类型:如集合(set)和字典(dict),集合用于存储不重复的元素,而字典用于存储键值对。

(4) 布尔类型:布尔值(bool),其取值为 True 或 False。布尔值常用于条件判断和逻辑运算。

(5) None 类型:表示一个空对象(null),如果一个函数没有返回值,则返回 null 对象。None 没有任何属性,在布尔表达式中表示 False。

此外,Python 还有一些特殊的内置对象,如异常类型(exception)、文件对象(file)、模块对象(module)等,这些内置对象具有特定的功能和使用场景,将在后续内容中进行详细介绍。以下是示范代码:

```
a = 0 > 3 # 布尔类型
print(a) # 因为 0 不大于 3 所以是 False
```

运行结果:
False

二、内置函数

内置函数是 Python 语言提供的一类无须导入任何模块即可直接使用的函数,它们被集成在 Python 解释器中。通过执行 dir(builtins)命令,可以查看所有内置函数的列表。而使用 help(函数名)命令,则可以获取某个具体内置函数的详细用法说明。鉴于内置函数种类繁多,本项目将对其进行分类阐述。对于先前项目中已详尽介绍的内置函数,本项目将不再赘述,以免重复。

1. 数学运算类内置函数

在 Python 编程中,数学运算类内置函数常被广泛应用于涉及数字的各种运算操作中。数学运算类内置函数见表 4-1。

表 4-1 数学运算类内置函数

函数名	功 能 说 明
abs(x)	返回数字 x 的绝对值或者复数 x 的模
divmod(x,y)	返回包含整商和余数的元组(x//y,x%y)
max(…)	返回给定参数的最大值,参数可以是一个序列
min(…)	返回给定参数的最小值,参数可以是一个序列
pow(x,y,z)	返回 x 的 y 次方的结果,如果提供 z,则返回 x 的 y 次方对 z 取模的结果
round(x,ndigits)	返回实数 x 的四舍五入的值,若不指定 ndigits 小数位,则返回整数
bin(x)	返回整数 x 的二进制数值,例如 bin(10)的值是'0b1010'
hex(x)	返回 x 的十六进制数值,结果为字符串
oct(x)	返回 x 的八进制数值,结果为字符串

数学运算类内置函数示例如下:

```
a = -10
b = [0,11,4,2,-5,-1]
print(abs(a))
print(divmod(a,2))
print("最大值: ",max(b))
print("最小值: ",min(b))
print(pow(a,2,5))
print("保留五位小数",round(3.1415926535,5))
```

运行结果:
10
(-5, 0)

最大值： 11
最小值：-5
0
保留五位小数 3.14159

2. 类型转换类内置函数

在 Python 编程中，类型转换类内置函数发挥着至关重要的作用，它们能够将一种数据类型的值灵活地转换成另一种数据类型的值。在过往的项目中，大多数类型转换函数已经介绍，因此在本项目中，将不再重复介绍这些函数的具体内容。类型转换类内置函数见表 4-2。

表 4-2 类型转换类内置函数

函 数 名	功 能 说 明
chr(x)	返回 Unicode 编码为 x 的字符
ord(x)	返回 1 个字符 x 的 Unicode 编码
complex(real, imag)	返回复数，其中 real 是实部，imag 是虚部
eval(s)	计算并返回字符串 s 中表达式的值
float(x)	将整数或者字符串 x 转换为浮点型数据
int(x, base)	将 x 转化为 base 进制的数字类型，base 默认是 10
str(x)	将 x 转化为字符串类型的数据
list(x)	将 x 转化为列表，或者生成空列表
tuple(x)	将 x 转化为元组，或者生成空元组
set()	创建一个空集合
dict(x)	将 x 转化为字典，或者生成空字典

3. 输入输出类内置函数

输入输出类内置函数见表 4-3。

表 4-3 输入输出类内置函数

函 数 名	功 能 说 明
input(s)	输入函数，接收键盘输入内容，返回值是字符串数据类型
print (value,..., sep = "", end = "\n", file=sys.stdout, flush=False)	输出函数，sep 为分隔符，end 用来指定结尾的结束符，flush 表示是否强制输出

4. 序列操作类内置函数

Python 语言提供了一系列内置函数，专门用于处理序列数据类型，如列表、元组和字符串等。这些内置函数极大地简化了序列操作，包括但不限于访问、修改、搜索和排序等。序列操作类内置函数见表 4-4。

表 4-4 序列操作类内置函数

函 数 名	功 能 说 明
all(i)	用于判定给定的 i 参数中的元素是否都为 True，如果都为 True 则返回 True，否则返回 False，i 为空时返回 True
any(i)	用于判定给定的 i 参数中的元素是否含有等价 True 的元素，如果有则返回 True，否则返回 False，i 为空时返回 False
len(x)	返回 x 内的元素数量，适用于序列类型、集合类型的内置对象
s.append(x)	在序列 s 的末尾追加 x，x 可以是单一类型元素也可以是一个序列
s.insert(x, i)	在可变序列 s 中的 x 位置插入 i 元素，返回 None，插入成功与否不会影响返回值
s.count(i)	用于计算给定元素 i 在序列 s 中出现的次数
s.index(i, sta, end)	返回序列 s 中 i 元素的位置，从 sta（默认为 0）位置开始查找，end（默认为 s 的结尾），如果不存在 i 元素则会抛出异常
l.reversed()	对序列 l 进行反转操作，将 l 中的元素顺序颠倒，返回 None
sorted(i, key=None, reverse=False)	返回排序后的列表，其中 i 是要进行排序的可迭代对象，key 是指定排序依据，reverse 用来指定升序排列或者降序排列，默认为升序
enumerate(i, s)	将一个可遍历的数据对象组合为一个索引序列，返回包含元素形式为(s+0, i[0]), (s+1, i[1]), …的迭代器对象，s 表示索引的起始值，默认为 0
zip(s1, s2…)	返回 zip 对象，其中元素为(s1[i], s2[i], …)形式的元组，最终结果中包含的元素个数取决于所有参数可迭代对象中最短的一个
range(astart, stop, step)	返回 range 对象，其中包含左闭右开区间[start, stop)内以 step 为步长的整数
l.pop(i)	从可变序列 l 中移除并返回指定索引位置 i 的元素，默认为最后一个
l.remove(x)	从可变序列 l 中删除指定元素 x，只删除第一次出现的值

序列操作类内置函数示例如下：

```
a_list = [0,1,0,1,0]
b_list = [1,1,1,1,1]
```

```
print(any(a_list))
print(all(b_list))
print("a 的长度",len(a_list))
a_list.append(233)
print("a 修改后的长度",len(a_list))
print("a 中 1 的数量",a_list.count(1))
b_list.remove(1)
print("删除 1 后的 b",b_list)
a_list.reverse()
print("倒序",a_list)
```

运行结果:
True
True
a 的长度 5
a 修改后的长度 6
a 中 1 的数量 2
删除 1 后的 b [1, 1, 1, 1]
倒序 [233, 0, 1, 0, 1, 0]

5. 其他常用函数

除了之前提及的内置函数外,还有一些其他常用的内置函数,具体见表 4-5。

表 4-5 其他常用的内置函数

函 数 名	功 能 说 明
id()	用于获取对象的内存地址
next()	返回迭代器的下一个项目
open()	打开文件,创建 file 对象
help()	用于查看函数或者模块用途的详细说明
type()	返回参数的对象类型
dir()	返回指定对象或者模块的成员列表,如果不带参数则返回包含当前作用域内所有可用对象名字的列表
hash()	用于获取对象的哈希值
sum()	对参数进行求和的计算

续　表

函　数　名	功　能　说　明
isinstance()	用于判断某个对象是否是一个已知类型，返回布尔值
issubclass()	用于判断一个类是否是另一个类的子类

这里不再对表 4-5 中其他常见的内置函数进行实例展示，将在后续项目的实际应用中对其进行详细的介绍和说明。

任务实施

（1）创建一个班级学生信息的列表，信息包含学生 id、学生姓名与学生年龄。
（2）生成新输入学生的学号，学号应与名单内学生学号连贯。
（3）输入学生相关信息，并赋值与对应的变量。
（4）将新输入的学生信息追加到学生信息列表中。
（5）统计打印班级人数。

步骤一：创建一个专门用于存放学生信息的列表。这个列表将采用列表嵌套字典的方式来组织数据。每个学生的信息将以字典的形式存储，包含学号、姓名和年龄三个关键字段。

```python
stu_list = [{"id":0,"name":"张三","age":19},
            {"id":0,"name":"李四","age":18},
            {"id":0,"name":"王五","age":18}]
```

步骤二：对于学生信息，需要首先为其自动生成一个唯一的学号确保学生信息的完整性，然后打印学生人数。

```python
id0 = 371100
for i in stu_list:
    id0 += 1
    i["id"] = id0
print("目前班级人数：",len(stu_list))
```

步骤三：请求用户输入学生的姓名与年龄，生成对应学号信息，并且赋值给对应的变量，然后打印该学生的信息。

```python
stu_name = input("请输入姓名：")
```

```
stu_age = int(input("请输入年龄："))
stu_id = stu_list[len(stu_list) - 1]["id"] + 1
print("姓名：",stu_name,"\n 年龄：",stu_age,"\n 学号：",stu_id)
```

步骤四：将新输入的学生信息追加到学生信息列表中。

```
stu_dict = dict([("id",stu_id),("name",stu_name),("age",stu_age)])
stu_list.append(stu_dict)
```

步骤五：使用 len()函数对学生信息列表进行统计，并且打印班级人数。

```
print(stu_name,"同学信息已成功加入班级,目前班级人数为:",len(stu_list))
```

运行结果：
目前班级人数： 3
请输入姓名：赵六
请输入年龄：19
姓名： 赵六
年龄： 19
学号： 371104
赵六 同学信息已成功加入班级,目前班级人数为： 4

· 课堂讨论 ·

请各位在小组内展开讨论，共同探讨本任务可能的解决方案有几种，并提出你们小组所倾向的解决方案。在交流过程中，鼓励大家充分发表意见，集思广益，以期找到最佳解决路径。

任务小结

在本次 Python 编程任务中，针对一系列核心概念，如内置对象、内置函数等，进行了全面而深入的探讨和学习。通过编写程序，实现了对学生信息的追加以及班级人数的统计等实用功能。

任务 4.2 多种方式实现随机算法

任务4.2：多种方式实现随机算法

任务目标

本任务的核心目标是通过设计多种方式实现随机算法的程序，培养学生深入理解运算符作用的技能，全面掌握 Python 中各类运算符（包括算术、赋值、比较、逻辑、位、成员、身份等）及其在实际编程中的应用，同时树立编写高效、可读性强的代码的意识。通过学习如何恰当定义和使用标识符，以及准确区分 Python 中的关键字，进一步巩固编程基础。在此基础上，将随机算法应用于实际问题，如模拟随机事件、随机数据生成等。

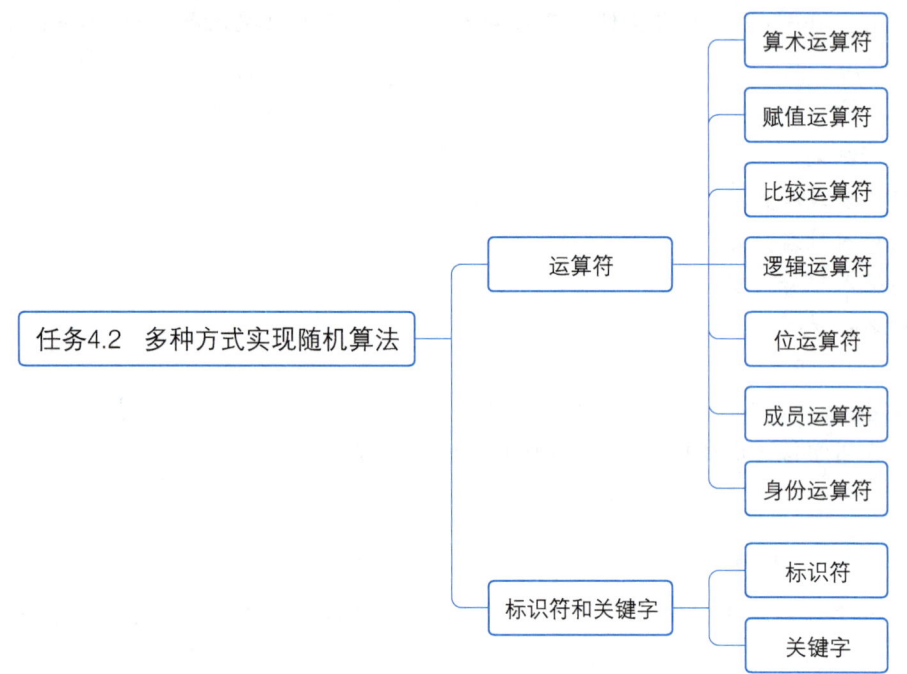

任务描述

在编程任务中，总会遇到取随机数的需求，随机数的获取方式有很多，简单的方式例如利用时间戳或者利用运算等。在本任务中，学生将探索 Python 编程中的基础元素——运算符和标识符，学习如何使用它们来实现随机算法，任务实施阶段，编写代码实现一个或多个随机算法，例如利用时间戳的取余运算获取随机数、根据随机输入的内容运算后取得一个随机数等。

任务 4.2 多种方式实现随机算法

任务分析

（1）使用当前时间获取一个随机数。
（2）使用输入函数生成随机数。
（3）使用时间在列表中获取随机元素。

知识储备

一、运算符

在 Python 编程语言中，运算符是执行数学或逻辑运算的核心元素，它们既可以以关键字的形式出现，也可以以特定的符号表示。这些运算符能够对变量或常量进行操作，从而产生新的结果值。

1. 算数运算符

算数运算符主要用于执行基本的算数运算，如加、减、乘、除等。在之前的项目中已经详细讨论了这些运算符的用法和含义，因此本项目将不再重复相关内容。Python 中的算术运算符见表 4-6。

表 4-6 算数运算符

符号	说明	符号	说明
+	两数相加	-	两数相减
*	两数相乘	/	两数相除
//	两数相除，取整数	%	两数相除，取余数
**	x**y 即 x 的 y 次幂，当 y 小于 0 时，即为开方运算		

2. 赋值运算符

在 Python 编程语言中，赋值运算符以等号（=）作为标识。该运算符的作用是将某个值或表达式计算得到的结果，存储到指定的变量中。以下是一个展示其基本用法的示例：

```
a = 5 + 6 # 将 5 + 6 运算结果通过 = 赋值给变量 a
print(a)
```

运行结果：
11

此外，Python 语言还提供了一系列复合赋值运算符。这些独特的运算符不仅实现了赋值的功能，还合并了特定的算术或位操作。常见的复合赋值运算符见表 4-7。

表 4-7 复合赋值运算符

符号	说明	符号	说明
+=	加法赋值运算符	//=	整除赋值运算符
-=	减法赋值运算符	%=	取模赋值运算符
*=	乘法赋值运算符	**=	幂运算赋值运算符
/=	除法赋值运算符		

复合赋值运算符中加法赋值运算符示例如下（其他赋值运算符以此类推）：

```
a = 1
a = a + 3
print(a)
a += 3 # 等同 a = a + 3
print(a)
```

运行结果：
4
7

3. 比较运算符

在 Python 编程语言中，比较运算符负责比较两个值之间的关系，并据此返回一个布尔值，即 True 或 False。这些运算符是判断和控制流语句（如 if 条件语句）中的基础，它们使得程序能够根据不同的条件执行不同的路径。比较运算符见表 4-8。

表 4-8 比较运算符

符号	说明	符号	说明
==	等于运算符，比较两个操作数的值是否相等	!=	不等于运算符，比较两个操作数的值是否不相等
>	大于运算符，比较左边的操作数是否大于右边的操作数	<	小于运算符，比较左边的操作数是否小于右边的操作数
>=	大于等于运算符，比较左边的操作数是否大于或者等于右边的操作数	<=	小于等于运算符，比较左边的操作数是否小于或者等于右边的操作数

逻辑运算符示例如下:

```
print(0 = = 0)
print(0! = 0)
print(2 > 3)
print(2 < 3)
print(2 > = 2)
print(3 < = 5)
```

运行结果:
True
False
False
True
True
True

4. 逻辑运算符

在 Python 编程语言中,逻辑运算符负责对两个或多个值进行比较,并根据比较结果返回布尔值,即 True 或 False。逻辑运算符见表 4-9。

表 4-9 逻辑运算符

运算符示例	功 能 说 明
x or y	逻辑或(只有 x 为假才会计算 y),如果 x 和 y 的结果至少有一个为 True,则条件成立,返回 True,否则返回 False
x and y	逻辑与(只有 x 为真才会计算 y),如果 x 和 y 的结果都为 True,则条件成立,返回 True,否则返回 False
not x	逻辑非,用于反转 x 的逻辑值

逻辑运算符示例如下:

```
# or 至少一个为真则结果为真,两个都是假则结果为假
print(3 > 2 or 3 > 5)
print(3 > 5 or 3 > 6)
print(3 > 5 or 3 > 2)
```

运行结果:
True

```
False
True
```

```python
# and 两个为真则结果为真,至少一个为假则结果为假
print(3 > 2 and 3 > 1)
print(3 > 5 and 3 > 2)
```

运行结果：
```
True
False
```

```python
# not 反转结果
print(not 3 > 5)
```

运行结果：
```
True
```

5. 位运算符

在Python中,位运算符被用于对整型数据的二进制表示进行直接操作。由于位运算符直接作用于数字的二进制表示,因此它们只能用于整型数据,而不适用于浮点型数据。位运算符见表4-10。

表4-10 位运算符

符号	说明	符号	说明
&	按位与,集合交集	|	按位或,集合并集
^	按位异或,对称差集	~	按位取反
<<	按位左移	>>	按位右移

> **注意事项** ~运算符是对位进行取反,但在Python中,整数是有符号的,所以取反后得到的结果是一个负数,这是因为Python使用补码形式表示负数;左移运算符将数字的二进制表示向左移动指定的位数,右边用零填充;右移运算符将数字的二进制表示向右移动指定的位数,左边根据数字的符号来填充(正数填充0,负数填充1)。

位运算符示例如下:

```python
a = 60 # 60 二进制为 0011 1100
```

```
b = 13  # 13 二进制为 0000 1101
print(a&b)
print(a|b)
print(a^b)
print(~ a)
print(a < < 2)
print(a > > 2)
```

运行结果：
12
61
49
- 61
240
15

6. 成员运算符

成员运算符在 Python 编程语言中是用于检验序列（例如字符串、列表、元组或字典）是否包含特定值或元素的重要工具。成员运算符见表 4‑11。

表 4‑11 成员运算符

运算符示例	功 能 说 明
x in y	如果 y 序列中包含 x 元素，则条件成立，返回 True，否则返回 False
x not in y	如果 y 序列中不包含 x 元素，则条件成立，返回 True，否则返回 False

成员运算符示例如下：

```
a = "姓名：张三,性别：男"
list_name = ['张三','李四','王五','赵六']
print("男"in a)
print("女"not in a)
print("张三"in list_name)
print("张四"not in list_name)
```

运行结果：
True
True

True
True

7. 身份运算符

Python 中的身份运算符用于比较两个对象的内存地址是否相同,即它们是否是同一个对象的引用。身份运算符见表 4-12。

表 4-12 身份运算符

运算符示例	功 能 说 明
x is y	检查两个对象是否是同一个对象,即它们是否指向内存中的同一个位置
x not is y	检查两个对象是否不是同一个对象

这两个运算符经常用于检验变量是否指向同一对象,尤其在处理可变与不可变数据类型时显得尤为重要。例如,在 Python 中,整数等不可变类型会进行对象缓存,因此具有相同值的整数实际上引用的是同一个对象。身份运算符示例如下:

```
a = "Python"
b = "Python"
print(a is b)  # 输出：True,因为字符串是不可变的,并且 Python 会缓存短字符串
# 列表比较
lst1 = [1, 2, 3]
lst2 = [1, 2, 3]
print(lst1 is lst2)  # 输出：False,即使内容相同,这也是两个不同的对象
# 列表与相同内容的另一个列表的比较
lst3 = lst1
print(lst1 is lst3)  # 输出：True,因为它们引用的是同一个对象
# 使用 is not
print(lst1 is not lst2)  # 输出：True,因为 lst1 和 lst2 不是同一个对象
```

运行结果:
True
False
True
True

二、标识符和关键字

1. 标识符

Python 标识符是用来标识定义的名称,用于标识变量、函数、类、模块或其他对象。

在 Python 中，标识符的命名有一些基本规则和约定。

标识符必须以字母（A～Z 或 a～z）或下划线（_）开头，其后可以跟任意数量的其他字母、数字（0～9）或下划线。需要注意的是，标识符在大小写上是有区别的，例如，myvar 和 MyVar 被视为两个不同的标识符。此外，标识符不能与 Python 的保留关键字相同，例如，if、for、while 等都是 Python 的保留关键字，不能用作标识符。

> **知识之窗**
>
> 尽管 Python 没有强制规定特定的命名风格，但存在一些广泛认可的命名约定，它们对于增强代码的可读性和一致性起到了重要作用。

使用小写字母和下划线：在为变量命名时，建议采用小写字母与下划线组合的方式，例如 name_list。

驼峰命名法：对于类名，推荐使用驼峰命名法，即每个单词的首字母大写，例如 CarClass。

命名常量：常量应当使用全大写字母，并以下划线分隔单词，例如 MY_CONSTANT。

2. 关键字

Python 关键字是 Python 语言内置的、具有特殊含义的标识符。它们用于定义 Python 语言的基本结构和控制流程，因此不能用作变量名、函数名或其他标识符。

理解并正确使用 Python 语言的基础组成部分对于编写有效且健壮的代码至关重要。在编写 Python 代码时，应避免将关键字用作变量名或函数名，以免引发语法错误。如需查看 Python 中所有的关键字，可利用内置的 keyword 模块，例如：

```python
import keyword
print(keyword.kwlist)
```

运行结果：

['False', 'None', 'True', 'and', 'as', 'assert', 'async', 'await', 'break', 'class', 'continue', 'def', 'del', 'elif', 'else', 'except', 'finally', 'for', 'from', 'global', 'if', 'import', 'in', 'is', 'lambda', 'nonlocal', 'not', 'or', 'pass', 'raise', 'return', 'try', 'while', 'with', 'yield']

> **知识之窗**
>
> 在 Python 编程语言中，某些关键字承担着特定的语法功能，它们是程序结构的基础。例如：def 关键字用于声明函数，它定义了一个函数的名字和参数列表，以及

紧随其后的函数体。class 关键字用于创建类，它定义了类名以及类属性和方法。if、elif、else 构成了 Python 的条件语句，适用于不同的条件下执行不同的代码块。for 和 while 关键字用于控制循环，for 循环通常用于遍历序列中的每个元素，而 while 循环则基于条件重复执行代码块。try、except、finally 用于异常处理，try 块用于测试一个代码块是否有错误，except 块用于捕获并处理错误，而 finally 块无论是否发生错误都会执行。import 关键字用于导入模块，使得模块中的函数、类和变量可以在当前文件中使用。as 关键字在导入模块时用于给模块指定一个别名，以简化模块的引用；此外，在类型转换时也可以使用 as 来为变量指定一个新的名称。with 语句用于上下文管理，确保诸如文件操作等资源在使用后被正确关闭。

任务实施

（1）使用当前时间获取一个随机数。
（2）使用输入函数生成随机数。
（3）使用时间在列表中获取随机元素。

步骤一：使用当前时间的时间戳作为种子，通过数学运算获取到一个随机数。

```
import time
seed = int(time.time() * 1000)
random_number = seed % 10000
print(f"生成的随机数是：{random_number}")
```

运行结果：
生成的随机数是：5455

步骤二：使用输入函数获取输入字符的 ASCII 值来取随机数。

```
user_input = input("请输入一些字符来生成随机数：")
seed = sum(ord(c) for c in user_input)
print(seed % 10000)
```

运行结果：
请输入一些字符来生成随机数：hello123
682

步骤三：使用当前时间的毫秒部分，通过数学运算生成一个随机下标，然后可以在列表中获取随机元素。

```
import time
```

```
participants = ["张三", "李四", "王五", "赵六"]
current_time = time.time()
index = int(current_time * 1000) % len(participants)  # 使用当前时
间的毫秒部分
winner = participants[index]
print(f"恭喜,获奖者是:{winner}")
```

运行结果:
恭喜,获奖者是:李四

• 课堂讨论 •

请各位在小组内展开讨论,共同探讨本任务可能的解决方案有几种,并提出你们小组所倾向的解决方案。在交流过程中,鼓励大家充分发表意见,集思广益,以期找到最佳解决路径。

任务小结

在本次编程任务中,深入探索了 Python 编程的基础构成——运算符和标识符,了解它们在随机数生成算法中的应用。其中,利用时间戳进行取余运算以获得随机数的方法被广泛探索和应用。此外,另一种生成随机数的方法是根据随机输入的内容进行运算以产生一个随机数,这种方法增加了随机数的复杂性和不可预测性,因为输入内容的随机性直接影响了最终生成的随机数。

任务 4.3 开发随机点名小程序

任务目标

本任务的核心目标是通过开发随机点名小程序,培养学生掌握 Python 中 random 库的使用技能,深入理解 random 库的基础知识和常用功能的知识,通过导入和使用 random 库生成随机数。编写一个随机点名程序,能够随机选择列表中的姓名或数字。学习如何使用随机种子,以确保在需要时能够生成可重复的随机数序列。

微课视频

任务 4.3:开发随机点名小程序

项目 4　开发班级随机点名小程序

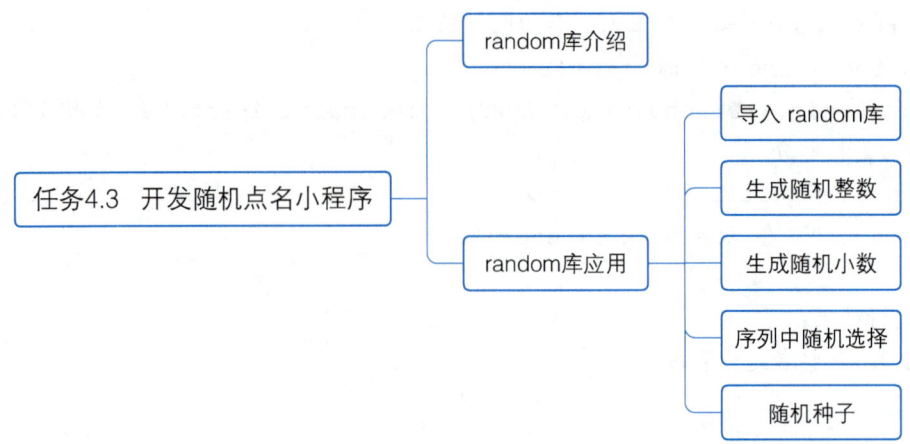

任务描述

在本任务中，将学习如何使用 Python 的 random 库来创建一个实用的随机点名工具。首先需要了解 random 库的基本概念和功能，包括它如何帮助生成随机数以及在编程中的应用，以及如何导入 random 库，并使用它来生成随机整数和随机小数。通过 random 库，学生将能够实现在给定序列中随机选择元素的功能。

学生将完成一个能够随机选择并显示点名结果的程序，这个程序可以用于课堂点名、活动抽奖等多种场合。任务效果如下所示。

今天的点名顺序是：
王五
阿花
张三
小明
李一
李四
赵六
被随机选中的学生是：小明

任务分析

（1）创建学生名单。
（2）将名单顺序打乱。
（3）打印点名结果。
（4）随机选择一个学生点名。

一、random 库介绍

Python 的 random 模块是一个功能强大的库,它为生成各种类型的随机数提供了丰富的接口。这些功能涵盖了从简单地生成随机整数和浮点数,到从给定序列中随机选取元素等多种场景。在使用 random 这一模块时需要在代码首行导入此模块,如:import random。接下来,将详细介绍 random 模块中一些常用的函数,并展示如何利用它们来生成所需的随机数。

二、random 库应用

1. 导入 random 库

在使用 random 库之前,需要先导入该模块。可以使用以下代码导入 random 库。

```
import random
```

2. 生成随机整数

生成随机整数的函数具体见表 4-13。

表 4-13 生成随机整数

函 数	说 明
randint(x, y)	生成一个随机整数 i,i 的范围为 x<=i<=y
randrange(start, stop, step)	从指定范围内生成一个随机整数

生成随机整数函数示例如下:

```
import random
x = random.randint(10,55)
print("randint 生成的随机整数:",x)
y = random.randrange(10,55,5)
print("randrange 生成的随机整数:",y)
```

运行结果:
randint 生成的随机整数: 42
randrange 生成的随机整数: 30

3. 生成随机浮点数

生成随机浮点数的函数具体见表 4-14。

表 4-14　生成随机浮点数

函　　数	说　　明
random()	生成一个范围在[0.0,1.0)内的随机浮点数
uniform(x,y)	生成一个随机浮点数 i,范围 x＜＝i＜＝y

生成随机浮点数函数示例如下：

```
import random
x = random.random()
print("random 生成的随机小数：",x)
y = random.uniform(3,12)
print("uniform 生成的随机小数：",y)
```

运行结果：
random 生成的随机小数： 0.9369460983444765
uniform 生成的随机小数： 10.536746250356103

4. 序列中随机选择

从序列中随机选择的函数具体见表 4-15。

表 4-15　从序列中随机选择

函　　数	说　　明
choice()	从非空序列 seq 中随机选择一个元素
shuffle()	对序列内的元素进行打乱
sample()	从指定序列中获取随机长度的片段

从序列中随机选择函数示例如下：

```
import random
country_list = ['法国','德国','意大利','荷兰','西班牙','马来西亚','瑞士','爱尔兰','新加坡','泰国']
print("随机挑选一个元素：",random.choice(country_list))
random.shuffle(country_list)
print("打乱顺序的列表：",country_list)
print("随机五个元素：",random.sample(country_list,5))
```

运行结果：

随机挑选一个元素：爱尔兰

打乱顺序的列表：['西班牙','意大利','荷兰','法国','泰国','瑞士','新加坡','爱尔兰','德国','马来西亚']

随机五个元素：['瑞士','西班牙','德国','马来西亚','法国']

5. 随机种子

Python 中的 random 库提供了生成随机数的函数，而随机种子（Random Seed）是一个用来初始化随机数生成器的值。设置随机种子对于生成可重复的随机数序列非常有用，这在某些应用场景中非常重要。

随机种子用于初始化 Python 中的伪随机数生成器，它确保了在相同种子下，每次程序运行时生成的随机数序列的一致性。这种机制对于需要确保实验或结果可重复性的领域，如科学计算、数据分析或游戏开发等，尤为重要，因为它能保证每次实验或运行程序时都可以使用相同的随机数序列。然而，如果开发者没有显示设置随机种子，Python 的 random 库会默认使用系统时间作为种子，这意味着每次程序运行时，由于系统时间的变化，生成的随机数序列也会有所不同。代码示例如下：

```
import random  # 设置随机种子
random.seed(1)  # 生成随机数
random_numbers = [random.random() for _ in range(5)]
print(random_numbers)
# 如果再次运行这段代码，生成的 random_numbers 列表将会是相同的
```

通过使用随机种子，可以控制随机数生成的过程，使其更加可预测和一致。这对于需要精确控制随机性的场景非常重要。然而，也应注意不要过度依赖随机种子，因为在某些安全敏感的应用中，可预测的随机性可能会带来安全风险。

任务实施

(1) 创建学生名单。

(2) 将名单顺序打乱。

(3) 打印点名结果。

(4) 随机选择一个学生点名。

步骤一：导入 random 库，并创建一个包含学生基础信息的列表。

```
# 介绍 random 库
import random
# 假设这是班级学生的名单
    students = ['张三','李四','王五','赵六','小明','阿花','李一']
```

步骤二：使用 random.shuffle 打乱列表顺序。

```
random.shuffle(students)
```

步骤三：对列表使用 print()函数与 for 循环结构，循环打印出打乱后的学生名单。

```
print("今天的点名顺序是：")
for student in students:
    print(student)
```

运行结果：

```
今天的点名顺序是：
李一
张三
小明
赵六
阿花
王五
李四
被随机选中的学生是：阿花
```

任务小结

在本次 Python 编程任务中，深入探讨了 random 随机库，对其进行了详尽的介绍与系统应用。通过随机选取小程序这一具体任务，深入学习了如何有效地导入 random 库，并掌握了其不同随机函数的使用方法。在实际的项目应用中，通过灵活运用这些随机函数，实现了多样化的随机功能，进一步提升了编程技能。

项目 4 综合实战

源代码下载

项目 4 综合实战

 实战描述

通过使用 Python 的 random 库中的 randrange()函数，生成随机整数，并将其用作学生的 ID 编号。这些 ID 编号与学生信息相结合，被妥善地存储在一个列表中。在此基础上，设计一个随机点名小程序，该程序能够随机选取并展示学生信息。同时，借助

input()内置函数,实现了用户交互功能,让用户能够决定是否继续随机点名,实现效果如下所示。

目前班级人数为:6
随机抽到的同学为:李四
该学生点到情况(1/0):(0 为未到)
是否继续点名(y/n):y
随机抽到的同学为:王五
该学生点到情况(1/0):(0 为未到)
是否继续点名(y/n):n
点名结束。

实战分析

(1) 初始化学生信息,创建相关列表并且完善信息。
(2) 将班级信息列表进行复制并打印程序介绍与班级人数信息。
(3) 根据班级人数进行循环取随机数并且点名。
(4) 单次点名后使用 input()内置函数询问是否继续。
(5) 打印点名结束信息与学生的签到情况。

项目实施

操作演示

项目 4 综合实战

步骤一:导入 random 库,使用列表嵌套字典的数据格式来创建学生信息列表,同时设定学生 ID 初始值,准备一个空的列表用于记录学生的签到情况,并且通过 for 循环来完善每个学生的初始信息。

```
import random
stu_list = [
    {"id": 1, "name": "张三", "age": 19},
    {"id": 2, "name": "李一", "age": 18},
    {"id": 3, "name": "李二", "age": 18},
    {"id": 4, "name": "李三", "age": 18},
    {"id": 5, "name": "李四", "age": 18},
    {"id": 6, "name": "王五", "age": 18}
]
id_base = 371100
qd = []
stu_count = len(stu_list)
```

```python
for i in range(stu_count):
    student_id = id_base + i * 100   # 假设每个学生的ID间隔100
    stu_list[i]["id"] = student_id
```

步骤二：将班级信息的列表使用copy()方法进行复制，用于签到使用，然后打印程序介绍与班级人数。

```python
stu_copylist = stu_list.copy()
print("本程序为班级随机点名小程序。")
print("目前班级人数为：", stu_count)
```

步骤三：根据班级人数使用while循环结构随机选取同学进行点名签到，并且记录该同学的签到情况保存至qd列表中，同时为了确保抽取同学签到的唯一性在复制的列表中将该同学信息删除。

```python
while stu_count > 0:
    # 取随机数范围为0至班级人数 - 1，作为学生列表的下标
    index = random.randint(0, stu_count - 1)
    print("随机抽到的同学为：", stu_copylist[index]["name"])
    sf = input("该学生点到情况（1/0）：(0为未到)")
    qd.append({"name":stu_copylist[index]["name"],"签到情况":sf})
    del stu_copylist[index]
```

步骤四：单次点名结束后，更新学生的数量，并且使用input()内置函数询问是否继续，根据用户反馈结果执行下一步操作。

```python
    stu_count = len(stu_copylist)
    user_input = input("是否继续点名(y/n)：(y为继续点名)")
    if user_input.lower() == "n":  # 如果用户输入'n'，则结束点名
        break
```

步骤五：打印点名结束提示语句，并且打印本次的签到情况。

```python
print("点名结束。")
print("签到情况为：",qd)
```

> **· 课堂讨论 ·**
>
> 请各位在小组内展开讨论,共同探讨本任务可能的解决方案有几种,并提出你们小组所倾向的解决方案。在交流过程中,鼓励大家充分发表意见,集思广益,以期找到最佳解决路径。

项目小结

本项目通过开发"班级随机点名系统"交互式程序,讲解内置对象、运算符、内置函数的核心原理,并展示 random 库实现随机数生成与列表元素抽取等功能。在需求分析、算法设计与程序调试的过程中,不仅实现了班级成员名单的动态管理与随机调用,而且引导学生建立模块化编程思维,从而增强其编程实践素养与技术创新思维。

项目 4 拓展　开发一体化考勤系统

项目拓展描述

本次项目是开发一个自动化的点名与考勤系统,旨在通过随机选择员工进行点名并记录出勤情况,以提高公司管理的效率和公平性。系统通过 Python 编程语言实现,使用列表和字典结构存储学生信息,包括姓名、年龄和工号。每个员工被分配一个唯一的工号,确保信息的唯一性。点名过程中,系统随机挑选员工,并通过命令行界面接收对员工出勤情况的输入。系统还实时计算并展示出席率。

源代码下载

项目 4 拓展
案例

项目拓展效果展示

目前员工人数为:6
随机抽到的员工为:李三
该点到情况(1/0)：(0 为未到):0
是否继续点名(y/n):y
随机抽到的员工为:李一
该员工点到情况(1/0)：(0 为未到):1
是否继续点名(y/n):n
点名结束。
姓名:李三,签到情况:0
姓名:李一,签到情况:1

考勤结果：
出席率：50.00%

课 后 练 习

一、选择题

1. 以下哪个是 Python 中的逻辑运算符？（　　）
A. ＋　　　　　　B. and　　　　　　C. ＊＊　　　　　　D. ＞＝
2. 下列哪个是 Python 中的关键字且不能用作变量名？（　　）
A. Class　　　　B. Function　　　　C. Def　　　　　　D. for
3. random.randint(a, b) 函数的作用是什么？（　　）
A. 生成一个 a 到 b 之间的随机整数（包括 a 和 b）
B. 生成一个 a 到 b 之间的随机整数（不包括 a 和 b）
C. 生成一个 a 到 b 之间的随机浮点数（包括 a 和 b）
D. 生成一个 a 到 b 之间的随机浮点数（不包括 a 和 b）
4. 下列哪个不是 Python 中的比较运算符？（　　）
A. ＝＝　　　　　B. ！＝　　　　　　C. ＜＞　　　　　　D. ＜＝
5. 在 Python 中，哪个标识符是合法的？（　　）
A. 1st_variable　B. class　　　　　C. if_statement　　D. 3＋x
6. 下列哪个是 Python 中的内置函数？（　　）
A. print　　　　　B. input　　　　　C. Open　　　　　D. all

二、程序设计题

1. 编写程序，生成两个随机数，将基础算术运算符整合到列表中，然后用随机函数进行随机运算，并且打印结果。
2. 编写程序，创建一个包含 20 个随机数的列表，并找出列表中的最大值、最小值以及平均值。

项目 5

开发"行进的小汽车"小游戏

导 读

本项目深入探索 Python 编程语言中 turtle 库、常用的数据结构与异常处理机制，并且注重它们在实际项目中的具体应用。借助"行进的小汽车"小游戏这一程序载体，将详细展示用 turtle 库绘图的步骤、分支结构、循环结构以及异常处理结构的分类及其应用等核心要素在程序逻辑中的灵活运用。这一项目旨在帮助更好地理解并且掌握 Python 编程中的数据结构等核心知识，提升编程思维的严谨性与逻辑性。

项目描述

编程的核心价值不仅在于执行复杂的数学运算与逻辑处理，更在于其能够创造直观、动态的图形界面，连接人类与数字世界。

本项目致力于开发一款富有创意的"行进的小汽车"小游戏，旨在通过趣味盎然的游戏体验，巧妙引入相关课程知识，从而激发学习兴趣。通过本项目的实施，能够深刻记忆并熟练掌握常用的数据结构、分支结构与循环结构等核心编程知识，为日后的项目开发奠定坚实的基石。同时，通过参与这一富有创意与趣味性的项目，将更加热爱编程学习，积极投身于未来的编程实践中，实现效果如图 5-1 所示。

项目 5　开发"行进的小汽车"小游戏

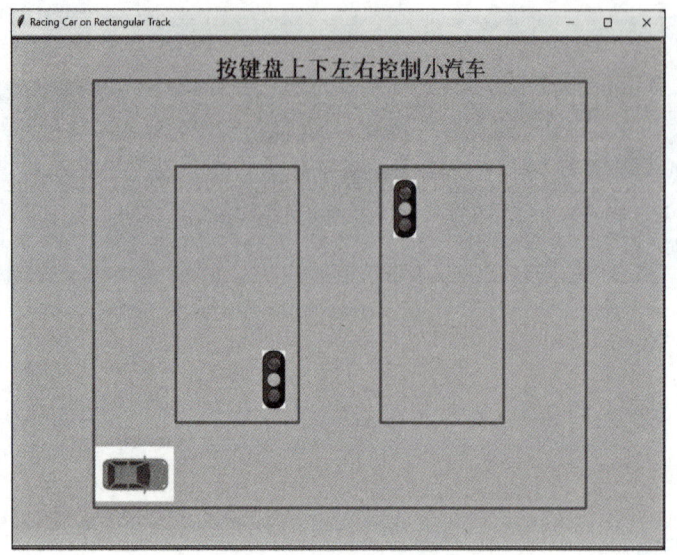

图 5-1　项目 5 实现效果

思维导图

```
                          ┌─ 任务5.1  绘制可以移动的小汽车
                          │
                          ├─ 任务5.2  实现小汽车岔路口选择
                          │
项目5  开发"行进的小汽车"  ├─ 任务5.3  实现小汽车循环跑圈
         小游戏           │
                          ├─ 任务5.4  处理错误指令
                          │
                          ├─ 项目5综合实战
                          │
                          └─ 项目5拓展  开发赛车小游戏
```

项目目标

1. 能力目标

（1）能够精准辨别 Python 编程中产生的各类异常类型。

（2）熟练运用 turtle 库中的各种绘图方法进行编程。

（3）根据实际编程需求，能够灵活引用合适的分支结构，使程序逻辑更加清晰。

（4）熟练掌握如何使用各种循环结构解决编程中的实际问题。

2. 知识目标

（1）深入了解 Python 编程中错误指令的处理机制。
（2）熟悉 Python 中 turtle 库的核心概念及其编程应用。
（3）掌握 Python 中选择结构、循环结构的概念，理解在实际编程中的应用场景。

3. 素养目标

（1）培养遵循 Python 编程规范的良好编程习惯。
（2）发展逻辑思维能力，能够设计出适用的分支结构、循环结构的相关解决方案。
（3）通过解决实际问题，锻炼使用 turtle 库、异常处理等有效解决问题的能力，提升分析问题和解决问题的能力。

任务 5.1　绘制可以移动的小汽车

任务目标

本任务的核心目标是通过绘制可以移动的小汽车程序，掌握 Python 中 turtle 库核心概念及其相关绘图方法的技能，深入理解 turtle 库中画布、画笔以及其他绘图方法的特点与功能用途，同时将所学知识应用于实际编程与图形绘制中的意识。通过全面介绍和实践 turtle 库，提升编程技能与图形绘制能力。

微课视频

任务5.1：绘制可以移动的小汽车

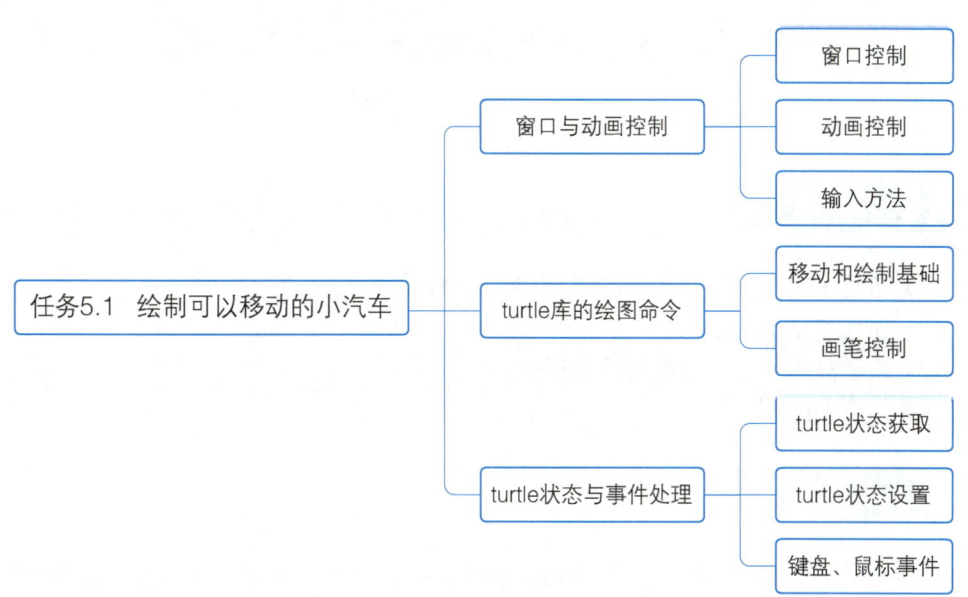

项目 5 开发"行进的小汽车"小游戏

任务描述

本次任务是开发一个基于 Python 的 turtle 库的简单赛车游戏,目标是创建一个图形用户界面,使赛车能够在矩形轨道上移动,并通过按空格键控制赛车的开始和暂停,实现效果如图 5-2 所示。首先学习如何初始化屏幕、设置背景颜色、加载赛车图像,并将其放置在屏幕的起始位置。掌握如何使用 turtle 库的绘图功能来绘制赛道,并实现赛车的自动移动。此外,学生还可通过绑定空格键实现游戏的开始和暂停控制功能,这涉及对 turtle 对象的控制和对用户输入的响应。通过本任务,不仅可加深对 Python 编程的理解,还可提高使用 turtle 库进行图形编程的能力,为未来开发更复杂的图形界面和游戏可奠定基础。

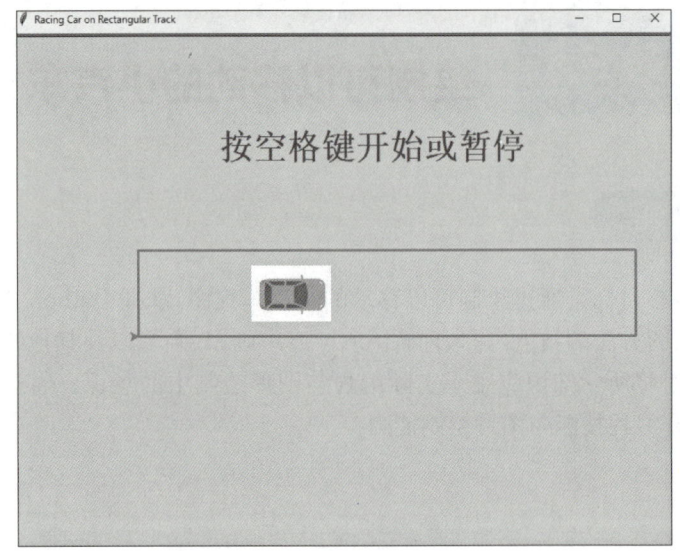

图 5-2 任务 5.1 实现效果

任务分析

(1) 初始化图形窗口,并设置屏幕的大小和背景颜色。
(2) 加载和显示图像。
(3) 绘制赛道并且绑定相关键盘事件。
(4) 移动小汽车。

知识储备

turtle 库是 Python 编程语言中一个颇具趣味性的扩展库,该扩展库可以通过编程的方式来绘制各种图形。通过该库,可以编程的方式绘制多种多样的图形。turtle 的英文直译为"海龟",在编程过程中,这个库的引用就像一只在沙滩上缓慢爬行的海龟。可以控制这只"海龟"的移动和转向,从而绘制出各种图案。此外,还可以利用相关方法来修改图案的颜色、线条粗细等属性,以及设定画布的背景颜色和大小等参数,使得绘制出的图形更加生动丰富。

除了基本的绘图功能,turtle 库还支持一些高级特性,例如填充颜色和绘制多边形等。这些功能使得 turtle 库在图形绘制方面具有很高的灵活性和广泛的应用前景。

在使用 turtle 库时需要先导入该库,代码如下:

```
import turtle
```

一、窗口与动画控制

在 Python 的 turtle 库中,画布(canvas)构成了 turtle 绘图的核心舞台,提供了一个虚拟的二维空间,供 turtle 在其中移动并绘制图形。turtle 库的画布拥有若干关键属性和方法,从而能够精确控制绘图区域及显示效果。

首先,画布的大小是可配置的。在初始化 turtle 对象时,用户能够指定画布的宽度和高度,以满足不同的绘图要求。这种灵活性允许用户根据实际需求调整画布大小:在宽敞的区域内绘制复杂图形,或在小范围内进行细腻的绘图操作。此外,画布还提供了多种交互性和控制性方法。例如,用户可利用画布的方法来更新绘图窗口的显示,确保绘制内容能够实时显现。画布同样支持事件绑定,使用户得以通过单击、拖动等交互动作来控制 turtle 的移动和绘图过程。

在本小节中,将系统地学习多个关键内容,包括窗口控制、动画控制、屏幕事件的使用、设置与特殊方法的应用,以及输入方法与 screen 专有方法的掌握。通过深入学习和实践,从而更全面地掌握 turtle 库的功能。

1. 窗口控制

窗口控制方法主要是对创建的窗口以及二维画布的某些参数进行设定,窗口控制方法见表 5-1。

表 5-1 窗口控制方法

方 法 名	功 能 说 明
bgcolor(color)	设置背景颜色,参数 color 可取值一个颜色字符串或颜色元组(R,G,B),无 color 参数则代表返回背景颜色
bgpic(picname=None)	设置背景图片或返回当前背景图片名称,参数 picname 为文件名时代表将对应图片设置为背景;为 nopic 时则代表删除当前背景图片;如果为 None 时,则返回当前背景的文件名
clearscreen()	删除所有 turtle 绘制的图,将已清空的画布重置为初始状态:白色背景,无背景图片,无事件绑定并启用追踪
resetscreen()	将屏幕上所有的 turtle 对象重置为其初始状态
screensize(canvwidth, canvheight, bg)	参数 canvwidth 为正整型数,设置当前画布的新宽度;参数 canvheight 为正整型数,设置当前画布的新高度;参数 bg 为颜色字符串或颜色元组,设置当前画布的背景颜色;无任何参数,则返回当前的画布的高度与宽度

续表

方法名	功能说明
setworldcoordinates (llx,lly,urx,ury)	设置画布的世界坐标,其中 llx 为屏幕左下角的 x 坐标,lly 为屏幕左下角的 y 坐标,urx 为屏幕右上角的 x 坐标,ury 为屏幕右上角的 y 坐标

窗口控制方法示例如下：

```
import turtle
turtle.bgcolor("red") # 设置背景颜色为红色
print(turtle.bgcolor()) # 打印当前画布的背景颜色
# turtle.bgpic("pic.gif")# 设置背景照片为 pic.gif
turtle.clearscreen()# 清除所有
turtle.screensize(600,800,"blue") # 设置画布大小为 600 * 800,背景颜色为蓝色
turtle.setworldcoordinates( - 0.5, 4.5, 4.5, - 0.5)
```

运行结果：(除了上述打印外,还会出现绘制的窗口,如图 5-3 所示)
red

图 5-3 绘制的窗口

在 turtle 库中 screen 具有专有方法,可以灵活操控绘图窗口,如关闭绘图窗口和设置窗口等。screen 专有方法见表 5-2。

表 5-2 screen 专有方法

方 法 名	功 能 说 明
bye()	关闭绘图窗口
exitonclick()	将 bye()方法绑定到 screen 上的鼠标单击事件
setup（width, height, startx, starty）	设定主窗口的大小和位置,默认参数值存储在配置字典中,用户可以通过修改 turtle.cfg 文件来调整这些参数值
title(tstring)	设置 turtle 窗口标题为 tstring 指定的文本

2. 动画控制

在进行图像绘制的过程中,可以对绘制过程的动画效果进行精细的控制。通过调整动画的速度、延迟等参数,使绘制过程更加流畅自然,同时,动画控制还可以帮助更好地理解和控制绘图过程,相关示例会在之后项目应用中进行展示。动画控制方法见表 5-3。

表 5-3 动画控制方法

方 法 名	功 能 说 明
delay(delay)	设置参数 delay 延迟值,单位为毫秒,如若没有参数 delay 则表示返回延迟值单位同样是毫秒,绘图延迟的时间越长则动画速度越慢
tracer(n, delay)	设置 turtle 动画的开启与禁用并且设置延迟时间,参数 n 与 dalay 均为非负整型,n 为刷新的次数,delay 为延迟值,与上述方法 delay()中参数含义一致
update()	执行一次刷新,一般会在禁用追踪时使用

3. 输入方法

在 turtle 库中,包含了用于接收用户输入的方法。这些方法能够弹出一个输入窗口,让用户输入所需的内容。更为方便的是,程序能够实时响应用户的输入,并对其进行处理,这大大增强了用户与绘图程序之间的交互体验,使得操作变得更加直观和高效。输入方法见表 5-4。

表 5-4 输入方法

方 法 名	功 能 说 明
textinput(title, prompt)	弹出一个对话框窗口,用户可以在其中输入一个字符串。该对话框的标题由形参 title 指定,而 prompt 形参用于显示一条文本,通常用于提示用户要输入何种信息。此方法将返回用户输入的字符串。如果用户取消了对话框,则此方法返回 None

续 表

方 法 名	功 能 说 明
numinput(title, prompt, default, minval, maxval)	弹出一个对话框窗口,用户可以在其中输入一个数值。该对话框的标题为 title,并且会显示一条文本 prompt,用于说明需要输入的数值信息。设定一个默认值 default,以及可输入数值的最小值 minval 和最大值 maxval。用户输入的数值必须在 minval 和 maxval 之间,否则系统会给出提示,并要求用户修改。对话框会保持打开状态,直到用户输入符合条件的数值。如果用户取消对话框,则返回 None

输入方法示例如下:

```
import turtle
in_id = turtle.textinput("Hello","请输入 id") # 输入 0x
# 默认值为 18,最小值为 16,最大值为 60
age = turtle.numinput("你好","请输入年龄",default = 18,minval = 16,maxval = 60)
print(in_id,age)
turtle.done()
```

运行结果:(两次弹窗如图 5-4 所示)
0x 18.0

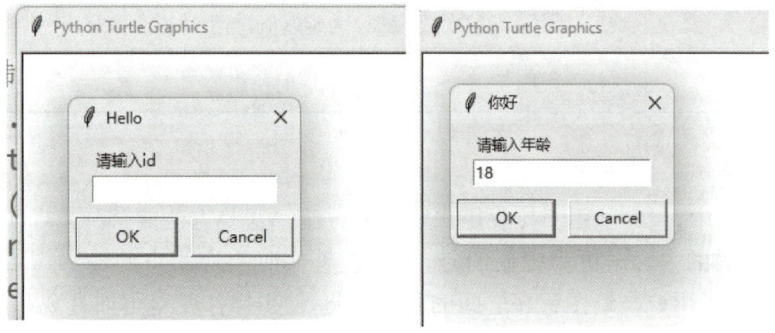

图 5-4 两次弹窗

二、turtle 绘图命令

画笔是 Python 的 turtle 库中一个非常有趣且实用的绘图工具,它允许用户通过编程的方式在画布上绘制出各种形状和图案。下面将详细介绍 turtle 画笔的一些主要应用。

1. 移动和绘制

turtle 库中的画笔提供了多种方法来控制画笔的移动和绘制。例如,turtle.forward (distance)使画笔向前移动指定的距离,turtle.backward(distance)使画笔向后移动,等等。通过这些基本的移动和绘制方法,可以创建出各种复杂的图形和图案。移动和绘制方法见表 5-5。

表 5-5 移动和绘制方法

方法名	功能说明
forward(x) fd(x)	前进 x 距离,方向为此时画笔角度方向 参数 x 为数值(整型或者浮点型)
backward(x) bk(x) | back(x)	后退 x 距离,方向为此时画笔角度方向 参数 x 为数值(整型或者浮点型)
right(angle) rt(angle)	画笔右转 angle 单位(默认是角度) 参数 angle 为数值(整型或者浮点型)
left(angle) lt(angle)	画笔左转 angle 单位(默认是角度) 参数 angle 为数值(整型或者浮点型)
goto(x,y) setpos(x,y) setposition(x,y)	画笔移动到一个绝对坐标,如果画笔状态是落下状态则会画出线段,该方法不会改变画笔的朝向。如果 y 为 None,x 应为一个表示坐标的数值对或 Vec2D 类对象。 参数 x 为一个数值或数值对/向量,y 为一个数值或 None
setx(x)	对画笔的 x 坐标进行修改,y 坐标保持不变
sety(y)	对画笔的 y 坐标进行修改,x 坐标保持不变
setheading(angle) seth(angle)	设置画笔的朝向为 angle,参数 angle 为数值(整型或者浮点型) 以下是以角度表示的几个常用方向:标准模式下 0—东、90—北、180—西、270—南;logo 模式下 0—北、90—东、180—南、270—西
home()	将画笔坐标更改为(0,0),并且画笔朝向设置为初始方向
circle(r, extent, steps)	绘制一个半径为 r 的圆,extent 参数定义了要绘制圆的哪一部分 圆通常通过其内切的正多边形来近似表示,其中正多边形的边数由参数 steps 确定
dot(size, color)	绘制一个直径为 size 的圆点,圆点的颜色为 color
stamp()	在画笔位置印制一个当前画笔的形状,并且返回该印章的 slamp_id
clearstamp(id)	删除 id 指定的印章
speed(s)	设置画笔移动速度 0~10 表示的整型数值,如未指定参数则返回当前速度

部分移动和绘制方法示例如下:

```
import turtle
turtle.forward(20) # 前进 20
turtle.right(90) # 右转 90 度
turtle.backward(60)# 后退 60
```

```
turtle.left(45) # 左转 90 度
turtle.goto(0,0) # 移动坐标到(0,0)位置
turtle.setx(-60) # x 坐标移动到 -60
turtle.circle(20)
turtle.done()
```

运行结果如图 5-5 所示。

2. 画笔控制

在 turtle 库中,除了提供画笔的移动和绘制功能之外,还包含了一系列关于画笔控制的精细方法。这些方法使得绘图过程更加灵活多变,赋予了用户更多创作的可能性。例如,通过调整绘图状态,可以控制画笔的显示与隐藏,或是抬起与放下画笔,从而轻松实现不同的绘图效果。同时,turtle 库还提供了丰富的颜色控制选项,可以选择预设的颜色,或是自定义 RGB 值来设定画笔颜色,为作品增添更多色彩层次。绘图状态方法见表 5-6。

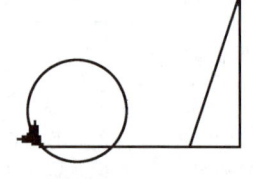

图 5-5 部分移动和绘制方法示例运行结果

表 5-6 绘图状态方法

方法名	功能说明
pendown() pd()|down()	将画笔落下,画笔在移动时将留下痕迹,画笔默认是落下状态
penup() pu()|up()	将画笔抬起,画笔在移动时不会留下痕迹
pensize(w) width(w)	设置线条的粗细为 w 或返回该值,参数 w 为正整数值
pen(pen, pendict)	返回或设置画笔的属性,参数:pen 为一个包含部分或全部下列键的字典;pendict 为一个或多个关键字参数
isdown()	如果画笔是落下的状态则返回 True,若画笔为抬起状态则返回 False

部分示例如下:

```
import turtle
turtle.penup() # 抬起画笔
turtle.forward(100) # 画笔抬起时移动不留痕迹
turtle.pendown()
turtle.forward(100)
```

```
turtle.pensize(20)
turtle.forward(100)
turtle.done()
```

运行结果如图 5-6 所示。

颜色控制方法见表 5-7。

图 5-6　画笔控制部分示例运行结果

表 5-7　颜色控制方法

方法名	功 能 说 明
pencolor(args)	设置或者返回画笔颜色
color(args)	设置或者返回画笔颜色和填充颜色
fillcolor(args)	设置或者返回填充颜色

填充方法见表 5-8。

表 5-8　填充方法

方法名	功 能 说 明
filling()	返回填充状态(填充为 True,否则为 False)
begin_fill()	在绘制要填充的形状之前调用
end_fill()	填充上次调用 begin_fill()之后绘制的形状

三、turtle 状态与事件处理

1. turtle 状态获取

turtle 库中对于 turtle 的动作除了上述的移动与绘制之外,还有获取 turtle 状态和设置与度量单位两部分,其中获取 turtle 状态,可以获取坐标、朝向方向等。获取 turtle 状态方法见表 5-9。

表 5-9　获取 turtle 状态方法

方法名	功 能 说 明
position() pos()	返回当前画笔的坐标(x,y)
towards(x,y)	返回从画笔位置到由(x,y)、矢量或另一 turtle 所确定位置的连线的夹角

续表

方法名	功能说明
xcor()	返回画笔的 x 坐标
ycor()	返回画笔的 y 坐标
heading()	返回当前画笔的朝向
distance(x,y)	返回 turtle 位置到指定位置(x,y)的距离

2. turtle 状态设置

turtle 库可以设置 turtle 的状态,包括可见性和外观。其中可见性方面,可以设置显示 turtle、隐藏 turtle 以及返回当前是否可见,便于在程序中随时获取状态。可见性方法见表 5‑10。

表 5‑10 可见性方法

方法名	功能说明
showturtle()|st()	使 turtle 可见
hideturtle()|ht()	使 turtle 不可见,隐藏 turtle 可加快绘制速度
isvisible()	如果 turtle 显示则返回 True,如果 turtle 隐藏则返回 False

此外,对于 turtle 的外观,可以通过设置来改变其形状和大小,从而打造出更具个性化的图形。外观方法见表 5‑11。

表 5‑11 外观方法

方法名	功能说明
shape(name)	设置 turtle 形状为指定的名称,如果未指定形状名称,则保持当前形状不变。指定的形状名称必须存在于 TurtleScreen 的 shape 字典中
resizemode(rmode)	设置 turtle 的大小调整模式。如果未指定 rmode,则默认保持当前的大小调整模式
shapesize(str_wid, str_len, outline) turtlesize(str_wid, str_len, outline)	设置画笔属性,包括其在 x 轴和 y 轴上的拉伸因子以及轮廓的设置,str_wid 是 turtle 垂直于其朝向的宽度拉伸因子,str_len 是 turtle 沿其朝向的长度拉伸因子,这两个因素共同决定了 turtle 形状轮廓线的粗细。其中三个参数都应为正数
shearfactor(shear)	设置或获取当前的剪切因子

续　表

方法名	功　能　说　明
settiltangle(angle)	调整 turtle 的旋转,使其形状指向指定的角度,同时忽略其当前的倾角,但不要改变 turtle 的移动方向
tiltangle()	设定或获取当前的倾斜角度,此操作不会改变 turtle 的行进方向
tilt(angle)	turtle 会根据当前倾角旋转指定的角度,但不会改变其朝向(即移动方向)
shapetransform(t11, t12, t21, t22)	设置或返回 turtle 形状的当前变形矩阵。如未指定任何矩阵元素,则返回以 4 元素元组表示的变形矩阵
get_shapepoly()	返回以坐标值对元组表示的当前形状多边形

3. 键盘、鼠标状态

turtle 库中除了在前面提到的使用屏幕事件,还有特殊使用事件,使得绘图过程更加互动和灵活。其中,鼠标释放事件允许在用户释放鼠标按键时触发特定的动作或响应,这为创建交互式绘图应用提供了便利,此外还有鼠标拖动事件等。使用事件方法见表 5-12。

表 5-12　使用事件方法

方法名	功　能　说　明
onclick(fun, btn, add)	将指定的函数 fun 绑定到鼠标单击屏幕事件上。如果未提供函数,则解绑当前绑定的函数
onrelease(fun, btn, add)	将指定的函数 fun 绑定到在此 turtle 上释放鼠标按键事件。如果 fun 值为 None,则移除现有的鼠标按键事件绑定。参数与 onclick() 方法一致
ondrag(fun, btn, add)	将指定的函数 fun 绑定到在此 turtle 图形上移动鼠标事件。若 fun 未提供或为 None,则移除当前的鼠标移动事件绑定。参数与 onclick() 方法一致

使用事件方法示例如下:

```
import turtle
# 函数
def drag(x,y):
    print(x,y)
turtle.shape("turtle")
turtle.ondrag(drag)
turtle.done()
```

运行结果：（单击海龟图表进行拖动,可打印对应坐标）

- 77.0 249.0

- 78.0 249.0

- 78.0 250.0

……

任务实施

（1）初始化图形窗口,并设置屏幕的大小和背景颜色。
（2）加载和显示图像。
（3）绘制赛道并且绑定相关键盘事件。
（4）移动小汽车。

步骤一：初始化图形窗口,并设置屏幕的大小和背景颜色。

```python
import turtle
import time
# 定义屏幕大小
screen_width = 800
screen_height = 600
# 初始化屏幕
t_screen = turtle.Screen()
t_screen.title("Racing Car on Rectangular Track")
t_screen.bgcolor("lightblue")
t_screen.setup(width = screen_width, height = screen_height)
```

步骤二：加载和显示图像。

```python
turtle.hideturtle() # 隐藏箭头
turtle.up()
turtle.goto( - 150, 150)
turtle.down()
turtle.pencolor('blue')
turtle.write('按空格键开始或暂停', font = ('宋体', 30, 'bold'))
# 添加小汽车图像
t_screen.addshape("向右.gif")   # 假设你已经有了这个文件
# 创建小汽车
racecar = turtle.Turtle()
```

```
racecar.shape("向右.gif")
racecar.penup()
racecar.speed(0)
racecar.goto( - 200, 0)    # 将小汽车放在左下角
# 调整图像大小
racecar.shapesize(stretch_wid = 1, stretch_len = 2)    # 根据需要调整这些值
flag_pause = 0
def move_pause():
    global  flag_pause
    flag_pause = not flag_pause
```

步骤三：绘制赛道并且绑定相关键盘事件。

```
# 绘制赛道
def draw_track():
    track_pen = turtle.Turtle()
    track_pen.speed(0)
    track_pen.color("red")
    track_pen.width(3)
    track_pen.penup()
    track_pen.goto( - 250, - 50)
    track_pen.pendown()
    track_pen.pensize(3)
    # 绘制外侧矩形赛道
    for i in range(2):
        track_pen.forward(600)    # 水平方向
        track_pen.left(90)
        track_pen.forward(100)    # 垂直方向
        track_pen.left(90)
# 键盘绑定
t_screen.listen()
t_screen.onkey(move_pause, "space")
```

步骤四：移动小汽车。

```
def move_car():
    # 让小汽车沿着赛道移动
```

```
        x = racecar.xcor()
        y = racecar.ycor()
        while True:
            t_screen.addshape("向右.gif")
            racecar.shape("向右.gif")
            for i in range(100):
                if x < 250 and flag_pause == 1:
                    x += 5
                    racecar.setx(x)
                    racecar.sety(y)
                    print('当前坐标', x, y)
                    t_screen.update()
                    time.sleep(0.01)
# 绘制赛道
draw_track()
# 开始移动小汽车
move_car()
# 等待用户关闭窗口
t_screen.mainloop()
```

任务小结

在本次编程任务中,对 turtle 库进行了深入探索,对其中的内置方法进行了系统性的学习,包括画布的生成、画笔的应用以及其他绘图命令等。通过编写程序,成功实现在屏幕上绘制汽车的功能,并使其能够按照预设的逻辑移动,或是随机地漫游在画布之上,甚至可以通过鼠标的拖动进行实时控制。这一拓展库的学习不仅加深了对扩展库的理解与应用,更在实际操作中锻炼了编程能力和问题解决能力。

任务 5.2 实现小汽车岔路口选择

任务 5.2:实现小汽车岔路口选择

任务目标

本任务的核心目标是通过设计实现小汽车岔路口选择的程序,培养学生熟练掌握 Python 中选择结构的技能,深入理解选择结构的多种类型及其在实际编程中的重要作用,同时培养学生将所学知识灵活应用于编程实践中的意识。本任务将全面介绍选择结构的多种类型,包括单分支选择结构、多分支选择结构以及嵌套分支选择结构等,详细解析这些选择结构的特点、基本用法。

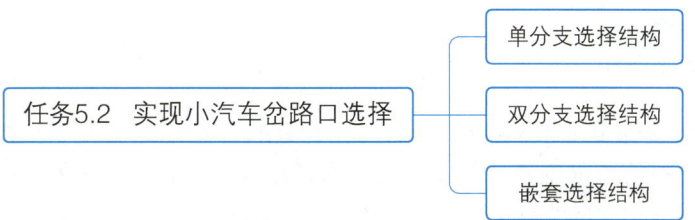

任务描述

无论是在 Python 编程中还是其他编程语言里,通常存在着三种基础且经典的控制结构,即顺序结构、选择结构和循环结构。本次任务的目标是,在已经掌握的 turtle 库的基础上,进一步发挥创意,绘制一辆小汽车,并赋予其移动的能力。此外,增设障碍物,根据用户的输入利用选择结构来控制小汽车的转向,从而实现小汽车避开障碍物的功能。这一任务旨在将编程逻辑与图形绘制相结合,不仅锻炼编程技巧,还能增强对控制结构的理解与应用能力。任务效果如图 5-7 所示。

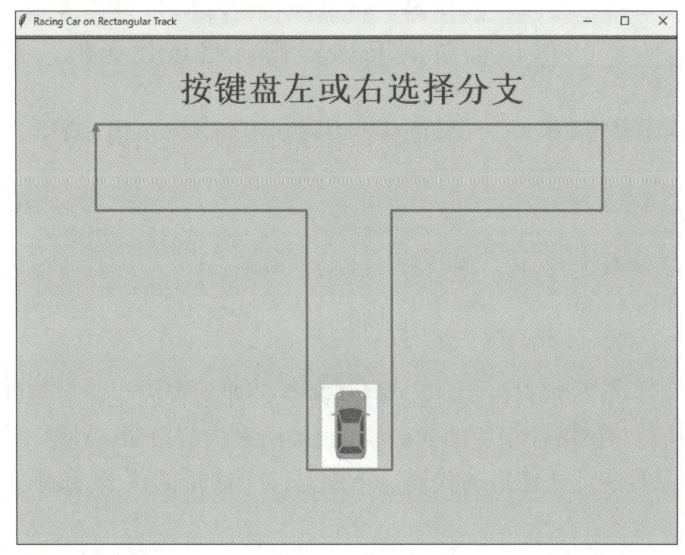

图 5-7 任务 5.2 效果

任务分析

(1) 导入绘图扩展库并且创建窗口。
(2) 创建小汽车形状并设置初始参数。

(3) 创建移动小汽车。
(4) 绘制赛道并且绑定键盘事件。
(5) 调用相关模块并等待用户关闭窗口。

知识储备

选择结构是编程中用来根据特定条件进行判断，并据此控制程序流程的一种基本结构。它在算法中扮演着根据条件是否成立来选择相应操作的关键角色。选择结构的核心功能是依据条件表达式的真伪来挑选并执行特定的代码块。

选择结构主要分为单分支、双分支和嵌套分支三种类型。在这些结构中，程序会依据条件表达式的结果，走向不同的代码路径。以双分支结构为例，程序会进行一次条件判断，若条件成立，则执行第一条代码路径；反之，则执行第二条代码路径。

一、单分支选择结构

在 Python 编程语言中，单分支选择结构是通过 if 语句实现的。该结构使得程序能够依据某个条件表达式的真伪来决定是否执行紧随其后的代码块。当条件表达式结果为真（即布尔值 True）时，if 语句下面的代码块将被执行；反之，若条件表达式结果为假（即布尔值 False），则忽略该代码块。流程如图 5-8 所示。

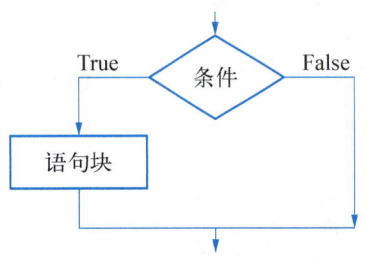

图 5-8 单分支选择结构流程

单分支选择结构的基本语法如下：

```
if 条件表达式:
    # 如果条件表达式为真,则执行这里的代码块
    执行语句
```

条件表达式是一个布尔表达式，用于判断某个条件是否成立。当条件表达式的结果为真(True)时，执行与该条件相关的代码块；如果结果为假(False)，则不执行该代码块，程序将继续执行条件表达式之后的代码。下面是一个简单的例子，展示了如何使用单分支选择结构。

```
# 例题：学校选拔支教学生,要求之一为年满 18 岁。
per_id = input("请输入你的身份证号：")
age = 2024 - int(per_id[6:10]) # 当前年份 - 出生年份
if age >= 18:# 如果年龄小于 18 则不会执行以下打印
    print("年龄合格")
```

运行结果:
请输入你的身份证号:371100200303034015
年龄合格

> **知识之窗**
>
> 支教是指去教育落后、条件较为艰苦的地区为学生提供教育支持的活动。支教是一种志愿服务,可以帮助身处困境的学生和教育工作者。许多地区的教育资源匮乏,学校基础设施简陋,师资力量短缺,学生们缺乏优质的教育资源和机会。支教可以为这些地区的学生提供教育支持,让他们获得更好的教育,提高自身素质。在支教人员的选择上,一般要求参与者年满18周岁,对于在校大学生,可能要求至少大三及以上。

二、双分支选择结构

在 Python 编程语言中,双分支结构是通过 if-else 语句实现的。该结构使得程序能够依据某个条件表达式的真伪(即为真或为假),来选择执行两个潜在的行动路径中的一个。具体来说,当条件评估结果为真时,程序将执行紧随 if 关键字之后的代码块;相对地,若条件评估结果为假,则执行 else 关键字后的代码块。流程如图 5-9 所示。

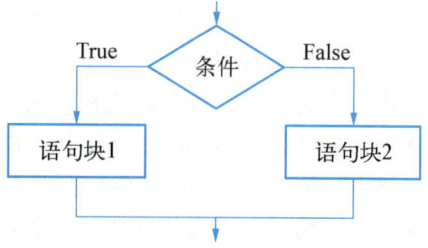

图 5-9 双分支选择结构流程

双分支选择结构的基本语法如下:

```
if 条件表达式:
    # 如果条件表达式为真,则执行这里的代码块
    执行语句 1
else:
    # 如果条件表达式为假,则执行这里的代码块
    执行语句 2
```

在这个结构中,条件表达式是一个用于判断特定条件是否满足的表达式,其结果为布尔值(True 或 False)。程序会首先计算这个表达式的值,然后根据结果来决定执行相应的代码段。下面是一个简单的例子,展示了如何使用双分支结构。

```
# 根据上一例题,将程序进行完善
per_id = input("请输入你的身份证号:")
age = 2024 - int(per_id[6:10])
if age >= 18:
```

```
    print("年龄合格")
else:
    print("年龄不合格")
```

运行结果:
请输入你的身份证号：371100200303034015
年龄合格
请输入你的身份证号：371100200703034012
年龄不合格

三、嵌套选择结构

在Python编程语言中,嵌套选择结构涉及在一种选择构造(例如if语句)中嵌入另一个或多个选择结构。这种构造让你能够依据多个条件来执行不同的代码块,进而构建出更加复杂的逻辑流程。通过使用嵌套选择结构,程序能够根据具体的条件执行更加细致的操作,从而增强代码的灵活性和可读性。嵌套的选择结构为用户提供了更多的选择,可以实现负责的业务逻辑,流程如图5-10所示。

一种语法结构为:

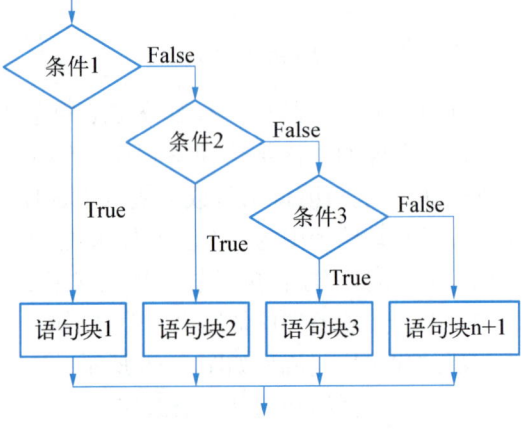

图5-10 嵌套选择结构流程

```
if 条件表达式 1:
    执行语句 1
elif 条件表达式 2:
    执行语句 2
elif 条件表达式 3:
    执行语句 3
......
else:
    执行语句 4
```

其中关键字elif为else if的缩写,下面是一个简单的例子,描述了如何使用第一种嵌套分支结构。

```
score = int(input("请输入学生成绩："))
```

```
if score > = 90:
    print("优秀成绩！")
elif score > = 70:
    print("良好成绩！")
elif score > = 60:
    print("成绩待提高。")
else:
    print("听通知补考。")
```

运行结果：
请输入学生成绩：99
优秀成绩！
请输入学生成绩：58
听通知补考。
另一种嵌套选择结构的语法形式如下：

```
if 条件表达式 1:
    执行语句 1
    if 条件表达式 2:
        执行语句 2
    else:
        执行语句 3
……
else:
    执行语句 4
```

在运用该嵌套选择结构时，必须严格把控各级代码块的缩进量。缩进量不仅关乎代码的可读性，更直接关系到不同代码块之间的从属关系及业务逻辑的正确实现。精确的缩进确保了 Python 能够准确无误地理解和执行代码，从而实现预期的业务逻辑。因此，对于缩进的管理不容忽视，它是编写高质量 Python 代码的关键一环。如下案例所示：

```
score = int(input("请输入学生成绩："))
effort = input("该生是否正常发挥（y/n）：")
if score > = 90:
    print("优秀成绩！")
    if effort = = 'y':
        print("继续保持高努力水平！")
```

```
        else:
            print("虽然成绩优秀,但还可以更努力一些。")
elif score > = 70:
    print("良好成绩！")
    if effort = = 'y':
        print("你的努力得到了回报！")
    else:
        print("成绩不错,但可以考虑增加努力。")
else:
    print("成绩待提高。")
    if effort = = 'y':
        print("虽然努力了,但可能需要改变学习方法。")
    else:
        print("需要增加努力和学习方法上的改进。")
```

运行结果：
请输入学生成绩：96
该生是否超长发挥（y/n）：n
优秀成绩！
虽然成绩优秀,但还可以更努力一些。

任务实施

（1）导入绘图扩展库并且创建窗口。
（2）创建汽车形状并设置初始参数。
（3）创建移动汽车。
（4）绘制赛道并且绑定键盘事件。
（5）调用相关模块并等待用户关闭窗口。
步骤一：导入绘图扩展库并且创建窗口。

```
import turtle
import time
# 定义屏幕大小
screen_width = 800
screen_height = 600
# 初始化屏幕
t_screen = turtle.Screen()
```

```
t_screen.title("Racing Car on Rectangular Track")
t_screen.bgcolor("lightblue")
t_screen.setup(width = screen_width, height = screen_height)
```

步骤二：创建小汽车形状并设置初始参数。

```
# 添加小汽车图像
t_screen.addshape("向上.gif")   # 假设你已经有了这个文件
# 创建小汽车
racecar = turtle.Turtle()
racecar.shape("向上.gif")
racecar.penup()
racecar.speed(0)
racecar.goto(0, - 150)   # 将小汽车放在左下角
# 调整图像大小
racecar.shapesize(stretch_wid = 1, stretch_len = 2)   # 根据需要调整这些值
turtle.hideturtle()# 隐藏箭头
turtle.up()
turtle.goto( - 200, 220)
turtle.down()
turtle.pencolor('blue')
turtle.write('按键盘左或右选择分支', font = ('宋体', 30, 'bold'))
```

步骤三：创建小汽车移动程序。

```
# 移动小汽车
def move_left():
    x = racecar.xcor()
    y = racecar.ycor()
    t_screen.addshape("向上.gif")
    racecar.shape("向上.gif")
    for i in range(100):
        if y < 150:
            y + = 5
            racecar.sety(y)
            print('当前坐标：', x, y)
```

```python
            t_screen.update()
            time.sleep(0.01)
    t_screen.addshape("向左.gif")
    racecar.shape("向左.gif")
    for i in range(100):
        if x > - 250:
            x - = 5
            racecar.setx(x)
            print('当前坐标：', x, y)
            t_screen.update()
            time.sleep(0.01)
def move_right():
    # 让小汽车沿着赛道移动
    x = racecar.xcor()
    y = racecar.ycor()
    t_screen.addshape("向上.gif")
    racecar.shape("向上.gif")
    for i in range(100):
        if y < 150:
            y + = 5
            racecar.sety(y)
            print('当前坐标', x, y)
            t_screen.update()
            time.sleep(0.01)
    t_screen.addshape("向右.gif")
    racecar.shape("向右.gif")
    for i in range(100):
        if x < 250:
            x + = 5
            racecar.setx(x)
            print('当前坐标：',x, y)
            t_screen.update()
            time.sleep(0.01)
```

步骤四：绘制赛道并且绑定键盘事件。

```python
# 键盘绑定
t_screen.listen()
```

```python
t_screen.onkey(move_left, "Left")
t_screen.onkey(move_right, "Right")
# 绘制赛道
def draw_track():
    track_pen = turtle.Turtle()
    track_pen.speed(0)
    track_pen.color("red")
    track_pen.width(3)
    track_pen.penup()
    track_pen.goto( - 300, 200)
    track_pen.pendown()
    track_pen.pensize(3)
    # 绘制外侧矩形赛道
    # for i in range(2):
    track_pen.forward(600)
    track_pen.right(90)
    track_pen.forward(100)
    track_pen.right(90)
    track_pen.forward(250)
    track_pen.left(90)
    track_pen.forward(300)
    track_pen.right(90)
    track_pen.forward(100)
    track_pen.right(90)
    track_pen.forward(300)
    track_pen.left(90)
    track_pen.forward(250)
    track_pen.right(90)
    track_pen.forward(100)
```

步骤五：调用相关模块并等待用户关闭窗口。

```python
# 绘制赛道
draw_track()
x = racecar.xcor()
y = racecar.ycor()
t_screen.addshape("向上.gif")
```

```
racecar.shape("向上.gif")
for i in range(100):
    if y < 50:
        y + = 5
        racecar.sety(y)
        print('当前坐标', x, y)
        t_screen.update()
        time.sleep(0.01)
# 等待用户关闭窗口
t_screen.mainloop()
```

课堂讨论

请各位在小组内展开讨论,共同探讨本任务可能的解决方案有几种,并提出你们小组所倾向的解决方案。在交流过程中,鼓励大家充分发表意见,集思广益,以期找到最佳解决路径。

任务小结

在本次 Python 编程任务中,针对数据结构中的选择结构进行了全面的探讨和学习。通过编写程序,成功实现了小汽车在行驶过程中根据岔路口进行智能选择的功能。在这一过程中,运用了 Python 选择结构中的嵌套选择结构,同时还深化了对 turtle 库的理解与掌握。通过实际操作,编程能力、解决问题能力以及实践应用能力得到了显著提升。

任务 5.3 实现小汽车循环跑圈

任务5.3:实现小汽车循环跑圈

任务目标

本任务的核心目标是通过设计实现小汽车循环跑圈的程序,熟练掌握 Python 中循环结构的技能,深入理解循环结构的特点及其在实际编程中的重要作用。本任务将全面介绍 Python 所提供的两种循环结构:while 循环与 for 循环,以及对应的循环跳转语句,详细解析这些循环结构的基本用法。

任务 5.3　实现小汽车循环跑圈

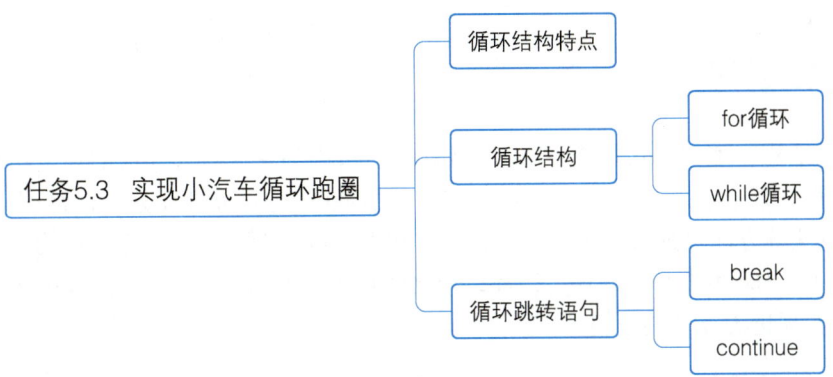

任务描述

在先前的任务中,已经成功实现了小汽车的转弯功能。本任务将更上一层楼,结合 Python 编程中的循环结构,对小汽车的行驶路线进行改造。本任务的目标是让"小汽车"在指定的窗口内循环跑圈,实现自动、连续的行驶效果。这不仅能够增强程序的趣味性,还能进一步提升学生对 Python 循环结构的理解和应用能力。任务效果如图 5-11 所示。

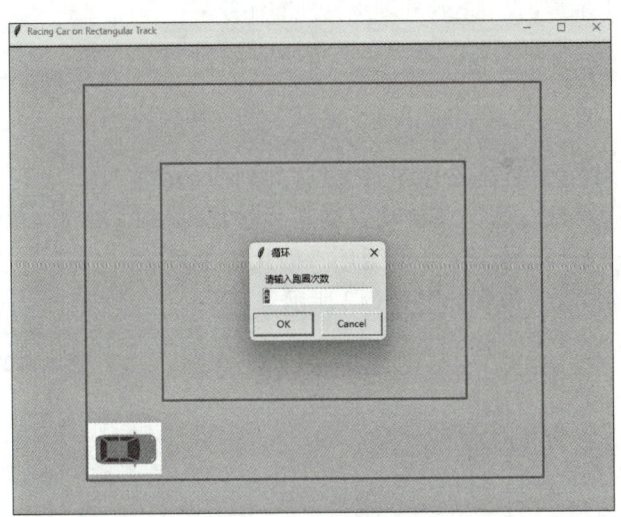

图 5-11　任务 5.3 效果

任务分析

(1) 导入绘图扩展库,并且创建窗口。
(2) 创建小汽车形状注册并且设置初始状态。
(3) 绘制跑道。
(4) 移动小汽车。
(5) 询问圈数并且执行该操作。

项目 5　开发"行进的小汽车"小游戏

知识储备

循环结构在编程中占据着基础且关键的地位,因为它使得程序能够反复执行特定的代码块,直到某个给定的条件得到满足。这一结构在处理重复性任务、遍历数据集以及实现复杂算法等方面发挥着至关重要的作用。在 Python 编程语言中,循环结构主要分为两种类型:for 循环和 while 循环。循环结构之间可以互相嵌套,也可以与选择结构嵌套使用,用来实现更为复杂的逻辑。

一、循环结构特点

Python 中的循环结构以简洁明了、灵活多变、易于理解和维护为特点。其语法简洁,使得编写循环代码变得轻松,同时提供了 for 和 while 等多种循环方式以适应不同的需求。Python 使用缩进来清晰界定循环体,增加了代码的可读性。此外,它还支持列表推导式,为快速生成列表提供了便捷方法。在循环中,可以结合异常处理来增强程序的健壮性,而 break 语句和 continue 语句则提供了更多的控制流选项。最后,配合内置函数如 enumerate()和 zip(),Python 的循环结构能处理更复杂的迭代任务。总之,Python 的循环结构高效、灵活且易于维护,非常适合处理重复性的任务。

二、循环结构

1. for 循环

for 循环经常被用于遍历各种序列类型,如列表、元组和字符串等可迭代对象。该循环自动控制迭代过程,无须程序员显式地管理循环计数器。for 循环一般用于循环次数可以提前确定的情况。流程如图 5-12 所示。

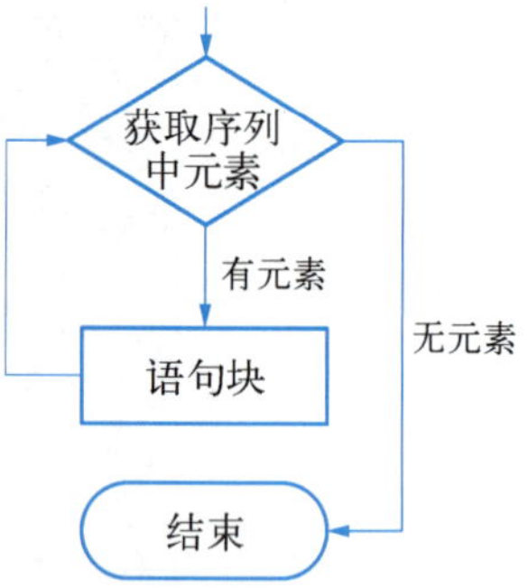

语法格式如下:

```
for  变量  in  可迭代对象:
    循环体
```

图 5-12　循环结构流程

> **小提示**　在 for 循环中,可以使用 range()函数来生成一个整数序列,这在需要按次数重复执行某段代码时非常有用。

range()函数的使用如下:

range(astart,stop,step)　　返回 range 对象,其中包含左闭右开区间[start,stop)内以
　　　　　　　　　　　　　　step 为步长的整数

例如:range(1,8)生成的序列为[1,2,3,4,5,6,7]。

下面的例子,展示了如何使用 for 循环结构。

```python
# 例题：社会主义核心价值观的遍历与展示
core_values = ["富强","民主","文明","和谐","自由","平等","公正","法治","爱国","敬业","诚信","友善"]
for i in range(0,len(core_values)):
    print(str(i) + ".",core_values[i])
```

运行结果：

0. 富强
1. 民主
2. 文明
3. 和谐
4. 自由
5. 平等
6. 公正
7. 法治
8. 爱国
9. 敬业
10. 诚信
11. 友善

下面的例子,展示了如何使用 for 循环结构与分支结构的结合。

```python
# 例题：计算1980年至2040年共有多少个闰年,统计具体闰年年份,并且打印。
count_list = []
for i in range(1980,2041):
    if i% 400 = = 0 or (i% 4 = = 0 and i% 100! = 0):
        count_list.append(i)
print("1980年至2040年闰年共有{}个".format(len(count_list)))
print("分别是：")
for i in count_list:
    print(i," ",end = "")
```

运行结果：
1980年至2040年闰年共有16个
分别是：
1980 1984 1988 1992 1996 2000 2004 2008 2012 2016 2020 2024 2028 2032 2036 2040

项目 5　开发"行进的小汽车"小游戏

在 Python 中，嵌套循环结构意味着一个循环内部包含另一个循环。这种结构在处理多维数据或进行复杂计算时非常有用。下面是一个嵌套循环案例，通过嵌套循环遍历二维列表，并打印出每个主题及其子主题。

```
# 打印二维列表
ideological_topics = [ ["爱国主义", ["铭记历史", "捍卫国家尊严", "传承红色基因"]],["社会主义核心价值观", ["富强", "民主", "文明", "和谐", "自由", "平等", "公正", "法治", "爱国", "敬业", "诚信", "友善"]],["中国精神", ["以爱国主义为核心的民族精神", "以改革创新为核心的时代精神"]] ]
# 使用嵌套 for 循环遍历二维列表并打印每个主题及其子主题
for topic_index, topic in enumerate(ideological_topics):
    print(f"主题 {topic_index + 1}: {topic[0]}")
    for subtopic_index, subtopic in enumerate(topic[1]):
        print(f" 子主题 {subtopic_index + 1}: {subtopic}")
    print() # 打印一个空行，以便区分不同的主题
```

运行结果：
主题 1: 爱国主义
　子主题 1: 铭记历史
　子主题 2: 捍卫国家尊严
　子主题 3: 传承红色基因

主题 2: 社会主义核心价值观
　子主题 1: 富强
　子主题 2: 民主
　子主题 3: 文明
　子主题 4: 和谐
　子主题 5: 自由
　子主题 6: 平等
　子主题 7: 公正
　子主题 8: 法治
　子主题 9: 爱国
　子主题 10: 敬业
　子主题 11: 诚信
　子主题 12: 友善

主题 3: 中国精神
　子主题 1: 以爱国主义为核心的民族精神

子主题 2：以改革创新为核心的时代精神

2. while 循环

在 Python 编程语言中，while 循环是一种关键的控制流语句，其功能是允许程序反复执行一个指定的代码块，直到某个特定的条件不再满足为止。与 for 循环不同，while 循环并不事先知晓需要执行的次数；它依据条件表达式的计算结果来决定是否继续执行循环。流程如图 5‑13 所示。

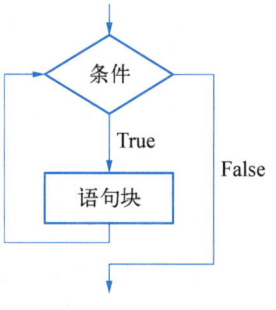

图 5‑13　while 循环流程

语法格式如下：

```
while 条件:
    循环体
```

只要条件表达式的值为 True，循环体内的代码块就会持续执行。每次循环结束后，都会重新评估条件表达式。一旦条件表达式的值为 False，循环将会结束，并且程序会继续执行 while 循环之后的代码。

下面的例子，展示了如何使用 while 循环结构。

```
# 例题：猜数字小程序
import random
rand_num = random.randint(1,100) # 随机数字
c_num = 0
c_count = 0 # 猜数字的次数
while rand_num! = c_num:
    c_num = int(input("请输入你猜想的数字："))
    c_count + = 1
    if c_num > rand_num:
        print("你说的数字大了。")
    elif c_num < rand_num:
        print("你说的数字小了。")
print("你终于猜对了,共猜了{}次".format(c_count))
```

运行结果：

请输入你猜想的数字：50

你说的数字大了。

请输入你猜想的数字：30

你说的数字小了。

请输入你猜想的数字：40

你说的数字小了。

请输入你猜想的数字：45
你说的数字小了。
请输入你猜想的数字：48
你说的数字小了。
请输入你猜想的数字：49
你终于猜对了，共猜了 6 次

此外，值得注意的是，无论是 while 循环还是 for 循环，都可以附加一个 else 子句。当循环因为条件表达式不再满足而正常终止时，会执行 else 块中的代码。然而，如果循环因为 break 语句的介入而提前结束，那么 else 块中的代码将不会被执行。

while 循环语法格式如下：

```
while 条件：
    循环体
else:
    else 子代码语句块
```

for 循环语法格式如下：

```
for  变量  in  可迭代对象：
    循环体
else:
    else 子代码语句块
```

三、循环跳转语句

在 Python 编程语言中，循环结构是控制流程的重要部分，其中循环跳转语句扮演着关键角色。break 和 continue 是两种常用的循环跳转语句，使得程序能够根据特定条件，在完成当前迭代之前提前退出循环，或是跳过循环中的一部分代码，进而实现对循环执行流程的精细调控。

1. break 语句

break 是 Python 中的一个关键字，用于立即终止循环的执行。无论当前是 for 循环还是 while 循环，一旦遇到 break 语句，循环会立即停止，并且程序的控制流会跳转至循环之后的下一条语句继续执行。

通常，break 语句用于在满足某个特定条件时提前退出循环，这样可以避免不必要的迭代，提高程序的效率。例如，在搜索一个列表以寻找特定元素时，一旦找到目标元素，使用 break 可以立即退出循环；同样，在接收用户输入时，如果用户输入了特定的命令，可以使用 break 来结束一个无限循环。

需要注意，break 关键字仅能从最内层的循环中跳出。在嵌套循环结构中，若使用

break,它将仅终止它所直接归属的那一层循环,而不会对更外层的循环产生影响。

此外,break 关键字通常与条件语句(例如 if)联合使用,以确保在满足特定条件时能够执行退出循环的操作。不当使用 break 可能会导致程序逻辑错误,或在不恰当的时候提前结束循环,进而遗漏一些必要的处理过程。因此,在应用 break 关键字时,务必确保对其行为有清晰的认识,并将其置于正确的位置。

2. continue 语句

在 Python 编程语言中,continue 语句是一种重要的控制流语句。其主要作用是在循环迭代过程中,跳过当前迭代中 continue 之后的代码,并立即进入下一次迭代。换句话说,当程序执行到 continue 语句时,它会忽略当前迭代中剩余的代码,直接回到循环的起点,准备开始下一次迭代。

continue 语句在循环控制中发挥着重要作用,特别是需要在特定条件下跳过某些迭代时。例如,在遍历列表时,如果遇到某个特定元素,希望跳过对该元素的进一步处理,此时,使用 continue 语句可以有效地避免执行冗余的操作,提高程序的效率。

需要注意,continue 语句只能影响它所在的当前循环。如果在嵌套循环中使用 continue,它只会影响包含它的最内层循环。同时,过度使用 continue 可能会使代码逻辑变得复杂和难以理解,因此在使用时应谨慎考虑其必要性。

比较下面两个程序,观察运行结果有什么不同?

```
for i in range(0,12):
    if i == 3:
        break
    print(i,end = " ")
print(" ")
for i in range(0,12):
    if i == 3:
        continue
    print(i,end = " ")
```

结果比较:

程序 1 运行结果如下所示:

0 1 2

程序 2 运行结果如下所示:

0 1 2 4 5 6 7 8 9 10 11

任务实施

(1) 导入绘图扩展库,并且创建窗口。

(2) 创建小汽车形状注册并且设置初始状态。

(3) 绘制赛道。
(4) 移动小汽车。
(5) 询问圈数并且执行该操作。

步骤一：导入绘图扩展库，并且创建绘图窗口，设置窗口参数。

```python
import turtle
import time
# 定义屏幕大小
screen_width = 800
screen_height = 600
# 初始化屏幕
t_screen = turtle.Screen()
t_screen.title("Racing Car on Rectangular Track")
t_screen.bgcolor("lightblue")
t_screen.setup(width = screen_width, height = screen_height)
```

步骤二：创建小汽车形状注册，并且设置汽车初始状态。

```python
# 添加小汽车图像
t_screen.addshape("向右.gif")  # 假设你已经有了这个文件
# 创建小汽车
racecar = turtle.Turtle()
racecar.shape("向右.gif")
racecar.penup()
racecar.speed(0)
racecar.goto( - 250, - 210)  # 将小汽车放在左下角
# 调整图像大小
racecar.shapesize(stretch_wid = 1, stretch_len = 2)  # 根据需要调整这些值
```

步骤三：绘制赛道，包括赛道的内圈和外圈。

```python
# 绘制赛道
def draw_track():
    track_pen = turtle.Turtle()
    track_pen.speed(0)
    track_pen.color("red")
```

```
track_pen.width(3)
track_pen.penup()
track_pen.goto(-300,-250)
track_pen.pendown()
track_pen.pensize(3)
# 绘制外侧矩形赛道
for i in range(2):
    track_pen.forward(600)    # 水平方向
    track_pen.left(90)
    track_pen.forward(500)    # 垂直方向
    track_pen.left(90)
# 绘制内侧矩形赛道
track_pen.penup()
track_pen.goto(-200,-150)
track_pen.pendown()
for i in range(2):
    track_pen.forward(400)    # 水平方向
    track_pen.left(90)
    track_pen.forward(300)    # 垂直方向
    track_pen.left(90)
track_pen.hideturtle()
```

步骤四：移动小汽车，在移动时需要注意小汽车图片的替换。

```
# 移动小汽车
def move_car():
    # 让小汽车沿着赛道移动
    x = racecar.xcor()
    y = racecar.ycor()
    x = -250
    y = -210
    t_screen.addshape("向右.gif")
    racecar.shape("向右.gif")
    for i in range(100):
        if x < 250:
            x += 5
```

```
            racecar.setx(x)
            print('当前坐标：', x, y)
            t_screen.update()
            time.sleep(0.01)
    t_screen.addshape("向上.gif")
    racecar.shape("向上.gif")
    for i in range(100):
        if y < 210:
            y + = 5
            racecar.sety(y)
            print('当前坐标：', x, y)
            t_screen.update()
            time.sleep(0.01)
    t_screen.addshape("向左.gif")
    racecar.shape("向左.gif")
    for i in range(100):
        if x > - 250:
            x - = 5
            racecar.setx(x)
            print('当前坐标：', x, y)
            t_screen.update()
            time.sleep(0.01)
    t_screen.addshape("向下.gif")
    racecar.shape("向下.gif")
    for i in range(100):
        if y > - 210:
            y - = 5
            racecar.sety(y)
            print('当前坐标：', x, y)
            t_screen.update()
            time.sleep(0.01)
```

步骤五：询问圈数并且执行该操作。

```
# 绘制赛道
draw_track()
```

```
turtle.hideturtle()    # 隐藏箭头
turtle.pencolor('blue')
# 开始移动小汽车
a = int(turtle.numinput("循环","请输入跑圈次数",default = 5))
for i in range(a):
    turtle.clear()
    turtle.up()
    turtle.goto( - 100, 0)
    turtle.down()
    turtle.write(f"当前圈数：{i + 1}", font = ('宋体', 30, 'bold'))
# 显示当前圈数 i
    move_car()
# 等待用户关闭窗口
t_screen.mainloop()
```

任务小结

在本次 Python 编程任务中，针对数据结构中的循环结构进行了全面的探讨和学习。本任务运用了 Python 循环结构中的 while 循环，同时深化了分支结构的理解与掌握。

任务 5.4 处理错误指令

任务目标

微课视频

任务 5.4：处理错误指令

本任务的核心目标是通过学习如何处理错误指令，熟练使用异常处理结构的技能，深入理解异常处理在编写健壮程序中的核心作用及其重要性，同时异常处理技术应用到实际编程案例中的意识。本次任务将了解 Python 中不同类型的异常及其用途，掌握 try…except…结构以及其他相关结构来处理潜在的错误，学会使用异常处理结构来提升代码的稳定性和可靠性。此外还将理解并能够实现 try…except…结构、try…except…else…结构、带多个 except 的 try 结构以及 try…except…else…finally…结构，掌握异常处理的不同结构。

项目 5　开发"行进的小汽车"小游戏

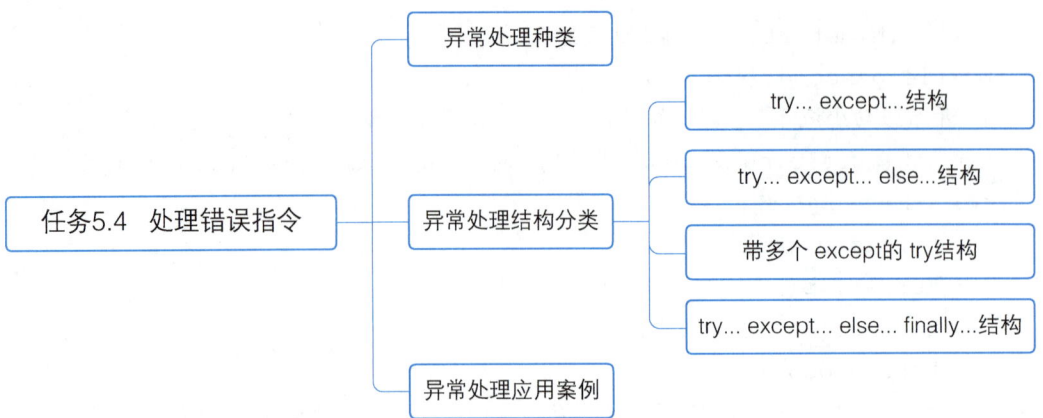

任务描述

在本任务中,学生将学习如何识别和处理程序中可能发生的错误和异常情况,了解 Python 中的常见异常类型。除掌握 try…except…结构用于基本的异常捕获和处理,还要会用 try…except…else…结构、带 except 的 try 结构以及 try…except…else…finally…结构。任务中将通过实际的编程案例,展示如何应用这些异常处理结构,例如处理文件操作中的 IOError、类型转换中的 ValueError 或用户输入错误。在任务实施阶段,将根据上一任务的代码进行改造,对小汽车跑圈的数量设置询问。最终,完成一个能够妥善处理错误指令的程序,该程序能够优雅地处理异常情况,提供用户友好的错误信息,并在可能的情况下恢复程序的正常执行。通过本任务,学生将加深对异常处理的理解,并提升编写健壮程序的能力。任务效果如图 5-14 所示。

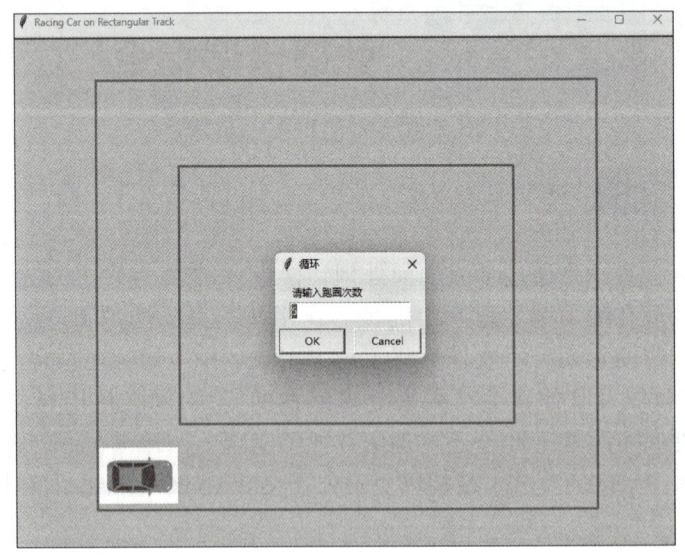

图 5-14　任务 5.4 效果

任务分析

（1）重复上一任务代码。
（2）创建变量用于控制跑圈次数。
（3）询问用户跑圈次数并增加异常处理。

知识储备

异常处理是编程中的一个关键概念，它旨在应对程序执行过程中可能出现的异常情况或错误。这些异常通常是由于输入数据的不当、资源的不可用性、系统外部条件的变化等因素引起的。若未能对这类异常情况实施有效的处理措施，程序可能会终止运行、产生未预期的结果或表现出不稳定的行为。本任务将从异常处理结构介绍、异常处理结构分类和异常梳理结构及其应用案例等方面展开学习。

在 Python 编程语言中，异常处理是一种关键的机制，它使得程序能够在遇到错误状况时优雅地应对，而不是直接崩溃。这种处理机制的核心结构是 try...except...结构，以及与之相关的异常类。Python 提供了一个异常类层次结构，允许开发者通过继承内置的 Exception 类或其子类来自定义异常。这样的设计能够创建具有丰富描述性的异常，以便更清晰地传达出错的信息。

一、异常处理种类

在 Python 中，异常的种类繁多，以下是 Python 内置的一些常见异常，见表 5-13。除此之外，还可以自定义异常，以便在特定情况下进行更精确的错误处理。

表 5-13 Python 常见异常

异常名称	介绍
ValueError	当一个函数接收到一个正确类型但是不适当的值时触发。例如，将字符串"5"传递给一个需要整数的函数
TypeError	当传入对象类型与所需类型不符时触发。例如，尝试将列表添加到整数中
IndexError	当使用的索引超出序列的范围时触发。例如，尝试访问列表超出其长度的元素
KeyError	当字典中不存在给定的键时触发。例如，尝试访问字典中不存在的键
AttributeError	当尝试访问未知的对象属性时触发。例如，尝试访问一个没有该属性的对象的属性
NameError	当引用一个未声明的变量时触发。例如，使用一个尚未定义的变量
ZeroDivisionError	当除以零时触发。例如，尝试将一个数除以 0

续　表

异常名称	介　　绍
IOError	当输入/输出操作失败时触发。例如，尝试打开一个不存在的文件
KeyboardInterrupt	当程序执行过程中用户按下中断键(通常是 Ctrl+C)时触发
MemoryError	当解释器遇到内存问题时触发，这通常表示对象无法分配内存

二、异常处理结构分类

1. try…except…结构

在异常处理结构中，最普遍也最基础的是 try…except…结构。此结构中，try 块包含了可能会引发异常的代码行，而 except 块则负责捕获相应的异常类型。位于 except 块中的代码段负责对捕获的异常进行处理。

该结构的语法如下：

```
try:
    代码块 1 # 被监控的语句，可能引发异常
except Exception:
    代码块 2  # 处理异常的代码
```

如果要捕获所有可能的异常类型，可以使用 BaseException，即 Python 中异常类的根类。然而，这种做法并不常见，因为它会捕获包括所有子类的异常，这可能会导致代码的运行效率降低，同时也使得异常处理变得更加复杂。代码格式如下：

```
try:
    代码块 1 # 被监控的语句，可能引发异常
except BaseException as e:
    代码块 2   # 处理所有错误
```

2. try…except…else…结构

当使用 try…except…else…结构时，如果尝试块中的代码引发了异常并被相应的 except 子句捕获，将执行相应的异常处理代码。在这种情况下，else 子句中的代码不会被执行。相反，如果尝试块中的代码没有引发任何异常，则会执行 else 块中的代码。

语法结构如下：

```
try:
    代码块 # 被监控的语句，可能引发异常
```

```
except Except1:
    代码块 1  # 处理异常
else:
    代码块 2
```

3. 带多个 except 的 try 结构

在实际的软件开发过程中,一段代码可能会引发多种不同的异常情况。为此,Python 语言提供了异常处理机制,允许开发者针对不同的异常类型实施特定的处理策略。具体而言,Python 的异常处理结构支持在单个代码块中同时处理多个异常,这通过包含多个 except 子句来实现。这种结构类似于编程中的多分支选择,但是有别于普通的多分支结构,一旦某个 except 子句成功处理了一个异常,程序将跳过其余的 except 子句,不会再执行它们。

该结构的语法格式如下:

```
try:
    代码块  # 被监控的语句,可能引发异常
except Except1:
    代码块 1  # 处理异常
except Except2:
    代码块 2  # 处理异常
except Except3:
    代码块 3  # 处理异常
```

或者也可以将要捕获的异常写在一个元组中,可以使用一个 except 语句捕获异常,并且共用同一段异常处理代码。语法结构如下:

```
try:
    代码块  # 被监控的语句,可能引发异常
except（Except1,Except2,Except3）:
    代码块 1  # 处理异常
```

4. try…except…else…finally…结构

最后还有一种常用的异常处理结构是 try…except…else…finally…语句(其中 except 可以有多个)。在这个结构中,finally 子句中的代码块无论是否发生异常都将被执行,通常用于执行一些清理工作,以释放 try 子句中申请的资源。

语法结构如下:

```
try:
    代码块  # 被监控的语句,可能引发异常
```

```
except Except1：
    代码块 1   # 处理异常
finally：
    代码块 2
```

三、异常处理结构及其应用案例

接下来的代码示例展示了 try...except...结构的应用。程序运行时会提示用户输入内容。一旦用户输入了数字，循环将会终止；若输入内容不符合要求，程序将持续提示用户直至输入正确的格式。

```
while True:
    try:
        a = int(input("请输入一个数字"))
        break
    except ValueError:
        print("输入内容不符合要求。")
```

运行结果：
请输入一个数字 d
输入内容不符合要求。
请输入一个数字 2
try...except...else...结构示例代码如下：

```
while True:
    try:
        a = int(input("请输入一个数字"))
    except ValueError:
        print("输入内容不符合要求。")
    else:
        print("输入内容非常符合要求。")
        break
```

运行结果：
请输入一个数字 ss
输入内容不符合要求。
请输入一个数字 0

输入内容非常符合要求。

带多个except的异常处理结构代码示例如下：

```
while True:
    try:
        a = input("请输入被除数：")
        b = input("请输入除数：")
        c = float(a)/float(b)
    except (TypeError,ValueError):
        print("两者应都为数字")
    except NameError:
        print("变量不存在")
    else:
        print(a,"/",b," = ",c)
        break
```

运行结果：
请输入被除数：1
请输入除数：0
除数不能为0
请输入被除数：11
请输入除数：a
两者应都为数字
请输入被除数：_
请输入除数：2
两者应都为数字
请输入被除数：22
请输入除数：2
2 / 2 = 11.0

try...except...else...finally...结构代码示例如下：

```
try:
    print("try")
    3/0
except:
    print("错误")
finally:
    print("关闭")
```

项目 5　开发"行进的小汽车"小游戏

运行结果：
try
错误
关闭

任务实施

（1）重复上一任务代码。
（2）创建变量用于控制跑圈次数。
（3）询问用户跑圈次数并增加异常处理。
步骤一：自行尝试重复上一任务的代码，这里就不再重复展示。
步骤二：在 for 循环之前创建一个变量，这里命名为 a，用来控制跑圈的数量。

```
a = 1
for i in range(a):
    ......# 代码省略
```

步骤三：使用 turtle 自带的 numinput 方法进行询问跑圈数量，并且增加异常处理。

```
try:
    a = int(turtle.numinput("循环","请输入跑圈次数",default = 5))
except Exception as e:
    print(f"输入错误：{e}")
    exit()
```

· 课堂讨论 ·

请各位在小组内展开讨论，共同探讨本任务可能的解决方案有几种，并提出你们小组所倾向的解决方案。在交流过程中，鼓励大家充分发表意见，集思广益，以期找到最佳解决路径。

任务小结

通过本次任务理解了异常处理在编写健壮程序中的核心作用，认识到其对于提高程序稳定性和用户体验的重要性。学生了解 Python 中不同类型的异常及其各自的应用场景。同时，也掌握了 try...except...结构以及其他相关结构（如 try...except...else...结构、带多个 except 的 try 结构、try...except...else...finally...结构）的使用方法，能够熟练运用这些结构来处理潜在的错误。

项目 5 综合实战

实战描述

通过使用 Python 的 turtle 库和 random 库,创建一个富有趣味性的小游戏。游戏中,一辆"小汽车"和"积分方块"被绘制在屏幕上。玩家通过键盘事件来控制"小汽车"的行驶方向,使其左转或右转,以尝试触碰屏幕上的"积分方块"。每当"小汽车"成功触碰到一个"积分方块"时,分数便会自动加一,为玩家带来成就感。若未能成功触碰到"积分方块",则游戏宣告结束,玩家需重新开始。

为了增加游戏的挑战性和乐趣,还特别设置了"小汽车"的速度与分数变量挂钩的机制。随着分数的不断增加,"小汽车"的行驶速度也会相应提升,使得游戏难度逐渐加大,为玩家带来更高的挑战性和刺激感。

通过本项目的实施,能够深刻记忆并熟练掌握常用的数据结构、分支结构与循环结构等核心编程知识,为日后的项目开发奠定坚实的基石。同时,通过参与这一富有创意与趣味性的项目,培养编程的兴趣,从而积极投身于未来的编程实践中。实现效果如图 5-15 所示。

源代码下载

项目 5 综合实战

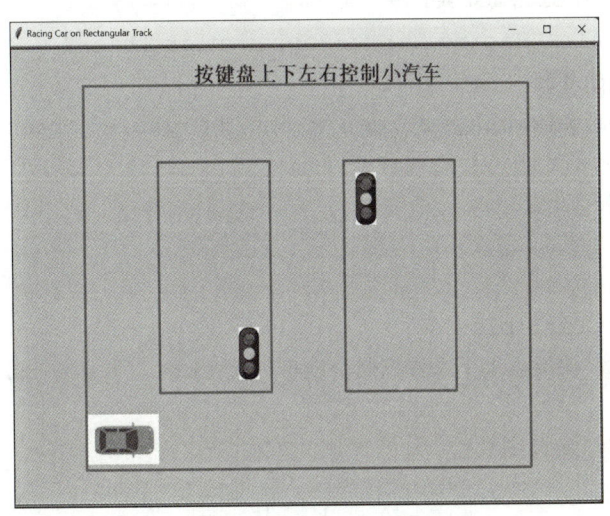

图 5-15 项目 5 综合实战实现效果

实战分析

(1)导入项目所需库函数。
(2)定义窗口,并设置初始换参数。
(3)添加红绿灯图片。

（4）创建小汽车角色。
（5）绘制赛道。
（6）创建小汽车移动模块。
（7）绑定键盘事件，并且调用相关函数。

操作演示
项目5综合实战

项目实施

步骤一：导入项目所需库函数。

```
import turtle
import time
```

步骤二：定义窗口，并设置初始换参数。

```
# 定义屏幕大小
screen_width = 800
screen_height = 600
# 初始化屏幕
t_screen = turtle.Screen()
t_screen.title("Racing Car on Rectangular Track")
t_screen.bgcolor("lightblue")
t_screen.setup(width = screen_width, height = screen_height)
turtle.hideturtle()# 隐藏箭头
turtle.up()
turtle.goto( - 150, 250)
turtle.down()
turtle.pencolor('blue')
turtle.write('按键盘上下左右控制小汽车', font = ('宋体', 20, 'bold'))
```

步骤三：添加红绿灯图片。

```
# 绘制红绿灯
t_screen.addshape("红绿灯.gif")
racecar2 = turtle.Turtle()
racecar2.shape("红绿灯.gif")
racecar2.penup()
racecar2.goto( - 80, - 100)   # 将小汽车放在左下角
racecar3 = turtle.Turtle()
```

```
racecar3.shape("红绿灯.gif")
racecar3.penup()
racecar3.goto(80, 100)    # 将小汽车放在左下角
```

步骤四：创建小汽车角色。

```
# 添加小汽车图像
t_screen.addshape("向右.gif")    # 假设你已经有了这个文件
# 创建小汽车
racecar = turtle.Turtle()
racecar.shape("向右.gif")
racecar.penup()
racecar.speed(0)
racecar.goto( - 250, - 210)    # 将小汽车放在左下角
# 调整图像大小
racecar.shapesize(stretch_wid = 1, stretch_len = 2)    # 根据需要调
整这些值
```

步骤五：绘制赛道（包括内侧赛道）。

```
# 绘制赛道
def draw_track():
    track_pen = turtle.Turtle()
    track_pen.speed(0)
    track_pen.color("red")
    track_pen.width(3)
    track_pen.penup()
    track_pen.goto( - 300, - 250)
    track_pen.pendown()
    track_pen.pensize(3)
    # 绘制外侧矩形赛道
    for i in range(2):
        track_pen.forward(600)    # 水平方向
        track_pen.left(90)
        track_pen.forward(500)    # 垂直方向
        track_pen.left(90)
    # 绘制内侧矩形赛道 1
```

```
track_pen.penup()
track_pen.goto(-200,-150)
track_pen.pendown()
for i in range(2):
    track_pen.forward(150)   # 水平方向
    track_pen.left(90)
    track_pen.forward(300)   # 垂直方向
    track_pen.left(90)
# 绘制内侧矩形赛道2
track_pen.penup()
track_pen.goto(50,-150)
track_pen.pendown()
for i in range(2):
    track_pen.forward(150)   # 水平方向
    track_pen.left(90)
    track_pen.forward(300)   # 垂直方向
    track_pen.left(90)
track_pen.hideturtle()
```

步骤六：创建小汽车移动模块，包括上、下、左、右四个方位。

```
# 移动小汽车
def move_left():
    x = racecar.xcor()
    y = racecar.ycor()
    t_screen.addshape("向左.gif")
    racecar.shape("向左.gif")
    for i in range(84):
        x -= 3
        racecar.setx(x)
        print('当前坐标',x,y)
        t_screen.update()
        time.sleep(0.01)
def move_right():
    x = racecar.xcor()
    y = racecar.ycor()
    t_screen.addshape("向右.gif")
    racecar.shape("向右.gif")
```

```
        for i in range(84):
            x += 3
            racecar.setx(x)
            print('当前坐标',x,y)
            t_screen.update()
            time.sleep(0.01)
def move_up():
    x = racecar.xcor()
    y = racecar.ycor()
    t_screen.addshape("向上.gif")
    racecar.shape("向上.gif")
    for i in range(80):
        y += 5
        racecar.sety(y)
        print('当前坐标',x,y)
        t_screen.update()
        time.sleep(0.01)
def move_down():
    x = racecar.xcor()
    y = racecar.ycor()
    t_screen.addshape("向下.gif")
    racecar.shape("向下.gif")
    for i in range(80):
            y -= 5
            racecar.sety(y)
            print('当前坐标',x,y)
            t_screen.update()
            time.sleep(0.01)
```

步骤七：绑定键盘事件，并且调用相关函数。

```
# 键盘绑定
t_screen.listen()
t_screen.onkey(move_left, "Left")
t_screen.onkey(move_right, "Right")
t_screen.onkey(move_up, "Up")
t_screen.onkey(move_down, "Down")
# 绘制赛道
```

```
draw_track()
# 等待用户关闭窗口
t_screen.mainloop()
```

项目小结

本项目通过 turtle 库开发"行进的汽车"小游戏,讲解分支结构与循环结构的使用;通过 turtle 库实现游戏场景及汽车图形的绘制,结合键盘事件响应机制,实现小汽车移动的移动功能,从而达成交互式游戏的设计目标。通过本项目的学习,不仅强化了对程序结构的理解与数据类型的灵活应用能力,而且将抽象逻辑转化为具象表现,提升其空间想象与系统思维素养,同时提升对编程的兴趣。

项目 5 拓展　开发赛车小游戏

源代码下载

项目 5 拓展案例

项目拓展描述

本项目在原有创新理念的基础上进行了进一步的拓展与深化,特别引入了积分碰撞机制,并且巧妙地设计了障碍物随时间逐步增加的游戏环节。这一设计不仅极大地丰富了游戏的玩法与挑战性,还成功地提升了程序的整体可玩性,使得用户体验更加丰富多彩。

项目拓展效果展示

项目拓展效果如图 5-16 所示。

图 5-16　项目 5 拓展效果

课 后 练 习

一、选择题

1. 以下哪个 Python 代码片段会导致无限循环？（   ）

A. ```
for i in range(10):
    print(i)
    i = 0
```

B. ```
while i < 10:
    print(i)
    i + = 1
    i = 0
```

C. ```
while i < 10:
    print(i)
    while True:
        i = int(input("Enter a number: "))
        if i = = 5:
            break
```

2. 在 Python 中，如果你想在循环中提前结束当前循环并进入下一个循环，你应该使用哪个语句？（    ）

A. break          B. continue          C. pass          D. return

3. 关于 Python 循环中的 range() 函数，以下哪个描述是错误的？（    ）

A. range() 函数用于生成一个整数序列。

B. range() 函数生成的序列可以直接在 for 循环中使用

C. range(1, 6) 会生成一个包含 1 到 5 的整数序列。

D. range(5) 会生成一个包含 0 到 4 的整数序列。

4. 考虑以下 Python 代码，输入哪个值将导致输出"输入的数值在范围内"？（    ）

```
num = int(input("请输入一个数字: "))
if num > = 10 and num < = 20:
    print("输入的数值在范围内")
else:
    print("输入的数值不在范围内")
```

A. 15   B. 5   C. 25   D. —10

5. 运行下列代码，下列输出结果正确的是哪个？（   ）

```
a, b = 1, 1
for _ in range(6):
    print(b, end = ' ')
```
```

a, b = b, a + b

A. 112358　　　B. 12358　　　C. 11235　　　D. 1235813

6. 已知 x＝6 和 y＝14，以下哪个选项正确地表示了表达式 x－y and y％3 的值？（　　）

A. False　　　B. True　　　C. －8　　　D. 2

7. 当使用 turtle 库进行绘图时，以下哪些方法可以用于设置画笔的属性？（　　）

A. `turtle.color("red")`

B. `turtle.pensize(3)`

C. `turtle.shape("turtle")`

D. `turtle.fillcolor("blue")`

8. 在 turtle 模块中，如何隐藏海龟（turtle）的图标？（　　）

A. `turtle.hide()`　　　B. `turtle.disappear()`

C. `turtle.invisible()`　　　D. `turtle.hideturtle()`

二、程序设计题

1. 编写程序，使用选择语句判断成绩等级并提出相应的建议。（90 分及以上为优秀，80 分（含）至 89 分为良好，70 分（含）至 79 分为中等，60 分（含）至 69 分为及格，60 分以下为不及格）。

2. 编写程序，根据用户输入的三个数判断它们能否构成三角形，如果能构成三角形，再判断是等边三角形、等腰三角形还是普通三角形。

3. 编写程序，使用 Python 的 while 循环结构输出 1 到 100 以内的所有质数（质数的定义是：在大于 1 的自然数中，除了 1 和它本身以外不再有其他因数的数称为质数）。

4. 编写程序，使用 for 循环语句编写出一个底边长度为 5 的三角形，并使用星号（*）作为填充字符的图形。

5. 编写程序，在 Python 中使用 turtle 库绘制一个半径为 45 的奥运五环。

6. 编写程序，在 Python 中使用 turtle 库绘制一个国际象棋棋盘。

项目 6

设计系统登录验证工具

导读

在实际的开发过程中，常常需要在不同的代码位置重复执行这些相似的代码块。为了减少代码冗余，提高代码的复用性和可维护性，通常会将这些相似的代码块封装成函数。函数封装能够避免在不同位置重复编写相同的代码。在本项目中将深入探索 Python 编程语言中的函数的使用。

项目描述

在当今数字化时代，网络安全的重要性越发凸显。随着大量敏感信息在网络中传输，系统登录验证程序成为守护信息安全的关键防线。一个安全可靠的登录验证程序，能够有效防止未经授权的访问，保护用户的隐私和数据安全。本项目模拟软件登录过程，开发一个系统登录验证程序，完成用户的登录、注册、退出、密码验证这四个功能。针对这四个功能设置相应逻辑判断。通过本项目的实施，深入理解并熟练掌握函数的常用操作，为今后的编程实践奠定坚实基础，同时能够理解网络安全在编程中的关键地位，树立网络安全意识，实现效果如下所示。

```
**************************************************
(1) 登录 (2) 注册  (q) 退出
**************************************************
请输入对应数字：2
请输入新用户名：test12
请输入新密码(至少 6 位)：123456
再次输入密码进行验证：123456
注册成功
**************************************************
```

项目 6　设计系统登录验证工具

思维导图

- 项目6　设计系统登录验证工具
  - 任务6.1　开发登录界面程序
  - 任务6.2　完成用户注册程序
  - 任务6.3　验证用户名和密码
  - 项目6综合实战
  - 项目6拓展　实现用户登录验证

项目目标

1. 能力目标

（1）理解函数的概念和作用，能够明确函数的设计目的和需求。

（2）掌握函数的定义方法，能够根据需求定义合适的参数和返回值。

（3）根据实际编程需求，能够灵活使用合适的参数类型进行任务的完成。

2. 知识目标

（1）深入了解 Python 编程中函数的功能。

（2）熟悉 Python 编程中匿名函数与生成器函数的实际应用。

（3）掌握 Python 编程中函数的定义与调用、函数参数的传递、函数参数类型以及变量的作用域等知识。

3. 素养目标

（1）培养严密的逻辑思维能力，确保函数设计的正确性和合理性。

（2）增强团队合作与自主学习的习惯，能够主动寻找学习资源与学习方法。

（3）提高学生的创新思维，学会从不同角度思考问题，寻找新的解决方案和优化方法。

任务 6.1　开发登录界面程序

任务6.1：开发登录界面程序

任务目标

本任务的核心目标是通过开发登录界面程序，掌握 Python 中自定义函数核心概念及其在编程过程中实际应用的技能，深入理解函数的语法格式、函数的调用以及函数参数的传递与返回的特点及功能应用,同时培养学生将所学知识应用于实际编程项目以提升编程能力的意识。通过全面介绍和实践自定义函数的相关知识,学生将能够全面提升其编程能力。

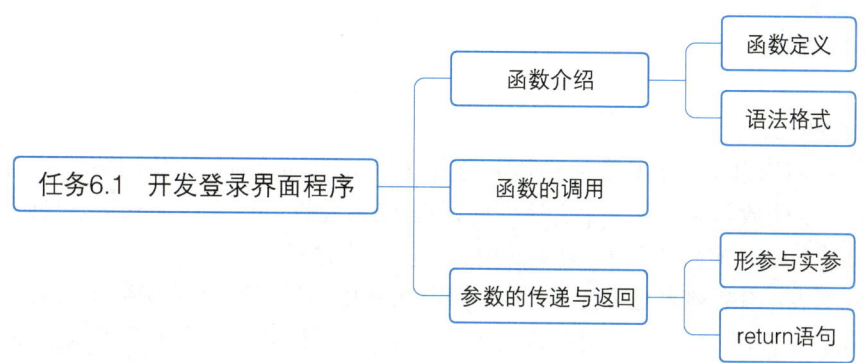

任务描述

本任务将利用 Python 编程中函数的相关知识点,构建一个模拟网站的登录程序,该程序首先引导用户输入其用户名和密码。完成输入后,程序将利用相应的函数逻辑,对用户验证是否是登录状态,并据此决定是否成功导向用户页面。整个流程旨在提供一个既友好又安全的登录体验。

任务分析

(1) 创建用户数据存储的字典。
(2) 创建登录函数,并询问用户信息。
(3) 根据信息进行逻辑判断,并且给予相应反馈。

知识储备

一、函数介绍

函数是 Python 编程的基本构成模块,提供了一种高效的代码组织方式,用于封装实现特定功能的代码段。在 Python 中,函数大致可分为三种类型:首先,是系统内置的标准函数,这些函数由 Python 解释器直接提供,无须额外导入,如 input() 和 print() 等;其次,是第三方程序员开发的开源函数库,这些库通过特定的包管理工具(如 pip)进行安装和管理,为开发者提供了丰富的功能和工具;最后,是用户根据自己的需求编写的自定义函数,这些函数针对性强,能够解决特定问题,是项目开发中不可或缺的一部分。在本项目中,将重点学习如何编写和使用自定义函数,以提升代码的可读性和复用性。

定义函数的语法格式如下:

```
def 函数名([参数列表]):
    '''注释'''
    函数体
    [return 返回值]
```

参数说明:

def:在使用自定义函数之前必须定义函数,在定义函数时需要使用关键字 def。

函数名:函数名应该是一个合法的标识符,通常建议以英文单词开头,以便准确表达函数的功能。命名应简洁明了,避免使用过于复杂或含糊的词汇。

参数列表:参数列表是可选的,用于指定在调用函数时传递给函数的参数。如果函数需要多个参数,各个参数之间应该用英文的逗号","分隔。如果函数不接受任何参数,参数列表可以为空。

函数体:函数体包含实现函数功能的语句。这些语句可以是任何有效的 Python 代码,包括变量赋值、条件判断、循环等。

return 返回值:返回值是可选的,用于从函数中返回特定的内容。要指定返回值,可以使用 return 语句。如果函数没有返回值或没有 return 语句,则默认返回 None。

下面是一个简单的函数定义示例:

```
def one_fun():
    print("第一个函数")
```

二、函数的调用

函数的调用是指函数的使用,函数在调用时需要使用定义的函数名,语法格式如下:

```
函数名(参数列表)
```

上面所写 add 函数进行调用如下:

```
one_fun()
```

运行结果:
第一个函数

三、参数的传递与返回

1. 形参与实参

在 Python 中,函数参数分为两类:形参(或称为形式参数、参数变量)和实参(或称为实际参数、参数值)。

形参是函数定义时用于接收值的变量名。在函数定义时,进行声明了这些变量名,但在函数被调用之前,并没有具体的值。形参是函数定义的一部分,用于描述函数期望接收什么样的数据。

例如,在以下函数定义中,x 和 y 是形参。

```
def add_num(x,y):
    x = 12
    print(x + y)
```

在这个例子中,add_num 函数期望接收两个参数,并命名为 x 和 y。

实参是函数被调用时传递给函数的实际值。这些值被用来初始化函数内部的形参。实参是函数调用的一部分,用于提供函数执行所需的具体数据。

例如,在以下函数调用中,1 和 10 是实参:

```
add_num(1,10)
```

运行结果:
22

在这个例子中,1 和 10 被传递给 add_num 函数,并分别用来初始化形参 x 和 y。函数执行后,初始 x 的值为 3,y 的值为 5,但是函数体内将 x 重新赋值为 12,这里修改的是形参 x 的数值,所以最后的结果为 22。

2. return 语句

在 Python 中,return 语句用于从函数中返回一个值或多个值(作为元组)。当函数被调用时,执行其内部的代码,并在遇到 return 语句时停止执行并返回指定的值。如果没有 return 语句,函数将默认返回 None。

return 语句后面可以跟一个表达式,该表达式的值将被返回。如下代码所示:

```
def add_num(x,y):
    return x + y
print(add_num(1,10))
```

运行结果:
11

return 语句也可以返回多个值,虽然 Python 函数在语法上只返回一个值,但可以通过返回一个元组来"返回"多个值。如下代码所示:

```
def jisuan(x,y):
```

```
        return x + y,x - y,x * y,x/y
print(jisuan(12,4))
```

运行结果：

(16, 8, 48, 3.0)

如果函数中没有 return 语句，或者 return 后面没有跟任何表达式，那么函数将返回 None。如下代码所示：

```
def add_num():
    print("这是加法函数")
print(add_num())
```

运行结果：

这是加法函数

None

return 语句还可以用于在函数的某个条件下提前退出。如下代码所示：

```
def divide(a, b):
    if b == 0:
        return "除数不能为 0"
    return a / b
result = divide(10, 0)
print(result)
```

运行结果：

除数不能为 0

任务实施

（1）创建用户数据存储的字典。
（2）创建登录函数，并询问用户信息。
（3）根据信息进行逻辑判断，并且给予相应反馈。

步骤一：创建一个字典存储用户数据。

```
user_list = [{"UserName": "admin", "PassWord": "admin123", "is_login": False, "Login_num": 0}]
```

步骤二：创建登录的函数 login()，并在函数内询问用户的用户名和密码等信息。

```
def login():
    name = input("用户名：")
    password = input("密码：")
```

步骤三：根据用户输入的信息与用户信息列表进行比对，并且做逻辑判断，根据判断结果给予不同的反馈。

```
for user in user_list:
        if user["UserName"] == name:
            if user["PassWord"] == password:
                user["is_login"] = True  # 设置状态为登录状态
                user["Login_num"] = 0    # 重置登录次数
                print("登录成功！")
                break
            else:
                print("密码错误！")
    print("用户名不存在！")
```

步骤四：调用登录函数。

```
login()
```

运行结果：
用户名：admin
密码：admin123
登录成功！

• 课堂讨论 •

在小组内展开讨论，共同探讨本任务可能的解决方案有几种，并提出小组所倾向的解决方案。

任务小结

在本次 Python 编程任务中，深入学习了函数的介绍，掌握了函数的调用技巧，以及函数参数的传递与返回机制。通过这次学习,对模块化程序设计的基本思想有了清晰的认识,并学会了如何利用函数来提高代码的结构性和可维护性。这不仅使编程技能得到提升,还培养了解决问题的能力,为未来的编程实践奠定了坚实的基础。

任务 6.2 完成用户注册程序

任务6.2:完成用户注册程序

任务目标

本任务的核心目标是通过完成用户注册程序,设计函数参数和编写用户注册功能的技能,深入理解参数类型(包括位置参数、关键字参数、默认参数、可变参数和不定长参数)以及变量作用域(包括局部作用域、嵌套作用域、全局作用域和内置作用域)的概念及其在编程中的应用,通过本次任务,将学会根据实际需求设计合理的函数参数,提高代码的灵活性和可重用性;掌握变量作用域的概念及其在编程中的应用;实现用户注册功能,综合运用参数类型和变量作用域的相关知识编写代码;并通过实际编写用户注册程序,提升解决实际问题的编程能力。

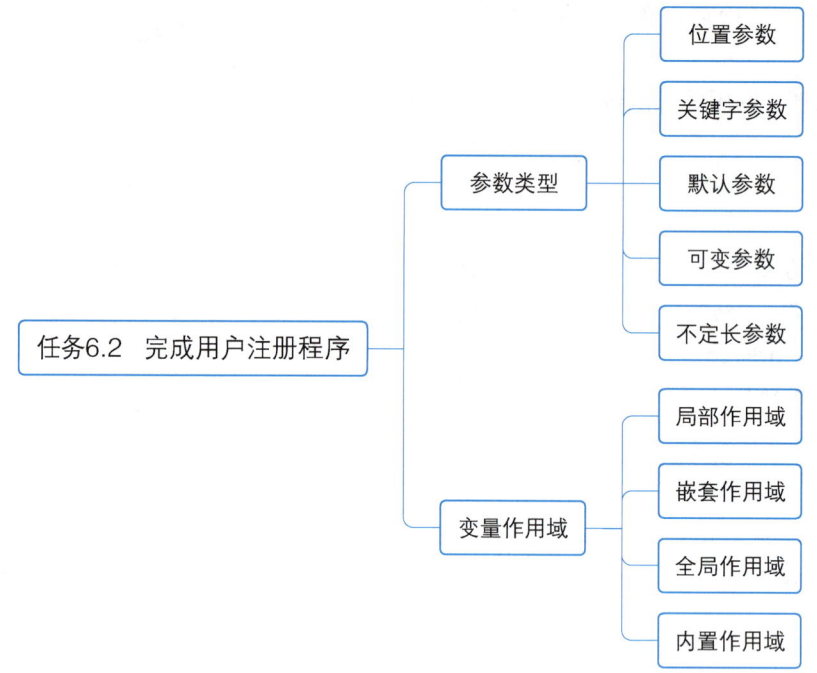

任务描述

在本任务中将学习如何在Python中处理函数参数和变量作用域,包括位置参数、关键字参数、默认参数、可变参数以及不定长参数等知识。在任务实施阶段,将编写一个具有用户注册功能的代码,该功能将包括收集用户信息、验证用户输入的有效性以及将用户信息存储在适当的数据结构中,学习如何使用函数参数来处理用户输入信息,并使用变量作用域来管理用户信息。

任务分析

(1)创建用户信息的列表数据。
(2)定义用户注册函数,请求用户输入用户名,并做逻辑判断。
(3)请求用户输入密码与密码验证,并做逻辑判断。
(4)将用户信息整理成字典,添加到用户信息列表。
(5)执行注册函数。

知识储备

一、参数类型

在 Python 中,函数的参数形式有多种,主要可以分为位置参数、关键字参数、默认参数、可变参数以及不定长参数等。

1. 位置参数

位置参数是按照函数定义中参数的顺序传递的。在调用函数时,必须为每个位置参数提供一个值,并且这些值的顺序必须与函数定义中的参数顺序相匹配。

下面是一个简单的示例。

```
def greet(name, age):
    print(f"{name}, {age}!")
# 调用函数,使用位置参数
greet("Alice", "20 岁")
```

运行结果:

Alice, 20 岁!

在上面的例子中,greet 函数有两个位置参数:name 和 age。在调用 greet()函数时,传递了两个值:"Alice"和"20 岁",顺序与函数定义中的参数顺序相匹配。

> **注意事项** 位置参数的位置很重要,必须按照正确的顺序传递值。传递的值的数量必须与函数定义中的参数数量相匹配。如果传递的值的数量少于或多于参数数量,Python 会引发一个 TypeError。

2. 关键字参数

在 Python 中，函数定义和函数调用时可以使用几种不同类型的参数，其中之一就是"关键字参数"（或称为"命名参数"或"指定参数"）。关键字参数允许通过参数名来指定参数的值，而不是仅仅依赖于参数在函数定义中的位置。

在调用函数时，可以通过参数名来指定参数的值。这在想要明确指定某个参数的值，或者函数的参数顺序可能会改变时特别有用。如下代码所示：

```python
def greet(name, age):
    print(f"{name}, {age}!")
greet(name = "李四", age = "18 岁")
greet(name = "张三", "20 岁")
```

运行结果：

李四, 18 岁!
张三, 20 岁!

在调用函数时，可以混合使用位置参数和关键字参数，但所有的位置参数必须在关键字参数之前。如下代码所示：

```python
def greet(name, age):
    print(f"{name}, {age}!")
greet(name = "李四", "18 岁") # 报错
```

运行结果：

SyntaxError: positional argument follows keyword argument

> **注意事项** 虽然关键字参数提供了很大的灵活性，但过度使用可能会导致代码难以理解和维护。因此，在编写函数时，应尽量避免使用过多的参数，特别是都有默认值时。同时，当调用函数时，也应尽量保持一致的参数顺序和命名约定。

3. 默认参数

在定义函数时，可以为参数提供一个默认值，从而使该参数成为可选的。不过，虽然这与关键字参数不完全相同，但通常当函数有多个参数时，使用默认值会使函数调用更加灵活，并允许使用关键字参数。如下代码所示：

```python
def greet(name, age = "20 岁"):
    print(f"{name}, {age}!")
greet("Alice")
```

运行结果：

Alice, 20 岁！

默认参数的使用可以提高函数的灵活性和易用性。然而，需要注意的是，在定义函数时，带有默认值的参数必须位于没有默认值的参数之后。这是因为在调用函数时，Python会按照参数在函数定义中的顺序来匹配提供的参数值。

知识之窗

在 Python 中，函数参数的类型通常不是显式地标记在函数定义中的，因为 Python 是一种动态类型语言。但是，从 Python 3.5 开始，引入了一种新的语法特性——类型注解（Type Hints 或 Type Annotations），允许开发者为函数参数和返回值提供预期的类型信息。这些类型注解对于 Python 解释器来说并不是强制性的，也就是说，即使提供了类型注解，Python 也不会在运行时检查这些类型。但是，对于第三方工具（如静态类型检查器、IDE、文档生成器等）非常有用，这些工具可以利用类型注解来提供更丰富的信息或进行更精确的分析。下面是一个使用类型注解的 Python 函数的例子。

```
def greet(name: str, age: int) -> str:
    return f"Hello, {name}! You are {age} years old."
```

4. 可变参数

这种参数类型允许传入任意的关键字参数（即指定了名称的参数）。在函数定义中，这些参数被收集到一个字典中。通常使用 ** kwargs 作为参数名（但也可以使用任何名称），如下代码所示：

```
def greet(**kwargs):
    for key, value in kwargs.items():
        print(f"{key} = {value}")
greet(name = "张三", age = 30)
greet(id = "371001", score = 99.5)
```

运行结果：

name = 张三
age = 30
id = 371001
score = 99.5

5. 不定长参数

这种参数类型允许传入任意数量的位置参数（即没有指定名称的参数）。在函数定义中，这些参数被收集到一个元组中。通常使用 *args 作为参数名（但可以使用任何名称），

其中 * 表示这是一个不定长参数。如下代码所示：

```
def print_all( * args):
    for arg in args:
        print(arg)
print_all(1, 2, 3)
print_all("apple", "banana", "cherry")
```

运行结果：
1
2
3
apple
banana
cherry

> **注意事项**　*args 和 **kwargs 可以同时出现在函数定义中，但 *args 必须出现在 **kwargs 之前。不定长参数可以用来创建非常灵活和可重用的函数，因为可以处理任意数量和类型的参数。不定长参数可以与其他普通参数一起使用，但普通参数必须出现在不定长参数之前。

二、变量作用域

变量的作用范围，即变量在代码中的可见性和可访问性，被称为变量的作用域。在这个作用域内，变量是有效的，并且可以被引用。不同作用域内的同名变量是相互独立的，彼此之间互不影响。在 Python 编程语言中，主要定义了四种类型的变量作用域：局部作用域、嵌套作用域、全局作用域和内置作用域。

1. 局部作用域

局部作用域是函数或方法内部定义的变量的作用域。这些变量被称为局部变量，其作用域仅限于该函数或方法内部。一旦离开该函数或方法，这些变量将不再存在。如下代码所示：

```
def my_function():
    local_var = "我是张三"    # 局部作用域
    print(local_var)
my_function()
# print(local_var)    # 这里会报错，因为 local_var 在局部作用域中
```

2. 嵌套作用域

嵌套作用域也称为封闭作用域,指的是嵌套函数内部对外部函数(非全局)的变量的访问。在嵌套函数内部,引用最近一层的外部(非全局)作用域中的变量,可以使用 nonlocal 关键字来引用这些变量。如下代码所示:

```
def function1():
    outer_var = "111"
    def function2():
        nonlocal outer_var    # 引用外部函数的变量
        outer_var = "222"
        print(outer_var)
    function2()
function1()
```

运行结果:
222

3. 全局作用域

全局作用域是在函数或方法之外定义的变量的作用域。这些变量在整个模块中都是可见的,但如果在函数内部想修改则需要使用 global 关键字。全局变量可以在整个程序中被访问和修改。如下代码所示:

```
global_var = "I'm Lili"
def my_function():
    global global_var    # 声明 global_var 为全局变量
    global_var = "我是张三"
    print(global_var)
print(global_var)
my_function()
print(global_var)
```

运行结果:
I'm Lili
我是张三
我是张三

> 小提示 在 Python 中,可以使用 globals() 和 locals() 这两个内置函数来查看当前的全局和局部作用域中的变量。

4. 内置作用域

内置作用域包含所有 Python 内置的变量和函数。比如 len()、print()、int()等。这些变量和函数在 Python 解释器启动时就已经定义好了,并且在整个 Python 程序中都是可见的。如下代码所示:

```
print(len([1,2,3,4,5,6]))
```

运行结果:
6

Python 使用一种称为 LEGB 规则的规则来确定在给定位置查找变量的顺序。
- Local(局部)
- Enclosing(嵌套)
- Global(全局)
- Built-in(内置)

当 Python 解释器遇到一个变量引用时,首先在当前的作用域(局部作用域)中查找该变量。如果找不到,继续在封闭的作用域中查找,然后是全局作用域,最后是内置作用域。如果在所有这些作用域中都找不到该变量,Python 会提示 NameError 异常。

任务实施

(1) 创建用户信息的列表数据。
(2) 定义用户注册函数,请求用户输入用户名,并做逻辑判断。
(3) 请求用户输入密码与密码验证,并做逻辑判断。
(4) 将用户信息整理成字典,添加到用户信息列表。
(5) 执行注册函数。

步骤一:创建一个列表嵌套字典结构存储用户数据。

```
user_list = [{"UserName": "admin", "PassWord": "admin123", "is_login": False, "Login_num": 0}]
```

步骤二:定义用户注册函数,使用 input()函数请求用户输入用户名信息,并且在用户列表中查找是否存在重名现象,如果存在重名则进行提示。

```
def register():
    new_username = input("请输入新用户名:")
    for user in user_list:    # 检查用户名是否已存在
```

```
        if user["UserName"] == new_username:
            print("该用户名已存在,请选择其他用户名。")
            return
```

步骤三:使用 input()函数在自定义的注册函数内进行请求用户输入密码,并且二次输入用于密码验证,使用 if 逻辑判断对两次密码做判断。

```
    password1 = input("请输入新密码(至少6位):")
    password2 = input("再次输入密码进行验证:")
    if password1 != password2 or len(password1) < 6:    # 密码匹配和强度验证
        print("两次输入的密码不正确或密码太弱,请重新输入。")
        return
```

步骤四:将用户信息整理成字典,添加到用户信息列表。

```
    new_user = {
        "UserName": new_username,
        "PassWord": password1,
        "is_login": False,
        "Login_num": 0
    }
    user_list.append(new_user)
    print('注册成功')
```

步骤五:执行注册函数。

```
register()
```

运行结果:
请输入新用户名:tt123
请输入新密码(至少6位):123456
再次输入密码进行验证:123456
注册成功
[{'UserName': 'admin', 'PassWord': 'admin123', 'is_login': False, 'Login_num': 0}, {'UserName': 'tt123', 'PassWord': '123456', 'is_login': False, 'Login_num': 0}]

任务小结

通过本任务的学习，掌握了 Python 中参数类型和变量作用域的概念，学会了如何设计合理的函数参数，提高了代码的灵活性和可重用性。同时，也理解了不同变量作用域的应用场景，能够在编程中合理地管理变量。

任务 6.3　验证用户名和密码

任务 6.3：验证用户名和密码

任务目标

本任务的核心目标是通过验证用户名和密码程序，熟练掌握 Python 编程中匿名函数（也称为 lambda 函数）和生成器函数具体应用的技能，深入理解匿名函数和生成器函数的概念及其在编程实践中的重要作用，同时学会巧妙应用于真实编程任务以提升编程效率和代码质量的意识。通过本次学习，学生将学会如何在编程实践中灵活运用匿名函数和生成器函数，实现对代码的有效优化，进而提升编程能力和代码质量。

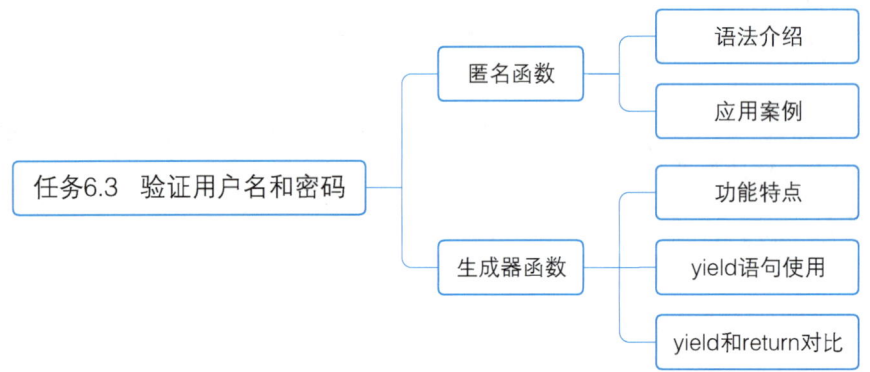

任务描述

本任务要求使用 Python 编程语言设计一个程序，该程序将展示匿名函数（lambda 函数）和生成器函数的基本概念及其实际应用。通过此案例，将学习到如何创建和使用 lambda 函数来执行简单的逻辑判断，并理解生成器函数如何动态地生成并返回一系列的值。

任务分析

（1）创建用户信息的列表数据。
（2）创建验证函数。
（3）创建登录函数。
（4）执行函数。

知识储备

一、匿名函数

Python 中的匿名函数（也称为 lambda 函数）是一种小型匿名函数，即没有名称的函数。主要用于需要一个函数对象，但该函数只会被调用一次的地方。lambda 函数可以从表达式中创建函数对象。语法格式如下代码所示：

```
lambda arguments: expression
```

arguments：是函数参数，以逗号分隔。
expression：是一个表达式，该表达式被求值并返回。
应用案例：
例 1：定义一个简单的 lambda 函数，该函数接收两个参数并返回和。

```
add = lambda x, y: x + y
print(add(5, 3))
```

运行结果：
8
例 2：使用 lambda 函数对列表进行排序（基于字符串长度）。

```
words = ["apple", "banana", "cherry", "date"]
words_sorted_by_length = sorted(words, key = lambda word: len(word))
print(words_sorted_by_length)
```

运行结果：
['date', 'apple', 'banana', 'cherry']

> **注意事项**　lambda 函数主要用于简单的函数定义,不能包含复杂的逻辑或语句(如 if、for 等);lambda 函数可以赋值给一个变量,也可以作为其他函数的参数。尽管 lambda 函数在某些情况下很有用,但通常不是定义复杂逻辑的首选方式。对于更复杂的逻辑,应该使用常规的 def 语句来定义函数。

二、生成器函数

在 Python 中,生成器函数是一种特殊的函数,使用 yield 语句而不是 return 语句来返回值。当生成器函数被调用时,不会立即执行其代码,而是返回一个迭代器对象(通常称为生成器)。这个迭代器对象可以在需要时生成值,一次一个,而不是一次性生成所有值并存储在内存中。这使得生成器在处理大量数据或需要惰性求值(lazy evaluation)的场景中特别有用。

生成器函数的特点:

(1)使用 yield 语句:生成器函数使用 yield 语句来"暂停"函数的执行并返回一个值,同时保存函数的当前状态,以便稍后从该点继续执行。

(2)返回迭代器:当调用生成器函数时,返回一个迭代器对象(生成器),而不是单个值。

(3)节省内存:生成器按需生成值,而不是一次性生成所有值并存储在内存中。这在处理大量数据时特别有用。

(4)惰性求值:生成器只在需要时生成值,而不是在创建时就生成所有值。

下面是一个简单的生成器函数示例,用于生成从 0 到指定数字(不包括该数字)的整数序列。

```python
def range_generator(n):
    i = 0
    while i < n:
        yield i
        i += 1
# 使用生成器
for num in range_generator(5):
    print(num)
```

运行结果:
0
1
2
3
4

在这个示例中,range_generator()函数是一个生成器函数,使用 yield 语句来逐个返回从 0 到 n−1 的整数。当使用 for 循环迭代 range_generator(5)时,会按需生成并打印这些整数。

在定义生成器函数时,通常会使用到关键字 yield,yield 是生成器是一种特殊的迭代器,yield 允许迭代一个值序列而无须在内存中存储整个序列,从而节省空间。

在定义生成器时,可以使用 yield 语句定义的函数是生成器函数。当调用这样的函数时,不会立即执行函数体中的代码,而是返回一个生成器对象。同时,在生成器函数中,yield 语句会"暂停"函数的执行并"产生"一个值。然后,当生成器的 next()方法被调用或者生成器在 for 循环中被迭代时,函数将从上次暂停的位置恢复执行,直到再次遇到 yield 语句。相关使用如下代码所示:

```
def my_generator():
    yield 1
    yield 2
    yield 3
gen = my_generator()
for value in gen:
    print(value)
print(next(gen))  # 因为生成器已经迭代完了,所以输出 StopIteration
```

运行结果:

1
2
3
StopIteration

return 和 yield 在 Python 中都是关键字,并且都可以进行数值的返回操作,但在函数和生成器中的用法和目的上有显著的区别。return 和 yield 关键字的区别见表 6-1。

表 6-1 return 和 yield 关键字的区别

功能与作用	return:用于从函数中返回一个值,并结束函数的执行。一旦 return 语句被执行,函数将立即退出,后续的代码不会被执行
	yield:用于定义生成器函数,允许函数在迭代过程中产生值,而不必一次性将所有值计算出来。当 yield 语句被执行时,函数会暂停执行并保存其状态,等待下一次调用
返回值类型	return:可以返回任何类型的数据,如整数、浮点数、字符串、列表、字典等。返回值可以是单个值,也可以是多个值(以元组形式返回)

续　表

返回值类型	yield：每次调用时返回一个值，这些值是通过后续的next()方法逐个获取的。虽然从语法上看，yield似乎返回了一个值，但实际上返回的是一个迭代器，用于生成一系列的值
执行流程	return：函数在执行到return语句时会立即退出，后续的代码不会被执行。一个函数可以有多个return语句，但只有一个会被执行
	yield：生成器函数在执行到yield语句时会暂停执行并保存其状态，等待下一次调用。当生成器被再次调用时，会从上次暂停的位置继续执行，直到遇到下一个yield语句或函数结束
应用场景	通常用于从函数中返回一个计算结果或状态信息。是函数式编程中不可或缺的一部分，使得函数能够返回有用的结果供调用者使用
	在处理大数据集或需要逐个生成值的场景时特别有用。由于生成器是懒加载的，可以在需要时才生成值，从而节省内存。此外，生成器还可以用于实现协程等更高级的功能
返回值与状态	return：一旦返回了值，函数的状态就丢失了。如果需要再次调用该函数并获取相同的结果，必须重新执行整个函数体
	yield：生成器在每次调用时都会保存其状态，这使得可以在多次调用之间保持连续性。因此，可以通过多次调用同一个生成器来获取一系列相关的值

任务实施

（1）创建用户信息的列表数据。
（2）创建验证函数。
（3）创建登录函数。
（4）执行函数。

步骤一：创建存储用户信息的列表。

```
user_list = [{"UserName": "admin", "PassWord": "admin123", "is_login": False, "Login_num": 0}]
```

步骤二：创建验证函数。

```
# 验证用户名和密码是否正确
def verify_user(name, password):
    for user in user_list:
```

```
            if user["UserName"] == name:
                if user["PassWord"] == password:
                    user["is_login"] = True
                    user["Login_num"] = 0    # 重置登录次数
                    return True
                else:
                    print("密码错误(输错五次将会锁定账号)")
                    user["Login_num"] += 1
                    if user["Login_num"] >= 5:
                        print("账号被锁定")
                    return False
    print("用户名不存在")
    return False
```

步骤三：创建登录函数。

```
def login():
    if not verify_user(input("用户名："), input("密码：")):
        print("登录失败")
    else:
        print("登录成功")
```

步骤四：执行登录函数。

```
login()
```

运行结果：
用户名：admin
密码：admin123
登录成功

• 课堂讨论 •

请在小组内展开讨论，共同探讨本任务可能的解决方案有几种，并讨论各解决方案的优缺点，最后确定选择一种方案。在交流过程中，鼓励大家充分发表意见，集思广益，以期找到最佳解决路径。

任务小结

通过本次学习任务,掌握了 Python 中的匿名函数和生成器函数,并学会了如何在编程实践中巧妙运用来优化代码。这不仅提高了编程效率和代码质量,还增强了对 Python 函数式编程的理解。为未来继续深入学习 Python 编程的其他高级特性,如装饰器、闭包等,并尝试应用到更复杂的编程任务中做好准备。同时,积极关注 Python 编程的最新动态和趋势,不断提升自己的编程能力和技术水平。

项目6综合实战

实战描述

源代码下载
项目6综合实战

通过使用 Python 函数相关知识点,制作一个系统登录验证的程序。程序中包含访问首页、登录、访问用户界面和退出等功能,可以根据用户的选择调用不同功能的函数模块,通过本项目的实施,能够深刻记忆并且熟练掌握函数的定义与调用、函数参数类型以及匿名函数与函数生成器等,并且提升在实际编程中应用这些函数知识点的能力。此程序不仅是一个学习成果的展示,更是对 Python 函数编程技能的一次有效锻炼和提升,实现效果如下所示。

****
(1)登录 (2)注册 (q)退出
****
请输入对应数字:2
请输入新用户名:test12
请输入新密码(至少6位):123456
再次输入密码进行验证:123456
注册成功
==

实战分析

(1)创建用户数据存储的字典。
(2)创建验证函数,对用户输入的用户名与密码进行验证。
(3)编写登录函数,用于请求用户输入信息,接收验证的反馈信息。
(4)创建注册函数。
(5)设计主函数,用于展示初始页面,并且等待用户对功能选择。

项目实施

操作演示

项目6 综合实战

步骤一：创建用户数据存储的字典。

```
user_list = [{"UserName": "admin", "PassWord": "admin123", "is_login": False, "Login_num": 0}]
```

步骤二：创建验证函数，对用户输入的用户名与密码分别进行验证，并且对应的进行提示。

```
# 验证用户名和密码是否正确
def verify_user(name, password):
    for user in user_list:
        if user["UserName"] == name:
            if user["PassWord"] == password:
                user["is_login"] = True
                user["Login_num"] = 0  # 重置登录次数
                return True
            else:
                print("密码错误（输错五次将会锁定账号）")
                user["Login_num"] += 1
                if user["Login_num"] >= 5:
                    print("账号被锁定")
                return False
    print("用户名不存在")
    return False
```

步骤三：编写登录函数，用于请求用户输入信息，在进行请求之前首先进行验证是否已经登录过，如果已经登录则进行提示，其次进行登录次数的判断，如果用户输入密码错误次数大于5次，则进行提示，如果以上验证都无触发，则进行询问用户的账号信息，将信息发送给验证的函数进行验证，并且接收验证的反馈信息。

```
# 登录函数
def login():
    if not verify_user(input("用户名："), input("密码：")):
        print("登录失败")
```

```python
    else:
        print("登录成功")
```

步骤四：构建用户注册函数。

```python
# 注册
def register():
    new_username = input("请输入新用户名：")
    for user in user_list:    # 检查用户名是否已存在
        if user["UserName"] == new_username:
            print("该用户名已存在，请选择其他用户名。")
            return
    password1 = input("请输入新密码（至少6位）：")
    password2 = input("再次输入密码进行验证：")
    if password1 != password2 or len(password1) < 6:    # 密码匹配和强度验证
        print("两次输入的密码不正确或密码太弱，请重新输入。")
        return
    # 添加新用户
    new_user = {
        "UserName": new_username,
        "PassWord": password1,
        "is_login": False,
        "Login_num": 0
    }
    user_list.append(new_user)
    print('注册成功')
```

步骤五：设计主函数，用于展示初始页面，并且等待用户对功能选择。

```python
# 主函数
if __name__ == "__main__":
    while True:
        print(" * " * 50)
        print("(1) 登录 (2) 注册   (q) 退出 \n")
        print(" * " * 50)
        num = input("请输入对应数字：")
```

```
        if num = = "q":
            print("已退出登录")
            for user in user_list:    # 将所有用户设置为未登录状态
                user["is_login"] = False
            break
        elif num = = "1":
            login()
        elif num = = "2":
            register()
        else:
            print("错误的选项")
    print(" = " * 50)
```

• 课堂讨论 •

请各位在小组内展开讨论,共同探讨本任务可能的解决方案有几种,并提出小组讨论的解决方案。在交流过程中,鼓励大家充分发表意见,集思广益,以期找到最佳解决路径。

项目小结

本项目通过设计系统登录验证工具小程序,讲解 Python 中函数的使用,包括函数的调用、参数的传递、匿名函数、生成器函数等,从而实现对用户安全交互界面的设计。通过本项目的学习,不仅显著提升软件开发实践能力与创新思维,而且增强学生的网络安全意识,提高系统安全性与可靠性的项目分析与解决能力。

项目 6 拓展 实现用户登录验证

项目拓展描述

本次任务旨在开发一个增强安全性的用户登录系统,通过引入验证码机制来实现用户登录验证,以此提升账户的安全性。系统主要功能包括生成随机验证码、模拟发送验证码至用户邮箱、验证用户输入的验证码正确性,以及在成功验证后更新用户登录状态。此外,系统还提供用户注册功能,允许新用户创建账户,并在注册过程中检查用户名的唯一

源代码下载

项目 6 拓展
案例

项目6 设计系统登录验证工具

性及密码强度。登录成功后,用户将看到一个个性化的界面。技术实现方面,系统使用 Python 列表和字典来存储用户信息,并通过命令行界面与用户进行交互。此项目不仅加强了学生对 Python 编程基础的理解,还提升了学生处理实际问题的能力,为未来开发更复杂的安全应用程序打下了坚实的基础。

项目拓展效果展示

```
**************************************************
(1) 登录 (2) 注册 (3) 用户界面 (q) 退出
**************************************************
请输入对应数字:1
用户名:test1
密码:123456
模拟发送验证码到邮箱:admin@example.com,验证码为:727522
请输入您邮箱收到的验证码:727522
验证码验证成功,登录成功。
```

课 后 练 习

一、选择题

1. 在 Python 中,定义函数时需要哪个关键字?(   )
   A. def   B. class   C. function   D. func

2. 以下哪个函数没有返回值(即返回 None)?(   )
   A. def func1(): pass
   B. def func2(x): return x
   C. def func3(x, y): return x + y
   D. def func4(): return None

3. 在 Python 中,以下哪个参数表示函数参数可以有默认值?(   )
   A. *args   B. **kwargs
   C. 参数名=默认值   D. 参数名

4. 以下哪个函数调用是正确的?(   )
   A. my_function(x, y)
   B. my_function(x, y = 10)
   C. my_function(x = 5, y)
   D. my_function(x = 5, y = 10)

5. 在 Python 中,哪个函数用于获取当前函数的名称?(   )

A. current_function()

B. get_function_name()

C. __name__（在函数内部）

D. func_name()

6. 在 Python 中，哪个关键字用于返回函数中的值？（　　）

A. exit　　　　　B. return　　　　　C. yield　　　　　D. print

7. 以下哪个 Python 函数定义是正确的？（　　）

A. function my_func(x):

B. def my_func(x) = :

C. def my_func(x):

D. def = my_func(x):

8. 在 Python 中，全局变量和局部变量是如何区分的？（　　）

A. 在函数内部定义的变量是全局变量

B. 在函数外部定义的变量是局部变量

C. 在函数内部，使用 global 关键字声明的变量是全局变量

D. 在函数外部定义的变量在函数内部不可访问

9. 以下哪个 Python 函数定义是正确的，接受一个列表作为参数并返回列表的长度？（　　）

A. def list_length(lst): return lst.length()

B. def list_length(lst): return len(lst)

C. def list_length(lst): return lst.len()

D. def list_length(lst): return lst.size()

10. 在 Python 中，以下哪个函数是内置的，用于打印输出？（　　）

A. print()　　　　B. output()　　　　C. display()　　　　D. show()

二、程序设计题

1. 编写一个名为 sum_of_numbers 的函数，该函数接受一个包含数字的列表作为参数，并返回列表中所有数字的和。

2. 编写一个名为 swap_values 的函数，该函数接受两个参数 a 和 b，并在函数内部交换值，然后返回交换后的两个值。

注意：Python 中函数不能直接交换传入的参数值（因为是按值传递的），但可以通过返回一个新的元组来实现这个效果。

3. 编写一个名为 is_palindrome 的函数，该函数接受一个字符串作为参数，并检查该字符串是否为回文（即正读和反读都一样）。如果是回文则返回 True，否则返回 False。

4. 编写一个名为 fibonacci 的函数，该函数接受一个整数 n 作为参数，并返回斐波那契数列中的第 n 个数。斐波那契数列从 0 和 1 开始，后续的每一个数都是前两个数之和。

项目 7

模拟创建信息化战队

导读

本项目将通过四个任务带你进入面向对象编程的世界,通过模拟战队的创建和管理,深入理解类与对象、继承、多态性等核心概念。三个小任务将从基础的类定义开始,学习如何封装士兵的属性和行为;对属性进行动态赋值,赋予模拟士兵特质;多态性将允许我们以统一的方式处理各类模拟士兵。在最后一个任务中,将综合应用前面学到的知识,实现一个模拟士兵训练程序。

项目描述

本项目将深入探索面向对象编程的精髓,构建一个模拟信息化战队系统。项目的核心在于设计和实现一个能够模拟不同兵种和作战单位的类体系,包括步兵、狙击手和坦克兵等,每个兵种都有其独特的属性和行为。通过继承和多态性,我们将展示如何构建一个灵活的数据结构,允许不同兵种共享通用属性和方法,同时保持各自的特殊性。装饰器的使用将为我们提供一个优雅的解决方案,以动态配置士兵的装备。

模拟战队的创建和管理,实现效果如下所示。

模拟士兵1的年龄是19岁。

模拟士兵1正在行走。

模拟士兵1说:我正在前进。

模拟士兵1使用 步枪 射击。

模拟士兵1更换武器为 手枪。

模拟士兵1使用 手枪 射击。

模拟士兵2的年龄是21岁。

模拟士兵2正在行走。

模拟士兵2说:我在找目标。

模拟士兵 2 使用 狙击步枪 射击。

模拟士兵 2 更换武器为 手枪。

模拟士兵 2 使用 手枪 射击。

思维导图

项目7 模拟创建信息化战队
- 任务7.1 创建模拟士兵
- 任务7.2 赋予模拟士兵特质
- 任务7.3 管理各类模拟士兵
- 项目7综合实战
- 项目7拓展 模拟信息化战队管理

项目目标

1. 能力目标

(1)能够独立编写代码,实现类的创建和对象的管理。

(2)面对编程问题时,能够运用OOP思维进行分析和解决。

(3)能够将所学知识应用于新的情境,如模拟不同场景下的军队管理。

2. 知识目标

(1)理解面向对象编程(OOP)的基本概念,包括类、对象、实例等。

(2)掌握类的定义和对象的创建,学会使用类来封装数据和行为,能够创建和初始化对象。

(3)学习属性和方法的使用,理解实例属性和类属性的区别,能够为类添加属性和方法。

(4)了解构造函数的作用,知道如何在类中定义构造函数来初始化对象状态。

(5)认识继承和多态性,理解继承的概念和用法,以及多态性在编程中的应用。

3. 素养目标

(1)通过模拟战队的创建,增强对国家安全和国防重要性的认识。

(2)认识到信息技术在社会发展中的作用,以及作为未来IT人才应对社会作出积极贡献。

项目 7　模拟创建信息化战队

任务 7.1　创建模拟士兵

微课视频
任务7.1：创建模拟士兵

任务目标

本任务的核心目标是通过创建模拟士兵程序,培养学生理解和掌握 Python 中类和对象的基本概念和创建过程的技能,深入理解类和对象在编程中的重要性以及如何使用类和对象来封装和组织数据,同时培养学生为后续任务打下坚实基础的意识。在这个任务中,将创建一个模拟士兵类,为其添加基本属性,如编号和角色。通过实践,将进一步理解类和对象的应用,为后续的小任务和项目整体实战任务做好准备。

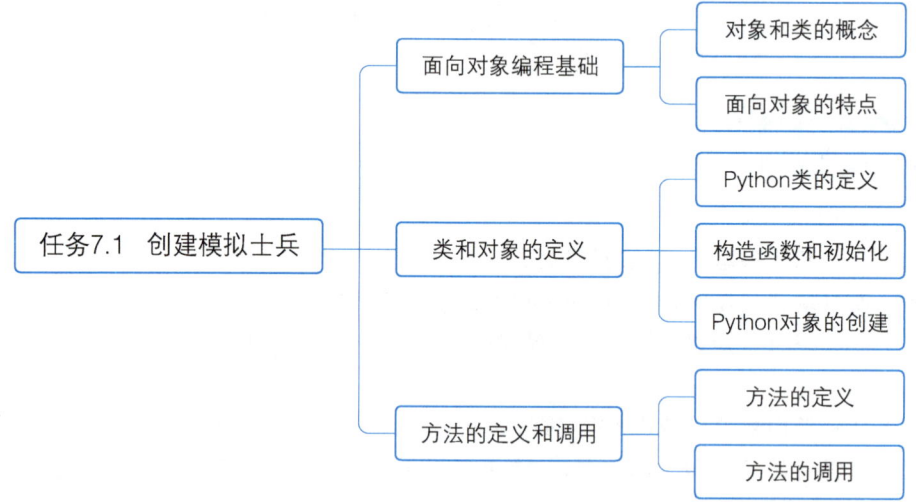

任务描述

通过创建模拟士兵来模拟现代军队信息化管理。为了更好地管理和展示这些模拟士兵,需要创建一个模拟士兵类。这个类需要包含模拟士兵的基本属性,如编号和角色,并且每个模拟士兵都有唯一的编号。

在这个任务中,需要使用 Python 的类和对象来创建模拟士兵类。类是一种用于创建对象的模版,非常适合用来处理这种情况。需要创建一个模拟士兵类,然后创建模拟士兵对象。同时,需要实现一个功能,允许用户查询某个模拟士兵的编号和角色。

此外,还需要对类和对象进行基本操作,比如创建模拟士兵、查看模拟士兵的属性,以及修改模拟士兵的属性。这些操作将帮助学生熟悉类和对象的使用,为后续的任务打下基础。

任务分析

(1) 学生需要创建一个模拟士兵类,这个类应包含模拟士兵的基本属性,如编号和角色。每个模拟士兵对象都应有唯一的编号。

(2) 在创建模拟士兵类的过程中,需要允许用户查询某个模拟士兵的编号和角色。

(3) 除了创建模拟士兵类,学生还需要创建模拟士兵对象。

(4) 此外,学生还需要实现一些基本的类和对象操作,比如创建模拟士兵、查看模拟士兵的属性,以及修改模拟士兵的属性。

知识储备

一、面向对象编程(OOP)基础

1. 对象和类的概念

在程序设计中,对象是对现实世界中具体事物的一种数字化抽象表达。而类则如同对象的模板,它定义了一类对象所具有的共同特征和行为。例如,我们可以创建一个"参赛国家类",规定这个类的对象都具有国家名称、各类奖牌数量等属性,以及计算总奖牌数等方法。

2. 面向对象的特点

封装:将数据和操作数据的方法封装在一个类中,对外提供特定的接口来访问和修改数据,增强了数据的安全性和可维护性。

继承:子类可以继承父类的属性和方法,实现代码的复用和扩展。

多态性:同一操作作用于不同的对象可以有不同的表现形式。

二、类和对象的定义

1. Python 类的定义

Python 中,可以使用 class 关键词定义一个类。类名通常采用驼峰命名法,即每个单词的首字母大写(例如 Soldier)。类中可以定义属性(变量)和方法(函数)。

示例:

```
class Soldier:
    pass  # 这里 'pass' 表示空代码块,后续将添加内容
```

2. 构造函数和初始化

构造函数是一个特殊的方法,名为 __init__,用于创建对象时初始化对象。

构造函数可以接收初始化参数,用于设置对象的初始状态。

示例:

```python
def __init__(self, soldier_id, age, rank, trait = 'infantry'):
    self.soldier_id = soldier_id # 实例变量
    self.age = age
    self.rank = rank
```

其中创建的实例变量,属于对象自身的变量,每个对象的实例变量都是独立的。

3. Python 对象的创建

创建类的实例(对象)非常简单,只需要调用类名并传入参数(如果有的话)。例如:

```python
# 创建士兵对象
soldier1 = Soldier(1, 25, 'Private', 'infantry')
```

在这个例子中,创建了一个 Soldier 类的实例,并将其赋值给变量 soldier1。

三、方法的定义和调用

1. 方法的定义

在 Python 中,方法实际上就是定义在类内部的函数,用于实现对象的行为,方法可以访问和修改对象的实例变量。方法的第一个参数通常是 self,代表调用该方法的对象。例如,可以在 Soldier 类中定义一个打印模拟士兵信息的方法。

```python
class Soldier:
    # ... 其他代码 ...
    def introduce(self):
        return (f"士兵 ID: {self.soldier_id}, 年龄: {self.age}, "
                f"军衔: {self.rank}, 特质: {self.trait}")
```

2. 方法的调用

调用对象的方法非常简单,只需要使用点运算符"·"。
示例:

```python
soldier1 = Soldier(1, 25, 'Private', 'infantry') # 创建士兵对象
soldier1.introduce() # 士兵调用了 soldier1 的 introduce()方法
```

任务实施

可以通过以下四个步骤完成任务要求。

(1)定义模拟士兵类,包括士兵 ID、年龄、军衔和特质四个实例属性。
(2)定义一个实例方法 introduce,利用 self 参数指向调用 introduce 方法的对象,该方法返回士兵的实例属性。
(3)创建模拟士兵对象 sodier1。
(4)调用对象 sodier1 的方法 introduce,访问士兵类的属性,并打印。

步骤一:定义模拟士兵类,包括士兵 ID、年龄、军衔和特质四个属性。

```python
class Soldier:
    def __init__(self, soldier_id, age, rank, trait = 'infantry'):
        self.soldier_id = soldier_id
        self.age = age
        self.rank = rank
        self.trait = trait   # 士兵特质,默认为'infantry(步兵)'
```

步骤二:定义一个实例方法 introduce,利用 self 参数指向调用 introduce 方法的对象,该方法返回士兵的实例属性。

```python
def introduce(self):
    return (f"士兵 ID: {self.soldier_id}, 年龄: {self.age}, "
            f"军衔: {self.rank}, 特质: {self.trait}")
```

步骤三:创建模拟士兵对象 sodier1。

```python
soldier1 = Soldier(1, 25, 'Private', 'infantry')
```

步骤四:调用对象 sodier1 的方法 introduce,访问士兵类的属性,并打印。

```python
print(soldier1.introduce())
```

运行结果:
士兵 ID: 1, 年龄: 25, 军衔: Private, 特质: infantry

• 课堂讨论 •

请各位在小组内展开讨论,怎么正确理解 Python 类的构造方法、实例方法。在交流过程中,鼓励大家充分发表意见,集思广益,以期找到最佳理解方式。

任务小结

通过这个任务,不仅掌握了 Python 类和对象的基本使用方法,也了解了如何通过类和对象来模拟现实世界中的实体和行为。创建了一个模拟士兵类,并为其添加了基本的属性和方法,这对于后续的学习和项目实践有着重要的帮助。在实际操作过程中,可能会遇到一些问题,如属性错误或类型错误等。这需要在编写程序时,注意对可能出现的异常情况进行处理,以保证程序的稳定运行。

任务 7.2 赋予模拟士兵特质

任务7.2:赋予模拟士兵特质

任务目标

本任务的核心目标是通过赋予模拟士兵特质程序,进一步掌握为 Python 中的类添加更复杂属性和方法的技能,深入理解如何通过方法来改变对象的状态以及如何使用类和对象来模拟复杂的现实世界情况。在这个任务中,将为模拟士兵类添加更多的特质,如武器类型,以及对应的行为,如立正、换枪、战备和射击。通过实践,进一步理解类和对象的高级使用,特别是在模拟复杂现实世界情况方面的应用。在后续任务中,需要使用类和对象来模拟模拟士兵的各种行为和状态,这都需要对类和对象有深入的理解和熟练的操作技能。

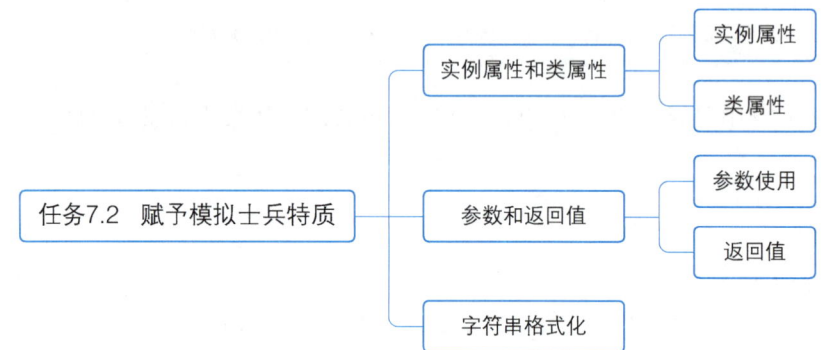

任务描述

在战队中,模拟士兵不仅有基本的属性,如编号和角色,还有各种特质和行为,如武器类型、立正、换枪、战备和射击。为了更准确地模拟士兵,需要为模拟士兵类添加这些特质和行为。

在这个任务中,需要使用 Python 的类和对象来扩展模拟士兵类。需要为模拟士兵类添加新的属性和方法,然后创建模拟士兵对象并调用这些方法。同时,需要实现一个功能,允许用户查询某个模拟士兵的特质和行为。

此外,还需要实现一些高级的类和对象操作,比如创建方法、调用方法,以及理解方法如何改变对象的状态。这些操作将帮助深入理解类和对象的使用,为后续的任务打下基础。

任务分析

(1) 首先,定义模拟士兵类,包含属性如武器类型,并添加方法,如立正、换枪、战备和射击。每个方法都会影响或改变模拟士兵的某种状态。

(2) 创建模拟士兵对象,并使用类的方法来改变模拟士兵的状态。例如,可以先创建一个模拟士兵,然后让他换枪。

(3) 实现一个功能,允许用户查询某个模拟士兵的特质和行为。可以在模拟士兵类中添加一个方法,用于打印模拟士兵的状态。

知识储备

一、实例属性和类属性

(1) 实例属性:与对象实例直接相关,存储了该实例特有的数据。实例属性在对象创建时定义,并为每个对象单独存储。

(2) 类属性:属于类本身,而不是类的任何特定实例。类属性在类定义中设置,并被类的所有实例共享。如果一个实例修改了类属性的值,这将影响所有其他实例。

示例:

```python
class Soldier:
    count = 0  # 类属性,记录创建的士兵数量
    def __init__(self, soldier_id, name, age, rank, trait):
        # 实例属性初始化
        self.soldier_id = soldier_id
        self.name = name
        self.age = age
        self.rank = rank
        self.trait = trait       # 士兵的特质
        self.weapon_type = None  # 初始没有武器
        self.status = "待命"     # 初始状态为待命
```

在 Soldier 类中,count 为类属性,记录创建士兵的数量;self.soldier_id、self.name、self.age、self.rank 和 self.trait 是实例属性,因为它们是属于每个士兵对象的特定信息。

二、参数和返回值

(1) 参数：方法可以定义参数，这些参数在调用方法时提供具体的值。参数可以是必需的或可选的（带有默认值）。

(2) 返回值：使用 return 关键字从方法返回值。方法可以返回任何数据类型的值，或者如果没有 return 语句，则默认返回 None。

示例：

```
def change_weapon(self, new_weapon):
    self.weapon_type = new_weapon
    print(f"{self.name} 已换枪为 {self.weapon_type}。")
```

change_weapon()方法接受一个参数 new_weapon，用于更新士兵的武器类型。此方法没有返回值，但可以通过打印语句提供反馈。

三、字符串格式化

(1) 概念：是构建字符串的一种方式，允许插入变量或其他值。

(2) f-string(Python 3.6+)：使用花括号{}和前缀 f 来标识。可以在花括号内直接包含表达式。

示例：

```
def display_status(self):
    # 打印士兵的所有特质和行为状态
    print(f"士兵编号：{self.soldier_id}, 姓名：{self.name}, 年龄：{self.age}, "
          f"军衔：{self.rank}, 特质：{self.trait}, 武器：{self.weapon_type}, 当前状态：{self.status}")
```

定义了 display_status()方法使用字符串格式化来输出士兵的详细信息。

任务实施

可以通过以下四个步骤完成任务要求。

(1) 定义模拟士兵类，包括编号、姓名、年龄、武器以及当前状态 5 个属性，并添加立正、换枪、战备和射击等方法。

(2) 定义一个函数，该函数接收模拟士兵对象作为参数，然后打印出模拟士兵的编号、角色和武器。

(3) 创建模拟士兵对象。

(4) 调用模拟士兵的方法。

(5) 查询士兵特质和行为。

步骤一：定义模拟士兵类，包括编号、姓名、年龄、武器以及当前状态 5 个属性，并添加立正、换枪、战备和射击等表示状态的方法。

```python
class Soldier:
    def __init__(self, soldier_id, name, age, rank, trait):
        # 实例属性初始化
        self.soldier_id = soldier_id
        self.name = name
        self.age = age
        self.weapon_type = None  # 初始没有武器
        self.status = "待命"  # 初始状态为待命
    # 新增方法的定义
    def stand_at_attention(self):
        self.status = "立正完毕"
        print(f"{self.name} 已经立正完毕。")
    def change_weapon(self, new_weapon):
        self.weapon_type = new_weapon
        print(f"{self.name} 已换枪为 {self.weapon_type}。")
    def prepare_for_battle(self):
        self.status = "准备战斗"
        print(f"{self.name} 正在准备战斗。")
    def shoot(self):
        if self.weapon_type:
            print(f"{self.name} 使用 {self.weapon_type} 进行射击。")
        else:
            print(f"{self.name} 没有武器,无法射击。")
```

步骤二：定义一个函数，该函数接收模拟士兵对象作为参数，然后打印出模拟士兵的编号、角色和武器。

```python
def display_status(self):
    # 打印士兵的所有特质和行为状态
    print(f"士兵编号：{self.soldier_id}, 姓名：{self.name}, 年龄：{self.age}, "
          f"武器：{self.weapon_type}, 当前状态：{self.status}")
```

步骤三：创建模拟士兵对象。

```
# 创建士兵对象
# 假设创建士兵时，已经提供了所有必要的属性
soldier1 = Soldier("001", "李四", 28)
```

步骤四：调用模拟士兵的方法。

```
# 调用方法来模拟士兵的行为
soldier1.stand_at_attention()
soldier1.change_weapon("狙击步枪")
soldier1.prepare_for_battle()
action = soldier1.shoot()   # 注意 shoot 方法没有返回值，这里仅为示例
```

步骤五：查询士兵特质和行为。

```
# 查询士兵特质和行为
soldier1.display_status()
```

任务小结

通过这个任务，进一步掌握了如何为 Python 类添加更复杂的属性和方法。为模拟士兵类添加了更多的特质和行为，如武器类型以及各种动作，这使得的模拟士兵类更加完整和真实。这一过程可能会遇到一些挑战，例如如何设计合理的方法以及如何通过方法改变对象的状态等。这需要深入理解类和对象的工作原理，以及如何有效使用它们来解决问题。

任务 7.3　管理各类模拟士兵

微课视频
任务7.3：管理各类模拟士兵

任务目标

本任务的核心目标是通过管理各类模拟士兵程序，面向对象编程的技能，深入理解类和对象、数据封装、方法调用以及面向对象设计原则的知识，同时将所学知识应用于现实世界问题的意识。学习如何创建一个 Squad 类来组织和控制一组 Soldier 对象，实现对模

拟士兵的有效管理和操作。这包括向队伍中添加士兵、指挥队伍执行特定行动以及查询和展示队伍的详细信息。本任务强调综合应用类的属性、方法和数据结构,以实现复杂的对象管理功能。

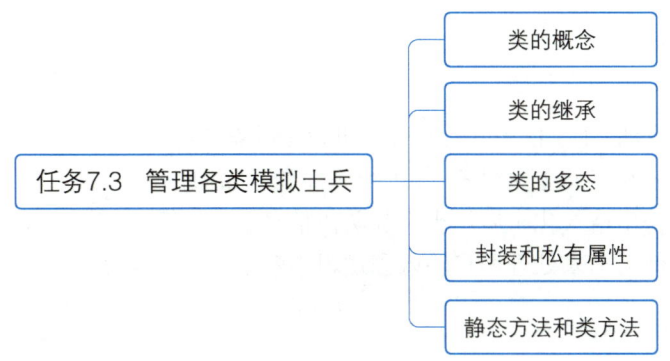

任务描述

在这个任务中,将转向构建一个更为动态和交互的模拟环境,这不仅要理解单个对象的行为,还要学会如何处理对象集合。具体来说,将面临以下挑战。

(1) 设计 Squad 类:需要设计一个新的类,名为 Squad,用来表示一个士兵小队。这个类将包含一个士兵列表作为其属性,并提供添加士兵、移除士兵以及执行小队级行动的方法。

(2) 实现士兵管理:必须实现方法,允许指挥官向小队中添加新士兵,或者在必要时从小队中移除士兵。这涉及对列表的操作,以及可能的边界条件处理。

(3) 模拟小队行动:将编写代码,使小队能够执行统一的行动,如集体行进或集体射击。这要求能够对小队中的每个士兵对象调用方法。

(4) 信息展示:需要实现一个功能,使得指挥官可以请求小队的状态报告,包括小队中所有士兵的详细信息。

(5) 用户交互:创建一个简单的用户交互界面,允许用户通过控制台输入来管理小队,执行添加、移除士兵的操作,以及触发小队行动和请求状态报告。

(6) 异常处理:在设计过程中,将考虑潜在的错误情况,如尝试添加已存在的士兵到小队,或请求不存在的士兵信息,并实现适当的异常处理机制。

本任务的最终目标是创建一个完整的模拟系统,它不仅能够展示面向对象编程的基本概念,还能够模拟现实世界中的一些管理和操作流程。通过这个任务,将学会如何在实际编程中应用这些概念,并解决实际问题。任务效果如下所示:

女生 joined the 信息化小队
男生 joined the 信息化小队
Squad: 信息化小队
Soldier ID: S001, Name: 女生, Rank: Private
Soldier ID: S002, Name: 男生, Rank: Private

Soldier with ID S001 has been removed
Squad: 信息化小队
Soldier ID: S002, Name: 男生, Rank: Private

任务分析

（1）初始化方法：使用__init__方法来初始化对象的属性。
（2）使用列表来存储士兵对象，并进行添加和删除操作。
（3）使用字符串格式化来展示士兵和队伍信息。
（4）使用条件语句来处理用户输入和逻辑判断。

知识储备

一、类的概念

1. 类与对象的关系

在前面的任务中已经介绍过类与对象的概念，本任务仍然承接上几节课的知识点，加深对类与对象的理解。类是创建对象的模板，它定义了一组属性和方法，这些属性和方法在对象创建时就已经确定。对象是类的实例，每个对象可以拥有不同的属性值，但共享相同的方法集合。

例如：在模拟士兵的场景中，Soldier类可能包含属性如name、age、rank，以及方法如display_info()来展示士兵信息。每个士兵实例都有其独特的属性值，但都使用相同的方法来展示信息。

示例：

```python
class Soldier:
    def __init__(self, name, age, rank):
        self.name = name
        self.age = age
        self.rank = rank
    def display_info(self):
        return f"Name: {self.name}, Age: {self.age}, Rank: {self.rank}"
# 创建 Soldier 对象
soldier = Soldier("John Doe", 30, "Private")
# 调用方法
print(soldier.display_info())
```

在这个练习中,我们定义了一个 Soldier 类,并创建了一个士兵对象 soldier。我们调用了 display_info()方法来打印士兵的信息。

2. 类的特性

封装性:类通过将数据(属性)和操作这些数据的代码(方法)组合在一起,提供了封装性。封装性是隐藏对象的内部状态和实现细节,只暴露出一个可以被外界访问的接口。

继承性:类还可以从一个或多个基类继承属性和方法,这允许创建层次结构,其中子类扩展或修改基类的行为。

多态性:类可以实现多态性,即同一个接口可以被不同的对象以不同的方式实现。这使得编写的代码可以对不同类型的对象执行不同的操作,增加了程序的灵活性。

二、类的继承

1. 继承的概念

通俗理解:继承类似于生物学中的遗传概念。子类可以"遗传"父类的属性和行为,同时也可以有自己的独特特征。

目的:实现代码复用,避免重复编写相同的代码。

实现方式:在 Python 中,通过在子类定义时使用 class 子类名(父类名):的语法来实现类的继承。

2. 方法重写与继承的使用

方法重写:如果子类需要修改或扩展父类的方法,可以在子类中定义一个与父类同名的方法。这样,当子类的对象被调用该方法时,将执行子类中的定义,而不是父类中的定义。

在子类中,可以使用 super()函数来调用父类的原始方法。例如,super().父类方法名()将调用父类的同名方法。

示例:

```
class Vehicle:
    def __init__(self, make, model):
        self.make = make
        self.model = model
# 子类 Car 继承自 Vehicle
class Car(Vehicle):
    def __init__(self, make, model, year):
        super().__init__(make, model)   # 调用父类的构造函数
        self.year = year
```

Car 类通过(Vehicle)继承自 Vehicle 类。Car 的构造函数中使用 super().__init__(make, model)来初始化从 Vehicle 继承的属性。Car 类还添加了一个新的属性 year。

三、类的多态性

1. 多态性的概念

多态性意味着"多种形式"或"多种状态"。在编程中,它允许不同的对象对同一消息做出响应,但响应的方式取决于对象的实际类型。

2. 多态性的应用

示例:

```
class Animal:
    def speak(self):
        return "Some sound"
# Dog 类重写了 speak 方法
class Dog(Animal):
    def speak(self):
        return "Woof!"
# Cat 类重写了 speak 方法
class Cat(Animal):
    def speak(self):
        return "Meow!"
```

Dog 和 Cat 类都继承自 Animal 类,并重写了 speak 方法。当我们创建一个 Animal 类型的列表,包含 Dog 和 Cat 类时,调用它们的 speak 方法将根据对象的实际类型返回不同的结果。

四、封装和私有属性

1. 封装的概念

封装就像一个俄罗斯套娃,你可以看到最外层,但内部的细节是隐藏的。在编程中,封装隐藏了对象的内部状态和实现细节。

2. 私有属性和方法

示例:

```
class Soldier:
    def __init__(self, name, rank):
        self.name = name    # 公开属性
        self._rank = rank   # 私有属性,用 _ 前缀表示
    def promote(self):
        # 私有属性可以通过类内部的方法访问和修改
        self._rank = "Sergeant"
```

Soldier 类中，name 是公开属性，可以从类的外部访问。_rank 是私有属性，只能用 Soldier 类的方法来访问和修改。promote 方法展示了如何修改私有属性。

五、静态方法和类方法

1. 静态方法的概念

静态方法就像一个不需要钥匙的公共工具箱，任何人都可以使用它，但它不属于任何个人。

2. 类方法的概念

类方法类似于一个带有特殊标记的工具箱，它属于整个班级，而不是个人。你可以用它来做班级相关的事情。

3. 静态方法和类方法的应用

示例：

```python
class Soldier:
    total_soldiers = 0  # 类变量
    @classmethod # 修饰器
    def recruit(cls, name, rank):
        soldier = Soldier(name, rank)
        cls.total_soldiers += 1  # 修改类变量
        return soldier
    @staticmethod
    def celebrate_holiday():
        return "Merry Christmas!"
# 通过类名直接调用静态方法
print(Soldier.celebrate_holiday())
# 通过类方法创建新士兵，并自动更新类变量
new_soldier = Soldier.recruit("Tom", "Private")
print(Soldier.total_soldiers)
```

recruit 是一个类方法，它使用 cls 来访问和修改类变量 total_soldiers。celebrate_holiday 是一个静态方法，它不需要类或对象的引用，可以独立使用。

任务实施

可以通过以下四个步骤完成任务要求。

（1）定义 Soldier 类，初始化士兵的姓名和军衔并添加一个方法 display_info() 来返回士兵的详细信息。

（2）定义 Squad 类，包含一个名称和用于存储士兵的列表。

（3）实现士兵管理功能：在 Squad 类中实现 add_soldier 方法，接受一个 Soldier 对象并添加到列表中，实现 remove_soldier 方法，根据士兵的姓名从列表中移除士兵。

（4）实现信息展示功能：实现 display_squad_info 方法，遍历士兵列表并调用每个士兵的 display_info 方法以展示小队中所有士兵的详细信息。

（5）创建士兵对象，创建小队，添加士兵到小队并打印结果，显示小队信息，移除一个士兵并打印结果。

步骤一：定义 Soldier 类，初始化士兵的姓名和军衔并添加一个方法 display_info()来返回士兵的详细信息。

```python
class Soldier:
    def __init__(self, soldier_id, name, rank):
        # 初始化士兵的基本属性
        self.soldier_id = soldier_id   # 士兵的编号
        self.name = name    # 士兵的名字
        self.rank = rank    # 士兵的军衔
    # 方法用于显示士兵的信息
    def display_info(self):
        return f"Soldier ID: {self.soldier_id}, Name: {self.name}, Rank: {self.rank}"
```

步骤二：定义 Squad 类，包含一个名称和用于存储士兵的列表。如下：

```python
# 定义 Squad 类，代表一个士兵小队
class Squad:
    def __init__(self, squad_name):
        # 初始化小队的名字和成员列表
        self.squad_name = squad_name
        self.members = []   # 用来存储 Soldier 对象的列表
```

步骤三：实现士兵管理功能：在 Squad 类中实现 add_soldier 方法，接受一个 Soldier 对象并添加到列表中，实现 remove_soldier 方法，根据士兵的姓名从列表中移除士兵。如下：

```python
# 方法用于添加士兵到小队
    def add_soldier(self, soldier):
        self.members.append(soldier)   # 将士兵添加到成员列表
        return f"{soldier.name} joined the {self.squad_name}."
```

```python
    # 方法用于从队伍中移除士兵
    def remove_soldier(self, soldier_id):
        # 使用列表推导式移除特定 ID 的士兵
        self.members = [soldier for soldier in self.members if soldier.soldier_id != soldier_id]
        return f"Soldier with ID {soldier_id} has been removed."
```

步骤四：实现 display_squad_info 方法，遍历士兵列表并调用每个士兵的 display_info 方法以展示小队中所有士兵的详细信息。

```python
    # 方法用于显示小队所有士兵的信息
    def display_squad_info(self):
        squad_info = f"Squad: {self.squad_name}\n"  # 队伍信息标题
        for soldier in self.members:
            squad_info += soldier.display_info() + "\n"  # 添加每个士兵的信息
        return squad_info
```

步骤五：创建士兵对象，创建小队，添加士兵到小队并打印结果，显示小队信息，移除一个士兵并打印结果。

```python
# 示例使用
# 创建士兵对象
soldier1 = Soldier("S001", "女生", "Private")
soldier2 = Soldier("S002", "男生", "Private")
# 创建小队
squad1 = Squad("信息化小队")
# 添加士兵到小队并打印结果
print(squad1.add_soldier(soldier1))
print(squad1.add_soldier(soldier2))
# 显示小队信息
print(squad1.display_squad_info())
# 移除一个士兵并打印结果
print(squad1.remove_soldier("S001"))
# 再次显示小队信息
print(squad1.display_squad_info())
```

任务小结

任务三"管理各类模拟士兵"通过面向对象编程方法,成功模拟了士兵小队的创建与管理。学会了如何定义类、初始化对象、封装数据和方法,以及如何通过类方法实现对象集合的管理。通过实现士兵的添加、移除、信息展示和小队行动等功能,掌握了列表操作、条件判断和循环控制等编程基础。用户交互的实现进一步提升了对程序流程控制的理解。此任务不仅加深了对 OOP 概念的认识,而且锻炼了解决实际问题的能力,为后续更复杂的编程挑战打下了坚实基础。

项目 7 综合实战

源代码下载

项目 7 综合实战

实战描述

本任务需要创建一个模拟士兵类,类中应包含一些基本属性,如姓名、年龄、职位等,以及一些基本行为,如行走、说话等。具体的要求如下:

1. 模拟士兵类的属性

(1) 编号。

(2) 年龄:自动随机生成。

(3) 职位(如步兵、狙击手等)。

2. 模拟士兵类的方法

(1) 行走:打印行走的动作。

(2) 说话:打印说话的内容。

然后,需要为这个模拟士兵类添加更多的特质和行为。例如,可以添加武器类型的属性,以及射击和更换武器的方法。具体的要求如下:

3. 新增的模拟士兵类属性

(1) 武器类型(如手枪、步枪等)。

4. 新增的模拟士兵类方法

(1) 射击:打印射击的动作和武器类型。

(2) 更换武器:更改武器类型的属性。

希望通过这个任务,能够更深入地理解和掌握 Python 中类和对象的使用,以及如何通过类和对象来模拟现实世界中的实体和行为。

实战分析

(1) 首先需要创建一个模拟士兵类,定义其基本属性和方法。基本属性包括姓名、年龄和职位,基本方法包括行走和说话。这个步骤是为了模拟士兵的基本特质和行为。

（2）接下来，需要为模拟士兵类添加更多的特质和行为。特别是，需要添加武器类型的属性，以及射击和更换武器的方法。这个步骤是为了丰富模拟士兵类的特性，并使其更接近现实世界中的模拟士兵。

（3）在添加了新的特质和行为后，需要创建模拟士兵类的实例，并通过调用其方法来模拟士兵的行为。这个步骤是为了验证的模拟士兵类是否正确，并且可以模拟士兵的行为。

（4）最后，需要检查和分析的代码，看看是否可以进一步改进。例如，可以考虑是否可以添加更多的特质和行为，或者是否可以优化的代码。这个步骤是为了提高的代码质量，并且为后续的学习和实践提供经验。

 项目实施

操作演示

项目7 综合实战

步骤一：首先，需要导入Python的random库，以便后续生成模拟士兵的随机年龄。

```
import random
```

步骤二：接下来，定义一个模拟士兵类，该类包含一些基本的属性和方法。使用一个类变量来跟踪创建的模拟士兵数量，并用这个数量作为每个新模拟士兵的编号。

```
class Soldier:
    count = 0  # 类变量,用于跟踪已经创建了多少个模拟士兵
    def __init__(self, position, weapon):
        Soldier.count += 1
        self.name = f"模拟士兵{Soldier.count}"  # 使用类变量的值作为模拟士兵的编号
        self.age = random.randint(18, 22)
        self.position = position
        self.weapon = weapon
```

步骤三：在模拟士兵类中，定义一些基本的方法，包括行走、说话、射击和更换武器。

```
    def walk(self):
        print(f"{self.name} 正在行走。")
    def talk(self, words):
        print(f"{self.name} 说: {words}")
    def shoot(self):
        print(f"{self.name} 使用 {self.weapon} 射击。")
    def change_weapon(self, new_weapon):
```

项目 7　模拟创建信息化战队

```
        self.weapon = new_weapon
        print(f"{self.name} 更换武器为 {self.weapon}。")
```

步骤四：为了避免代码重复，定义一个函数，该函数创建一个新的模拟士兵，并调用他的方法。

```
def create_and_use_soldier(position, weapon, words):
    soldier = Soldier(position, weapon)
    print(f"{soldier.name} 的年龄是 {soldier.age} 岁。")
    soldier.walk()
    soldier.talk(words)
    soldier.shoot()
    soldier.change_weapon("手枪")
    soldier.shoot()
```

步骤五：最后，使用上面定义的函数来创建和使用两个模拟士兵。

```
create_and_use_soldier("步兵", "步枪", "我正在前进。")
create_and_use_soldier("狙击手", "狙击步枪", "我在找目标。")
```

运行结果：
模拟士兵 1 的年龄是 19 岁。
模拟士兵 1 正在行走。
模拟士兵 1 说：我正在前进。
模拟士兵 1 使用 步枪 射击。
模拟士兵 1 更换武器为 手枪。
模拟士兵 1 使用 手枪 射击。
模拟士兵 2 的年龄是 21 岁。
模拟士兵 2 正在行走。
模拟士兵 2 说：我在找目标。
模拟士兵 2 使用 狙击步枪 射击。
模拟士兵 2 更换武器为 手枪。
模拟士兵 2 使用 手枪 射击。

知识之窗

在计算机编程中，类和对象是面向对象编程（OOP）的核心概念。它们允许开发者创建具有特定属性和行为的抽象模型，这些模型可以代表现实世界中的实体和概念。例如,在军队训练模拟项目中,我们创建了一个模拟士兵类来表示模拟士兵这一实体。模拟士兵类具有属性,如编号、角色和武器,以及方法,如立正、换枪和射击。这些方法模拟了模拟士兵在现实世界中的行为。

在现实世界中,类和对象的概念可以应用于各种场景。例如,在企业管理中,可以创建一个员工类来表示公司员工,每个员工对象具有姓名、职位和工资等属性,以及入职、离职和计算年终奖方法。在游戏开发中,可以创建一个怪物类来表示游戏中的怪物,每个怪物对象具有生命值、攻击力和移动速度等属性,以及攻击玩家、被玩家攻击和移动等方法。

Python 的类和对象模型非常强大和灵活,它们允许开发者创建复杂的数据结构和算法,以解决各种实际问题。通过学习类和对象,开发者可以更好地理解现实世界中的实体和行为,并将这些实体和行为抽象为计算机程序。这不仅有助于提高编程效率,还能够使代码更加清晰、易于维护和扩展。

项目小结

本项目通过设计并创建信息化模拟战队程序,讲解 Python 中类与对象的创建及操作,类与对象的属性定义、方法封装以及状态更新等操作,进而构建具有层次性和扩展性的程序代码。通过本项目的学习,不仅强化了编程逻辑的抽象化能力,而且引导学生深入理解软件模块化设计的思想,从而增强其在复杂系统开发中的问题分析与解决方案构建的能力。

项目 7 拓展 模拟信息化战队管理

项目拓展描述

本项目用 Python 编写的信息化战队模拟小程序,功能上通过士兵类和通信系统类的交互,模拟信息化战队中士兵的状态管理、装备配置以及通信系统对战队的统一指挥调度和状态监控。其中,士兵类具有报告状态、设置状态、添加装备等功能。通信系统类可以添加士兵、发送命令和检查士兵状态,起到高效指挥的作用。主要通过面向对象编程的概念,如类的定义、对象的创建、属性和方法的使用,深入掌握面向对象编程的技巧,学会如何将现实问题转化为编程模型进行求解,提升问题分析和解决的能力。还能更好地理解信息化战队的相关知识。通过了解信息化战队的运作机制和重要性,可以增强对国家军事现代化建设的认识,提高爱国意识和军事现代化意识,激发为国家的繁荣富强和安全稳定贡献自己力量的责任感和使命感。

源代码下载

项目 7 拓展案例

📋 项目拓展效果展示

张三(上士)当前状态为：前往指定地点。
装备有：先进通信设备。
李四(中士)当前状态为：前往指定地点。
装备有：高性能步枪。
王五(下士)当前状态为：前往指定地点。
装备有：战术头盔。

课 后 练 习

一、选择题

1. 在Python中，class关键字用于创建什么？（　　）
   A. 函数　　　　　B. 变量　　　　　C. 对象　　　　　D. 类
2. 在Python中，一个类的实例通常被称为什么？（　　）
   A. 实例　　　　　B. 对象　　　　　C. 类　　　　　　D. A和B都对
3. 在Python中，__init__方法在什么时候被调用？（　　）
   A. 当一个类被定义时　　　　　　　B. 当一个类的实例被创建时
   C. 当一个类的方法被调用时　　　　D. 当一个类的实例被删除时
4. 在Python中，self关键字有什么用途？（　　）
   A. 它表示类本身　　　　　　　　　B. 它表示类的一个实例
   C. 它表示类的一个方法　　　　　　D. 它表示类的一个属性
5. 在Python中，类的属性和方法通常如何访问？（　　）
   A. 使用.运算符　　　　　　　　　B. 使用［］运算符
   C. 使用()运算符　　　　　　　　　D. 使用{}运算符
6. 在Python中，如何在类外部改变类的一个属性？（　　）
   A. 直接修改属性　　　　　　　　　B. 使用类的一个方法
   C. 不能在类外部修改类的属性　　　D. A和B都对

二、程序设计题

1. 创建一个名为Person的类，它有name和age两个属性，以及一个名为greet的方法。用该方法打印出一个问候语，包含该人的名字和年龄。
2. 创建一个名为Student的类，它是Person类的子类。让Student类增加一个grade属性，并重写greet方法，使其也包含学生的年级。

项目 8
开发提取网页信息小程序

导读

本项目通过创建一个"招聘信息提取小程序"来学习和实践 Python 中的字符串处理、正则表达式的运用、Pandas 使用以及词云生成。通过几个任务,学习 Python 的字符串处理方法,如切片、拼接、分割、替换等;学习正则表达式的基础知识和使用方法,使用对应的库来模拟浏览器操作,以及词云库的使用和可视化展示。通过这个项目深入理解 Python 编程中数据抽取在实际问题中的应用和重要性。

项目描述

随着人工智能技术的迅猛发展,智慧办公已然成为现代办公模式的新潮流。以生成式 AI 为核心的大语言模型在处理复杂的业务报告时,如同一位高效的分析师,能够迅速梳理关键信息,提取有价值的内容,为办公人员提供决策参考。大语言模型的出现,极大地节省了办公人员的时间和精力,让他们能够将更多的精力投入到创造性的工作中。本项目立足人工智能发展的前沿,通过使用 Python 编程,实现对网页信息的自动提取和分析,并以词云可视化的方式展示给用户。提取网页信息效果如图 8-1 所示。

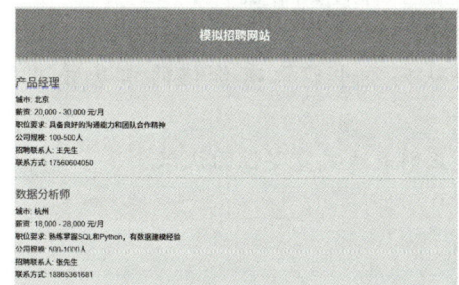

图 8-1 提取网页信息效果

项目 8　开发提取网页信息小程序

思维导图

```
                              ┌─ 任务8.1  提取网页手机号码
                              │
                              ├─ 任务8.2  提取并格式化输出网页信息
                              │
  项目8  开发提取网页信息小程序 ─┼─ 任务8.3  生成岗位信息词云图
                              │
                              ├─ 项目8综合实战
                              │
                              └─ 项目8拓展  个性化招聘信息推荐
```

项目目标

1. 能力目标

（1）能够运用 Python 编写程序提取网页中的手机号码等特定信息。

（2）具备对提取的网页信息进行格式化输出的能力。

（3）能够使用 Pandas 导入、导出数据。

（4）学会使用词云图展示岗位信息，提高数据可视化能力。

（5）能够运用爬虫技术获取网络招聘信息。

2. 知识目标

（1）掌握 Python 中的正则表达式，用于提取特定信息。

（2）熟悉网页信息提取的基本方法和流程。

（3）了解词云图的生成原理和相关库的使用。

（4）学习网络爬虫技术和数据存储方法。

（5）学习使用 Pandas 导入导出数据。

3. 素养目标

（1）能够独立分析问题，将大问题分解为可操作的小问题。

（2）能够通过编程实现对实际问题的解决。

（3）提高数据意识和信息素养，学会从网页中获取有价值的信息并进行有效处理。

（4）提高对计算机科学中字符串处理和正则表达式重要性的认识。

任务 8.1 提取网页手机号码

任务目标

任务 8.1：提取网页手机号码

本任务的核心目标是通过设计一个提取网页手机号码的小程序，帮助理解和掌握 Python 中的正则表达式应用及字符串处理基础，包括字符串的切片、拼接、分割、替换等操作。同时，也将通过实际操作，理解字符串处理在数据提取和处理中的重要性，提高对 Python 编程实践的理解和能力，更好地掌握如何在实际问题中运用 Python 进行数据处理。

```
任务8.1 提取网页手机号码 ─┬─ 正则表达式
                      ├─ playwright基本使用
                      └─ 网页自动化测试
```

任务描述

随着科技的发展和智能手机的普及，电话号码已经成了个人信息的重要组成部分，也是网络世界中的身份识别信息之一。因此，需要创建一个能够提取电话号码的 Python 小程序，以便更好地处理和管理这些电话号码。这个小程序需要能从给定的文本中提取出所有的电话号码，这对于那些需要处理大量电话号码信息的人来说非常有用。通过使用这个小程序，也能引导大家注意保护自己的隐私，采取措施来保护电话号码不被滥用。

任务效果如图 8-2 所示。

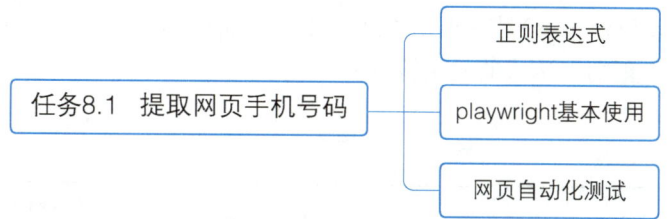

图 8-2 任务 8.1 效果

项目 8　开发提取网页信息小程序

任务分析

(1) 安装 playwright 库,并导入所需的模块。
(2) 使用 playwright 库进行网页自动化操作,模拟浏览器行为。
(3) 利用字符串分割和切片或正则表达式提取电话号码。
(4) 提取完所有的电话号码后,将这些电话号码输出。

知识储备

一、正则表达式

1. 元字符

元字符(metacharacters)是在正则表达式中具有特殊含义的字符。它们被用来定义和限制搜索模式。正则表达式的元字符见表 8-1。

表 8-1　正则表达式元字符

元字符	描　　述
.	匹配任意字符(除了换行符)
^	匹配字符串的开头
$	匹配字符串的末尾
*	匹配前面的子表达式零次或多次。例如,zo*能匹配"z"以及"zoo"
+	匹配前面的子表达式一次或多次。例如,zo+能匹配"zo"以及"zoo",但不能匹配"z"
?	匹配前面的子表达式零次或一次。例如,do(es)? 可以匹配"does"或"do"
{n}	n 是一个非负整数。匹配确定的 n 次。例如,o{2} 不能匹配"Bob"中的"o",但是能匹配"food"中的两个 o
{n,}	n 是一个非负整数。至少匹配 n 次
{n,m}	m 和 n 均为非负整数,其中 n <= m。最少匹配 n 次且最多匹配 m 次
\d	匹配一个数字字符。等价于[0-9]
\D	匹配一个非数字字符。等价于[^0-9]
\s	匹配任何空白字符,包括空格、制表符、换页符等等。等价于[\f\n\r\t\v]
\S	匹配任何非空白字符

续　表

元字符	描　　述
\w	匹配包括下划线的任何单词字符。等价于[A—Za—z0—9_]
\W	匹配任何非单词字符

2. 正则表达式查找方法 findall 方法

这个函数会返回一个包含所有匹配的子串的列表。如果正则表达式包含括号，则返回的列表将包含括号内的组的内容。

例如，要在字符串中找到所有的单词（假设一个单词由一个或多个字母组成），可以使用以下代码：

```
import re
s = "Hello, my name is John Doe. My phone number is 13371096371."
words = re.findall(r'\b\w + \b', s)
print(words)
```

运行结果：

['Hello', 'my', 'name', 'is', 'John', 'Doe', 'My', 'phone', 'number', 'is', '13371096371']

二、playwright 库基本使用

playwright 库是微软设计的新一代自动化测试工具，可以爬取网页，还可以自动化测试自己编写的网站。它允许我们使用 Python 等语言来控制浏览器的行为，即可以模拟用户在浏览器中的操作，非常适合用于网页数据的提取。

1. playwright 的安装

在命令行模式下，使用以下命令安装 Playwright 库。

```
pip install playwright
```

2. 安装浏览器的驱动文件

在命令行模式下，安装 Chromium、Firefox、WebKit 等浏览器的驱动文件（内置浏览器），使用如下命令。

```
python - m playwright install
```

安装完成之后，可以在 Python 命令行下测试，如果没有报错，则证明库已经安装好了。
import playwright

下安装完成后,在代码中导入相关模块,可以使用如下命令。

```
from playwright.sync_api import sync_playwright
```

知识之窗

在提取网页信息时,有时会选择使用 requests 库,本章任务选择的是 playwright 库。有时候打开一个网站查看源代码时,发现是 JS 加密的,不显示任何文字内容,这种情况下,可以选择继续使用 requests 库,但是需要破解加密,这样相对会更复杂,所以直接使用 playwright 库即可。

三、网页自动化测试

playwright 库可以录制浏览器中的操作,将代码自动生成;可以作为程序复制到 Python 程序中,以后使用程序自动运行对网页的操作。在爬虫中,对于一些单击、跳转、鼠标移动等操作非常友好。

在命令行键入如下命令可看到弹出浏览器界面和操作窗口。

```
python - m playwright codegen - - target python - o 'my.py' - b chromium https://www.baidu.com
```

以上命令为:使用 Chromium 浏览器,打开百度官网,将录制结果保存为 my.py 的 Python 文件中,运行后会出现一个"Playwright inspector"界面,如图 8-3 所示,记录您对当前浏览器 Chromium 的操作。

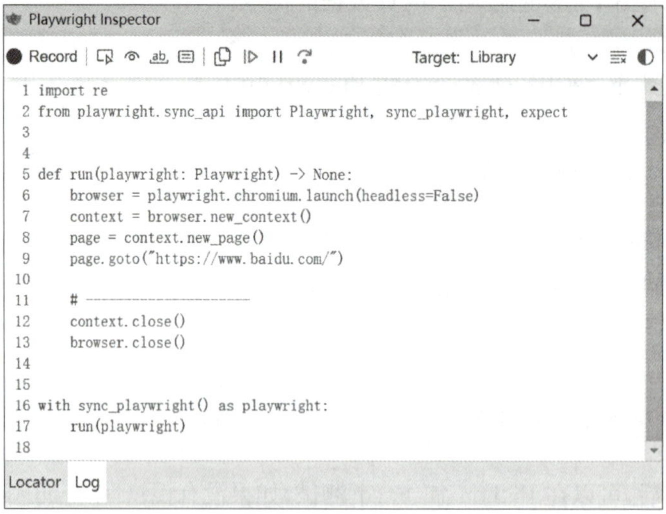

图 8-3 "Playwright inspector"界面

参数说明：
-o：将录制的脚本保存到一个文件。
-target：规定生成脚本的语言，有 JS 和 Python 两种，默认为 Python。
-b：指定浏览器驱动。

任务实施

（1）导入 playwright 库所需的模块。
（2）获取当前网页的地址。
（3）使用 playwright 库进行网页自动化操作，模拟浏览器行为。
（4）读取网页信息，编写获取手机号的正则表达式。
（5）模拟单击下一页，并将抓取的手机号输出。

步骤一：首先，导入所需的库和所需要的模块。

```
import time
from playwright.sync_api import Playwright, sync_playwright
import os
import re
```

步骤二：获取当前网页的地址。

```
# 获取当前工作目录
current_dir = os.getcwd()
# 拼接文件路径
file_path = os.path.join(current_dir, "job.html")
# 转换为 file URL 格式
file_url = f"file:///{file_path}"
```

步骤三：启动谷歌浏览器，使用无头模式启动浏览器。

```
def run_for_phone_numbers(playwright: Playwright, pageNum) -> list:
    browser = playwright.chromium.launch(headless = False)
    context = browser.new_context()
    page = context.new_page()
    page.goto(file_url)
```

步骤四：编写提取电话号码的函数。这个函数使用正则表达式\b1[3—9]\d{9}\b 来匹配电话号码。这个正则表达式匹配的是以 1 开头，第二位是 3～9 任意数字，后面跟着 9 位数字的手机号码。

```python
phone_numbers = []
for i in range(1, pageNum + 1):
    time.sleep(1)
    page_content = page.content()
    numbers = re.findall(r'1[3456789]\d{9}', page_content)
```

步骤五：模拟单击下一页，并将抓取的手机号输出。

```python
    if numbers:
        print(numbers)
    if i < pageNum:
        next_button = page.locator("# next - btn")
        if next_button and not next_button.is_disabled():
            next_button.click()
            time.sleep(1)
    context.close()
    browser.close()
    return phone_numbers
with sync_playwright() as playwright:
    pageNum = 5
    phone_numbers = run_for_phone_numbers(playwright, pageNum)
```

代码运行截图如图 8-4 所示。

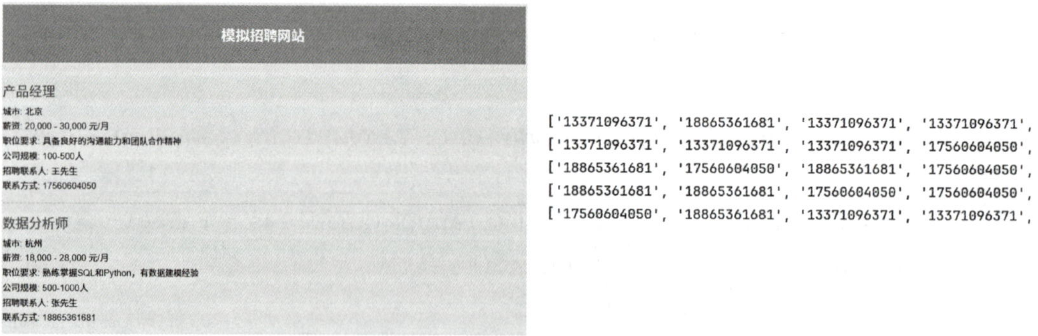

图 8-4　任务 8.1 代码运行截图

> **小提示** 在 Python 中,可以使用正则表达式(regular expression)来进行复杂的字符串匹配和提取。正则表达式是一种描述字符模式的语法规则,可以用来检查一个字符串是否含有特定的字符模式。在此任务中,使用了正则表达式来匹配中国大陆地区的 11 位手机号码。正则表达式的匹配模式可以非常灵活,例如\b1[3—9]\d{9}\b 就是匹配以 1 开头,第二位是 3~9 任意数字,后面跟着 9 位数字的手机号码。其中,\b 表示单词的边界,[3—9]表示匹配 3~9 中的任意一个数字,\d 表示匹配任意数字,{9}表示匹配前面的字符 9 次。在 Python 的 re 模块中,可以使用 findall 函数来找出字符串中所有匹配正则表达式的子串。你也可以直接使用 \b\d{11}\b 匹配 11 位数字,方法不唯一。

任务小结

通过这个任务,不仅掌握了 Python 字符串处理的基本方法,运用了 playwright 库模拟浏览器操作,也了解了如何应用这些方法来解决实际问题,例如从网页中提取电话号码。这对后续的学习和项目实践有着重要的帮助。在实际操作过程中,可能会遇到一些问题,例如处理各种不同格式的电话号码等。这需要在编写程序时,注意对可能出现的各种情况进行处理,以保证程序的稳定运行。总的来说,通过这个任务,对 Python 字符串处理有了更深入的理解和应用,为后续的学习打下了坚实的基础。

任务 8.2 提取并格式化输出网页信息

任务目标

熟练运用 Python 和 playwright 库从网页中提取招聘信息并进行格式化输出。通过该任务,将掌握网页自动化操作技巧,准确提取岗位名称、地区、薪资这些关键信息,提升数据处理能力。同时,学会以清晰易读的方式展示招聘信息,为后续分析提供便利。这有助于在实际应用中高效获取和利用招聘数据,无论是用于求职决策还是人力资源研究,都能发挥重要作用。

微课视频

任务8.2:提取并格式化输出网页信息

任务8.2 提取并格式化输出网页信息
- 定位器 locator 基本使用
- 网页内容提取
- Pandas库的使用

任务描述

如今，招聘信息遍布网络，从海量网页中提取有价值的招聘数据至关重要。本任务要求学生使用 playwright 库模拟浏览器行为，访问含招聘信息的网页。面对不同网页结构，需灵活运用 playwright 库的定位方法提取关键信息，如职位名称、工作地点、薪资范围等。若信息分布在多个页面，还需模拟单击“下一页”按钮进行导航。提取信息后，进行格式化输出，可采用表格等形式，使信息清晰易读，便于后续分析和比较，为求职和人力资源研究提供有力支持。

任务效果如图 8－5 所示。

	职位名称	城市	薪资	职位要求	公司规模
0	数据分析师	深圳	20, 000 - 30, 000 元/月	具备良好的沟通能力和团队合作精神	5000人以上
1	产品经理	北京	18, 000 - 28, 000 元/月	具备良好的沟通能力和团队合作精神	50-100人
2	测试工程师	北京	20, 000 - 30, 000 元/月	熟练掌握SQL和Python，有数据建模经验	1000-5000人

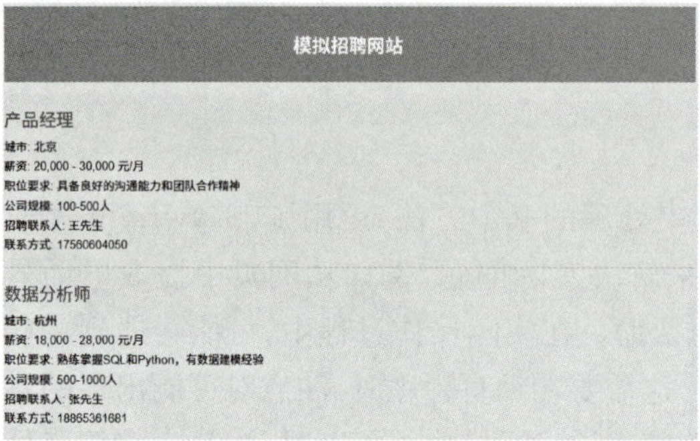

图 8－5　任务 8.2 效果

任务分析

(1) 导入 playwright 库所需的模块。

(2) 使用 playwright 库进行网页自动化操作，模拟浏览器行为。

(3) 遍历网页中的招聘信息列表，逐个提取关键信息。

(4) 创建一个空列表，用于存储提取到的招聘信息。

(5) 使用 Pandas 库将提取完所需的招聘信息导入到 excel 文件保存。

知识储备

一、定位器 locator 基本使用

playwright 库提供的 locator()方法是一个强大的工具，用于在网页中定位元素。locator()方法返回一个定位器对象，这个对象可以用来定位网页中的特定元素。以下是其常用功能。

(1) 定位元素：通过 CSS 选择器、XPath、文本内容等方式定位元素。例如：通过 CSS 选择器、XPath、文本内容等方式定位元素。例如：

```
page.locator('# my - element - id')   # 通过 ID 定位
page.locator('.my - class')   # 通过类名定位
page.locator('//div[@ data - test = "my - element"]')   # 通过 XPath 定位
```

可以定位单个元素或多个元素。如果定位单个元素,返回的是一个代表该元素的对象;如果定位多个元素,返回的是一个可以遍历的对象集合。

(2) 执行操作:对定位到的元素可以执行各种操作,如单击、输入文本、获取属性值等。例如:

```
locator.click()   # 单击元素
locator.fill('some text')   # 向输入框中填充文本
locator.text_content()   # 获取元素的文本内容
```

二、网页内容提取

1. 选择网页元素

playwright 库提供了多种方法来选择网页上的元素,就像我们用鼠标单击一样。
(1) 选择单个元素:query_selector(engine = body)。
(2) 选择多个元素:query_selector_all(engine = body)。
例如:提取所有 div 标签 class 属性为 list 的元素。

```
elements = page.query_selector_all('div.list')
```

例如:提取 span 标签 class 属性为 score 的元素,如匹配到多个,则取第一个。

```
score = element.query_selector('span.score')
```

2. 提取文本

playwright 可以提取网页上某标签下的所有文本内容,例如:提取文本为【品牌:】的标签,再提取标签卜的所有文本。

```
Brands = element.query_selector('text = 品牌: ').text_content()
```

三、Pandas 库的使用

Pandas 库是用于数据处理和分析的强大库。可以创建 DataFrame 对象来存储和操作表格数据，并方便地进行数据清洗、转换和分析。

1. Pandas 库的安装

在使用时，可以在命令行模式下使用如下代码安装 Pandas 库。

```
pip install pandas
```

在 Python 编程命令模式下输入以下代码引入 Pandas 库。

import pandas as pd

2. Pandas 库的数据结构

Pandas 库的主要数据结构是 Series（一维数据）与 DataFrame（二维数据）。

（1）Series。Series 是一种类似于 NumPy 中一维数组的对象，它由一组任意类型的数据以及一组与之相关的数据标签（即索引）组成。举个最简单的例子：

```
import pandas as pd
# 创建一个 Series
s = pd.Series([2, 4, 6, 8])
print(s)
```

运行结果：

```
0    2
1    4
2    6
3    8
dtype:int 64
```

其中，左边是数据的标签，默认从 0 开始依次递增。右边是对应的数据，最后一行是数据类型。

（2）DataFrame。

Series 是一维数据，而 DataFrame 是二维数据。你可以把 DataFrame 想象成一个表格，表格有行和列这两个维度，所以是二维数据。实际上，表格中的每一行或每一列都是一个 Series，这些 Series 组成了 DataFrame。按行分，每一行数据加上上面的数据标签就是一个 Series。或者按列分，每一列数据加上左边的数据标签也是一个 Series。下面这个代码演示了多组数据如何构建出 DataFrame。

```
import pandas as pd
# 创建一个 DataFrame
data = {'Name': ['面包', '可乐', '香肠'],
        'Price': [5, 4, 3],
        'Date': ['2024 - 01', '2024 - 03', '2024 - 04']}
```

```
df = pd.DataFrame(data)
print(df)
```

运行结果:

```
   Name  Price    Date
0  面包      5  2024-01
1  可乐      4  2024-03
2  香肠      3  2024-04'
```

3. Pandas 库的数据处理方法

Pandas 库作为现在主流的数据处理模块,可以处理不同格式文件的数据导入导出。例如:Json、SQL、excel。对应的方法见表 8-2。

表 8-2 Pandas 库中不同数据类型的导入导出方法

数据类型	导入方法	语 法 示 例	导出方法	语 法 示 例
JSON	read_json	pandas.read_json('data.json', orient='columns')	to_json	dataframe.to_json('output.json')
excel	read_excel	pandas.read_excel('data.xlsx', sheet_name='Sheet1')	to_excel	dataframe.to_excel('output.xlsx', sheet_name='Sheet1')
SQL	read_sql	pandas.read_sql('SELECT * FROM table_name', con=engine)	to_sql	dataframe.to_sql('table_name', con=engine, if_exists='replace')

程序示例:当运行下面的代码之后会在当前路径下生成对应的文件。

```
import pandas as pd
student_scores = {
    "张三": {"math": 90, "chinese": 85, "english": 88},
    "李四": {"math": 85, "chinese": 90, "english": 82},
    # 其他学生的成绩...
}
# 将字典转换为 DataFrame
df = pd.DataFrame(student_scores).T
# 导出为 JSON 文件,本地会生成一个名为 student_scores.json 的文件
df.to_json("student_scores.json")
```

项目 8　开发提取网页信息小程序

```python
# 导出为 excel 文件，本地会生成一个名为 student_scores.xlsx 的文件
df.to_excel("student_scores.xlsx")
# 读取 JSON 文件
df = pd.read_json("student_scores.json")
# 读取 excel 文件
df = pd.read_excel("student_scores.xlsx")
```

任务实施

（1）导入 playwright 库所需的模块。
（2）使用 playwright 库进行网页自动化操作，模拟浏览器行为。
（3）遍历网页中的招聘信息列表，逐个提取关键信息。
（4）创建一个空列表，用于存储提取到的招聘信息。
（5）定义函数，使用 Pandas 库将提取到的招聘信息写入 excel 文件。
（6）编写主函数。

步骤一：首先，导入所需的库和所需要的模块。

```python
import time
from playwright.sync_api import Playwright, sync_playwright
import pandas as pd
import os
```

步骤二：获取当前招聘网页的目录，然后转换为 file URL 格式。

```python
# 获取当前工作目录
current_dir = os.getcwd()
# 拼接文件路径
file_path = os.path.join(current_dir, "job.html")
# 转换为 file URL 格式
file_url = f"file:///{file_path}"
```

步骤三：启动谷歌浏览器，使用无头模式启动浏览器。

```python
def run(playwright: Playwright, pageNum) -> List[List[Any]]:
# 启动谷歌浏览器，如果不设置 False，默认是无头模式启动浏览器，看不到任何窗口
    browser = playwright.chromium.launch(headless = False)
```

```
    # 创建context对象,context运行资源是单独隔离的,可以理解为轻量级
的浏览器实例
    context = browser.new_context()
    # 返回page对象,新建页面
    page = context.new_page()
    # 加载页面
    page.goto(file_url)   # 修改为本地文件路径
    # 以上都是固定的代码使用
    Jobs_Info_List = []
```

步骤四:获取当前显示的招聘信息。

```
for i in range(1, pageNum + 1):
    time.sleep(1)
    # 获取当前显示的招聘信息
    Jobs = page.query_selector_all(".job - listing")
```

步骤五:针对招聘信息,进行字符串处理,得到符合要求的信息。

```
for Job in Jobs:
        job_title = Job.query_selector(".job - title").text_content()
# 获取所有'job - details'的div块
        job_details = Job.query_selector_all(".job - details div")
# 抽取job_details的第一个块的内容,并按照"城市:"进行拆分,拆分后,获
取第二个子串的信息,即招聘岗位所在的城市。
        job_city = job_details[0].text_content().split("城
市:")[1]
        job_salary = job_details[1].text_content().split("薪
资:")[1]
        job_requirement = job_details[2].text_content().
split("职位要求:")[1]
        company_size = job_details[3].text_content().split
("公司规模:")[1]
# 招聘信息列表中添加:职位名称、城市、薪资、职位要求以及公司规模
        Jobs_Info_List.append(
```

项目 8　开发提取网页信息小程序

```
            [job_title, job_city, job_salary, job_requirement,
company_size]
            )
        if i < pageNum:
            next_button = page.locator("# next - btn")
            if next_button and not next_button.is_disabled():
                next_button.click()
                time.sleep(1)
    context.close()
    browser.close()
    return jobs_info_list
```

步骤六：编写一个函数 write_job_details_to_excel()，使用 Pandas 库将招聘信息的"职位名称""城市""薪资""职位要求""公司规模"写入到 excel 文件中保存。

```
def write_job_details_to_excel(jobs_info_list):
    df = pd.DataFrame(jobs_info_list, columns = ["职位名称", "城市", "薪资", "职位要求", "公司规模"])
    df.to_excel("job_details.xlsx")
```

步骤七：最后写主函数，总共爬取 5 页招聘信息，并将招聘信息写入到 excel 文件中。

```
with sync_playwright() as playwright:
    pageNum = 5
    data = run_for_job_details(playwright, pageNum)
    write_job_details_to_excel(data)
```

运行程序。获取到一个名为"job_details.xlsx"的 excel 文件。打开文件如图 8-6 所示。

	职位名称	城市	薪资	职位要求	公司规模
0	数据分析师	深圳	20,000 - 30,000 元/月	具备良好的沟通能力和团队合作精神	5000人以上
1	产品经理	北京	18,000 - 28,000 元/月	具备良好的沟通能力和团队合作精神	50-100人
2	测试工程师	北京	20,000 - 30,000 元/月	熟练掌握SQL和Python，有数据建模经验	1000-5000人

图 8-6　job_details.xlsx 文件

> **·课堂讨论·**
>
> 请学生在小组内展开讨论，共同探讨本任务可能的解决方案有几种，并提出你们小组所倾向的解决方案。在交流过程中，鼓励大家充分发表意见，集思广益，以期找到最佳解决方案。

任务小结

在本次任务中，针对从网页中提取招聘信息并进行格式化输出进行了全面的探讨和学习。通过编写程序，成功实现了从网页中提取招聘信息并进行格式化输出功能，在这个过程中，运用了 playwright 库中模块进行招聘信息的提取，并使用之前学习到的字符串拆分以及 Pandas 库简单使用进行招聘信息的格式化处理。通过该任务，提升了数据处理能力。同时，学会以清晰易读的方式展示招聘信息，为后续分析提供便利。这有助于学生在实际应用中高效获取和利用招聘数据，无论是用于求职决策还是人力资源研究，都能发挥重要作用。

任务 8.3　生成岗位信息词云图

任务目标

微课视频

任务8.3：生成岗位信息词云图

本任务的目标是学习如何使用 Python 对已抓取的招聘信息数据进行词云图生成，以可视化的方式展示职位要求中的关键词，掌握使用 WordCloud 库生成词云图的方法，包括设置词云的颜色、形状、字体以及如何调整显示效果。通过实际操作，能够独立完成从数据加载到词云图生成的整个过程，并且能够根据需要调整词云图的样式。通过对生成的词云图进行观察，能够总结出数据中出现频率最高的词汇，进而理解当前招聘市场上的趋势。

```
                    ┌── WordCloud库的使用
任务8.3  生成岗位信息词云图 ──┼── 认识 Matplotlib.pyplot接口
                    └── Pandas 库 tolist()方法使用
```

任务描述

在前面的任务中，我们已经运用 Playwright 抓取了部分招聘信息的数据，并将其存

项目 8　开发提取网页信息小程序

储为特定的格式。本任务将更上一层楼，结合 Python 编程中的 WordCloud 库，对抽取出的招聘信息中的"职位要求"部分即从存储的招聘信息数据中，精确地提取出职位要求这一特定部分的文本内容。然后，利用词云生成工具，将这些职位要求文本转化为直观的词云图。词云图的生成过程中，需要选择合适的字体、设置恰当的颜色和大小等参数，以确保词云图既美观又易于解读。借助生成的词云图，快速了解市场招聘需求。

任务效果如图 8-7 所示。

图 8-7　任务 8.1 效果

任务分析

（1）导入 WordCloud 库、Pandas 库和 Matplotlib 库。
（2）创建生成生词云图的函数，自定义词云图参数。
（3）使用 Pandas 库读取任务 8.2 中抓取的文件，对"职位要求"进行处理。
（4）生成词云图。

知识储备

一、WordCloud 库的使用

词云也叫文字云，是一种可视化的结果呈现，常用在爬虫数据分析中，原理就是统计文本中高频出现的词，过滤掉某些干扰词，将结果生成一张图片。WordCloud 库是一个用于生成词云图的 Python 库。WordCloud 库能够根据文本内容生成美观的词云图。

1. WordCloud 库安装

WordCloud 库可以通过 pip 进行安装。确保 Python 环境已激活，然后在终端或命令提示符中运行以下命令：

```
pip install wordcloud
```

2. 生成词云图

WordCloud 的主要功能即生成词云图，WordCloud 对象有很多参数设定，可以绘制不同形状、颜色和尺寸的词云图。WordCloud 对象常用参数见表 8-3。

表 8-3 WordCloud 对象常用参数说明

参　数	说　　明
font_path	设置字体，指定字体文件的路径
width	生成图片宽度，默认 400 像素
height	生成图片高度，默认 200 像素
mask	词云形状，默认使用矩形
min_font_size	词云中最小的字体字号，默认 4 号
font_step	字号步进间隔，默认 1
max_font_size	词云中最大的字体字号，默认根据高度自动调节
max_words	词云显示的最大词数，默认 200
stopwords	设置停用词（需要屏蔽的词），停用词不在词云中显示，默认使用内置的 STOPWORDS
background_color	图片背景颜色，默认黑色

WordCloud 常用方法参考表 8-4。

表 8-4 WordCloud 常用方法

方　　法	功　　能
generate(text)	加载词云文本
to_file(filename)	输出词云文件

下面，根据 WordCloud 对象常用参数和常用方法，使用 WordCloud 库生成一个基础词云图。

```
from wordcloud import WordCloud
import matplotlib.pyplot as plt
text = "Python is a powerful programming language that is widely used
```

```
for Web development, data analysis, artificial intelligence, and
scientific computing."
# 自定义词云参数
wordcloud_params = {
    'width': 800,   # 设置生成图片宽度
    'height': 600,  # 设置生成图片高度
    'mask': None,   # 可以设置词云形状的遮罩,如导入图片等,这里暂不设置
    'min_font_size': 10,  # 设置最小字体字号
    'font_step': 2,   # 设置字号步进间隔
    'max_font_size': 100,  # 设置最大字体字号
    'max_words': 150,  # 设置词云显示的最大词数
    'stopwords': {'is', 'a', 'that'},  # 设置停用词集合
    'background_color': 'white'   # 设置图片背景颜色为白色
}
# 生成词云图
wordcloud = WordCloud( * * wordcloud_params).generate(text)
# 展示词云图,使用 imshow 显示词云图,插值方式为双线性插值 - bilinear
plt.imshow(wordcloud, interpolation = 'bilinear')
# 关闭坐标轴显示
plt.axis('off')
# 显示生成的词云图
plt.show()
```

运行上述示例代码,可以得到如图 8-8 所示的词云图。

图 8-8　词云图

> **小提示**　当处理包含中文的文本时,需要指定中文字体路径,否则可能会出现乱码或无法正确显示中文的情况。

二、认识 Matplotlib.pyplot 接口

Matplotlib 是一款用于数据可视化的 Python 软件包,为了支持跨平台运行且生成和展示词云图,还需要安装 Matplotlib 库。

```
pip install matplotlib
```

在本节任务生成词云展示中,会使用到 Matplotlib 中的 pyplot 模块,是一个类似命令风格的函数集合,pyplot 模块提供了可以用来绘图的各种函数,比如创建一个画布,在画布中创建一个绘图区域,或是在绘图区域添加一些线、标签等,下面将对 pyplot 模块的这些函数做简单的介绍。

(1) Image 函数下常用的函数及描述见表 8-5。

表 8-5　Image 函数下常用的函数

函数名称	描　　述
Imread	从文件中读取图像的数据并形成数组
Imsave	将数组另存为图像文件
Imshow	在数轴区域内显示图像

(2) Axis 函数常用的函数及描述见表 8-6。

表 8-6　Axis 函数下常用的函数

函数名称	描　　述
Axes	在画布(Figure)中添加轴
Text	向轴添加文本
Title	设置当前轴的标题
Xlabel	设置 x 轴标签
Xlim	获取或者设置 x 轴区间大小

续 表

函数名称	描 述
Ylabel	设置 y 轴的标签
Ylim	获取或设置 y 轴的区间大小

示例程序如下所示：

```python
import matplotlib.pyplot as plt
# 创建画布上的绘图区域（这里以绘制简单的折线图为例）
x = [1, 2, 3, 4, 5]
y = [2, 4, 6, 8, 10]
plt.plot(x, y)
# 设置轴标签和标题
plt.xlabel('X Axis Label')
plt.ylabel('Y Axis Label')
plt.title('Sample Plot')
# 设置轴区间
plt.xlim(0, 6)
plt.ylim(0, 12)
# 显示图形
plt.show()
```

运行结果如图 8-9 所示。

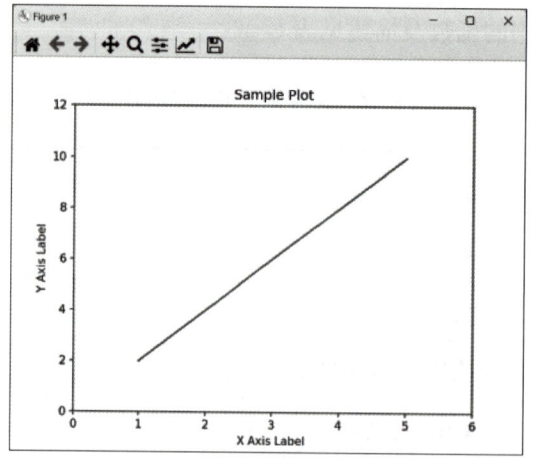

图 8-9　Axis 函数示例程序运行结果

三、Pandas 库 tolist()方法使用

任务 8.2 中已经讲到，Pandas DataFrame 中的一列就是一个 Pandas Series。因此，如果需要将一列转换为一个列表，可以使用 Series 中的 tolist()方法。在下面的代码中，df['Name']从 DataFrame 中返回名称为 Name 的 Series 或列，tolist()方法将 Series 转换为一个列表。

```python
import pandas as pd
# 创建一个 DataFrame
data = {'Name': ['面包', '可乐', '香肠'],
        'Price': [5, 4, 3],
        'Date': ['2024 - 01', '2024 - 03', '2024 - 04']}
df = pd.DataFrame(data)
print(df)
list_of_single_column = df['Name'].tolist()
print("使用 tolist() 方法之后:",list_of_single_column)
```

运行结果：

```
   Name  Price   Date
0   面包     5    2024 - 01
1   可乐     4    2024 - 03
2   香肠     3    2024 - 04
使用 tolist() 方法之后：['面包', '可乐', '香肠']
```

任务实施

步骤一：导入 WordCloud 库、Pandas 库以及 Matplotlib 库。

```python
import pandas as pd
from wordcloud import WordCloud
import matplotlib.pyplot as plt
```

步骤二：创建生成生词云图的函数，设置词云图相对应的各项参数，设置宽度为 800，高度为 400，背景颜色为白色。

```python
def generate_wordcloud(text: str, output_file: str, font_path: str):
    # 创建一个 WordCloud 对象,设置宽度为 800,高度为 400,背景颜色为白色,并
    指定字体路径
```

```
wordcloud = WordCloud(
    width = 800, height = 400, background_color = "white",
font_path = font_path
).generate(text) # 使用提供的文本生成词云图
# 设置绘图区域大小尺寸为 (10 乘 5 平方英寸)
plt.figure(figsize = (10, 5))
# 使用 imshow 显示词云图,插值方式为双线性插值
plt.imshow(wordcloud, interpolation = "bilinear")
# 关闭坐标轴显示
plt.axis("off")
# 将图像保存到指定文件
plt.savefig(output_file)
 # 关闭当前图形,清除绘图区域
plt.close()
```

步骤三：使用 Pandas 读取任务 8.2 的文件 -- "job_details.xlsx",对抽取的招聘数据进行处理,将抽取到的职位要求的信息合并成一个字符串。

```
def main():
    df = pd.read_excel("job_details.xlsx")
# 将所有职位要求的技能信息合并成一个字符串
    all_requirements = " ".join(df["职位要求"].tolist())
```

步骤四：指定中文字体文件路径,生成词云图,如图 8-10 所示。

图 8-10 生成词云图

```
        font_path = "C:\\Windows\\Fonts\\SimHei.ttf"
        generate_wordcloud(all_requirements, "职位要求词云图.png",
font_path)
        print("词云图已生成并保存为职位要求词云图.png")
if __name__ == "__main__":
    main()
```

任务小结

在本次 Python 编程任务中,针对 WordCloud 库、Pandas 库以及 Matplotlib 库生成词云图进行了全面的探讨和学习;通过编写程序,成功实现了对已抓取的招聘信息数据进行处理,进而生成词云图,从而完成可视化展示。在这个过程中,可以掌握从数据抓取到数据可视化的完整流程,提高数据分析和处理的综合能力。

项目 8 综合实战

实战描述

源代码下载

项目 8 综合实战

通过使用 Python 的 re 库、playwright 库、WordCloud 库、Pandas 库以及 Matplotlib 库,创建一个"招聘信息提取小程序"。在这个小程序中,可以抽取出手机号以及招聘信息并进行格式化输出;随后,将抽取的招聘信息中的"职位要求"部分,进行处理,生成词云图,进行可视化展示。

通过这个项目的实施,能够深入理解正则表达式应用,提升数据提取的准确性和效率,理解自动化数据收集的价值与局限;轻松掌握 playwright 库的使用,学会模拟浏览器操作进行网页数据抓取,提高数据抓取效率;熟悉 WordCloud 库、Pandas 库和 Matplotlib 库的使用,能够对数据进行可视化分析,使数据直观呈现,增强数据的可读性。同时,通过参与这一富有创意与趣味性的项目,培养编程的兴趣,增强对数据的理解和分析能力,为将来在数据密集型行业工作打下坚实的基础。

实战分析

(1) 导入项目所需库函数。
(2) 获取招聘网页链接,转对应格式。
(3) 启动浏览器,模拟浏览器操作抓取信息,获取所有招聘信息内容。
(4) 编写正则表达式,抓取手机号;对抓取的招聘信息块进行处理,进行格式化输出。

(5)生成词云图函数,设置词云图参数。
(6)对抓取的招聘信息中的职位要求部分进行处理。
(7)生成词云图并显示。

操作演示

项目8综合实战

项目实施

步骤一:在本项目中使用 re 库、playwright 库、WordCloud 库、Pandas 库、Matplotlib 库及 os 库;另外在爬虫时,设置时间间隔,所以还需要使用 time 库,所以需要导入对应扩展库。

```python
import time
from typing import List, Any
from playwright.sync_api import Playwright, sync_playwright, expect
import pandas as pd
from wordcloud import WordCloud
import matplotlib.pyplot as plt
import os
import re
```

步骤二:获取招聘网页链接,转对应格式。网页链接已提供。

```python
# 获取当前工作目录
current_dir = os.getcwd()
# 拼接文件路径
file_path = os.path.join(current_dir, "job.html")
# 转换为 file URL 格式
file_url = f"file:///{file_path}"
```

步骤三:启动浏览器,模拟浏览器操作抓取信息,获取所有页面招聘信息内容,包含招聘职位以及相对应的招聘详情块。

```python
def run(playwright: Playwright, pageNum) -> List[List[Any]]:
    # 启动谷歌浏览器,如果不设置 False,默认是无头模式启动浏览器,看不到任何窗口
    browser = playwright.chromium.launch(headless = False)
    # 创建 context 对象,context 运行资源是单独隔离的,可以理解为轻量级的浏览器实例
    context = browser.new_context()
```

```
# 返回page对象，新建页面
page = context.new_page()
# 加载页面
page.goto(file_url)
Jobs_Info_List = []
for i in range(1, pageNum + 1):
    time.sleep(1)
    # 获取当前显示的招聘信息
    Jobs = page.query_selector_all(".job-listing")
    for Job in Jobs:
        job_title = Job.query_selector(".job-title").text_content()
        job_details = Job.query_selector_all(".job-details div")
```

步骤四：模拟浏览器操作抓取信息，其中使用正则表达式，抓取手机号，注意手机号格式，1开头，中间数字是3～9之间的数字，最后是9位数字，注意正则表达式的书写；对招聘详情按块进行处理，获取招聘详情块的文本内容，然后使用字符串的拆分（split方法），拆分出特定格式的信息，包含城市、薪资、职位要求、公司规模这些信息。

```
        job_city = job_details[0].text_content().split("城市：")[1]
        job_salary = job_details[1].text_content().split("薪资：")[1]
        job_requirement = job_details[2].text_content().split("职位要求：")[1]
        company_size = job_details[3].text_content().split("公司规模：")[1]
        # 使用正则表达式在页面中查找手机号码
        page_content = page.content()
        phone_numbers = re.findall(r'1[3456789]\d{9}', page_content)
        if phone_numbers:
            job_phone_number = phone_numbers[0]
        else:
            job_phone_number = None
        Jobs_Info_List.append(
            [job_title, job_city, job_salary, job_requirement, company_size, job_phone_number]
```

```
        )
        # 模拟单击下一页按钮
        if i < pageNum:
            next_button = page.locator("# next - btn")
            if next_button and not next_button.is_disabled():
                next_button.click()
                time.sleep(1)
    # 将上述所有的对象关闭
    context.close()
    browser.close()
    return Jobs_Info_List
```

步骤五：定义词云图函数，设置词云图参数。创建一个 WordCloud 对象，设置宽度为 800，高度为 400，背景颜色为白色，设置绘图区域大小尺寸（10×5），词云图关闭坐标轴显示。

```
def generate_wordcloud(text: str, output_file: str, font_path: str):
    # 创建一个 WordCloud 对象,设置宽度为 800,高度为 400,背景颜色为白色
    wordcloud = WordCloud(
        width = 800, height = 400, background_color = "white", font_path = font_path
    ).generate(text)
    # 设置绘图区域大小尺寸
    plt.figure(figsize = (10, 5))
    # 使用 imshow 显示词云图,插值方式为双线性插值
    plt.imshow(wordcloud, interpolation = "bilinear")
    # 关闭坐标轴显示
    plt.axis("off")
    # 将图像保存到指定文件
    plt.savefig(output_file)
    # 关闭当前图形,清除绘图区域
    plt.close()
```

步骤六：创建一个 DataFrame 对象，数据来自抓取的结果，然后保存到 excel 文件；然后对 excel 文件中的"职位要求"一列进行处理，使用 tolist() 方法将其转化为列表，然后使

用 join()方法进行拼接。

```python
with sync_playwright() as playwright:
    # 爬取页数
    pageNum = 5
    data = run(playwright, pageNum)
    # 创建一个 DataFrame 对象,列名为["职位名称","城市","薪资","职位要求","公司规模","手机号码"]
    df = pd.DataFrame(
        data, columns = ["职位名称","城市","薪资","职位要求","公司规模","手机号码"]
    )
    print(df)
    df.to_excel("招聘信息.xlsx")
    # 将所有职位要求的技能信息合并成一个字符串
    all_requirements = " ".join(df["职位要求"].tolist())
```

步骤七:指定词云图中文字体文件路径,调用步骤五定义的生成词云图函数,生成词云图展示。

```python
# 这里指定中文字体文件路径
font_path = "C:\\Windows\\Fonts\\SimHei.ttf"
generate_wordcloud(all_requirements, "职位要求词云图.png", font_path)
print("词云图已生成并保存为职位要求词云图.png")
```

运行结果如图 8-11 所示。

图 8-11 项目 8 整体实战运行结果

课堂讨论

请各位在小组内展开讨论,共同探讨本任务可能的解决方案有几种,并提出你们小组所倾向的解决方案。在交流过程中,鼓励大家充分发表意见,集思广益,以期找到最佳解决路径。

项目小结

本项目通过设计招聘信息网络爬取提取程序,讲解网页解析、正则表达式、Pandas库、Playwright库、词云图的使用,借助 Playwright 库模拟浏览器操作,完成对静态网页中非结构化招聘信息的高效抓取,在此基础上,运用 Matplotlib 库与 WordCloud 库进行多维度数据可视化,生成直观的词云图表,有效揭示岗位需求特征。通过本项目的学习,不仅强化了 Web 爬虫架构和数据分析层面的工程实践能力,而且呈现了网页数据获取、处理与呈现的全链路操作,进而增强其综合编程素养和项目设计水平。

项目 8 拓展　个性化招聘信息推荐

项目拓展描述

源代码下载

项目 8 拓展案例

本项目在现有功能基础上进行了拓展与深化,引入了个性化招聘信息推荐机制。通过对用户输入的技能信息进行分析,系统能够精准地推荐与之匹配的招聘职位,极大地提高了求职者寻找合适岗位的效率。这一设计不仅丰富了招聘信息的获取方式,还提升了程序的实用性和针对性,使得用户体验更加便捷高效。同时,这种个性化推荐的方式能够有效地满足求职者的特定需求,让他们在寻找工作的过程中更加有的放矢。

项目拓展效果展示

项目拓展效果如图 8-12 所示。

图 8-12　项目 8 拓展效果

课 后 练 习

一、选择题

1. Playwright 库主要用于什么目的？（　　）
   A. 数据库管理　　　　　　　　B. 网页自动化和测试
   C. 机器学习模型训练　　　　　D. 图形界面设计

2. 在 Python 中，os.getcwd()函数的作用是什么？（　　）
   A. 获取当前日期和时间　　　　B. 获取当前工作目录
   C. 获取操作系统信息　　　　　D. 获取系统环境变量

3. 在 Python 中，time.sleep(1)函数的作用是什么？（　　）
   A. 使程序崩溃　　　　　　　　B. 使程序暂停执行指定的时间(秒)
   C. 使程序加快执行速度　　　　D. 无作用

4. query_selector_all 方法用于选择什么？（　　）
   A. 单个页面元素　　　　　　　B. 页面上的所有元素
   C. 特定类的所有元素　　　　　D. 页面上的特定文本

5. WordCloud 库中的 generate()方法的作用是什么？（　　）
   A. 生成一张图片　　　　　　　B. 生成一个词云图
   C. 生成一个数据表　　　　　　D. 生成一个图表

6. 在使用 Playwright 库时，如何指定浏览器为 Chrome(或 Chromium)？（　　）
   A. playwright.chrome.launch()
   B. playwright.chromium.launch()
   C. playwright.google_chrome.launch()
   D. playwright.browser.chrome.launch()

7. 在 matplotlib.pyplot 中，用于关闭当前图形的函数是哪个？（　　）
   A. plt.shutdown()　　　　　　B. plt.close()
   C. plt.end()　　　　　　　　　D. plt.stop()

8. playwright.sync_api.Playwright 库中的 sync_playwright() 上下文管理器用于什么目的？（　　）
   A. 异步运行 Playwright 代码　　B. 同步运行 Playwright 代码
   C. 管理数据库连接　　　　　　D. 管理文件 IO 操作

二、程序设计题

1. 编写程序，判断一个字符串是否只包含字母和数字。
2. 编写程序，使用 Playwright 打开一个网页并打印页面标题。
3. 编写程序，给定一个包含员工信息的 DataFrame，如何选出所有年龄大于 30 岁的员工？其中，有 4 位员工，姓名：小红、小李、小张、小王；年龄分别为：25、35、33、40。
4. 编写程序，写一个函数 generate_wordcloud，该函数接收一个字符串 text 和一个输出文件名 output_file,使用 WordCloud 库生成词云图并保存到指定文件,其中,text＝"熟悉 Python 熟悉 Java 熟悉 C＋＋熟悉 Python 熟悉 Java"。

5. 编写程序,写一个函数 extract_emails,该函数接收一个字符串 html_content,并使用正则表达式从中提取所有的邮箱地址,其中,html_content = """

< html >

< body >

< p > Email: example@ example.com < /p >

< p > Contact: test@ test.com < /p >

< /body >

< /html >

"""。运行程序后,输出：["example@ example.com", "test@ test.com"]

6. 编写程序,创建一个 Pandas DataFrame,包含两列：'Name'和'Age',并添加三行数据。然后,计算 DataFrame 中'Age'列的平均值。

项目 9

开发数字化教务系统

导读

　　数字化教务系统充分运用现代信息技术,将学校的教务管理活动进行系统化、网络化和数字化。该系统具备强大的功能,能够极为方便地实现对学生信息的快速查询和精准统计。例如,学校管理人员和教师可以通过该系统轻松便捷地获取学生的考试成绩、课程进度等关键数据,从而能够对学生的学习情况进行全面且深入的了解。这不仅有助于教师及时调整教学策略以更好地满足学生的学习需求,也可为学校管理层在制定教育决策时提供可靠的依据。同时,数字化教务管理系统的高效运行,能够有效提高学校教务管理的效率和质量,推动教育管理模式的创新与变革,为国家教育数字化建设注入新的活力和动力。

项目描述

　　2024年1月,世界数字教育大会在上海召开。大会着重强调教育数字化在推动教育变革中的关键作用,大力提倡智慧教学模式。借助人工智能、大数据等前沿技术,实现教学过程的智能化,可全面提高教师的信息技术应用水平,使其能够更好地适应数字教育的发展需求,为学生提供更加优质的教育服务。本项目的目标是构建一个数字化教务系统,通过对学生成绩数据进行可视化管理,可以实现学生成绩的添加、删除、修改、查询等操作,更加直观地体验Python数据的处理方法,加强对数据分析的理解和实践能力的培养。通过开发这一系统,将深入探讨基于Pandas库的数据处理的增删改查操作和Matplotlib库的使用方法。实现效果如图9-1所示。

项目 9　开发数字化教务系统

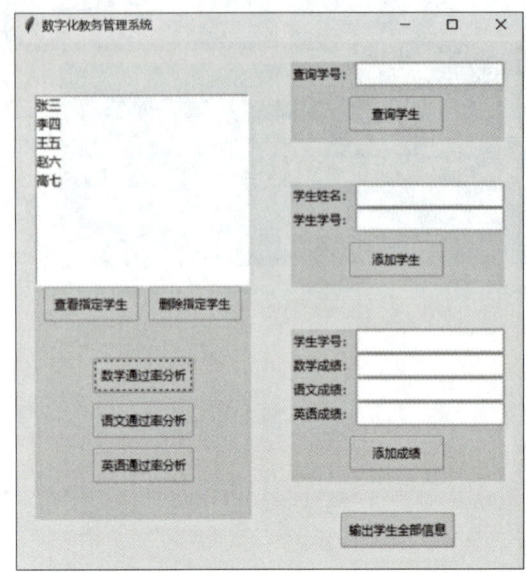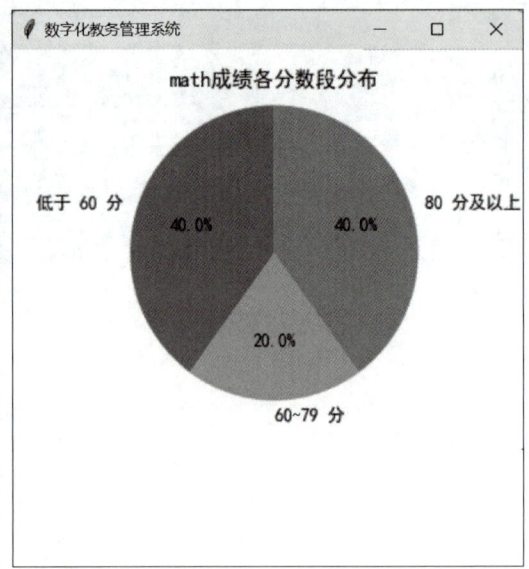

图 9-1　数字化教务系统实现效果

思维导图

- 项目9　开发数字化教务系统
  - 任务9.1　设计数字化教务系统用户界面
  - 任务9.2　开发数字化教务系统信息管理功能
  - 任务9.3　实现系统数据可视化分析
  - 项目9综合实战
  - 项目9拓展　实现智慧学情分析

项目目标

1. 能力目标

（1）能够使用 Tkinter 库完成可视化界面设计。
（2）能够完成数据的增删改查操作。
（3）能够使用 Pandas 库生成数据和分析数据。
（4）能够使用 Matplotlib 库绘制饼状图。

2. 知识目标

（1）掌握利用 Pandas 库生成数据和分析数据的方法。
（2）掌握数据增删改查操作方法。
（3）掌握 Matplotlib 库绘饼状图的可视化方法。
（4）掌握数据可视化的基本流程和方法。

3. 素养目标

（1）提升问题解决能力和逻辑思维能力。
（2）提升团队协作能力，包括交流、讨论和分享等。
（3）提高对数据科学中数据处理和分析的认识。

任务 9.1 设计数字化教务系统用户界面

任务目标

本任务运用 Tkinter 库打造一个功能完备的数字化教务管理系统。通过创建一个直观、简洁且易于操作的图形用户界面，实现对学生信息的高效展示与管理，使学生掌握 Tkinter 库的使用及框架和布局管理，通过按钮的操作功能掌握事件绑定操作。

微课视频

任务9.1：设计数字化教务系统用户界面

```
任务9.1  设计数字化教务系统用户界面 ┬── 基于 Tkinter 库的界面设计
                                  ├── Tkinter 框架与布局管理
                                  └── 事件绑定操作
```

任务描述

本次任务主要是利用 Python 的强大功能来构建一个数字化教务管理系统的初始界面。借助 Tkinter 库设计一个具有良好用户体验的图形用户界面，包括学生列表框和两个按钮。学生框显示当前系统中学生的信息，当选中某位学生，单击"查看指定学生"时，系统显示当前学生的个人成绩信息，当单击"输出学生全部信息"按钮时，系统会以清晰的格式呈现出所有学生的完整信息，效果如图 9-2 所示。通过这样的设计，旨在为教学管理提供一个便捷、高效的工具，帮助教师更好地掌握学生的学习情况，助力教育数字化建设。

 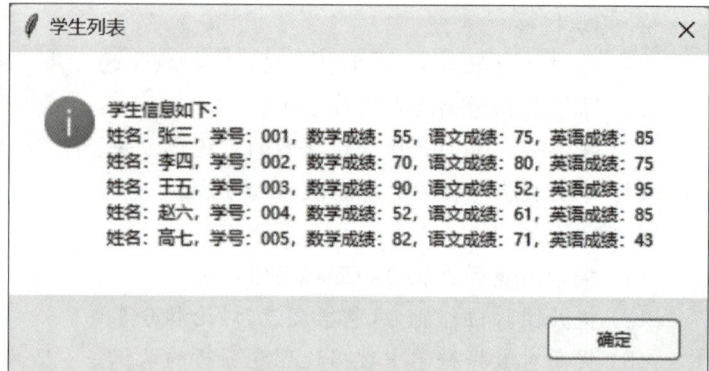

图 9-2 任务 9.1 效果

任务分析

（1）明确所需导入的库，如 Tkinter 库、Pandas 库和 Matplotlib 库。
（2）采用 Pandas 库的 DataFrame 设计数据结构以存储学生信息。
（3）规划界面布局，包括学生列表部分与功能按钮部分。
（4）实现功能按钮的事件处理函数，达成查看学生详情和输出全部学生信息的功能。

知识储备

一、基于 Tkinter 的界面设计

按钮（Button）：通过 Tkinter 的 Button 控件，可以快速创建具有特定功能的触发点。使用 tk.Button()或 ttk.Button()函数来创建按钮对象，通过 command 参数将一个特定的函数绑定到这个按钮上，当用户单击某按钮时，触发这个函数的执行。

编程示例：

```
button_details = ttk.Button(button_frame, text = "查看指定学生", command = show_details)
```

列表框（Listbox）：列表框用于展示一系列的选项或数据，方便用户直观地看到系统中的学生名单。使用 tk.Listbox()函数创建列表框对象，可以设置列表框的高度和宽度等属性。

编程示例：

```
student_listbox = tk.Listbox(frame_student_list, height = 10, width = 30)
```

标签（Label）：用于显示文本提示信息。

编程示例:

```
student_listbox = tk.Listbox(frame_student_list, height = 10, width = 30)
```

二、Tkinter 框架与布局管理

框架(Frame):框架在 Tkinter 库中作为容器来组织和布局其他控件。它可以将相关的控件组合在一起,使得界面更加整洁有序。使用 tk.Frame()函数创建框架对象,然后可以将其他控件放置在这个框架中,通过调用 pack()、grid()或 place()等方法来布局框架内的控件。例如,将学生列表框和按钮框架分别放置在主窗口的不同位置,使界面布局更加合理。

编程示例:

```
frame_student_list = ttk.Frame(root)
frame_student_list.pack(padx = 5, pady = 5, side = tk.LEFT)
button_frame = ttk.Frame(frame_student_list)
button_frame.pack()
```

布局管理:pack 布局是 Tkinter 库中一种简单易用的布局方式,它按照添加控件的顺序自动排列控件。padx 和 pady 分别用于设置控件在水平和垂直方向上的间距,side 参数可以设置控件放置的位置,如 side=tk.LEFT 表示将控件放置在左侧。通过合理地设置这些参数,可以使界面布局更加合理,易于用户操作和查看。

编程示例:

```
frame_student_list.pack(padx = 5, pady = 5, side = tk.LEFT)
button_details.pack(side = tk.LEFT, padx = 5)
button_output_students.pack(pady = 10)
```

三、事件绑定操作

将函数绑定到控件的事件上,使得用户的操作能够触发相应的函数执行。在任务中,将查看学生详情和输出全部学生信息的函数分别绑定到对应的按钮上,当用户单击某按钮时,程序就会执行相应的函数,实现特定的功能。通过事件绑定,可以实现用户与程序的交互,提高程序的可用性和用户体验。

编程示例:

```
button_details = ttk.Button(button_frame, text = "查看指定学生", command = show_details)
```

任务实施

步骤一：导入所需的库。

```python
import tkinter as tk
from tkinter import ttk, messagebox
import matplotlib.pyplot as plt
from matplotlib.backends.backend_tkagg import FigureCanvasTkAgg
import pandas as pd
```

步骤二：初始化数据为 DataFrame。

```python
students_df = pd.DataFrame([
    {'name': '张三', 'id': '001', 'math': 55, 'chinese': 75, 'english': 85},
    {'name': '李四', 'id': '002', 'math': 70, 'chinese': 80, 'english': 75},
    {'name': '王五', 'id': '003', 'math': 90, 'chinese': 52, 'english': 95},
    {'name': '赵六', 'id': '004', 'math': 52, 'chinese': 61, 'english': 85},
    {'name': '高七', 'id': '005', 'math': 82, 'chinese': 71, 'english': 43}
])
```

步骤三：定义功能函数。

```
show_details()：用于查看指定学生详情。
output_students()：用于输出全部学生信息。
update_student_listbox()：用于更新学生列表框的内容。
```

步骤四：创建图形用户界面。

```
创建主窗口 root，设置标题和主题样式。
创建学生列表和详情部分的框架。
```

步骤五：启动主事件循环。

```
root.mainloop()
```

任务小结

通过本任务，我们成功创建了数字化教务管理系统的初始界面。该界面能够展示学生列表，并提供查看指定学生详情和输出全部学生信息的功能。在实施过程中，深入学习了 Tkinter 库的基本控件和布局方法，以及如何运用 Pandas 库的 DataFrame 存储和管理数据。同时，也掌握了事件处理的技巧。

任务 9.2 开发数字化教务系统信息管理功能

任务目标

本任务旨在通过使用 Tkinter 库和 Pandas 库，打造一个功能丰富的数字化教务管理系统。学会创建直观且易用的图形用户界面，从而实现对学生信息的高效管理，包括查询特定学生信息、添加新学生、为学生录入成绩以及删除学生等操作，从而提升编程技能和问题解决能力，同时深入理解用户界面设计与交互的重要性。

微课视频

任务9.2：开发数字化教务系统信息管理功能

```
任务9.2 开发数字化教务
系统信息管理功能
    ├── Pandas 库安装
    ├── Pandas 库初始化与访问操作
    └── 数据增删改查操作
```

任务描述

本次任务是在已有数字化教务管理系统用户界面的基础上进行开发，实现学生成绩的管理功能，包含学生列表展示、成绩查询功能、添加学生功能、成绩录入功能、删除学生功能等，效果如图 9-3 所示。通过这个界面，可以便捷实现学生信息的管理，为教学管理工作者提供便捷、高效的服务，帮助教师实现学生成绩的管理，从而实现教育管理的数字化建设。

项目 9　开发数字化教务系统

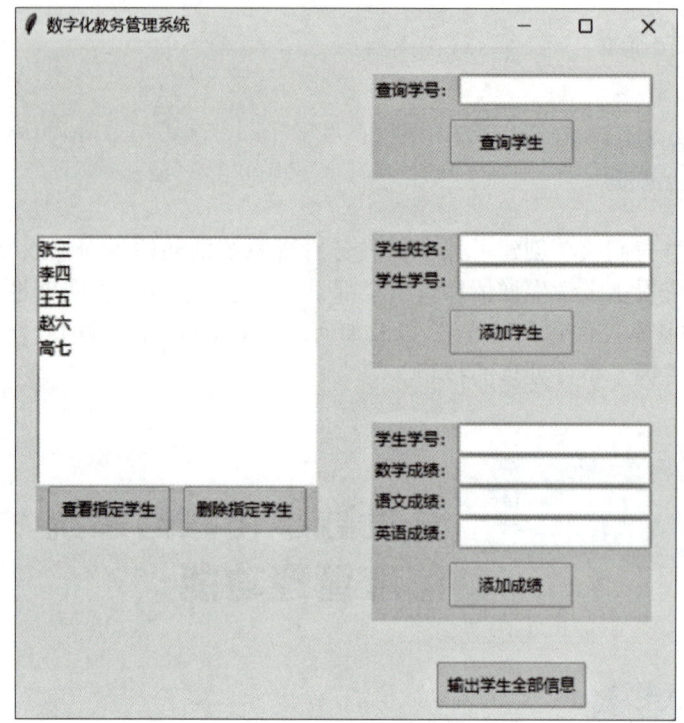

图 9-3　任务 9.2 效果

任务分析

(1) 明确功能需求,包括查询、添加、成绩录入和删除学生等操作。
(2) 设计界面布局,划分不同功能模块,选择合适控件进行界面设计。
(3) 运用 Pandas 库实现数据的增删改查操作并确保数据完整性。
(4) 进行全面测试并优化程序,提升性能和用户体验。

知识储备

一、Pandas 库安装

Pandas 库的主要数据结构是 Series(一维数据)与 DataFrame(二维数据),被广泛用于金融、统计、社会科学、工程等领域。安装 Pandas 库方法具体如下:

按下 Win+R 组合键,打开运行窗口,输入"cmd"并回车,打开命令提示符。出现命令提示符后,输入以下命令安装 Pandas 库。

```
pip install pandas
```

在 Python 交互式环境中,输入以下代码来验证 Pandas 是否安装成功。

```
import pandas as pd
print(pd.__version__)
```

二、Pandas 库初始化与访问操作

1. DataFrame 数据初始化

通过字典列表的方式创建 DataFrame,每一行代表一个学生信息,每一列对应不同的属性。假设有一个 DataFrame,其中的数据表示了两个学生的数学和英语成绩,编程示例如下所示。

```
import pandas as pd
# 创建字典,准备构建 DataFrame
data = {
    "张三": {"math": 90, "english": 88},
    "李四": {"math": 85, "english": 82}
}
# 将字典转换为 DataFrame,同时转置以使索引和列正确
df = pd.DataFrame(data).T
# 显示 DataFrame
print(df)
```

运行结果:

张三   90   88
李四   85   82

2. 数据访问

可以通过索引和列名访问特定学生的信息。

(1) 通过索引和列名访问特定值:可以使用 .loc[ ] 方法通过索引(这里的索引是行标签,即学生姓名)和列名来访问特定学生的特定成绩。例如,要访问张三的数学成绩,可以使用 df.loc['张三', 'math']。

```
zhangsan_math_score = df.loc['张三', 'math']
print(f"张三的数学成绩是: {zhangsan_math_score}")
```

运行结果:
张三的数学成绩是: 90

(2) 访问整行数据:使用 .loc[ ] 传入单个索引可以访问整行数据。例如,df.loc['张

三']将返回张三的所有成绩。

```
zhangsan_data = df.loc['张三']
print(f"张三的成绩数据：{zhangsan_data}")
```

运行结果：

张三的成绩数据：math   90
english   88
Name: 张三, dtype: int64

（3）访问特定列的数据：可以直接使用列名来访问特定列的数据。例如，df['math']将返回所有学生的数学成绩。

```
all_math_scores = df['math']
print(f"所有学生的数学成绩：{all_math_scores}")
```

运行结果：

所有学生的数学成绩：张三   90
李四   85
Name: math, dtype: int644.使用.iloc[]

（4）进行基于位置的访问：如果知道特定学生在 DataFrame 中的位置，可以使用.iloc[]方法进行访问。例如，假设张三是第一行数据，可以使用 df.iloc[0, 0] 访问张三的数学成绩（这里的第一个索引 0 表示行位置，第二个索引 0 表示列位置，假设数学成绩是第一列）。

```
zhangsan_math_score_iloc = df.iloc[0, 0]
print(f"张三的数学成绩（使用.iloc）：{zhangsan_math_score_iloc}").
```

运行结果：

张三的数学成绩（使用.iloc）：90

三、数据增删改查操作

1. 添加数据

可以向 DataFrame 中添加新的行数据，如创建新学生时，使用 pd.concat([students_df, new_student], ignore_index = True)将新学生数据添加到现有数据中。

```
import pandas as pd
# 假设这是现有的学生信息
students_df = pd.DataFrame({
    "math": [90, 85],
```

```
    "english": [88, 82]
}, index = ["张三", "李四"])
# 新的学生数据
new_student = pd.DataFrame({
    "math": [92],
    "english": [90]
}, index = ["王五"])
# 使用 pd.concat 添加新学生，ignore_index = False 保留原有索引
students_df = pd.concat([students_df, new_student])
print(students_df)
```

运行结果：

```
     math  english
张三    90      88
李四    85      82
王五    92      90
```

2. 修改数据

通过索引和列名可以修改特定学生的特定属性值，如在成绩录入功能中，更新学生的成绩。

```
# 此处与上面添加数据相同，可继续输入以下代码
students_df.at["张三", "math"] = 95
print(students_df)
```

运行结果：

```
     math  english
张三    95      88
李四    85      82
```

3. 删除数据

使用 drop 方法可以删除特定行数据，如在删除学生功能中，根据用户选择的索引删除学生信息。

```
# 删除学生"李四"
students_df = students_df.drop(index = "李四")
print(students_df)
```

运行结果：

```
        math    english
张三     95      88
```

4. 数据查询

可以根据条件筛选数据,如查询特定学号的学生信息。

```
# 查询数学成绩大于等于90分的学生
query_result = students_df[students_df["math"] > = 90]
print(query_result)
```

运行结果:
```
        math    english
张三     90      88
```

任务实施

步骤一:导入所需的库。

```
import tkinter as tk
from tkinter import ttk, messagebox
import matplotlib.pyplot as plt
from matplotlib.backends.backend_tkagg import FigureCanvasTkAgg
import pandas as pd
```

步骤二:初始化数据为DataFrame:

```
students_df = pd.DataFrame([
    {'name': '张三', 'id': '001', 'math': 55, 'chinese': 75, 'english': 85},
    {'name': '李四', 'id': '002', 'math': 70, 'chinese': 80, 'english': 75},
    {'name': '王五', 'id': '003', 'math': 90, 'chinese': 52, 'english': 95},
    {'name': '赵六', 'id': '004', 'math': 52, 'chinese': 61, 'english': 85},
    {'name': '高七', 'id': '005', 'math': 82, 'chinese': 71, 'english': 43}
])
```

步骤三：创建图形用户界面：创建主窗口、框架、控件并进行布局，为按钮绑定相应的功能函数。

```
root = tk.Tk()
root.title("数字化教务管理系统")
style = ttk.Style()
style.theme_use('clam')
# 学生列表和详情部分
......
# 输出学生部分
button_output_students = ttk.Button(root, text = "输出学生全部信息", command = "")
button_output_students.pack(pady = 10)
```

步骤四：定义功能函数。包括显示某个学生函数 show_details()、添加成绩函数 add_grades()、查询成绩函数 search_student()、添加学生函数 add_student()、输出所有信息函数 output_students()、信息更新函数 update_student_listbox()、删除学生函数 delete_student()。

步骤五：启动程序主循环。

```
root.mainloop()
```

任务小结

通过本任务，成功地扩展了数字化教务管理系统，掌握了 Tkinter 库和 Pandas 库的使用方法，实现了对学生成绩的增删改查操作。在实施过程中，学习了用户界面设计和交互的操作方法，学习了按钮不同的功能的实现。

任务 9.3　实现系统数据可视化分析

任务目标

本任务旨在培养综合运用 Python 库的能力，通过 Pandas 库实现数据处理以及通过 Matplotlib 库实现数据可视化的方法对成绩进行分析，绘制成绩分析饼状图。通过对 Matplotlib 库和 Pandas 库的使用，提升数据分析思维能力。

微课视频

任务 9.3：实现系统数据可视化分析

项目 9　开发数字化教务系统

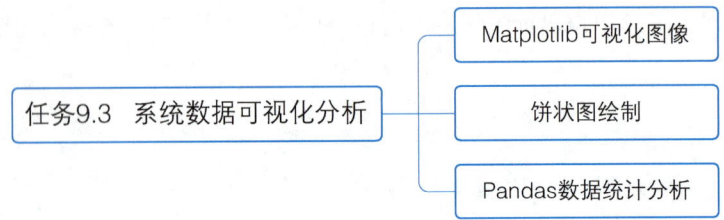

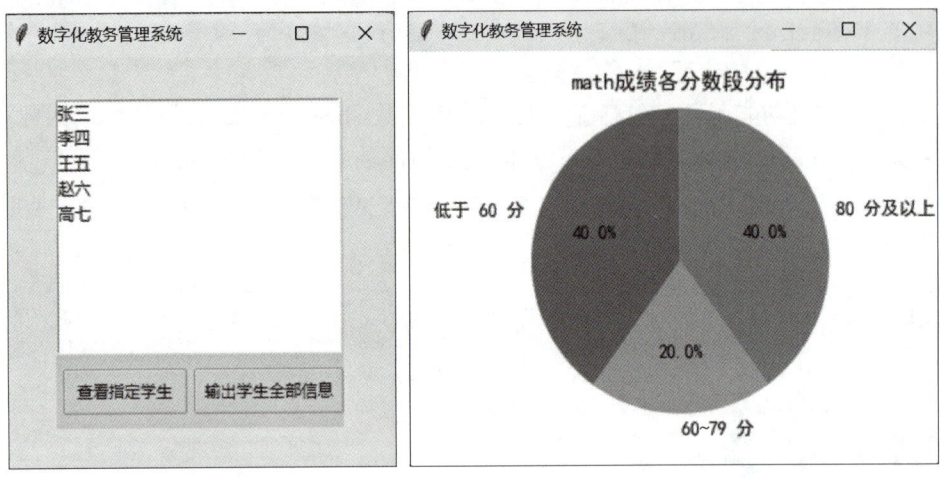

图 9-4　任务 9.3 效果

任务描述

要求利用给定的代码框架,实现一个具有学生信息展示和科目成绩分析功能的系统。用户可在界面上查看学生列表,选择学生查看详细信息,并通过按钮对数学、语文、英语科目成绩进行分析,以饼状图展示各分数段分布情况,效果如图 9-4 所示。

任务分析

（1）明确功能需求,涵盖学生列表展示、详情查看、科目成绩分析等。
（2）设计界面布局,设计可视化用户界面,设计按钮的各个功能。
（3）借助 Matplotlib 库实现系统的可视化分析功能。
（4）进行全面测试并优化程序,提升性能和用户体验。

知识储备

一、Matplotlib 可视化图像

1. 安装 Matplotlib

Pandas 库在底层使用了 Matplotlib 库来生成图表,可以使用下面的代码来安装。

```
pip install matplotlib
```

2. 绘制图像

常见图像对应的方法见表 9-1。

表 9-1 图像的生成

图像类型	库 名 称	图像类型	库 名 称
折线图	df.plot.line	密度图	df.plot.kde 或 df.plot.density
柱状图	df.plot.bar	面积图	df.plot.area
横向柱状图	df.plot.barh	散点图	df.plot.scatter
直方图	df.plot.hist	饼图	df.plot.pie
箱型图(箱线图)	df.plot.box	六边形箱图	df.plot.hexbin

二、饼状图绘制

Matplotlib 是强大的绘图库,通过 import matplotlib.pyplot as plt 导入,可使用 plt.pie()绘制饼状图,参数包括数据、标签等,能直观展示比例关系。

程序示例:

```
plt.pie(sizes, labels = labels, autopct = '%1.1f%%', startangle = 90)
```

主要参数:

● sizes 参数:列表格式,包含了各个部分的数据值,决定了饼状图中每个扇区的大小。示例:sizes =[30, 40, 30]表示有三个部分,分别占比 30%、40% 和 30%。

● labels 参数:列表格式,对应各个部分的标签名称,用于标识饼状图中的每个扇区。示例:labels = ['苹果', '香蕉', '橙子'],分别对应前面 sizes 中三个部分的名称。

● autopct 参数:用于设置在扇区上显示的百分比格式。通常是一个字符串。示例:autopct= '%1.1f%%'表示显示百分比,保留一位小数。

● startangle 参数:设置饼状图的起始角度,以度数为单位。默认是从 x 轴正方向开始(0 度)。示例:startangle=90 会使饼状图从垂直方向开始,第一个扇区位于 90 度的位置。

假设我们要分析一个班级学生的兴趣爱好分布情况。我们对班级里的 30 个学生进行了调查,得到以下数据:10 个学生喜欢阅读,8 个学生喜欢绘画,7 个学生喜欢运动,5 个学生喜欢音乐,用饼状图展示。

```
import matplotlib.pyplot as plt
from matplotlib.font_manager import FontProperties
# 设置中文支持
font = FontProperties(fname = r'C:\Windows\Fonts\simhei.ttf', size = 12)    # 根据实际情况调整字体路径
# 兴趣爱好分类及对应的人数
labels = ['阅读', '绘画', '运动', '音乐']
sizes = [10, 8, 7, 5]
# 绘制饼状图
plt.pie(sizes, labels = labels, autopct = '% 1.1f%% ', startangle = 90, textprops = {'fontproperties': font})
# 设置标题
plt.title('班级学生兴趣爱好分布', fontproperties = font)
# 确保饼状图是圆形
plt.axis('equal')
# 显示图形
plt.show()
```

运行效果如图9-5所示。

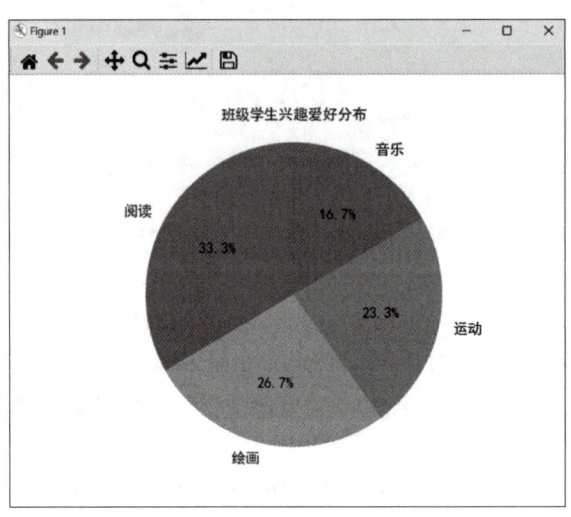

图9-5 绘制饼状图效果

三、Pandas 数据统计分析

Pandas是一个强大的Python数据分析库,提供了Series和DataFrame两种数据结构,方便存储和操作表格型数据。DataFrame类似于电子表格,可以包含多个列和行,每

列可以是不同的数据类型。主要功能包括以下几个方面。

（1）数据读取和写入：支持从多种数据源读取数据，如 CSV 文件、excel 文件、数据库等，并可以将分析结果保存到不同的格式中。

（2）数据操作：提供了丰富的函数和方法，用于数据的筛选、排序、合并、聚合等操作。例如，可以使用 dataframe['column_name'] 轻松提取特定列的数据。

（3）数据分析：支持各种数据分析任务，如统计分析、数据可视化、时间序列分析等。

```python
import pandas as pd
# 创建一个简单的学生成绩数据框
data = {'姓名': ['小明', '小红', '小刚'],
        '数学成绩': [85, 92, 78],
        '语文成绩': [80, 88, 75]}
students_df = pd.DataFrame(data)
# 提取数学成绩列
math_scores = students_df['数学成绩']
print("数学成绩列：", math_scores)
# 统计数学成绩大于等于 90 分的人数
high_math_scores = len(math_scores[math_scores > = 90])
print("数学成绩大于等于 90 分的人数：", high_math_scores)
# 计算语文成绩的平均分
chinese_avg_score = students_df['语文成绩'].mean()
```

运行结果：

数学成绩列： 0   85
1   92
2   78
Name: 数学成绩, dtype: int64
数学成绩大于等于 90 分的人数：1
语文成绩平均分：81.0

任务实施

步骤一：数据准备。这里使用 Pandas 创建了一个包含学生信息的数据框（DataFrame），其中包括学生的姓名、学号以及数学、语文、英语成绩。

```python
import tkinter as tk
from tkinter import ttk, messagebox
import matplotlib.pyplot as plt
```

```
from matplotlib.backends.backend_tkagg import FigureCanvasTkAgg
import pandas as pd
# 初始化数据为 DataFrame
students_df = pd.DataFrame([
    {'name': '张三', 'id': '001', 'math': 55, 'chinese': 75, 'english': 85},
    {'name': '李四', 'id': '002', 'math': 70, 'chinese': 80, 'english': 75},
    {'name': '王五', 'id': '003', 'math': 90, 'chinese': 52, 'english': 95},
    {'name': '赵六', 'id': '004', 'math': 52, 'chinese': 61, 'english': 85},
    {'name': '高七', 'id': '005', 'math': 82, 'chinese': 71, 'english': 43}
])
```

步骤二：图形用户界面设计——创建主窗口和学生列表。创建一个 Tkinter 的主窗口，创建一个框架用于放置学生列表和相关按钮。其中包括一个列表框用于显示学生姓名，一个按钮框架用于放置"查看指定学生"按钮。

```
root = tk.Tk()
root.title("数字化教务管理系统")
style = ttk.Style()
style.theme_use('clam')
# 学生列表和详情部分
frame_student_list = ttk.Frame(root)
frame_student_list.pack(padx = 20, pady = 50, side = tk.LEFT)
student_listbox = tk.Listbox(frame_student_list, height = 10, width = 30)
update_student_listbox()
student_listbox.pack()
button_frame = ttk.Frame(frame_student_list)
button_frame.pack()
button_details = ttk.Button(button_frame, text = "查看指定学生", command = show_details)
button_details.pack(side = tk.LEFT, padx = 5)
```

步骤三：分析按钮部分。创建一个框架用于放置科目分析按钮，包括数学、语文、英语三个科目的分析按钮。
创建一个新的框架用于放置分析按钮

```
frame_analysis = ttk.Frame(root)
frame_analysis.pack(pady = 80)
button_math_analysis = ttk.Button(frame_analysis, text = "数学通过率分析", command = lambda: analyze_subject('math'))
button_math_analysis.pack(pady = 5)
button_chinese_analysis = ttk.Button(frame_analysis, text = "语文通过率分析", command = lambda: analyze_subject('chinese'))
button_chinese_analysis.pack(pady = 5)
button_english_analysis = ttk.Button(frame_analysis, text = "英语通过率分析", command = lambda: analyze_subject('english'))
button_english_analysis.pack(pady = 5)
```

步骤四：科目成绩分析功能。该函数接受一个科目参数，用于分析特定科目的成绩分布。提取特定科目的成绩数据，然后根据成绩范围将数据分为低、中、高三个等级，并使用饼状图可视化各等级的比例。

```
def analyze_subject(subject):
    plt.clf()
    plt.close('all')
    grades = students_df[subject].dropna()
    if grades.empty:
        messagebox.showinfo(f"{subject}分析", "暂无该科目成绩数据。")
        return
    low = len(grades[grades < 60])
    medium = len(grades[(grades > = 60) & (grades < 80)])
    high = len(grades[grades > = 80])
    labels = ['低于 60 分', '60 ~ 79 分', '80 分及以上']
    sizes = [low, medium, high]
    plt.rcParams['font.sans - serif'] = ['SimHei']
    plt.pie(sizes, labels = labels, autopct = '% 1.1f%% ', startangle = 90)
    plt.axis('equal')
    plt.title(f'{subject}成绩各分数段分布')
    fig = plt.gcf()
    new_window = tk.Toplevel(root)
```

```
canvas = FigureCanvasTkAgg(fig, master = new_window)
canvas.draw()
canvas.get_tk_widget().pack()
```

任务小结

本次数字化教务管理系统任务主要讲解了 Tkinter 库、Pandas 库和 Matplotlib 库的使用。Tkinter 库用于构建图形用户界面，如创建窗口、组件并进行布局和事件绑定，Pandas 库用于操作 DataFrame 对象存储和处理学生信息数据，如初始化数据及查询特定学生信息。Matplotlib 库则用于成绩可视化分析，提取科目成绩数据、分类统计并绘制饼状图展示分数段分布。同时本任务培养了问题分析和解决能力，为今后在编程和数据分析领域的发展奠定更坚实基础。

项目9综合实战

源代码下载

项目9综合实战

实战描述

在当今的数字时代，数据无处不在，数据处理和分析已经成了各行各业必备的技能。Python 的 Pandas 库可以方便实现数据处理。本项目通过构建一个数字化教务系统，对学生成绩数据进行可视化管理，可以实现学生成绩的查询、新增、删除等操作，同时可以实现成绩的可视化分析，直观体验 Python 处理数据的乐趣，以此促进对数据分析的理解。通过开发这一系统，深入学习基于 Pandas 库的数据处理的增删改查操作和 Matplotlib 库的使用方法，为后续的数据处理和分析任务打下基础。实现效果如图 9-6 所示。

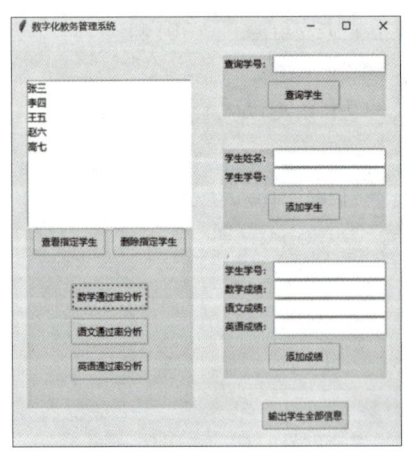
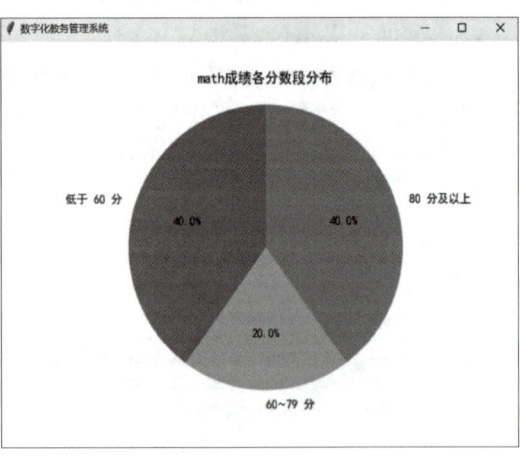

图 9-6 项目 9 综合实战实现效果

实战分析

(1) 数字化教务管理系统需明确系统功能,设计满足不同用户角色需求的可视化用户界面。

(2) 设计数字化教务管理系统,可以实现学生的信息的导入和查询。

(3) 利用 Pandas 库设计学生成绩的添加、删除功能。

(4) 利用 Pandas 库设计实现学生每个科目的数据分析功能。

(5) 使用 Matplotlib 库实现每个科目的成绩分布的饼状图显示。

项目实施

操作演示

项目9综合实战

步骤一:导入所需的库。这一步导入了在本程序中所需的库,包括 Tkinter 库、Pandas 库和 Matplotlib 库。

```
import tkinter as tk
from tkinter import ttk, messagebox
import matplotlib.pyplot as plt
from matplotlib.backends.backend_tkagg import FigureCanvasTkAgg
import pandas as pd
```

步骤二:使用 Pandas 库创建初始化数据 students。

```
# 初始化数据为 DataFrame
students_df = pd.DataFrame([
    {'name': '张三', 'id': '001', 'math': 55, 'chinese': 75, 'english': 85},
    {'name': '李四', 'id': '002', 'math': 70, 'chinese': 80, 'english': 75},
    {'name': '王五', 'id': '003', 'math': 90, 'chinese': 52, 'english': 95},
    {'name': '赵六', 'id': '004', 'math': 52, 'chinese': 61, 'english': 85},
    {'name': '高七', 'id': '005', 'math': 82, 'chinese': 71, 'english': 43}
])
```

步骤三:创建系统 UI 界面和程序主循环。

```
root = tk.Tk()
root.title("数字化教务管理系统")
style = ttk.Style()
style.theme_use('clam')
# 学生列表和详情部分
……
# 系统主循环
root.mainloop()
```

步骤四：创建系统的按钮处理的各个子函数。包括显示某个学生函数 show_details()、可视化分析函数 analyze_subject()、添加成绩函数 add_grades()、查询成绩函数 search_student()、添加学生函数 add_student()、输出所有信息函数 output_students()、信息更新函数 update_student_listbox()、删除学生函数 delete_student()。

步骤五：调试测试程序运行。

项目小结

本项目通过设计数字化教务管理系统，系统讲解 Tkinter 库的图形界面开发、Pandas 库的数据处理及 Matplotlib 库的可视化关键技术。基于 tkinter 构建高交互性用户界面，实现智能窗口布局、组件动态绑定及多事件响应机制，基于 Pandas 库强大的数据处理能力，完成学生信息的结构化存储、多维查询与动态管理，基于 Matplotlib 库实现成绩数据的分类统计与可视化呈现，显著提升教育数据的分析效能与决策支撑力。本项目深度融合技术实践与教育场景，在强化编程实战能力与系统架构思维的同时，通过数字化工具赋能教育管理现代化，为智慧校园建设提供可复用的技术解决方案。

项目9拓展　实现智慧学情分析

源代码下载

项目9拓展案例

项目拓展描述

本项目是在原智慧教务系统的基础上进一步优化界面并拓展数据分析功能，特别加入了学号列和总分列用以实现智慧学情分析，并将数据的生成和保存单独设计成按钮控制。这一设计可以让开发者在调试界面直接查看生成的数据，简化再次打开导出文件的步骤，使得用户体验更加丰富多彩。

项目拓展效果展示

项目拓展效果如图 9-7 所示。

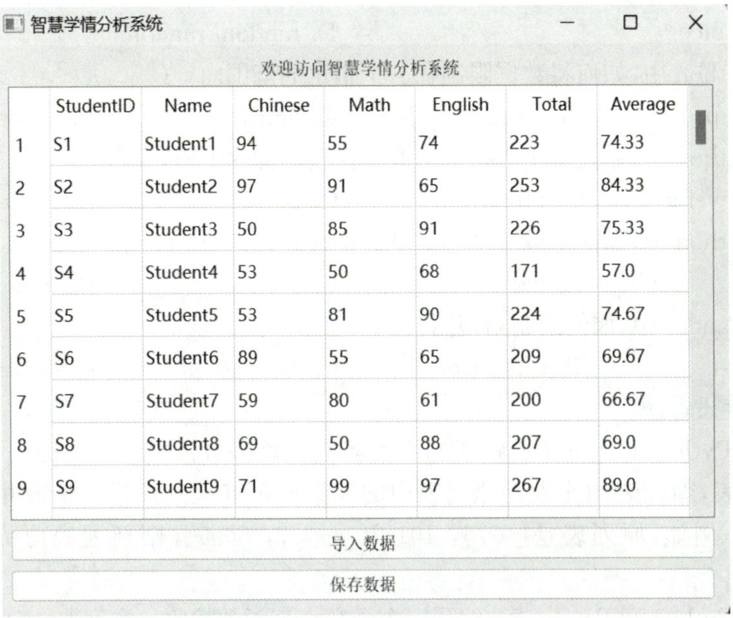

	StudentID	Name	Chinese	Math	English	Total	Average
1	S1	Student1	94	55	74	223	74.33
2	S2	Student2	97	91	65	253	84.33
3	S3	Student3	50	85	91	226	75.33
4	S4	Student4	53	50	68	171	57.0
5	S5	Student5	53	81	90	224	74.67
6	S6	Student6	89	55	65	209	69.67
7	S7	Student7	59	80	61	200	66.67
8	S8	Student8	69	50	88	207	69.0
9	S9	Student9	71	99	97	267	89.0

图 9－7　项目 9 拓展效果

课 后 练 习

一、选择题

1. 下列哪个是 Python 的内置函数？（　　）

A. np.random.normal　　B. pd.DataFrame

C. random.choice　　D. np.clip

2. 在 Python 中，四舍五入一个浮点数到最接近的整数，应该使用哪个函数？（　　）

A. np.round　　B. np.floor

C. np.ceil　　D. np.trunc

3. 在 Python 中，如果想要生成一个正态分布的随机数，应该使用哪个函数？（　　）

A. np.random.uniform　　B. np.random.randint

C. np.random.normal　　D. np.random.binomial

4. 在 Pandas 中，如何将字典转换为 DataFrame？（　　）

A. pd.DataFrame.from_dict　　B. pd.DataFrame.to_dict

C. pd.DataFrame　　D. pd.to_DataFrame

5. 在 Python 中，如何将 DataFrame 导出为 excel 文件？（　　）

A. df.to_excel　　B. df.read_excel

C. pd.to_excel　　D. pd.read_excel

6. 在 Python 中，如何从一组给定的元素中随机选择一个元素？（　　）

A. np.random.choice B. random.choice
C. np.choice D. random.random

7. 在 Python 中,如何将数据限制在一个指定的范围内?( )

A. np.clip B. np.limit C. np.range D. np.bound

8. 在 Python 中,如何使用 Matplotlib 库保存图像为 PNG 文件?( )

A. plt.savefig B. plt.save C. fig.save D. fig.savefig

9. 在 Python 中,如何生成一个不重复的集合?( )

A. list B. dict C. set D. tuple

10. 在 Pandas 中,如何绘制箱型图?( )

A. df.hist B. df.scatter C. df.boxplot D. df.bar

二、程序设计题

1. 使用 Python 和 NumPy 库,编写一个函数。该函数接收一个整数列表,然后返回一个新的列表,新列表的元素是原列表中的元素四舍五入到最近的整数并限制在 0 到 100 范围内。例如,原列表是 [99.6, 101.2, −3.7, 50.5],则新列表应为 [100, 100, 0, 51]。

2. 使用 Python 和 Pandas 库,编写一个函数。该函数接收一个字典,字典的键是学生的名字,值是字典,另一个字典的键是科目,值是分数。函数将这个字典转换为一个 DataFrame,然后保存为 excel 文件。例如,原字典是 {'Alice': {'math': 95, 'english': 88}, 'Bob': {'math': 78, 'english': 92}},则生成的 excel 文件应有三列,分别是名字、数学分数和英语分数。

项目 10

开发弹球小游戏

导读

本项目通过构建一个弹球小游戏来学习和实践 Python 中的 Pygame 库的使用和游戏开发的基本流程。在项目中将学习如何使用 Pygame 库初始化游戏窗口、创建游戏元素(如球和球拍),以及如何处理用户的输入事件,探讨如何实现游戏的主要逻辑,包括球和球拍的移动、碰撞检测、得分计算以及游戏结束条件的判断等。最后将所有的元素和逻辑整合在一起,完成一个完整的弹球游戏。通过这个项目,学生将深入理解 Pygame 库的使用方法和游戏开发的基本流程,同时也能体验到编程带来的乐趣。

项目描述

我国游戏产业近年来发展迅速,已经成为全球最大的游戏市场之一。游戏开发具有很强的趣味性,不仅可以提高编程能力,还能培养创新思维和团队协作能力。同时可以通过开发项目参加相关的创新创业大赛,从而实现个人的发展和职业能力的提升。这种寓教于乐的学习方式,有助于提高学习积极性,从而更加主动地去探索和掌握编程知识。

本项目的目标是构建一个弹球小游戏,提供直观的 Pygame 库使用和游戏开发的实践体验,同时以此促进对计算机科学和游戏设计的理解和实践能力的培养。通过本项目的实施,能够掌握游戏开发的基本流程、Pygame 库的使用、游戏逻辑开发、文件操作等核心编程知识,激发对编程学习的热情,更加积极地投入到未来的编程实践中去。实现效果如图 10-1 所示。

项目 10　开发弹球小游戏

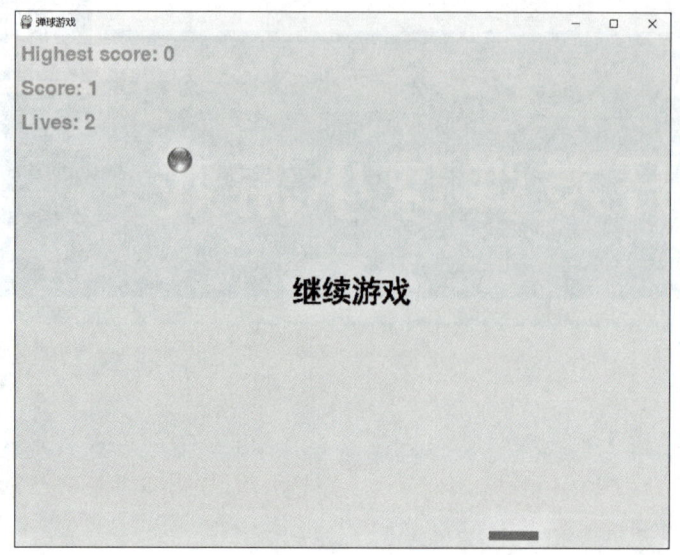

图 10-1　项目 10 实现效果

思维导图

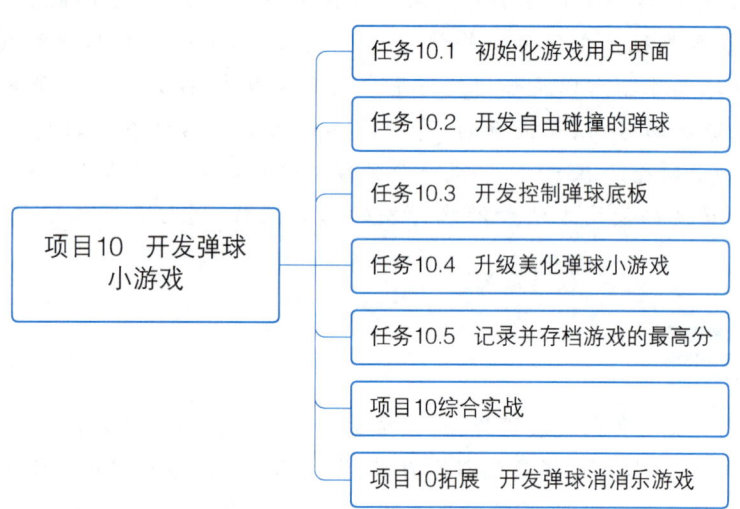

项目目标

1. 能力目标

（1）能够独立分析问题，将大问题分解为可操作的小问题。

（2）能够根据问题需求，选择并使用合适的 Pygame 库的功能和方法。

（3）能够通过编程实现对实际问题的解决。

2. 知识目标

(1) 掌握 Python 中 Pygame 库的基本操作和使用场景。

(2) 理解游戏开发的基本流程,包括游戏元素的创建、用户输入的处理、游戏逻辑的实现等。

(3) 学会如何通过编程实现游戏的开发和设计。

3. 素养目标

(1) 提升问题解决能力和逻辑思维能力。

(2) 提升团队协作能力,包括交流、讨论和分享等。

(3) 提高对计算机科学中游戏开发和设计重要性的认识。

任务 10.1 初始化游戏用户界面

任务目标

本任务的核心目标是理解和掌握 Python 中的 Pygame 库及其基础应用,包括游戏窗口的创建、事件的处理、对象的绘制等操作。通过实践,将熟悉和掌握 Python 的 Pygame 库的使用方法,这将对后续的编程学习和实践非常有帮助。同时,也将通过实际操作,提高对 Python 编程的理解和实践能力,更好地掌握如何在实际问题中运用 Python 进行游戏和动画的开发。

任务 10.1:初始化游戏用户界面

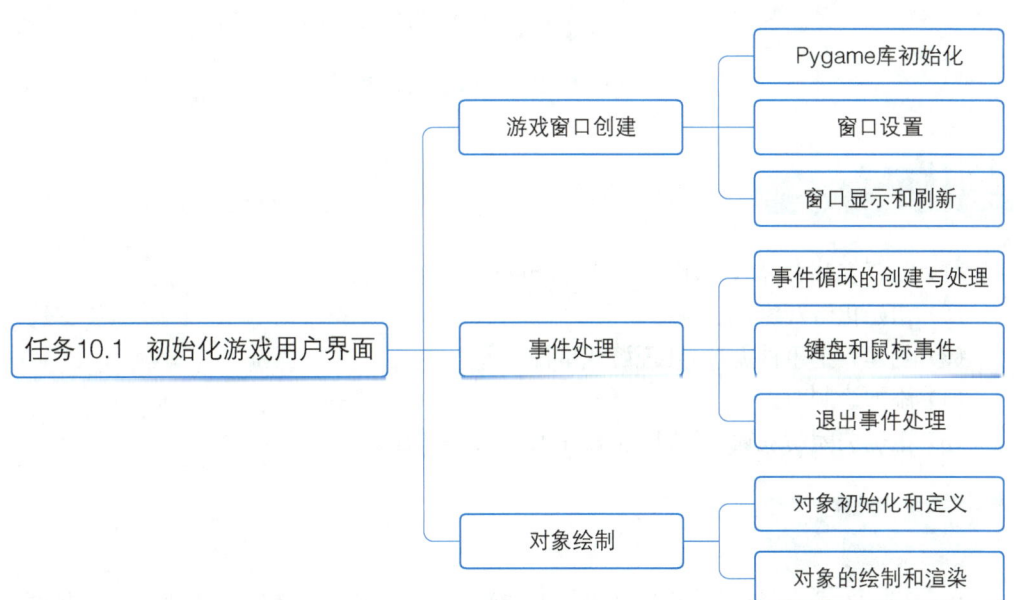

项目 10　开发弹球小游戏

任务描述

在当今数字化时代,游戏已成为人们生活中不可或缺的部分,而图形界面编程则是支撑这些游戏运行的基石。本任务通过创建一个简单的动画小程序,学习图形界面编程的核心概念与技巧,实践 Python 的 Pygame 库。这一任务不仅要求掌握游戏窗口的创建、用户输入处理以及对象绘制与移动等基础知识,还着重培养将理论转化为实际操作的能力。在此过程中,不仅获得编程技能的提升,还将通过团队合作与交流增强协作精神与沟通能力,同时锻炼解决问题的能力和坚持不懈的精神。

本任务实现效果如图 10-2 所示。

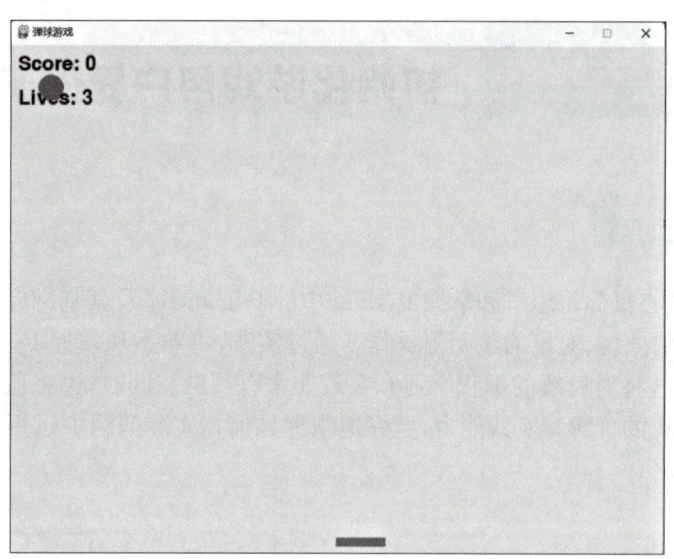

图 10-2　任务 10.1 实现效果

任务分析

(1) 需要安装并导入 Python 的 Pygame 库。
(2) 初始化游戏窗口。
(3) 创建一个事件循环,处理游戏事件。
(4) 添加绘制对象。
(5) 正确关闭游戏窗口,以防止程序崩溃或资源泄露。

知识储备

Pygame 是 Python 的一个开源库,用于制作 2D 游戏。它提供了基础的游戏开发功能,如图形渲染、声音输出、事件处理等。安装方式为 pip,可用如下命令安装。

```
pip install pygame
```

使用 Pygame 库时需要先导入该库,代码如下:

```
import pygame
```

Pygame 库的主要模块见表 10-1。

表 10-1　Pygame 库的主要模块

模 块 名	描　　述
pygame.display	用于创建和管理游戏窗口或屏幕的模块
pygame.draw	提供基础的图形绘制功能,如画线、画圆、画矩形等
pygame.event	处理各种输入事件,如键盘输入、鼠标单击等
pygame.image	加载和存储图像的模块
pygame.mixer	提供声音混合功能,可以播放音效和背景音乐
pygame.time	提供时间管理功能,如设置游戏帧率、计时等

一、游戏窗口创建

1. 初始化和退出

在使用 Pygame 库各种功能之前,必须进行初始化,可以通过调用 pygame.init() 函数进行初始化。pygame.init() 函数主要会完成 Pygame 库初始化的调用等准备工作,确保 Pygame 库的正常运行。pygame.init() 函数会把初始化成功和失败的模块数量以元组的形式返回,pygame.init() 函数不会引发异常。手动单个模块的 init() 函数初始化时执行失败会引发异常,可以通过手动初始化必要模块而不是所有模块的方式提高初始化的速度。init() 函数可以多次调用,但是重复调用不起作用。退出时,需要使用 pygame.quit() 来确保程序可以关闭所有的 Pygame 库。pygame.quit() 函数可以重复调用,但是重复调用不起作用。可以使用以下代码:

```
import pygame
pygame.init()
print(pygame.init())
pygame.quit()
```

运行结果(显示当前 Pygame 库版本与 Python 版本):

pygame 2.6.0 (SDL 2.28.4, Python 3.8.8)

Hello from the pygame community. https://www.pygame.org/contribute.html(5, 0)

2. 窗口设置

创建窗口是游戏开发的第一步,可以使用 pygame.display 模块对显示窗口和屏幕进行控制。显示模块方法见表 10-2。

表 10-2 显示模块方法

方 法 名	功 能 说 明
pygame.display.init()	初始化显示模块
pygame.display.quit()	退出显示模块
pygame.display.get_init()	如果显示模块已初始化,则返回 True
pygame.display.set_mode(size = (0,0), flags = 0, depth = 0, display = 0, vsync = 0) -> Surface	创建一个显示 Surface,传入的参数是对创建 Surface 的请求,实际创建的显示将是系统支持的最佳匹配,参数可以不传。size 是表示的宽度和高度的元组,版本 1.2.10 及以上默认是当前分辨率的大小。flags 可以通过预定义的常量指定窗口的特性,可以设置全屏模式、双缓冲等。depth 表示颜色深度,通常不传递 depth 参数,将默认使用系统的最佳和最快颜色深度。display 表示要使用的显示设备,通常设置为 0,表示使用默认显示器,在 1.9.5 版本新增。vsync 表示垂直同步,取决于硬件和驱动
pygame.display.get_surface()	获取对当前设置的显示 surface 的引用
pygame.display.set_caption(title, icontitle=None)	设置游戏窗口标题,title 是一个字符串,表示游戏窗口的标题。icontitle 设置图标化后的小标题,可选,部分系统没有,一般不设置
pygame.display.set_icon(surface)	设置窗口图标,图标是一个 Surface 对象

创建窗口,设置标题可以使用如下代码:

```
import pygame
pygame.init()
win_size = width, height = 800, 600
screen = pygame.display.set_mode(win_size)
pygame.display.set_caption("弹球游戏")
```

运行结果:

窗口一闪而过

3. 窗口显示和刷新

使用游戏循环保证主窗口不会一闪而过,使用 pygame.display.set_mode 函数创建好的 surface 对象是游戏的主窗口,还可以通过 Surface.blit() 添加一些尺寸比主窗口小的 surface 对象到主窗口 surface 上,这些对象以矩形的形式存在于主窗口中,它们共同组成了一个游戏程序,使用 pygame.display.flip() 函数完成 surface 对象的显示。窗口显示和刷新相关方法见表 10-3。

表 10-3 窗口显示和刷新相关方法

方 法 名	功 能 说 明
pygame.display.flip()	更新整个待显示的 Surface 对象到屏幕上
pygame.display.update()	仅重新绘制窗口中有变化的区域,相比.flip()执行得更快
pygame.Surface Surface((width,height),flags = 0, depth = 0, masks = None) -> Surface Surface((width,height),flags = 0,Surface) -> surface	Pygame 库中用于表示图像的对象。 Pygame 库中有两种构造方法创建 Surface 对象的方法,在创建 Surface 对象时,宽度和高度是必需的参数,而其他参数则是可选的
pygame.Surface.blit(source, dest)	将一个图像绘制到另一个图像上,将 source 参数绘制到调用该方法的 Surface 对象上,dest 参数指定绘制的位置,dest 的值可以是 source 的左上角坐标
pygame.Surface.fill(color, rect = None, special_flags = 0)	使用纯色填充 Surface 对象,通常用于背景颜色设置。color 参数可以是 RGB 元组、RGBA 元组和映射的颜色字符串,rect 参数可以限制填充的矩形范围,special_flags 用于指定混合的模式

窗口显示刷新示例如下:

```
import pygame
pygame.init()
win_size = width, height = 800, 600
screen = pygame.display.set_mode(win_size)
pygame.display.set_caption("弹球游戏")
box = pygame.Surface((100,200))
box.fill('red')
screen.blit(box, (350, 280))
# pygame.display.flip()
done = False
```

```
while not done:
    pass
pygame.quit()
```

运行结果：先运行一次，取消注释代码后再运行一次，运行几秒程序可能会出现未响应退出，关闭程序即可。

二、事件处理

在前面任务中游戏窗口在几秒后无响应的情况，在 Pygame 库中所有的事件都保存在一个事件队列中，可以使用 pygame.event.get() 函数来获取这个队列中的所有事件。每个事件都有一个类型，例如 QUIT、KEYDOWN、MOUSEBUTTONDOWN 等。事件处理是实现交互式应用程序的关键。事件可以包括鼠标单击、按键按下、游戏退出等。

1. 事件循环的创建与处理

Pygame 库定义了一个专门用来处理事件的结构，即事件队列，该结构遵循遵循队列"先到先处理"的基本原则，通过事件队列，以有序、逐一地处理用户的操作（触发事件）。Pygame 库的事件处理通过 pygame.event.get() 来获取所有的事件列表，然后通过循环来处理每一个事件，这个循环就是游戏循环，pygame.event 模块提供了处理事件队列的常用方法，见表 10 - 4。

表 10 - 4　pygame.event 常用方法

方 法 名	功 能 说 明
pygame.event.get()	从队列中获取并删除所有事件
pygame.event.poll()	从队列中获取一个事件并且删除这个事件，如果没有新的事件，将返回一个 pygame.NOEVENT 事件

pygame.event.EventType 是 Pygame 库中的一个类，表示事件类型。事件类型只有属性，没有方法，用户可自定义新的事件类型。Pygame 库中常用的事件见表 10 - 5。

表 10 - 5　Pygame 库中常用的事件

事 件 类 型	描　　述	成 员 属 性
QUIT	用户按下窗口的关闭按钮	none
ATIVEEVENT	Pygame 窗口被激活或者隐藏	gain, state
KEYDOWN	键盘按下	unicode、key、mod

任务 10.1 初始化游戏用户界面

续 表

事 件 类 型	描 述	成 员 属 性
KEYUP	键盘放开	key、mod
MOUSEMOTION	鼠标移动	pos, rel, buttons
MOUSEBUTTONDOWN	鼠标按下	pos, button
MOUSEBUTTONUP	鼠标放开	pos, button
MOUSEWHEEL	鼠标滚动	x, y, flipped
JOYAXISMOTION	游戏手柄(Joystick or pad) 移动	joy, axis, value
JOYBALLMOTION	游戏球(Joy ball) 移动	joy, axis, value
JOYHATMOTION	游戏手柄(Joystick) 移动	joy, axis, value
JOYBUTTONDOWN	游戏手柄按下	joy, button
JOYBUTTONUP	游戏手柄放开	joy, button
VIDEORESIZE	Pygame 窗口缩放	size, w, h
VIDEOEXPOSE	Pygame 窗口部分公开(expose)	none
USEREVENT	触发一个用户事件	事件代码

通常用 pyagme.event.get()获取所有事件,若 event.type ==KEYDOWN 时,再判断按键的 event.key 的种类。事件循环创建与处理,键盘鼠标按下;按 Q 键退出。示例如下:

```
import pygame
pygame.init()
win_size = width, height = 800, 600
screen = pygame.display.set_mode(win_size)
screen.fill((150, 255, 255))
pygame.display.set_caption("单击显示坐标")
# 设置字体
font = pygame.font.Font(None, 36)
done = False
while not done:
    pygame.display.flip()
    for event in pygame.event.get():
        if event.type == pygame.QUIT:
```

```
            done = True
        elif event.type == pygame.KEYDOWN:
            print(event.type,event.dict)
            if event.dict['key'] == pygame.K_q:
                done = True
        elif event.type == pygame.MOUSEBUTTONDOWN:
            print(event.type,event.dict)
            screen.fill((150, 255, 255))
            mouse_x, mouse_y = pygame.mouse.get_pos()
            text = f"postion:({mouse_x}, {mouse_y})"          # 显示坐标
            text_surface = font.render(text, True, ("red"))
            screen.blit(text_surface, (10, 10))
            pygame.display.flip()
pygame.quit()
```

运行效果如图 10-3 所示。单击鼠标,屏幕左上角显示单击的坐标位置,按下英文输入法状态下的"s",程序退出。

图 10-3　事件处理示例运行效果

2. 键盘和鼠标事件

在 Pygame 库中,除了使用 pygame.event 判断鼠标键盘事件之外,还提供 pygame.key 和 pygame.mouse 模块处理键盘和鼠标的操作。keys=pygame.key.getpressed()返回的是一个元组,该元组反应当前键盘的状态,0 表示正常,1 表示被按下。例:元组的第 97 号元素代表 a,如果 a 被用户按下,则 keys[97]值为 1,用户没有按 a,keys[97]值为 0。pygame.K_a 常量值为 97,代表字母键 a 的 ASCII 码,所以可以通过 Pygame 库提供的键

盘常量和 getpressed 函数组合判断按键状态。pygame.mouse.get_pressed()获取鼠标按键的状态，pygame.mouse.get_pos()返回鼠标光标的坐标（x，y），这个坐标以窗口左上角为基准点，光标于窗口之外时坐标为(0,0)或者为光标上一次在窗口的位置。判断键盘输入以及鼠标状态部分示例如下：

```
import pygame
pygame.init()
win_size = width, height = 800, 600
screen = pygame.display.set_mode(win_size)
done = False
while not done:
    pygame.event.get()
    keys = pygame.key.get_pressed()
    if keys[pygame.K_q]:
        done = True
    if keys[pygame.K_LEFT]:
        print('方向键←')
    pos = pygame.mouse.get_pos()
    print(pos)
pygame.quit()
```

运行结果如下：不断输出光标的位置，按 Q 键可以退出程序

(305, 128)

(305, 128)

(305, 128)

(305, 128)

三、对象绘制

1. 图形绘制

Pygame 库提供了一系列的绘图函数，如 pygame.draw.line()、pygame.draw.rect()、pygame.draw.circle()等。这些函数都需要一个 surface 对象作为第一个参数，这通常是通过 pygame.display.set_mode()创建的窗口。pygame.draw 模块常用函数见表 10-6。

表 10-6　pygame.draw 模块常用方法

方 法 名	功 能 说 明
pygame.draw.rect(surface, color, rect)	在给定的 surface 对象上绘制矩形，surface 表示要绘制的 surface，color 表示要绘制的颜色，rect 表示绘制图形的位置和尺寸大小

续　表

方　法　名	功　能　说　明
pygame.circle(surface, color,pos,radius)	在给定的 surface 上绘制圆，surface 表示要绘制的 surface，color 表示要绘制的颜色，pos 用来指定的圆心位置，radius 用来指定圆的半径
pygame.draw.line(surface, color,start_pos,end_pos)	在给定的 surface 对象上绘制直线，surface 表示要绘制的 surface，color 表示要绘制的颜色，start_pos 线的开始坐标，end_pos 线的终止坐标
pygame.draw.lines(surface, color,closed,points)	绘制多个连续直线段，surface 表示要绘制的 surface，color 表示要绘制的颜色，closed 若为 True，则在 points 序列的第一个点和最后一个点之间绘制一条附加线段，使折线封闭。points 包含多个点坐标的列表
pygame.draw.aalines(surface, color,closed,points)	绘制抗锯齿直线，参数与上面相同

图形绘制示例如下：

```
import pygame
pygame.init()
screen = pygame.display.set_mode((800, 600))
screen.fill((150,255,255))
pygame.display.flip()
pygame.draw.line(screen, (0, 255, 0), (0, 0), (800, 600))
pygame.draw.aaline(screen, (0, 255, 0), (100, 0), (800, 500))
pygame.draw.rect(screen, (0, 0, 255), (0, 0, 50, 50))
pygame.draw.circle(screen, (255, 0, 0), (400, 300), 50)
# 更新窗口，使绘制的图形显示出来
pygame.display.flip()
# 保持窗口打开，直到用户关闭它
running = True
while running:
    for event in pygame.event.get():
        if event.type == pygame.QUIT:
            running = False
pygame.quit()
```

运行效果如图 10-4 所示，按 Q 键可以退出。

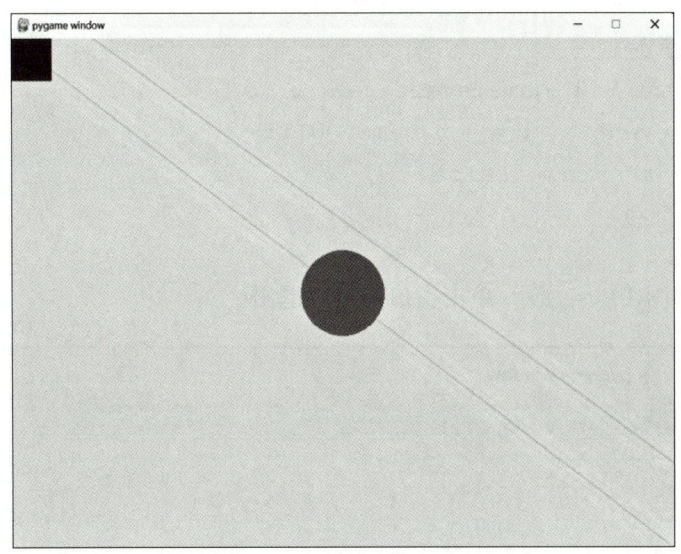

图 10-4 图形绘制示例运行效果

2. 文字绘制

pygame.font.Font 是 Pygame 库中用于处理字体和文本绘制的模块,提供创建和管理字体对象的功能。Font 对象通过构造方法可以指定外部字体文件的路径、文字的尺寸大小,字体对象创建后可以使用 render() 方法将文字渲染成图像。render() 方法需要提供文本内容,可设置是否抗锯齿、文字颜色以及可选的背景颜色参数,还可以对文本样式粗体、斜体或者添加下划线等进行处理,也可以在渲染文本之前获取渲染索要的空间大小,测量文本的宽度高度等。具体代码如下:

```
import pygame
pygame.init()
screen = pygame.display.set_mode((400, 300))
screen.fill((150, 255, 255))
pygame.display.flip()
# 创建字体对象
font = pygame.font.Font(None, 30)
# 渲染文字
text = font.render('Hello, Pygame! ', True, (255, 0, 0))
# 绘制文字
screen.blit(text, (140, 120))
pygame.display.flip()
# 保持窗口打开,直到用户关闭它
running = True
```

```
while running:
    for event in pygame.event.get():
        if event.type = = pygame.QUIT:
            running = False
pygame.quit()
```

运行效果如图 10-5 所示,单击窗口 × 可以退出。

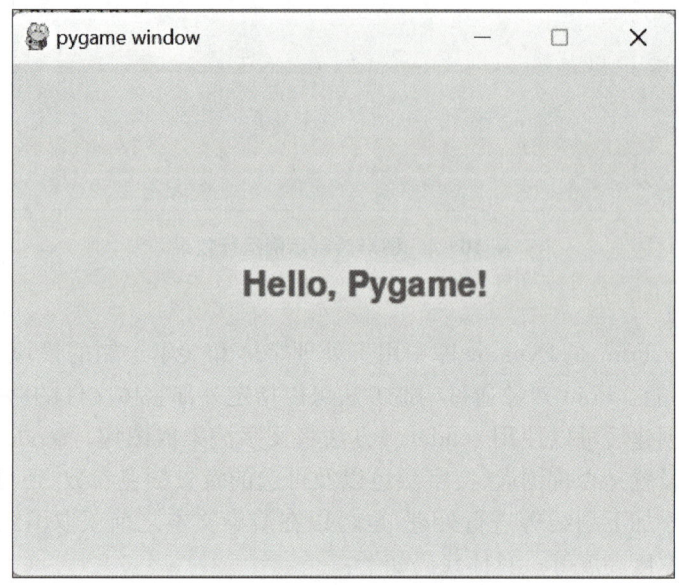

图 10-5 文字绘制示例运行效果

任务实施

任务 10.1:
初始化游戏
用户界面

(1) 导入 Pygame 库以及 sys 库。
(2) 初始化游戏窗口。
(3) 创建一个事件循环,处理游戏事件。
(4) 初始化绘制对象。
(5) 将所以对象绘制显示。

步骤一:根据任务需求导入对应的 pygame 库和 sys 库。

```
import pygame
import sys
```

步骤二:定义 init_game()函数,初始化一个游戏窗口,并对其进行标题的设置。在创建窗口的过程中,设定窗口的大小,以满足任务需求。

```python
def init_game():
    pygame.init()
    win_size = width, height = 800, 600   # 固定窗口大小
    screen = pygame.display.set_mode(win_size)
    pygame.display.set_caption("弹球游戏")
    return screen, width, height
```

步骤三:创建一个事件循环,定义 handle_events()函数处理游戏事件。

```python
def handle_events():
    for event in pygame.event.get():
        if event.type = = pygame.QUIT:
            pygame.quit()
            sys.exit()
```

步骤四:根据创建窗口的大小范围,通过 init_ball()、init_paddle()、init_score()函数初始化弹球、底板、成绩信息。

```python
def init_ball():
    ball_pos = [50, 50]
    ball_speed = [2, 2]
    ball_radius = 15
    return ball_pos, ball_speed, ball_radius
def init_paddle(width, height):
    paddle_pos = [width // 2, height - 20]
    paddle_size = [60, 10]
    paddle_speed = 2
    return paddle_pos, paddle_size, paddle_speed
def init_score():
    score = 0
    lives = 3   # 初始化生命值
    font = pygame.font.Font(None, 36)
    return score, lives, font
```

步骤五:定义 draw()函数把弹球、底板、成绩信息绘制到窗口,并且调用 pygame.display.flip()刷新显示,最后调用 draw()函数。

```python
def draw(screen, ball_pos, ball_radius, paddle_pos, paddle_size,
score, lives, font):
    screen.fill((0, 0, 0))
    score_text = font.render("Score: {}".format(score), True,
(255, 255, 255))
    screen.blit(score_text, (10, 10))
    lives_text = font.render("Lives: {}".format(lives), True,
(255, 255, 255))
    screen.blit(lives_text, (10, 50))   # 显示当前的生命值
    pygame.draw.circle(screen, (255, 255, 255), ball_pos, ball_radius)
    pygame.draw.rect(screen, (255, 255, 255), pygame.Rect(paddle
_pos, paddle_size))
    pygame.display.flip()
screen, width, height = init_game()
ball_pos, ball_speed, ball_radius = init_ball()
paddle_pos, paddle_size, paddle_speed = init_paddle(width, height)
font = pygame.font.Font(pygame.font.match_font('SimHei'), 36)
score, lives, font = init_score()
draw(screen, ball_pos, ball_radius, paddle_pos, paddle_size,
score, lives, font)
while True:
    handle_events()
```

> **小提示** 在 Python 的 Pygame 库中,可以创建各种图形界面和游戏。在示例中,创建了一个弹跳的球。首先,使用 pygame.init() 初始化 Pygame 库,然后获取显示设备的信息并设置窗口大小。使用 pygame.RESIZABLE 标志来创建一个可以调整大小的窗口。接着,初始化球的位置、速度和半径。在主循环中处理事件,例如当用户单击关闭按钮时,需要退出程序。

任务小结

在本项目中,Pygame 库的安装和基础使用方法包括窗口的初始化、事件处理以及绘图对象等。通过编写程序,成功实现在屏幕上绘制弹球、底板、成绩信息的功能。通过这三个任务,能够理解用 Pygame 库开发游戏的基本流程,并掌握其核心操作,更在实际操作中锻炼了编程能力和问题解决能力。

任务 10.2 开发自由碰撞的弹球

任务 10.2：开发自由碰撞的弹球

任务目标

本任务的核心目标是深化对 Pygame 库中时间模块、对象移动、边界检测的理解和应用。本任务将全面介绍 Pygame 库绘制刷新和边界检测。通过实践，理解图形界面编程在游戏和动画开发中的重要性，为后续的游戏开发任务打下基础。

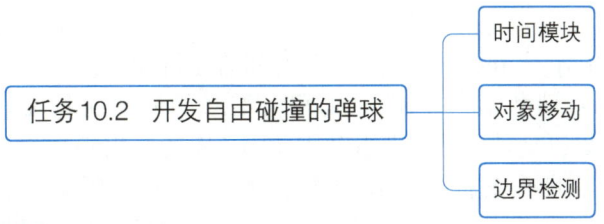

任务描述

在游戏中对象移动不仅仅是改变对象位置那么简单，它直接关系到游戏玩法的实现和玩家的交互体验。边界检测是游戏逻辑中的一个基本组成部分，用于处理对象之间的碰撞和交互，帧率控制、对象移动和边界检测是游戏开发中不可或缺的基础概念和技术。它们不仅影响游戏的视觉效果和性能，还直接关联到游戏的设计、玩家体验和互动逻辑。合理运用这些技术，可以帮助开发者创建出既美观又好玩的游戏。

本任务主要实现弹球的移动，当弹球移动到窗口边缘时候会改变球的方向，以及小球掉落窗口后改变生命值的显示。任务效果如图 10-6 所示。

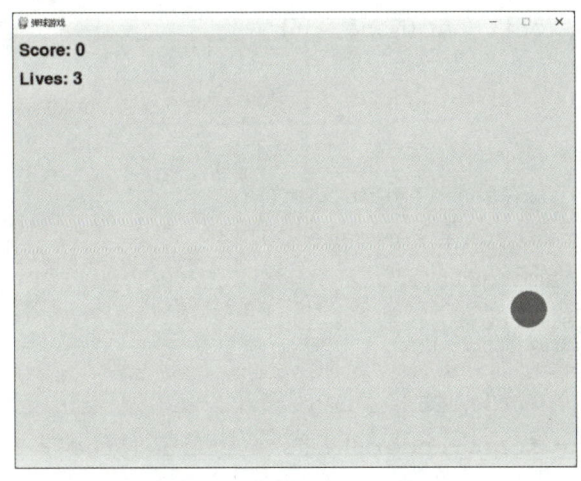

图 10-6　任务 10.2 效果

项目 10　开发弹球小游戏

任务分析

（1）通过时间模块控制窗口的刷新。
（2）通过时间模块以及对象重绘，实现对象的移动。
（3）根据弹球位置以及窗口大小判断弹球是否到达边缘。
（4）弹球到达窗口底部边缘，减少生命值，判断游戏是否结束。
（5）整合代码实现功能。

知识储备

一、时间模块

在 Pygame 库中，pygame.time 主要用于时间监控，它提供了一系列功能，帮助开发者在游戏中实现时间管理和帧率控制，从而提升游戏的流畅性和玩家的体验。pygame.time.get_ticks()可以以毫秒为单位获取从 Pygame 库初始化到当前的时间，这个功能对于需要精确计时的游戏操作非常有用，比如技能冷却、任务限时等。pygame.time.wait(milliseconds)和 pygame.time.delay(milliseconds)函数可以用来让程序等待指定的时间（以毫秒为单位），不同的是 pygame.time.delay()函数只是简单地暂停执行，而不会更新窗口。使用 pygame.time 模块实现计时器示例如下：

```python
import pygame
import sys
pygame.init()
screen = pygame.display.set_mode((640, 480))
# 设置计时器间隔时间（毫秒）
timer_interval = 1000   # 1秒
font = pygame.font.Font(None, 36)
# 游戏主循环
i = 0
while True:
    for event in pygame.event.get():
        if event.type == pygame.QUIT:
            pygame.quit()
            sys.exit()
    # 清除屏幕
    screen.fill((150, 255, 255))
    time_text = font.render('% ds'% i,True,'red')
```

```
screen.blit(time_text, (300, 200))
# 更新屏幕显示
pygame.display.flip()
# 延迟指定的时间间隔
pygame.time.delay(timer_interval)
i + = 1
```

运行效果如图 10-7 所示,单击窗口 X 可以退出。

图 10-7 时间模块示例运行效果

二、对象移动

在 Pygame 库中,对象的移动是通过不断地改变对象的位置并重新绘制对象来实现的。这种移动可以是线性的,也可以是非线性的,且通常涉及速度和方向的控制。在 Pygame 库中,几乎所有的移动对象都可以用 pygame.Rect 类的实例来表示。对象的位置更新后,需要重新绘制对象以及更新屏幕显示,这样就看到了对象移动的效果。可通过改变绘制刷新的速率以及位置变化的数值模拟不同的运动速度。方向可以通过简单的标志变量来控制,或者使用向量来实现更复杂的移动路径。掌握这些基本概念和方法后,可以创建出多样化的游戏动态效果,提供丰富多彩的玩家体验。Pygame 库实现图形运动效果示例如下:

```
import pygame
import sys
pygame.init()
```

```
# 设置屏幕尺寸
screen = pygame.display.set_mode((640, 480))
# 设置计时器间隔时间(毫秒)
timer_interval = 10
# 游戏主循环
offset = 0
while True:
    for event in pygame.event.get():
        if event.type == pygame.QUIT:
            pygame.quit()
            sys.exit()
    # 清除屏幕
    screen.fill((150, 255, 255))
    pygame.draw.rect(screen, (0, 0, 255), (0 + offset, 0 + offset, 50, 50))
    # 更新屏幕显示
    pygame.display.flip()
    # 延迟指定的时间间隔
    pygame.time.delay(timer_interval)
    offset += 1
```

运行效果如图 10-8 所示,单击窗口 × 可以退出。

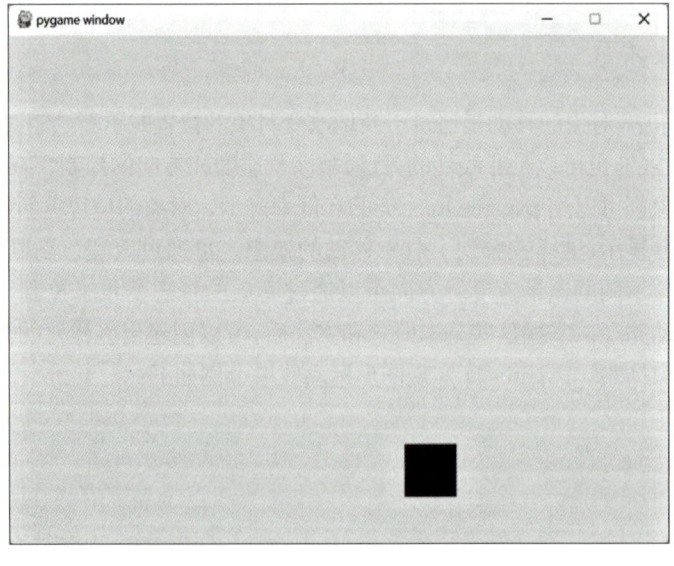

图 10-8 对象移动示例运行效果

三、边界检测

在 Pygame 游戏开发中，边界检测是实现玩家与游戏环境交互的基础。它不仅涉及简单的屏幕边缘检测，还包括复杂的场景和障碍物处理。这一功能对于保证游戏的真实性和增加游戏的趣味性至关重要。边界检测的基本原理是通过检查游戏对象的位置是否超出预定的界限来实现的。在 Pygame 库中，这通常通过 pygame.Rect 类来管理，该类提供了 left、right、top 和 bottom 等属性，可以用来检测两个矩形是否相交。最基本的边界检测是判断对象是否到达屏幕边缘。这是通过比较对象的 x 和 y 坐标与屏幕尺寸进行的。例如，如果一个对象的右边界（x＋width）大于屏幕宽度，那么它已超出屏幕右侧边缘。检测到碰撞后，如何响应这一事件同样重要。通常的反应是阻止对象进一步移动，但这也可能包括播放声音、触发动画或结束游戏等。在 Pygame 库中，这些响应可以通过改变对象的属性或调用特定的函数来实现。边界检测是游戏开发中不可或缺的一部分，它通过检测和响应对象的碰撞事件来增强游戏的互动性和真实感。掌握这一技术对于创建任何类型的 Pygame 游戏都是基本要求，从简单的平台游戏到复杂的模拟游戏都广泛应用这一技术。Pygame 库实现方块在窗口内不断碰撞示例如下：

```python
import pygame
import sys
pygame.init()
# 设置窗口尺寸
screen_witdh = 640
screen_height = 480
screen = pygame.display.set_mode((screen_witdh, 480))
# 设置计时器间隔时间（毫秒）
timer_interval = 10
# 定义 x、y 坐标的速度，方块的宽高
speed_x, speed_y = 1, 1
pos_x, pos_y = 400, 0
rect_width = 50
rect_height = 50
while True:
    for event in pygame.event.get():
        if event.type == pygame.QUIT:
            pygame.quit()
            sys.exit()
    # 清除屏幕
    screen.fill((150, 255, 255))
```

```
    # 边界检测,到达右边或者左边改变方向
    if pos_x + rect_width > screen_witdh or pos_x + rect_width < rect_width:
        speed_x = - speed_x
    # 边界检测,到达者顶部改变方向
    if pos_y + rect_height > screen_height or pos_y + rect_height < rect_height:
        speed_y = - speed_y
    pos_x + = speed_x
    pos_y + = speed_y
    pygame.draw.rect(screen, (0, 0, 255), (pos_x, pos_y, rect_width, rect_height))
    # 更新屏幕显示
    pygame.display.flip()
    # 延迟指定的时间间隔
    pygame.time.delay(timer_interval)
```

运行效果如图 10-9 所示,单击窗口 × 可以退出。

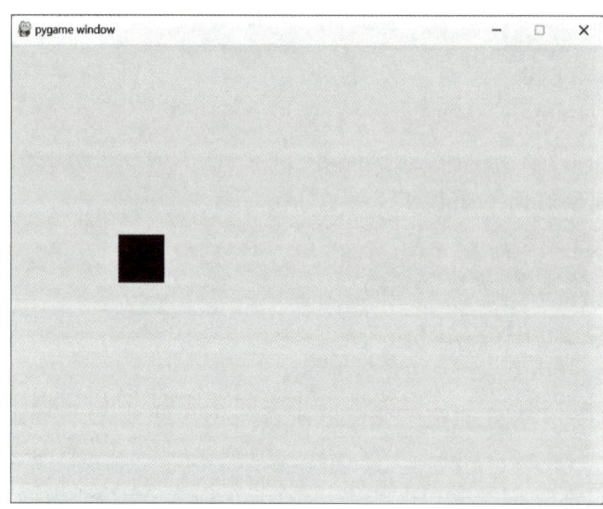

图 10-9 边界检测示例运行效果

源代码下载

任务 10.2:
开发自由碰撞的弹球

任务实施

(1) 通过时间模块控制窗口的刷新。
(2) 通过时间模块以及对象重绘,实现对象的移动。

(3) 根据弹球位置以及窗口大小判断弹球是否到达边缘。
(4) 弹球到达窗口底部边缘,减少生命值,判断游戏是否结束。
(5) 整合代码实现功能。

步骤一:定义一个程序初始化的各种函数和参数。

```
import pygame
import sys
pygame.init()
def init_ball():
    ball_pos = [400, 50]
    ball_speed = [2, 2]
    ball_radius = 25
    return ball_pos, ball_speed, ball_radius
def init_game():
    pygame.init()
    win_size = width, height = 800, 600    # 固定窗口大小
    screen = pygame.display.set_mode(win_size)
    pygame.display.set_caption("弹球游戏")
    return screen, width, height
def handle_events():
    for event in pygame.event.get():
        if event.type = = pygame.QUIT:
            pygame.quit()
            sys.exit()
def init_score():
    score = 0
    lives = 3    # 初始化生命值
    font = pygame.font.Font(None, 36)
    return score, lives, font
```

步骤二:基于任务 10.1 的代码,在 draw()函数中添加刷新间隔。

```
def draw(screen, ball_pos, ball_radius, score, lives, font):
    screen.fill((150, 255, 255))
    score_text = font.render("Score: {}".format(score), True, "black")
    screen.blit(score_text, (10, 10))
    lives_text = font.render("Lives: {}".format(lives), True, "black")
```

```
        screen.blit(lives_text, (10, 50))   # 显示当前的生命值
        pygame.draw.circle(screen, "red", ball_pos, ball_radius)
        pygame.display.flip()
```

步骤三：最后，撰写程序的主要程序，实现游戏功能。

```
score, lives, font = init_score()
screen, width, height = init_game()
ball_pos, ball_speed, ball_radius = init_ball()
screen.fill((150, 255, 255))
pygame.display.flip()
while True:
    handle_events()
    # 边界检测
    if ball_pos[0] + ball_radius > width or ball_pos[0] - ball_radius < 0:
        ball_speed[0] = - ball_speed[0]
    if ball_pos[1] + ball_radius > height or ball_pos[1] - ball_radius < 0:
        ball_speed[1] = - ball_speed[1]
    ball_pos[0] += ball_speed[0]
    ball_pos[1] += ball_speed[1]
    draw(screen, ball_pos, ball_radius, score, lives, font)
```

> **小提示** 用 Pygame 库开发的游戏主循环中，处理事件，更新球的位置，并在每次迭代中重新绘制球。如果球触及窗口的边缘，会改变球的方向。使用 pygame.draw.circle 函数来绘制球，使用 pygame.display.flip() 函数来更新显示，使用 pygame.time.delay() 函数来控制帧率。在编写 Pygame 程序时，理解这些基本概念和函数非常重要。

任务小结

通过这个任务，不仅掌握了 Python 的 Pygame 库的基本用法，也了解了如何使用这些方法来编写一个简单的弹球游戏。这对后续的学习和项目实践有着重要的帮助。在实际操作过程中，可能会遇到一些问题，例如处理各种不同的游戏状态等。这需要在编写程序时，注意对可能出现的各种情况进行处理，以保证游戏的流畅运行。总的来说，通过这个任务，对

Python 的 Pygame 库有了更深入的理解和应用,为后续的学习打下了坚实的基础。

任务 10.3 开发控制弹球底板

任务目标

本任务目标是理解和掌握 Python 中 Pygame 库的键盘控制移动和碰撞检测。通过实践,理解 Pygame 库在处理游戏逻辑和图形渲染时的优势,为后续的更复杂的游戏开发任务打下基础。在完成这个任务的过程中,需要熟悉和掌握 Python 的 Pygame 库及其使用方法,同时,也将通过实际操作,提高对 Python 编程的理解和实践能力,更好地掌握如何在实际问题中运用 Python 进行游戏开发。

微课视频

任务 10.3:开发控制弹球底板

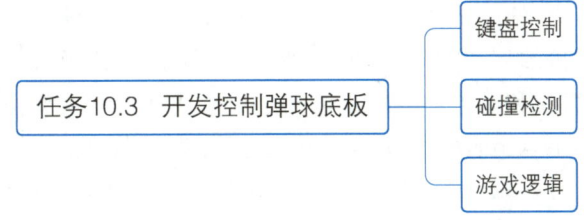

任务描述

在这个任务中,需要使用 Python 的 Pygame 库来开发一个简单的弹球游戏,实现效果如图 10-10 所示。需要创建一系列的函数,这些函数可以控制挡板、处理游戏事件。

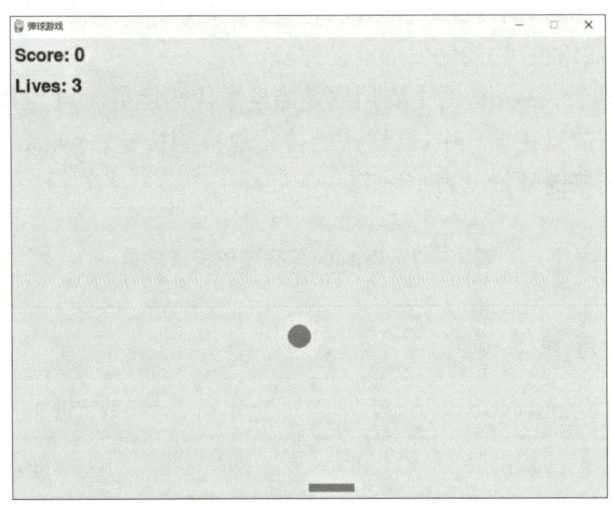

图 10-10 任务 10.3 实现效果

需要开发的弹球游戏的规则是,玩家需要控制底部的挡板(paddle)左右移动,使其接住从上方下落的球(ball)。如果球触到屏幕底部,游戏就结束。还需要实现一些 Pygame 库的基本操作,如碰撞检测、游戏逻辑等。这些操作为后续的游戏开发任务打下基础。

任务分析

(1) 键盘控制底部挡板移动。
(2) 小球与挡板的碰撞检测。
(3) 整体功能整合。

知识储备

键盘控制对象移动是 Pygame 游戏开发中的基础功能,它允许玩家通过键盘操作来直接控制游戏对象的移动和行为。这种交互方式不仅增强了游戏的沉浸感,还提高了玩家对游戏动态的掌控力,使游戏体验更加生动和有趣。玩家能够通过键盘的上下左右键来控制游戏角色或对象的移动方向,这种直接的操作方式简化了玩家与游戏之间的交互过程,使得控制更为直观和易上手。碰撞检测是使游戏环境与对象交互成为可能的关键技术。它在游戏开发中承担着多种关键角色,确保游戏逻辑的正确性和玩家体验的连贯性。碰撞检测系统还可以触发视觉效果和声音效果,为玩家提供即时的反馈。例如,在碰撞时产生爆炸效果和相应的音效,增加游戏的感官体验。

一、键盘控制

pygame.key 模块是 Pygame 库中专门用于处理键盘输入的组件。这个模块提供了一系列的功能和函数,用于检测和响应键盘事件,允许开发者检测和控制键盘的输入状态,包括捕获按键动作、识别按键组合以及管理按键重复等。这使得开发者能够创建响应玩家键盘操作的游戏角色、功能触发等互动体验。

pygame.key.get_pressed()的主要用途是当这条代码运行时,检测键盘上被按下的键位,这条代码往往被放置在循环中,这样才能持续地检测按键。pygame.K_LEFT 表示键盘的左箭头,完整的按键常量见表 10-7。

表 10-7 Pygame 库完整的按键常量

按键常量	描述
pygame.K_0 - pygame.K_9	数字键 0~9
pygame.K_a - pygame.K_z	小写字母 a~z
pygame.K_A - pygame.K_Z	大写字母 A~Z

续　表

按 键 常 量	描　　述
pygame.K_F1 – pygame.K_F12	功能键 F1~F12
pygame.K_UP	上箭头键
pygame.K_DOWN	下箭头键
pygame.K_LEFT	左箭头键
pygame.K_RIGHT	右箭头键
pygame.K_SPACE	空格键
pygame.K_RETURN	回车键(Enter)
pygame.K_ESCAPE	Esc 键
pygame.K_BACKSPACE	退格键
pygame.K_TAB	制表符键(Tab)
pygame.K_CAPSLOCK	大写锁定键
pygame.K_LSHIFT	左 Shift 键
pygame.K_RSHIFT	右 Shift 键
pygame.K_LCTRL	左 Ctrl 键

在游戏循环中通过不断调用 pygame.key.get_pressed()函数轮询每个键的状态是否发生变化,根据键盘的变化改变对象的属性,通过窗口刷新实现对象运动的效果。

二、碰撞检测

Pygame 中的碰撞检测是游戏开发中一个基本且重要的功能,主要用于检测游戏中的物体是否相互碰撞,从而触发相应的逻辑和效果。碰撞检测的作用包括实现游戏规则、增强环境互动、增加真实性和可信度、提供视觉和声音反馈,以及维持游戏的流畅性和稳定性。碰撞检测的原理主要是通过检测两个或多个对象之间的边界是否发生重叠来判断是否发生碰撞。当弹球进入挡板的坐标范围时,则发生弹球和挡板的碰撞,挡板的坐标范围可以根据挡板左上坐标以及挡板的宽度和高度进行计算。

三、游戏逻辑

弹球游戏的整体设计逻辑可以概括为以下几个主要部分:初始化游戏窗口,初始化游戏对象信息,通过游戏循环来更新游戏状态和渲染画面。在这个循环中,需要处理以下任务:

检测用户输入,例如移动挡板或退出游戏;更新球的位置,根据碰撞检测的结果调整方向;检测球是否超出屏幕边界,如果超出则重新开始游戏或结束游戏;根据球与挡板的碰撞次数,计算玩家的得分。弹球游戏的整体设计逻辑涉及游戏环境的初始化、游戏对象的创建、游戏循环的处理、碰撞检测、游戏结束条件的判定,以及计分系统的实现等多个方面,这些元素共同构成了弹球游戏的核心功能和玩法。

任务 10.3:开发控制弹球底板

任务实施

(1)键盘控制底部挡板移动。
(2)小球与挡板的碰撞检测。
(3)整体功能整合。

步骤一:在游戏循环中处理键盘事件,当键盘按左右方向键的时候,改变底部挡板的位置坐标的属性。

```
def handle_paddle_movement(paddle_pos, paddle_speed, width, paddle_size):
    keys = pygame.key.get_pressed()
    if keys[pygame.K_LEFT]:
        paddle_pos[0] -= paddle_speed
    if keys[pygame.K_RIGHT]:
        paddle_pos[0] += paddle_speed
    paddle_pos[0] = max(paddle_pos[0], 0)
    paddle_pos[0] = min(paddle_pos[0], width - paddle_size[0])
```

步骤二:在 handle_ball_movement 函数中添加弹球和挡板碰撞的检测,当发生碰撞之后弹球改变垂直方向的运动方向,同时对分数增加一分。

```
def handle_ball_movement(ball_pos, ball_speed, ball_radius, width, height,
        paddle_pos, paddle_size, score, lives,):
    ball_pos[0] += ball_speed[0]
    ball_pos[1] += ball_speed[1]
    if ball_pos[0] - ball_radius < 0 or ball_pos[0] + ball_radius > width:
        ball_speed[0] = -ball_speed[0]
    if ball_pos[1] - ball_radius < 0:
        ball_speed[1] = -ball_speed[1]
```

```
    if (ball_pos[1] + ball_radius > paddle_pos[1]
        and paddle_pos[0] < ball_pos[0] < paddle_pos[0] + paddle_size[0]):
        ball_speed[1] = - ball_speed[1]
        score + = 1
    if ball_pos[1] + ball_radius > height:
        lives - = 1   # 减少一点生命值
        if lives = = 0:   # 如果生命值为零,游戏结束
            print("Game Over!")
            pygame.quit()
            sys.exit()
        else:
            ball_pos[0], ball_pos[1] = width // 2, height // 2   # 重置球的位置
            ball_speed[0], ball_speed[1] = 2, 2   # 重置球的速度
    return score, lives
```

步骤三:在游戏循环中调用挡板控制函数,更新弹球移动调用函数的参数以及返回值的处理。

```
while True:
    handle_events()
    handle_paddle_movement(paddle_pos, paddle_speed, width, paddle_size)
    score, lives = handle_ball_movement(ball_pos, ball_speed, ball_radius, width, height, paddle_pos, paddle_size, score, lives)
    draw(screen, ball_pos, ball_radius, paddle_pos, paddle_size, score, lives, font)
```

任务小结

在这个任务中,学习并实现了一个基础的弹球游戏。掌握了如何处理基本的游戏逻辑,如球的移动、挡板的控制和得分的计算。通过编写这个游戏,了解了游戏开发的基本流程和一些常用的技术,比如游戏循环、事件处理、碰撞检测等;也学习了如何用 Pygame 库中处理键盘事件,如何控制游戏元素的移动,以及如何根据游戏状态更新游戏画面。

项目 10　开发弹球小游戏

任务 10.4　升级美化弹球小游戏

微课视频

任务 10.4：升级美化弹球小游戏

任务目标

本任务的核心目标是理解并且掌握使用 Pygame 库加载和显示图片的方法，体会图片在游戏美化中起到的重要作用，掌握绘图函数与事件处理的组合应用。通过本任务，将学会如何使用 Pygame 库设计和开发具备良好交互性和视觉吸引力的游戏用户界面，通过创新的设计思路和问题解决方法，提升游戏界面的用户体验，从而提升界面编程的能力和解决实际问题的创新意识。

```
任务10.4  升级美化弹球小游戏 ── 加载显示图片
                              ── 游戏暂停和继续
                              ── 按钮和点击的实现
```

任务描述

本任务将深入探讨和实践如何利用 Pygame 库设计并实现一个具有良好用户体验的弹球小游戏用户界面。需要设计一个简洁明了的游戏开始界面，单击开始按钮后，游戏将开始。需要处理相关的鼠标单击事件，并更新界面元素的状态。美化游戏元素，替换弹球和挡板的默认图像为自定义图片，提升游戏的视觉吸引力。加入游戏暂停和继续的功能，玩家可以通过按下空格键来暂停游戏，并在再次按下空格键时继续游戏。通过本任务加深对用 Pygame 库开发游戏的理解，并提升开发游戏的能力。任务效果如图 10-11 所示。

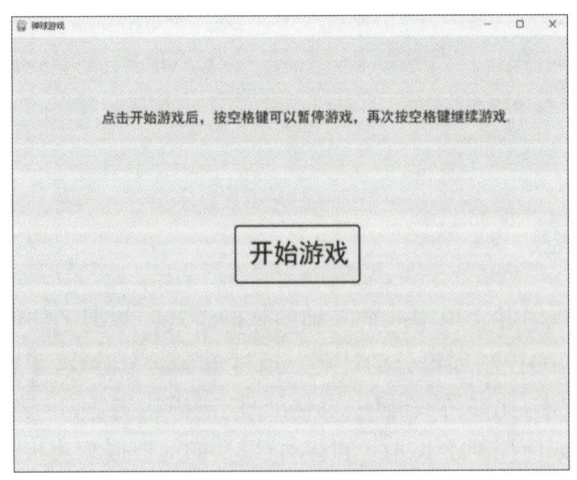

图 10-11　任务 10.4 效果

任务 10.4　升级美化弹球小游戏

任务描述

（1）通过加载图片设置小球，改变字体、背景、挡板颜色。
（2）实现暂停和继续功能，支持显示中文。
（3）实现按钮和单击效果，完成开始游戏。
（4）整合代码。

知识储备

一、加载显示图片

pypygame.image.load()方法是用于从文件加载新图像的函数。该方法能够识别多种图像格式，并创建一个新的 Surface 对象来表示加载的图像。Pygame 库通过这个方法支持多种图片格式，例如 JPG、PNG 等，从而使得游戏开发中能够轻松地使用各种图像资源。使用 pygame.image.load()方法加载图像时，需要提供一个文件名或文件对象作为参数。Pygame 库将根据提供的图像数据自动确定图像的类型，并创建一个新的 Surface 对象。pygame.image.load()方法在加载图像后返回的 Surface 对象会保留与其源文件相同的颜色格式、colorkey 和 alpha 透明度。对于普通图像，加载后调用 Surface.convert()方法可以优化图像的渲染速度。而对于包含 alpha 通道的透明图像（如 PNG 格式），则应使用 convert_alpha()方法以保留其透明度信息。使用 Surface 对象的 blit 方法可将图片绘制到 Surface 对象上。

二、游戏暂停和继续

为了在 Pygame 库中更好地显示中文，使用从系统字体库创建字体对象的函数 pygame.font.SysFont(name, size, bold = False, italic = False)，其中，"name"是从系统中加载的字体名称列表，会按照列表顺序搜索；"size"表示字体大小；"bold"和"italic"分别表示是否使用粗体和斜体。pygame.font.SysFont 提供了一种便捷的方式从系统字体库中加载字体并创建字体对象，极大地简化了文本渲染的过程。通过合理运用其提供的功能，开发者可以在保证界面美观的同时，实现高效的运行性能。

游戏暂停和继续实现的逻辑是通过 pygame.event.get()获取游戏中的所有事件，判断键盘输入是改变游戏暂停和继续时，改变内存中表示游戏开始和暂停变量的值。

三、按钮和单击的实现

使用 pygame.font.SysFont 对象绘制按钮的文字，使用 pygame.draw.rect()方法绘制一个矩形作为按钮的背景，设置边框颜色、位置、大小和圆角半径。合理地设置坐标位置以及矩形的宽高就实现了按钮的效果。需要注意的是，这样仅实现了按钮的绘制，还需要添加事件监听和处理逻辑来实现按钮的交互功能。在事件处理函数中，当事件类型为 pygame.MOUSEBUTTONDOWN 时，表示用户按下了鼠标按钮。此时创建一个名为 start_button 的矩形对象，用于表示开始按钮的位置和大小。然后检查鼠标单击的位置是否在 start_button 内，如果是且游戏尚未开始（start 为 False），则将 start 设置为 True，表示游戏开始。

源代码下载

任务 10.4：
升级美化弹球小游戏

任务实施

（1）通过加载图片设置小球，改变字体、背景、挡板颜色。
（2）实现暂停和继续功能，支持显示中文。
（3）实现按钮和单击效果，完成开始游戏。
（4）整合代码。

步骤一：基于任务 10.3 的代码，修改 draw() 函数参数，添加加载图片，把图片绘制到窗口，改变字体、背景、挡板颜色。

```
def draw (screen, ball_pos, paddle_pos, paddle_size, score, lives, font):
        screen.fill((150, 255, 255))
        score_text = font.render("Score: {}".format(score), True, (0, 191, 243))
        screen.blit(score_text, (10, 10))
        lives_text = font.render("Lives: {}".format(lives), True, (0, 191, 243))
        screen.blit(lives_text, (10, 50))   # 显示当前的生命值
        image = pygame.image.load('ball.png').convert_alpha()
        screen.blit(image,ball_pos)
        pygame.draw.rect(screen, 'red', pygame.Rect(paddle_pos, paddle_size))
        pygame.display.flip()
        pygame.time.delay(10)
```

步骤二：在事件循环中实现暂停和继续功能，绘制提示文字继续游戏，使用 SysFont 字体显示中文。

```
def drawRestart(screen):
        font = pygame.font.SysFont('simHei', 36)
```

任务 10.4 升级美化弹球小游戏

```
            start_text = font.render("继续游戏".format(score),
True, (0, 0, 0))
            screen.blit(start_text, (340, 280))
        pygame.display.flip()
        pygame.time.delay(10)
def handle_events(start):
        for event in pygame.event.get():
            if event.type = = pygame.QUIT:
                pygame.quit()
                sys.exit()
            elif event.type = = pygame.KEYDOWN:
                if start and event.key = = pygame.K_SPACE:
                    pause = not pause
        return start
```

步骤三:使用绘制 Rect 和绘制文字实现按钮效果,并且增加事件处理,实现单击效果。

```
def drawStart(screen):
    screen.fill((150, 255, 255))
    font = pygame.font.SysFont('simHei', 20)
    tips_text = font.render("单击开始游戏后,按空格键可以暂停游戏,再次按空格键继续游戏.".format(score), True, (0, 0, 0))
    screen.blit(tips_text, (130, 100))
    font = pygame.font.SysFont('simHei', 36)
    start_text = font.render("开始游戏".format(score), True, (0, 0, 0))
    screen.blit(start_text, (340, 280))
    pygame.draw.rect(screen, (0, 0, 0), pygame.Rect((320, 260), (180,80)),width = 2,border_radius = 5)
    pygame.display.flip()
    pygame.time.delay(10)
def handle_events(start,pause):
    for event in pygame.event.get():
        if event.type = = pygame.QUIT:
            pygame.quit()
```

```
            sys.exit()
        elif event.type = = pygame.MOUSEBUTTONDOWN:
            start_button = pygame.Rect((320, 260), (180, 80),
width = 2,border_radius = 5)


            if not start and start_button.collidepoint(event.pos
[0],event.pos[1]):
                start = True
        elif event.type = = pygame.KEYDOWN:
            if start and event.key = = pygame.K_SPACE:
                pause = not pause
    return start,pause
```

任务小结

本次任务的目标是利用 Pygame 库实现一个具有开始、暂停和继续功能的弹球小游戏用户界面，聚焦于弹球小游戏的界面美化、人机交互操作的丰富性以及用户体验的整体提升。掌握了使用 Pygame 库加载显示图片，对绘制图形和文字有了更深入的理解和应用，能够通过实现事件处理完成单击交互。能深刻理解到，一个成功的游戏不仅需要有趣的玩法，还需要有吸引人的界面、简便的操作和良好的用户体验，要不断根据用户反馈进行迭代，不断提升游戏质量，以满足更广泛用户的需求。

任务 10.5　记录并存档游戏的最高分

微课视频
任务 10.5：
记录并存档
游戏的最高
分

任务目标

本任务的核心目标旨在掌握文件操作的基础。这包括了使用 open() 函数以不同的模式(读、写、追加等)打开文件，以及使用 close() 方法安全地关闭文件。在 Python 中，文件对象提供了读取和写入的方法，比如 read()、readline()、write()等。通过在游戏中实现存档文件的加密功能，不仅可提升游戏产品的质量，更重要的是，树立了数据安全意识，学会如何保护自己和他人的数据。这种实践活动不仅有利于技术能力的提升，还对责任感和终身学习的态度都有着积极的影响。

任务 10.5　记录并存档游戏的最高分

📁 任务描述

在本次任务中,同学们将要实现记录并存档游戏的最高分这一功能,这主要涉及与文件操作相关的知识点,包括文件的打开和关闭、文件的读写模式、文件的读写操作,以及使用异或运算对文件内容进行加密存储。目标是为弹球小游戏添加最高分记录和存档功能。这要求游戏在每次运行时都能够记录玩家的成绩,并且在游戏关闭时保存这些数据。当玩家再次启动游戏时,能够显示他们的历史最高分。通过对数据进行加密,学会了尊重和保护用户数据的隐私,这不仅是技术上的需求,也是职业道德的体现。同时也认识到作为开发者,有责任确保用户数据的安全。任务效果如图 10-12 所示。

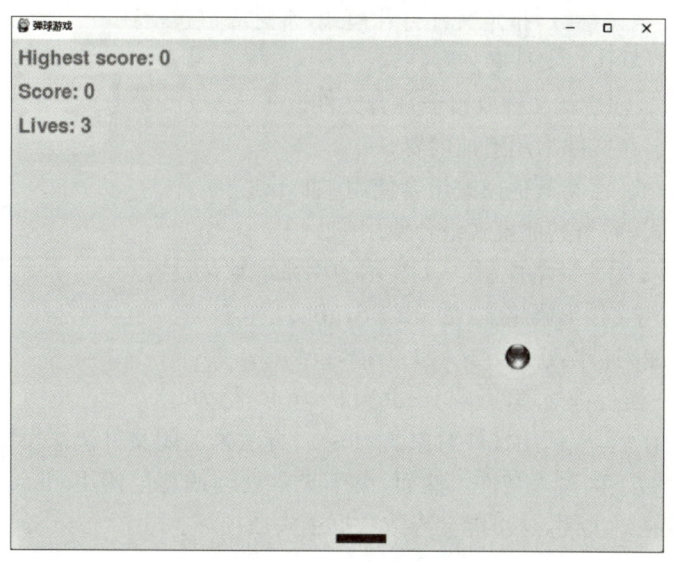

图 10-12　任务 10.5 效果

📁 任务描述

(1) 重复上一任务代码。
(2) 初始化时,读取文件中的历史最高分。
(3) 绘制历史最高分。
(4) 在游戏结束时,判断是否更新历史最高分。

> 知识储备

Python中的文件操作不仅是编程中的基本技能,也是实现数据存储和程序功能的关键手段。文件操作涵盖了从简单的文本文件读写到复杂的二进制文件处理等多种功能,通过这些操作,开发者能够实现数据持久化存储、数据交换和系统集成等多项任务。

一、打开和关闭文件

在Python中,可以使用内置的open()函数来打开文件,该函数返回一个文件对象,可以通过这个对象进行后续的文件操作。open()函数的基本语法如下:

```
open(file, mode = 'r', buffering = -1, encoding = None, errors = None, newline = None, closefd = True, opener = None)
```

参数说明如下。
File——必需参数,表示文件路径(相对或绝对路径)。
Mode——字符串参数,指定文件打开模式,常见取值包括:
r:只读模式(默认),文件必须存在;
w:只写模式,创建新文件或覆盖现有文件;
a:追加模式,在文件末尾追加内容;
b:二进制模式,需与其他模式组合使用(如rb);
+:读写模式,需与其他模式组合使用(如r+)。
Buffering——缓冲策略控制(-1表示使用系统默认设置)。
Encoding——文件编码格式(如utf-8,gbk)。
Errors——编码错误处理方式(如strict,ignore)。
Newline——换行符处理(影响read()和write()行为)。
完成文件操作后,应调用文件对象的close()方法来关闭文件。这可以释放系统资源并确保所有数据被正确写入文件。然而,由于异常处理或忘记调用close()方法等原因,文件可能不会被正确关闭,这可能会导致数据丢失或损坏。

二、读写文件

使用read()方法可以将整个文件的内容一次性读取到内存中,使用readline()或迭代文件对象的方式逐行读取文件内容,适用于大文件的处理,使用readlines()方法可以将文件的所有行读取到一个列表中,每一行作为列表的一个元素。

使用write()方法可以将指定内容写入文件中,可以使用writelines()方法或者循环配合write()方法将多行内容写入文件。Python通过提供丰富的文件操作方法和功能,使得读取和写入文件变得简单而高效。掌握这些技能不仅可以提高数据处理能力,还可以更好地进行系统集成和数据交换。在实际项目中,根据实际需求选择适当的方法和模式,可以更有效地完成文件处理任务。

三、分数加密存储

异或加密基于简单的异或逻辑运算。明文中的每一个字符与密钥进行异或运算生成密文。由于异或运算的可逆性,使用相同的密钥再次对密文进行异或运算可以还原出原始明文。同一个密钥对同一数据进行两次异或操作,可以恢复原始数据。异或运算(XOR),以符号^表示,是一种基础的逻辑运算。其核心特点是相同为0,不同为1。具体来说,就是当两个二进制位相同的时候,结果为0;不同的时候,结果为1。

任务实施

源代码下载

任务 10.5:记录并存档游戏的最高分

(1) 重复上一任务代码。
(2) 初始化时,读取文件中的历史最高分。
(3) 绘制历史最高分。
(4) 在游戏结束时,判断是否更新历史最高分。
(5) 整合代码。

步骤一:自行尝试重复上一任务的代码,这里就不再重复展示。

步骤二:定义个 readHighestScore 用来读取文件中的最高分,注意文件异常的处理。

```
def readHighestScore():
    hs = 0
    try:
        f = open('hs.dat','r')
        s = f.read()
        hs = int(s)^97
    except Exception as e:
        print(e)
    return hs
```

步骤三:在初始化 init_score 时候,调用 readHighestScore 函数历史最高分,在成绩初始化函数返回后,进行成绩绘制。

```
def init_score():
    score = 0
    lives = 3   # 初始化生命值
    highest_score = readHighestScore()
    font = pygame.font.Font(None, 36)
```

```
        return score, lives,highest_score, font
......
def draw(screen, ball_pos,  paddle_pos, paddle_size, highest_
score,score, lives, font):
    screen.fill((150, 255, 255))
    highest_score_text = font.render("Highest score: {}".format
(highest_score), True, (0, 191, 243))
    screen.blit(highest_score_text, (10, 10))
    score_text = font.render("Score: {}".format(score), True,
(0, 191, 243))
    screen.blit(score_text, (10, 50))
    lives_text = font.render("Lives: {}".format(lives), True,
(0, 191, 243))
    screen.blit(lives_text, (10, 90))   # 显示当前的生命值
    image = pygame.image.load('ball.png').convert_alpha()
    screen.blit(image,ball_pos)
    pygame.draw.rect(screen, 'red', pygame.Rect(paddle_pos,
paddle_size))
    pygame.display.flip()
    pygame.time.delay(10)
```

步骤四：在游戏结束时，判断是否更新历史最高分。

```
def writeHighestScore(score):
    try:
        f = open('hs.dat', 'w + ')
        f.write(str(score ^97))
    except Exception as e :
        print('保存')
def handle_ball_movement(ball_pos, ball_speed, ball_radius,width,
         height, paddle_pos, paddle_size, score, lives, highest_
score):
    ......
    if ball_pos[1] + ball_radius * 2 > height:
        if score > highest_score:
            writeHighestScore(score)
            highest_score = score
```

```
        lives -= 1   # 减少一点生命值
        ......
    return score, lives,highest_score
```

步骤五：整合代码。

```
while True:
    start,pause = handle_events(start,pause)
    if start and not pause:
        handle_paddle_movement(paddle_pos, paddle_speed, width, paddle_size)
        score, lives,highest_score = handle_ball_movement(ball_pos,
ball_speed, ball_radius, width, height, paddle_pos, paddle_size,
                                score, lives,highest_score)
        draw(screen, ball_pos, paddle_pos, paddle_size, highest_score,score, lives, font)
    elif pause:
        drawRestart(screen)
    else:
        drawStart(screen)
```

 任务小结

在本次任务中，深刻理解了文件操作在游戏程序开发中的核心作用，认识到其对于提高游戏的可玩性和挑战性的重要性。同时也掌握了 open()、read()、write()、close()等函数的使用方法，能够熟练运用异常处理来处理可能出现的文件异常。此外，还将异常处理技术成功应用到实际的编程案例中，提高了代码的稳定性和可靠性，实现了异常处理在实际编程中的应用。学会了如何分析问题并采取适当的异常处理策略，提升分析和解决异常的能力。

项目 10 综合实战

实战描述

在这个实战项目中，要制作一个简单但充满乐趣的弹球游戏。游戏的窗口标题为"弹球游戏"，玩家需要通过键盘上的左右键来操控屏幕底部的滑板。游戏的规则如下：在游

源代码下载

项目 10 综合实战

项目 10　开发弹球小游戏

戏开始时,一个小球从屏幕的一侧弹出,不断地在屏幕内部弹跳。玩家需要操控滑板,使其接住弹跳的小球。每当滑板成功接住一次小球,玩家的得分就会增加一点。如果滑板没有接住小球,小球触及屏幕底部,那么游戏就会结束。为了增加游戏的可玩性,还引入了生命值的概念。玩家开始时有 3 点的生命值,每当球落到屏幕底部时,玩家会失去一点生命值。当生命值为零时,游戏结束。记录历史最高分,这样的设置让玩家有更多的机会挑战自己的最高得分。实现效果如图 10-13 所示。

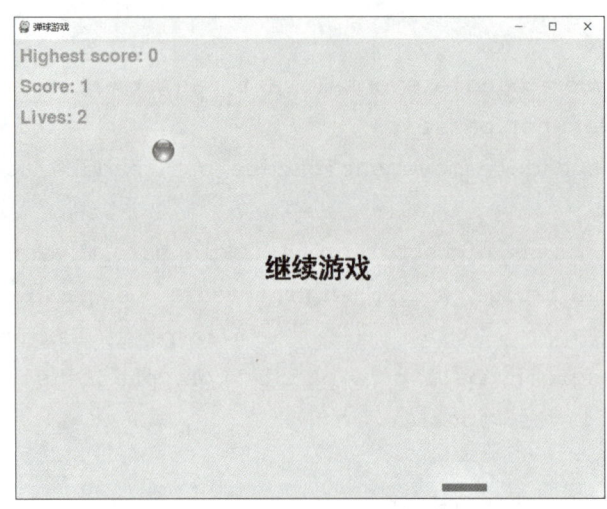

图 10-13　项目 10 综合实战实现效果

实战分析

(1) 创建一个 Pygame 窗口来显示弹球游戏。设置窗口的大小,并给它一个标题。
(2) 定义小球和滑板的初始化状态。
(3) 处理玩家的输入。需要确保滑板始终在屏幕内。
(4) 处理小球的移动。如果生命值为零,游戏就会结束。
(5) 小球碰到滑板,小球会反弹,同时玩家的得分会增加一点。
(6) 需要在屏幕上显示当前的得分和生命值,以便玩家了解游戏的状态。
(7) 需要处理游戏结束的情况。如果游戏结束,需要显示一个消息,告诉玩家游戏已经结束。

项目实施

步骤一:首先,需要导入 Pygame 库和 sys 库。

```
import pygame
import sys
```

步骤二：定义一系列初始化函数，包括初始化游戏 init_game()、初始化小球 init_ball()、初始化滑板 init_paddle()，以及初始化玩家得分、历史最高分和生命值 init_score()。

```python
def init_game():
    pygame.init()
    win_size = width, height = 800, 600   # 固定窗口大小
    screen = pygame.display.set_mode(win_size, pygame.RESIZABLE)
    pygame.display.set_caption("弹球游戏")
    return screen, width, height
def init_ball():
    ball_pos = [300, 50]
    ball_speed = [2, 2]
    ball_radius = 15
    return ball_pos, ball_speed, ball_radius
def init_paddle(width, height):
    paddle_pos = [width // 2, height - 20]
    paddle_size = [60, 10]
    paddle_speed = 2
    return paddle_pos, paddle_size, paddle_speed
def readHighestScore():
    hs = 0
    try:
        f = open('hs.dat','r')
        s = f.read()
        hs = int(s)^97
    except Exception as e:
        print(e)
    return hs
def init_score():
    score = 0
    lives = 3   # 初始化生命值
    highest_score = readHighestScore()
    font = pygame.font.Font(None, 36)
    return score, lives, highest_score, font
```

步骤三：定义一系列处理函数，包括处理游戏事件 handle_events()、处理滑板移动 handle_paddle_movement()、处理小球移动 handle_ball_movement()。

```python
def handle_events(start,pause):
    for event in pygame.event.get():
        if event.type = = pygame.QUIT:
            pygame.quit()
            sys.exit()
        elif event.type = = pygame.MOUSEBUTTONDOWN:
            start_button = pygame.Rect((320, 260), (180, 80), width = 2,border_radius = 5)

            if not start and start_button.collidepoint(event.pos[0],event.pos[1]):
                start = True
        elif event.type = = pygame.KEYDOWN:
            if start and event.key = = pygame.K_SPACE:
                pause = not pause
    return start,pause
def handle_paddle_movement(paddle_pos, paddle_speed, width, paddle_size):
    keys = pygame.key.get_pressed()
    if keys[pygame.K_LEFT]:
        paddle_pos[0] - = paddle_speed
    if keys[pygame.K_RIGHT]:
        paddle_pos[0] + = paddle_speed
    paddle_pos[0] = max(paddle_pos[0], 0)
    paddle_pos[0] = min(paddle_pos[0], width - paddle_size[0])
def writeHighestScore(score):
    try:
        f = open('hs.dat', 'w + ')
        f.write(str(score ^97))
    except Exception as e :
        print('保存')
def handle_ball_movement(ball_pos, ball_speed, ball_radius, width,
        height, paddle_pos, paddle_size, score, lives, highest_score):
    ball_pos[0] + = ball_speed[0]
```

```
    ball_pos[1] + = ball_speed[1]
    if ball_pos[0]  < 0 or ball_pos[0] + 2 * ball_radius > width:
        ball_speed[0] = - ball_speed[0]
    if ball_pos[1]  < 0:
        ball_speed[1] = - ball_speed[1]
    if (
            ball_pos[1] + ball_radius * 2 > paddle_pos[1]
            and paddle_pos[0] < ball_pos[0] + ball_radius < paddle
_pos[0] + paddle_size[0]
    ):
        ball_speed[1] = - ball_speed[1]
        score + = 1
    if ball_pos[1] + ball_radius * 2 > height:
        if score > highest_score:
            writeHighestScore(score)
            highest_score = score
        lives - = 1   # 减少一个点的生命值
        print('lives - 1')
        if lives = = 0:   # 如果生命值为零,游戏结束
            print("Game Over!")
            pygame.quit()
            sys.exit()
        else:
            ball_pos[0], ball_pos[1] = width // 2, ball_radius   # 重
置球的位置
            ball_speed[0], ball_speed[1] = 2, 2  # 重置球的速度
    return score, lives,highest_score
```

步骤四:定义绘制函数 draw(),用于在屏幕上绘制游戏的状态,包括小球、滑板、玩家的得分、历史最高分和生命值。

```
def draw(screen, ball_pos,  paddle_pos, paddle_size, highest_
score,score, lives, font):
    screen.fill((150, 255, 255))
    highest_score_text = font.render("Highest score: {}".format
(highest_score), True, (0, 191, 243))
    screen.blit(highest_score_text, (10, 10))
```

```
    score_text = font.render("Score: {}".format(score), True,
(0, 191, 243))
    screen.blit(score_text, (10, 50))
    lives_text = font.render("Lives: {}".format(lives), True,
(0, 191, 243))
    screen.blit(lives_text, (10, 90))    # 显示当前的生命值
    image = pygame.image.load('ball.png').convert_alpha()
    screen.blit(image,ball_pos)
    pygame.draw.rect(screen, 'red', pygame.Rect(paddle_pos,
paddle_size))
    pygame.display.flip()
    pygame.time.delay(10)
```

步骤五：实现游戏开始，继续游戏，在主循环中调用上述函数，来处理游戏事件、处理滑板和小球的移动，以及在屏幕上绘制游戏的状态。这个主循环会一直运行，直到游戏结束。

```
screen, width, height = init_game()
ball_pos, ball_speed, ball_radius = init_ball()
paddle_pos, paddle_size, paddle_speed = init_paddle(width,
height)
score, lives,highest_score, font = init_score()
def drawStart(screen):
    screen.fill((150, 255, 255))
    font = pygame.font.SysFont('simHei', 20)
    tips_text = font.render("单击开始游戏后,按空格键可以暂停游戏,再
次按空格键继续游戏.".format(score), True, (0, 0, 0))
    screen.blit(tips_text, (130, 100))
    font = pygame.font.SysFont('simHei', 36)
    start_text = font.render("开始游戏".format(score), True, (0,
0, 0))
    screen.blit(start_text, (340, 280))
    pygame.draw.rect(screen, (0, 0, 0), pygame.Rect((320, 260),
(180,80)),width = 2,border_radius = 5)
    pygame.display.flip()
    pygame.time.delay(10)
def drawRestart(screen):
    font = pygame.font.SysFont('simHei', 36)
```

```
        start_text = font.render("继续游戏".format(score), True, (0, 0, 0))
        screen.blit(start_text, (340, 280))
        pygame.display.flip()
        pygame.time.delay(10)
start = False
pause = False
while True:
    start,pause = handle_events(start,pause)
    if start and not pause:
        handle_paddle_movement(paddle_pos, paddle_speed, width, paddle_size)
        score, lives,highest_score = handle_ball_movement(ball_pos, ball_speed, ball_radius, width, height, paddle_pos, paddle_size,score, lives,highest_score)
        draw(screen, ball_pos, paddle_pos, paddle_size, highest_score,score, lives, font)
    elif pause:
        drawRestart(screen)
    else:
        drawStart(screen)
```

项目小结

本项目通过设计弹球小游戏，讲解 Python 图形界面的创建、用户输入的处理、游戏逻辑的实现以及状态的更新和显示等多个方面的操作，项目综合运用了面向对象的设计思想与软件工程实践方法，实现了包括小球运动控制、碰撞检测、得分计算及最高分记录存档在内的多项功能。该过程不仅锻炼了程序设计与逻辑思维能力，而且引导深入理解用户需求分析与系统功能设计之间的紧密联系，同时通过游戏开发实例增强对编程的兴趣。

项目 10 拓展　开发弹球消消乐游戏

源代码下载

项目 10 拓展案例

  项目拓展描述

本项目在传统弹球游戏的基础上进行了创新性的拓展，通过引入新的游戏机制和元素，极大地提升了游戏的吸引力和教育价值，特别引入了积分碰撞机制，并且巧妙地设计了障碍物随时间逐步增加的游戏环节。这一创新设计不仅极大地丰富了游戏的玩法与挑战性，还成功地提升了程序的整体可玩性，使得用户体验更加丰富多彩。

本项目将理论知识与实际编程技能相结合，能够将在课堂上学到的编程知识应用于实际的项目中。这种方式不仅能够加深对编程语言和开发工具的理解，还能在实践中学会如何灵活运用这些知识解决实际问题。同时，通过不断地调试和优化，编程实践能力也将得到显著的提高，为未来的专业发展奠定了坚实的基础。

项目拓展效果展示

项目拓展效果如图 10-14 所示。

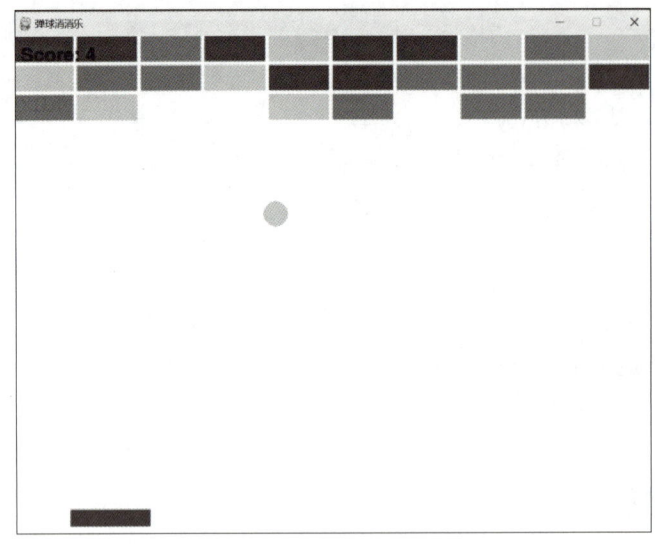

图 10-14 项目 10 拓展效果

课 后 练 习

一、选择题

1. Pygame 库用于哪个领域？（　　）
   A. 数据分析　　　　　　　　　B. 网络编程
   C. 游戏开发　　　　　　　　　D. 机器学习

2. 在 Pygame 库中，哪个函数用于初始化所有导入的 Pygame 模块？（　　）
   A. pygame.start()　　　　　　 B. pygame.init()
   C. pygame.begin()　　　　　　 D. pygame.run()

3. 在 Pygame 库中，哪个函数用于创建一个窗口？（　　）

A. pygame.create_window()　　　　B. pygame.display.set_mode()
C. pygame.window.create()　　　　D. pygame.display.create()

4. 在 Pygame 库中,哪个函数用于绘制一个圆?（　　）

A. pygame.draw.circle()　　　　　B. pygame.draw.oval()
C. pygame.draw.round()　　　　　D. pygame.draw.arc()

5. 在 Pygame 库中,哪个函数用于检测键盘事件?（　　）

A. pygame.key.get_pressed()　　　B. pygame.key.is_pressed()
C. pygame.key.pressed()　　　　　D. pygame.key.press()

6. 在 Pygame 库中,哪个函数用于更新整个窗口?（　　）

A. pygame.display.update()　　　　B. pygame.display.refresh()
C. pygame.display.redraw()　　　　D. pygame.display.repaint()

7. 在 Pygame 库中,哪个函数用于退出所有 Pygame 模块?（　　）

A. pygame.end()　　　　　　　　B. pygame.stop()
C. pygame.quit()　　　　　　　　D. pygame.exit()

二、程序设计题

1. 请使用 Pygame 库创建一个 800×600 的窗口,并设置窗口的标题为"My Game"。

2. 请使用 Pygame 库在上一题创建的窗口中绘制一个红色的圆,圆心位于窗口中心,半径为 50。

项目 11

开发"贪吃蛇"小游戏

导读

贪吃蛇小游戏是一款简单而富有趣味的游戏,玩家通过控制蛇的移动来吃食物,从而使蛇变得越来越长。在本项目中,我们将一起探索如何利用 Python 和 Pygame 库开发一个经典的贪吃蛇小游戏。通过开发贪吃蛇小游戏,加强对游戏开发的基本概念和流程的理解,学会处理用户输入和游戏逻辑,提高编程和问题解决能力。

项目描述

贪吃蛇是一款广受欢迎的休闲游戏,其简单的规则和富有挑战性的玩法使其成为许多初学者学习编程和游戏开发的首选项目。在贪吃蛇游戏中,蛇的成长和游戏难度的增加象征着不断进步和挑战,在实际生活中,我们也应当勇于面对新的挑战,挑战精神不仅有助于我们的个人发展,也有助于国家和社会的进步。

在这个项目中,将学习如何使用 Pygame 库进行简单的游戏界面编程(例如创建窗口、绘制图形、处理用户输入和更新屏幕等),并深入探讨如何构建一个完整的贪吃蛇游戏,包括设计游戏的核心功能和实现游戏的基本结构。项目的主要任务包括创建贪吃蛇类、食物类、地图数据结构、障碍物以及关卡系统。实现效果如图 11-1 所示。

项目11 开发"贪吃蛇"小游戏

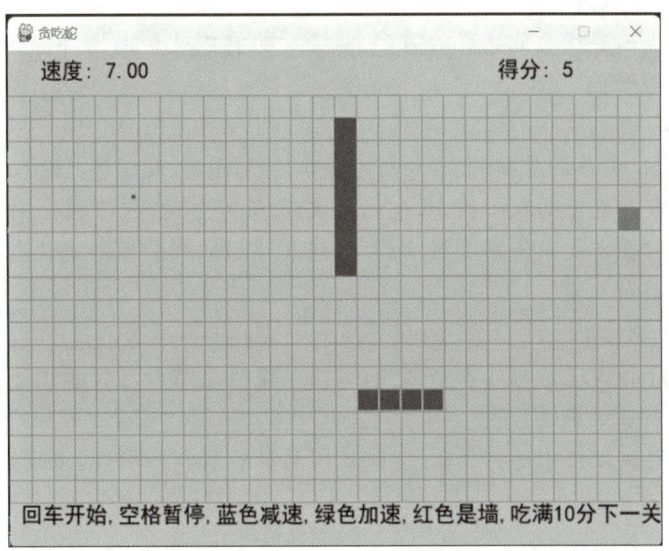

图 11-1 项目11 实现效果

思维导图

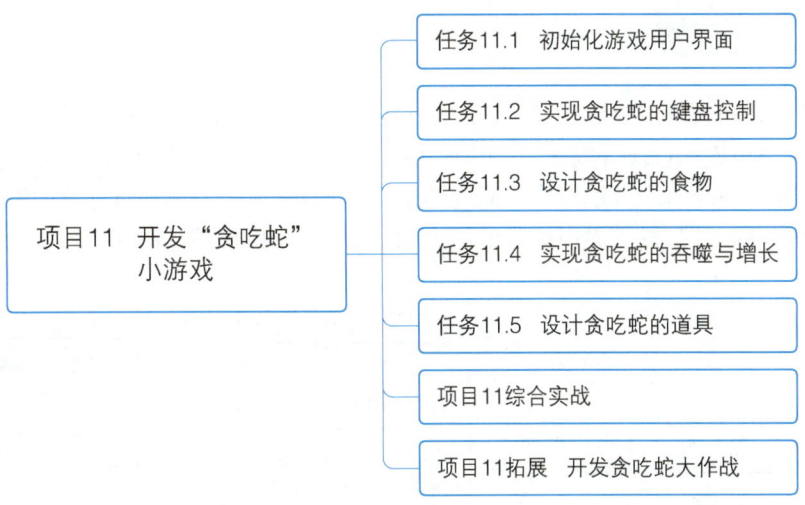

项目目标

1. 能力目标

（1）能够独立设计和实现一个简单的贪吃蛇小游戏，包括创建游戏窗口、处理游戏逻辑、渲染图形以及实现用户输入控制。

（2）能够运用所学知识有效地解决在开发过程中遇到的问题，如碰撞检测、物体移

项目 11　开发"贪吃蛇"小游戏

动、食物设计和关卡设计。

（3）能够在基础游戏功能实现的基础上，进行功能扩展和优化，例如添加不同的食物类型以及改进游戏性能。

2. 知识目标

（1）掌握 Pygame 库的基础用法，如创建窗口、绘制图形、处理用户输入和更新屏幕等。

（2）熟悉游戏开发中的核心概念，包括游戏循环、事件处理、碰撞检测和状态管理等。

（3）理解如何在游戏中使用数据结构（如列表、队列）来管理游戏状态和逻辑，例如蛇的身体部位和食物的位置。

3. 素养目标

（1）通过设计和实现游戏的各个部分，锻炼系统性思维和逻辑推理能力，提高对复杂问题进行分解和解决的能力。

（2）鼓励在游戏设计中进行创新，尝试不同的游戏机制和功能，激发创造力并应用于实际开发中。

任务 11.1　初始化游戏用户界面

微课视频
任务 11.1：初始化游戏用户界面

任务目标

本任务的核心目标是通过编写显示贪吃蛇游戏地图的程序，掌握用 Pygame 库进行基本图形和用户界面（UI）的编程方法，理解贪吃蛇游戏中地图设计的原理，掌握游戏地图的绘制方法与算法，理解地图中障碍物的生成方法，实现一个简洁而有效的游戏用户界面。通过本节的学习，提升界面编程的能力和解决实际问题的创新意识。

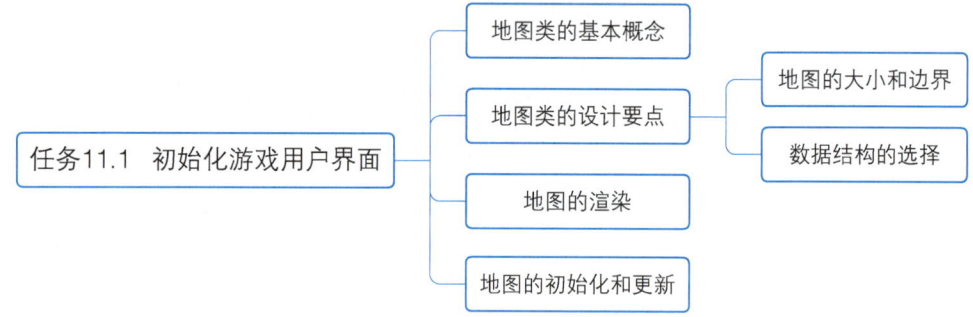

任务描述

在这一节中，我们将详细探讨如何利用 Pygame 库来初始化游戏的用户界面。主要内容包括：窗口和画布设置，介绍如何创建和配置游戏窗口，设置窗口的大小、标题以及基本的显示属性；地图类的设计、渲染与显示；地图中障碍物的设计、生成与实现。任务效果如图 11-2 所示。

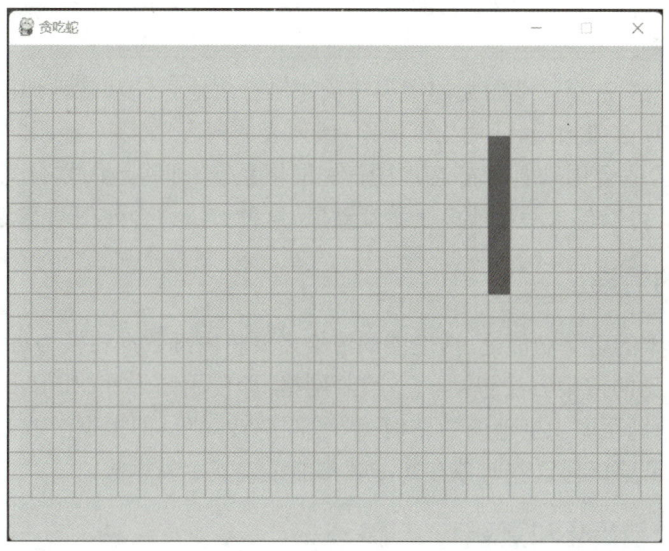

图 11-2 任务 11.1 效果

任务分析

（1）编写基本地图类。
（2）编写主程序界面框架。

知识储备

在开发贪吃蛇游戏时，界面显示中最重要的是地图类（或称为游戏场景类），它是一个至关重要的组件，负责定义游戏的世界，管理游戏对象的位置，并处理碰撞检测。为了实现一个功能齐全且高效的地图类，需要了解地图类的基本概念、设计要点及其在游戏中的作用。

一、地图类的基本概念

地图类通常代表游戏的背景区域。在贪吃蛇游戏中，地图类不仅定义了游戏的边界，还管理蛇、食物和障碍物的位置。地图的主要任务包括：① 边界管理，确保蛇和食物不会超出游戏边界；② 位置更新，动态更新蛇的位置以及食物的位置；③ 碰撞检测，检测蛇是否碰撞到自己或墙壁；④ 渲染，在屏幕上绘制地图和游戏对象。

二、地图类的设计要点

在设计地图类时，需要考虑以下几个关键方面。

（1）地图的大小和边界。地图的大小决定了游戏的可玩区域，通常，地图的大小由宽度和高度两个参数定义。在实现地图类时，可以使用二维数组（或网格）来表示游戏区域，每个单元格代表地图上的一个小块，这种设计方法允许你方便地管理游戏对象的位置，并在渲染时进行处理。

（2）数据结构的选择。地图类的实现涉及如何有效地存储和管理地图数据。常见的数据结构包括：① 二维数组，使用二维数组（或列表的列表）来表示地图的每个单元格，这种结构简单直观，适合用来管理静态地图；② 网格系统，即将地图划分为固定大小的网格，每个网格单元可以包含一个或多个游戏对象，这种方法适合处理动态变化的地图。

三、地图的渲染

渲染是地图类的重要功能之一，地图的渲染需要将内部数据转换为可视化的图像，以供玩家查看。常见的渲染方法包括：① 绘制网格，即使用图形库（如 Pygame 库）绘制地图上的网格线，帮助玩家识别地图的结构；② 绘制游戏对象，即根据游戏对象的位置绘制蛇、食物等元素，需要确保这些对象在每一帧都能正确显示。

四、地图的初始化和更新

地图类需要提供初始化和更新功能，以便在游戏开始时设置地图状态，并在游戏进行时不断更新。初始化时，地图应设置整个地图类的初始状态，并清除之前的状态。更新时，需要实时更新地图各个区块的状态，以便实现地图中各个元素的交互，例如蛇和障碍物、蛇和食物等对象之间的交互过程。

源代码下载

任务 11.1：
初始化游戏
用户界面

任务实施

通过以下几个步骤完成任务要求。
（1）编写基本地图类。
（2）编写主程序界面框架。
步骤一：编写基本地图类。
首先，导入贪吃蛇游戏中必要的包。

```
import random
import sys
import time
import pygame
from pygame.locals import *
from collections import deque
```

其次，对游戏界面的参数进行设置。在这里，我们将地图保存于两个数字中，用于代表地图的大小，如下：

```python
# 基础设置
Screen_Height = 440
Screen_Width = 600
Size = 20    # 小方格大小
Line_Width = 1
Area_x = (0, Screen_Width // Size - 1)
Area_y = (2, Screen_Height // Size - 3)
# 颜色设置
Light = (150, 150, 150)
Dark = (100, 100, 100)
Black = (0, 0, 0)
Red = (200, 30, 30)
Back_Ground = (200, 200, 200)
```

其中,Area_x 和 Area_y 分别为横向的区域和纵向区域,横向区域与窗口宽度相同,纵向区域分别留出了窗口的上部分和下部分,用于显示文字或游戏状态。

然后,编写地图类 GameMap。在类中定义其属性和边界。

```python
class GameMap:
    def __init__(self):
        self.boundary = []
        self.x1 = 0
        self.y1 = 0
        self.x2 = 0
        self.y2 = 0
        self.wall = []
    def set_boundary(self, x1, y1, x2, y2):
        # 确保 (x1, y1) 是左下角,(x2, y2) 是右上角
        if x1 > x2:
            x1, x2 = x2, x1
        if y1 > y2:
            y1, y2 = y2, y1
        # 设置区域
        self.x1 = x1
        self.y1 = y1
        self.x2 = x2
        self.y2 = y2
```

```python
# 添加上边界
for x in range(x1 - 1, x2 + 1):
    self.boundary.append((x, y1 - 1))
# 添加下边界
for x in range(x1 - 1, x2 + 1):
    self.boundary.append((x, y2 + 1))
# 添加左边界
for y in range(y1 - 1, y2 + 1):
    self.boundary.append((x1 - 1, y))
# 添加右边界
for y in range(y1 - 1, y2 + 1):
    self.boundary.append((x2 + 1, y))
```

以上代码的功能用于设置游戏区域的边界，并将边界点添加到 self.boundary 列表中。上边界和下边界分别在区域的上方和下方添加边界点，用于标识游戏区域的上边界和下边界；左边界和右边界在区域的左侧和右侧添加边界点，用于标识游戏区域的左右边界。

此外，地图类还包括生成障碍物的方法，如下：

```python
def generate_wall(self):
    self.wall.clear()
    horizontal = random.choice([True, False])
    wall_length = random.randint(4, 8)
    if horizontal:
        wall_start_x = random.randint(self.x1, self.x2 - wall_length)
        wall_start_y = random.randint(self.y1, self.y2)
    else:
        wall_start_x = random.randint(self.x1, self.x2)
        wall_start_y = random.randint(self.y1, self.y2 - wall_length)
    for i in range(wall_length):
        if horizontal:
            self.wall.append((wall_start_x + i, wall_start_y))
        else:
            self.wall.append((wall_start_x, wall_start_y + i))
```

任务 11.1 初始化游戏用户界面

该方法 generate_wall 用于在地图上生成障碍物。首先,它清空了现有的障碍物列表。然后,随机选择障碍物是水平还是垂直,并确定障碍物的长度(在 4 到 8 之间)。根据选择的方向,计算障碍物的起始位置,并将障碍物的坐标逐一添加到列表中。

另外,地图类还需要提供绘制对象的方法,例如绘制地图和障碍物,代码如下:

```
def draw_background(self, screen):
    screen.fill(Back_Ground)
    for x in range(Size, Screen_Width, Size):
        pygame.draw.line(screen, Light, (x, self.y1 * Size), (x, self.y2 * Size + Size), Line_Width)
    for y in range (self.y1 * Size, self.y2 * Size + Size + 1, Size):
        pygame.draw.line(screen, Light, (0, y), (Screen_Width, y), Line_Width)
def draw_wall(self, screen):
    for w in self.wall:
        pygame.draw.rect(screen, Red, (w[0] * Size, w[1] * Size, Size, Size), 0)
```

步骤二:编写主程序界面框架。

编写好地图类后,将地图类集成到 Pygame 库中用于显示主程序界面的框架中,并完成绘制地图和障碍物的功能,具体代码如下:

```
def main():
    pygame.init()
    screen = pygame.display.set_mode((Screen_Width, Screen_Height))
    pygame.display.set_caption('贪吃蛇')
    game_map = GameMap()
    game_map.set_boundary(Area_x[0], Area_y[0], Area_x[1], Area_y[1] )
    clock = pygame.time.Clock()   # 创建时钟对象
    running = True
    # 生成障碍物
    game_map.generate_wall()
    while running:
        for event in pygame.event.get():
```

```
        if event.type = = pygame.QUIT:
            running = False
    # 绘制背景
    game_map.draw_background(screen)
    # 绘制障碍物
    game_map.draw_wall(screen)
    pygame.display.update()
clock.tick(60)
```

以上代码实现了一个简单的贪吃蛇游戏的初始化和主循环。首先,通过 pygame.init()初始化 Pygame 库,并创建一个游戏窗口,设置窗口标题为"贪吃蛇"。接着,实例化了一个 GameMap 对象,并通过 set_boundary()方法定义了游戏区域的边界。游戏循环中,通过 pygame.event.get()监听退出事件,确保用户可以关闭窗口。然后,调用 draw_background()方法绘制背景,调用 draw_wall()方法绘制障碍物,并更新屏幕显示。最后,调用 clock.tick(60)确保游戏以 60 帧每秒的速度运行。

任务小结

本节主要完成了贪吃蛇游戏中的基础地图类设计与编写,并且利用 Pygame 库对地图类进行了渲染和显示。在代码实现中,我们通过设置游戏区域的边界、生成障碍物以及绘制地图背景和障碍物,构建了一个基本的贪吃蛇游戏环境。通过本节的学习,应能掌握贪吃蛇游戏中地图类设计和渲染的基本方法,掌握地图障碍物的设计与实现,理解贪吃蛇游戏的基本显示框架,这一过程提升了编程能力,也体现了对游戏设计原则的理解。此外,通过精心设计地图类,培养严谨的态度和创新精神,提升了技术水平,也促进了正确的价值观的建立。

任务 11.2　实现贪吃蛇的键盘控制

微课视频

任务 11.2:
实现贪吃蛇
的键盘控制

任务目标

本任务的核心目标是通过设计实现贪吃蛇的键盘控制这一程序,培养界面编程和人机交互编程技能,了解键盘输入的处理原理,包括如何准确识别方向键输入、解决输入冲突以及设计输入机制以应对不同的按键操作,深入理解贪吃蛇游戏中的数据结构知识,培养在游戏编程中对用户输入的敏感性和响应能力,增强系统设计的灵活性和可拓展性,为

任务 11.2 实现贪吃蛇的键盘控制

后续功能的扩展打下基础。

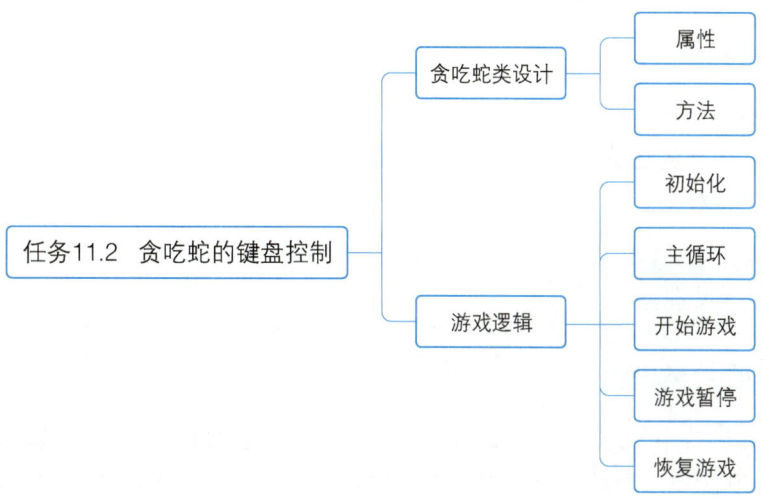

任务描述

在本小节中,主要任务是实现贪吃蛇游戏中的键盘控制功能,使得玩家可以通过键盘的方向键控制贪吃蛇的移动,任务需求包括:① 实现基本移动功能:允许玩家通过键盘的方向键(上、下、左、右)控制贪吃蛇的移动方向,而不能出现错误;② 处理输入逻辑:解决玩家的输入冲突,确保贪吃蛇在键盘输入时不会出现混乱,例如,快速切换方向时应保持合理的移动路径;③ 构建灵活的输入机制:使贪吃蛇在不同情况下对键盘输入迅速响应,包括对连续按键的处理;④ 集成功能扩展:为未来添加的特殊功能或食物增强预留拓展。为了实现这一目标,我们需要创建一个简单的贪吃蛇类,用于代表蛇的一系列属性和行为;然后规定蛇的行为动作,例如直行、转头等;最后将结合上一节中的用户按键处理框架,实现玩家对于贪吃蛇的简单操控。任务效果如图 11-3 所示。

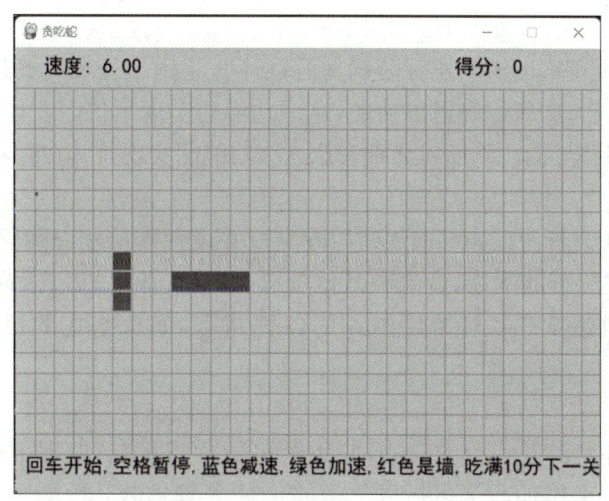

图 11-3　任务 11.2 效果

任务分析

本节的具体任务包括：
(1) 建立基础贪吃蛇类。
(2) 建立游戏基本逻辑。

知识储备

一、贪吃蛇类设计

在贪吃蛇游戏中，贪吃蛇类（Snake 类）是游戏的核心组件之一。它负责管理贪吃蛇的状态、行为和逻辑。设计一个功能完善的贪吃蛇类是实现一个高质量贪吃蛇游戏的关键。下面将详细介绍贪吃蛇类的主要组成部分及其实现方式。此类的构成通常包括以下两个方面。

1. 属性

具体包括：① 身体部位：贪吃蛇的身体通常由多个部分组成，每部分的坐标可以存储在一个列表中。每次贪吃蛇移动时，需要更新这个列表；② 方向：贪吃蛇的移动方向决定了它的行进路径。常见的方向有上、下、左、右。

2. 方法

具体包括：① 移动：更新贪吃蛇的位置，并根据当前的方向调整身体各部分的位置；② 改变方向：处理玩家输入，改变贪吃蛇的移动方向；③ 增长：当贪吃蛇吃到食物时，增加身体的长度。

在本项目的后续章节中，我们将一步一步完善贪吃蛇类的各项功能。

二、游戏逻辑

在开发游戏时，基本的游戏逻辑是确保游戏体验流畅和直观的核心部分。游戏的基本逻辑包括游戏的启动、暂停和退出功能，这些功能的实现不仅需要处理用户输入，还需要管理游戏的状态和界面。下面将详细介绍这些功能的实现及其在游戏中的作用。

1. 初始化

具体包括：① 设置游戏窗口：创建游戏窗口并设置其尺寸、标题和其他属性；② 加载资源：加载游戏所需的图像、音效和其他资源，这些资源可以包括背景图像、贪吃蛇、食物等；③ 设置初始状态：初始化游戏的各种状态，如贪吃蛇的位置、得分、游戏速度等。

2. 主循环

游戏的主循环是游戏运行的核心，它不断更新游戏状态、处理用户输入、绘制图形和处理游戏逻辑。主循环通常包括以下步骤：① 处理输入：检测用户的键盘、鼠标或其他输入设备的操作；② 更新游戏状态：根据用户输入和游戏逻辑更新游戏状态，例移动贪吃蛇、检测碰撞等；③ 绘制图形：在游戏窗口中绘制当前的游戏状态，例如贪吃蛇的位置、得分等；④ 控制帧率：通过控制帧率来确保游戏运行平稳，使游戏体验更加流畅。

3. 开始游戏

当用户启动游戏时，游戏将进入主循环。此时，游戏的所有逻辑和功能将正常运行，玩家可以开始游戏。

4. 游戏暂停

具体包括：① 暂停游戏逻辑：当游戏处于暂停状态时，需要停止所有游戏逻辑的更新，包括贪吃蛇的移动、碰撞检测和得分计算；② 显示暂停界面：在游戏窗口中显示暂停界面，提示玩家游戏已暂停。暂停界面可以包括暂停提示信息、继续游戏的选项等。

5. 恢复游戏

该部分具体包括：① 用户输入：监听用户的输入（如按下"暂停"键），以便在游戏暂停时能够恢复游戏；② 恢复状态：当用户选择继续游戏时，将 is_paused 设置为 False，并重新开始游戏逻辑的更新。

> **任务实施**

源代码下载

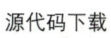

任务 11.2：
实现贪吃蛇
的键盘控制

通过以下步骤完成任务要求。
（1）建立基础贪吃蛇类。
（2）建立游戏基本逻辑。

步骤一：建立基础贪吃蛇类。

贪吃蛇类中包含了贪吃蛇的身体、方向、速度、移动等属性和方法。由于贪吃蛇的移动特定，使用了队列数据结构来表示其身体。代码如下：

```python
class Snake:
    def __init__(self):
        self.body = deque()
        self.body.append((2, Area_y[0]))
        self.body.append((1, Area_y[0]))
        self.body.append((0, Area_y[0]))
        self.pos = (1,0)
        self.speed = 0.6
```

为了确定当前贪吃蛇的方向，采用了身体头部和第二节身体之间的差作为当前方向，通过当前方向实现贪吃蛇的转向判断。在贪吃蛇移动时，只需要通过队列数据结构的 appendleft 方法，将新位置压入队列，然后通过 pop() 方法，将最后一节尾巴弹出，实现了贪吃蛇的前进功能。关于贪吃蛇的运动方向，则是用一个二元组 pos 来确定的，分别确定

了四个方向,即(0,1)、(0,-1)、(1,0)、(-1,0)。方法定义如下:

```
def next_pos(self):
    return (self.body[0][0] + self.pos[0], self.body[0][1] + self.pos[1])
def go_up(self):
    if self.body[0][1] - self.body[1][1] != 1:
        self.pos = (0, - 1)
def go_down(self):
    if self.body[0][1] - self.body[1][1] != - 1:
        self.pos = (0,1)
def go_left(self):
    if self.body[0][0] - self.body[1][0] != 1:
        self.pos = ( - 1,0)
def go_right(self):
    if self.body[0][0] - self.body[1][0] != - 1:
        self.pos = (1,0)
def move(self):
    # 走一步
    new_pos = self.next_pos()
    self.body.appendleft(new_pos)
    self.body.pop()
```

步骤二:建立游戏基本逻辑。

这一部分与上一节类似,使用了 Pygame 库中的大循环框架作为游戏主体框架,并实现了用户的按键检测,为了平衡游戏效果,固定游戏帧率为 60。在游戏逻辑控制方面,加入了一些程序控制变量,例如 game_over、game_start、pause 等用于控制程序的逻辑。初始化时,game_over = True,game_start = False,pause = False;当用户敲击回车开始时,game_over = False,game_start = True,pause = False;当用户敲击空格键时,game_over = False,game_start = True,pause = True。通过三个变量实现游戏基本的逻辑功能。核心代码如下:

```
while running:
    for event in pygame.event.get():
        if event.type = = pygame.QUIT:
            running = False
        elif event.type = = pygame.KEYDOWN:
```

```
            if game_start:
                if event.key = = pygame.K_SPACE:
                    if not game_over:
                        pause = not pause
                if event.key = = pygame.K_RETURN:
                    if game_over:
                        game_start = True
                        game_over = False
                        snake = Snake()
    if not game_over:
        # 处理及更新游戏状态
    if not game_over:
        # 绘制游戏内容
        game_map.draw_wall(screen)
        game_map.draw_snake(screen, snake)
```

任务小结

本节实现了一个简单的贪吃蛇游戏,游戏窗口大小设置为600×440像素,游戏区域网格大小为20×20像素,网格线宽度为1像素,使用了Pygame库来进行图形绘制和事件处理,并能够接受用户的按键输入,实现了游戏的开始、暂停、退出等逻辑功能;此外,还通过一个Snake类实现了贪吃蛇基本的行为动作过程。更多具体的功能,例如食物的生成、碰撞检测、得分系统等会在后面小节中详细介绍。

本节贪吃蛇游戏涉及了基本的算法逻辑,如蛇的移动、方向控制,可以更深入地理解这些算法的实现原理,以及如何在实际应用中运用它们。在实现游戏功能的过程中,可能会遇到各种问题,比如性能问题、逻辑错误等,解决这些问题将有助于锻炼问题解决能力和程序调试技巧。

任务 11.3 设计贪吃蛇的食物

任务目标

本任务通过设计贪吃蛇食物的类和运行机制,让其具备随机生成位置、碰撞检测、消

微课视频

任务 11.3:
设计贪吃蛇
的食物

失后的重生和提供不同分数奖励或特殊功能的能力。掌握在游戏设计中引入随机性的方法,了解代码复用和拓展的基本概念,理解贪吃蛇食物类的设计原则。通过食物类的不确定性,认识现实生活中的随机性,培养积极应对挑战的态度和适应变化的能力,增强灵活应对各种情况的素养。

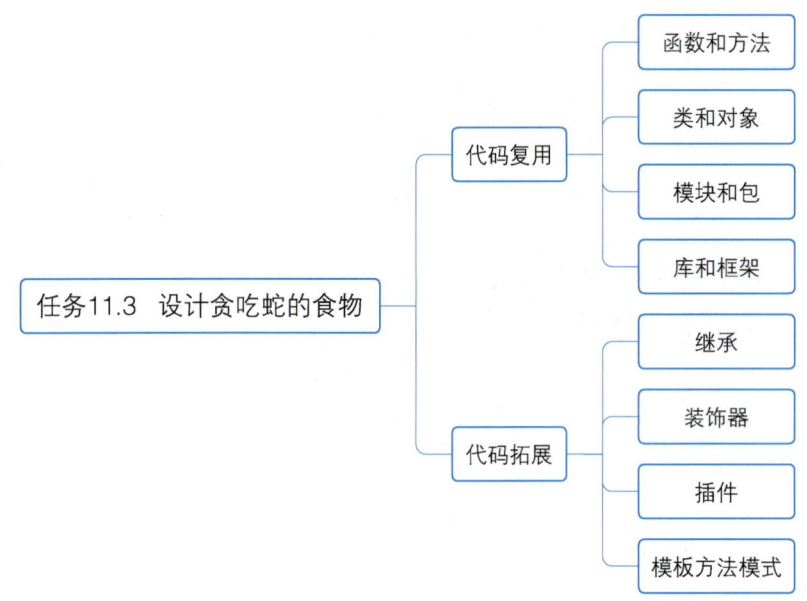

任务描述

本小节中设计的食物类需要具备以下功能:在地图上随机生成位置;能够与贪吃蛇的身体进行碰撞检测;当蛇头与食物重叠时,食物消失,并且可能生成一个新的食物;食物可能具有不同的分数奖励或特殊功能,比如增加贪吃蛇的长度、加速或其他游戏效果。因此,我们主要聚焦于设计一个名为 Food 的类,它代表了游戏中蛇需要吃掉的食物。食物应该有以下几个属性:位置(x, y),即食物在地图上的坐标;分数值,即蛇吃掉食物后获得的分数;食物效果,即不同的食物可能对应不同的分数或特殊效果;食物的颜色,用以区分不同的食物以便在屏幕上显示。同时,食物类需要有以下几个方法:随机生成位置,当食物消失时,它应该能够随机生成在地图上的空位置上;碰撞检测,检测食物是否与其他物品冲突。

在设计和实现贪吃蛇游戏中的食物类时,我们不仅关注如何编写代码和实现功能,更应从中汲取一些重要的职业素养与心态。例如食物类的随机生成引入了游戏的不确定性,这与现实生活中的不确定性类似,在面对不可预见的情况时,我们应以积极的态度去应对挑战;在游戏中,随机性的引入也提醒我们,在生活和工作中,面对随机事件时应保持平和心态,学会适应变化、灵活应对。任务效果如图11-4所示。

任务 11.3 设计贪吃蛇的食物

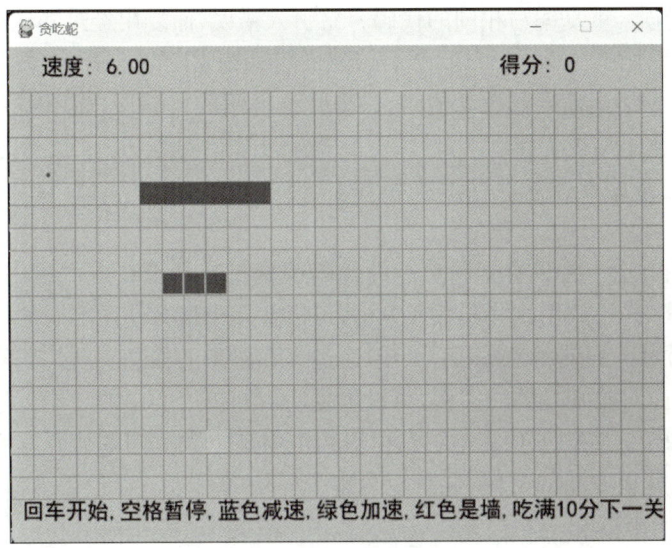

图 11-4 任务 11.3 效果

任务分析

本节的具体任务包括：
（1）建立食物基类，用于派生其他功能的食物类。
（2）建立派生食物类，实现各派生食物类的功能。
（3）完善游戏其他代码，以集成以上功能。

知识储备

一、代码复用

在贪吃蛇游戏的设计中，食物是核心游戏机制之一。食物不仅为贪吃蛇提供了增长的机会，还可能引入各种游戏内的奖励和挑战。为了有效地管理游戏中的食物对象，我们可以设计一个食物基类，其主要目标是提供一个通用的模板，用于创建和管理游戏中的食物对象。通过使用基类，我们可以实现代码的复用和扩展，从而在游戏中引入不同类型的食物。基类应当定义食物的基本属性和方法，这些属性和方法将被具体的食物子类继承和扩展。

事实上，上述设计游戏食物类的方式正是遵循了软件工程中的代码复用原则。代码复用指的是在不同的上下文中使用已经编写的代码段，避免重复编写相同功能的代码，这一过程有助于减少代码冗余，提高开发效率，同时降低了维护和调试的难度。代码复用的基本原则是"编写一次，使用多次"。代码复用的优势主要包括以下几个方面。

（1）提高效率：复用已有代码可以减少开发时间和精力。开发者无须从头开始编写相同的功能，而是可以利用已有的实现。

(2) 减少错误：重复编写相同的代码容易引入错误，而复用经过测试的代码段可以降低错误的可能性。

(3) 简化维护：当需要修改功能时，只需修改复用的代码段，而不需要在多个地方进行修改，从而简化了维护工作。

代码复用的常见方式主要有函数和方法、类和对象、模块和包，以及库和框架，具体如下：

(1) 函数和方法。将具有相同功能的代码逻辑封装到函数或方法中，是实现代码复用的最基本方式，通过调用这些函数或方法，可以在多个地方使用相同的代码。

(2) 类和对象。面向对象编程（OOP）通过类和对象的概念实现代码复用。类可以封装数据和方法，而对象则是类的实例，可以重复使用和扩展类中的功能。

(3) 模块和包。将相关功能组织到模块和包中是更大范围的代码复用方式。模块是包含相关函数、类和方法的文件，包是包含多个模块的目录。通过导入模块和包，可以在不同的程序中重用代码。

(4) 库和框架。使用第三方库和框架是代码复用的另一种重要方式。库和框架提供了经过充分测试和优化的功能，可以大大减少开发时间。常见的包括 NumPy 库、Pandas 库等数据分析库，以及 Django、Flask 等 Web 框架。

二、代码拓展

在本节的食物类设计中，我们基于食物基类实现了代码的拓展。代码扩展是指在现有代码的基础上添加新功能或改进原有功能的过程，代码扩展允许程序在不修改现有代码的情况下，适应新的需求或增强功能。扩展通常涉及对现有代码的继承、重用和增强。代码扩展的优势有：可以在保持现有系统稳定性的同时，引入新功能或进行改进；扩展可以将新功能与原有功能分离，从而降低对现有代码的影响，减少潜在的错误；扩展现有代码时，通常可以重用已有的逻辑和结构，从而避免重复劳动。代码扩展的常见方式如下：

1. 继承

在面向对象编程中，继承是实现代码扩展的一种常用方式。子类可以继承父类的属性和方法，并根据需要进行修改或扩展，通过继承可以创建一个新的类来扩展现有类的功能。

```python
class Animal:
    def speak(self):
        return "Animal speaks"
class Dog(Animal):
    def bark(self):
        return "Woof!"
```

2. 装饰器

装饰器是一种允许在不修改函数或方法代码的情况下，动态地扩展功能的技术，装饰器可以在函数执行前后插入额外的逻辑,提供灵活的功能扩展方式。

```
def debug(func):
    def wrapper( * args, * * kwargs):
        print(f"Calling {func.__name__} with args: {args}, kwargs: {kwargs}")
        return func( * args, * * kwargs)
    return wrapper
@ debug
def add(a, b):
    return a + b
```

3. 插件

插件是一种通过定义接口和标准,使得外部模块可以扩展主程序功能的机制,从而实现高度的灵活性和可扩展性。

4. 模板方法模式

模板方法模式即通过在基类中定义一个模板方法来规定算法的结构,然后允许子类实现算法的某些步骤。这种模式可以扩展算法的行为,而无须改变算法的结构。

代码复用和扩展是现代软件开发中至关重要的两个概念。通过代码复用,可以减少冗余,提高开发效率;通过代码扩展,可以在保持系统稳定的同时,灵活地引入新功能或改进现有功能。理解并有效应用这些技术,不仅可以提高程序的质量和可维护性,还能提升开发人员的编程能力和项目管理水平。掌握这些概念和技术,将为未来的软件开发工作打下坚实的基础。

任务实施

通过以下步骤完成任务要求。
(1) 建立食物基类,用于派生其他功能的食物类。
(2) 建立派生食物类,实现各派生食物类的功能。
(3) 完善游戏其他代码,以集成以上功能。

步骤一:建立食物基类。通过以下代码建立食物基类,通常该类不能直接生成对象被使用,而是派生为其他食物类,然后生成具体的对象被使用。

源代码下载

任务 11.3:设计贪吃蛇的食物

```
class Food:
    def __init__(self):
        self.name = 'Food Base'
        self.x = 0
```

```
        self.y = 0
        self.score = 0
        self.color = (255,255,255)
    def work(self, snake):
        print('食物基类没有任何效果')
    def create(self, snake, wall):
        while True:
            food_x = random.randint(Area_x[0], Area_x[1])
            food_y = random.randint(Area_y[0], Area_y[1])
            if (food_x, food_y) not in snake.body and (food_x, food_y) not in wall:
                self.x = food_x
                self.y = food_y
                return
```

在以上代码中,每个食物都有坐标、得分及颜色;此外,还包括了两个重要的方法,其中 work() 方法用于被蛇吃掉时发生的行为调用,而 create() 函数用于在地图上实时生成一个新的位置,且该位置不与任何已有物品相重合。

步骤二,建立派生食物类。通过基类可以派生不同的子类,从而实现不同功能的食物类的功能。派生类的代码如下:

```
class FoodGrow(Food):
    def __init__(self):
        super().__init__()
        self.name = 'Food Grow'
        self.score = 1
        self.color = (255,255,0) # 黄色
    def work(self, snake):
        snake.grow()
class FoodSpeedUp(Food):
    def __init__(self):
        super().__init__()
        self.name = 'Food SpeedUp'
        self.score = 2
        self.color = (0,255,0) # 绿色
    def work(self, snake):
```

```
        snake.update_speed(0.1)
class FoodSpeedDown(Food):
    def __init__(self):
        super().__init__()
        self.name = 'Food SpeedDown'
        self.score = 2
        self.color = (0,0,255) # 蓝色
    def work(self, snake):
        snake.update_speed( - 0.1)
```

上述代码定义了三个不同类型的食物类,这些食物类都继承自 Food 类,并具有不同的功能。每个食物类都有独特的属性和行为,用于影响 snake 对象的状态。具体而言:

(1) FoodGrow 类代表一个可以让蛇增长的食物。其构造函数初始化了食物的名称为"Food Grow",分数为1,颜色为黄色。当调用 work()方法时,它会调用 snake 对象的 grow()方法,使蛇的长度增加。

(2) FoodSpeedUp 类表示一个能增加蛇速度的食物。其构造函数初始化了食物的名称为"Food SpeedUp",分数为2,颜色为绿色。调用 work()方法时,它会通过 snake 对象的 update_speed()方法,将蛇的速度增加 0.1。

(3) FoodSpeedDown 类是一个会降低蛇速度的食物。其构造函数初始化了食物的名称为"Food SpeedDown",分数为2,颜色为蓝色。调用 work()方法时,它会通过 snake 对象的 update_speed()方法,将蛇的速度减少 0.1。

步骤三,完善游戏其他代码。最后,还需完善游戏其他代码,以集成以上功能。在地图类中添加生成食物的代码如下:

```
def generate_food(self, snake):
    food = random.choice(self.foods)
    food.create(snake, self.wall)
    self.food = food
```

在地图类中添加绘制食物的代码如下:

```
def draw_food(self, screen):
    if self.food:
        pygame.draw.rect(screen, self.food.color, (self.food.x * Size, self.food.y * Size, Size, Size), 0)
```

在贪吃蛇类中添加更新速度和吃食物的代码如下：

```
def update_speed(self, val):
    self.speed + = val
    if self.speed < 0.3:
        self.speed = 0.3
    if self.speed > 0.9:
        self.speed = 0.9
def eat(self, food):
    food.work(self)
```

最后，在游戏框架中加入蛇头和食物的碰撞判断，来确定是否吃到了食物；吃到食物后，还需立即随机生成新的食物。

任务小结

在本节中，我们介绍了三种继承自 Food 类的具体食物类：FoodGrow、FoodSpeedUp 和 FoodSpeedDown。这些类通过继承和扩展 Food 类的基本功能，实现了各自独特的效果：FoodGrow 类使蛇在吃到此食物后增长，从而增加游戏的挑战性和趣味性；FoodSpeedUp 类能够提升蛇的移动速度，使游戏节奏加快，增强游戏的紧张感；FoodSpeedDown 类则会降低蛇的移动速度，增加游戏的难度和策略深度。这些食物类通过不同的颜色、分数和行为对游戏中的蛇对象施加了不同的影响，这样设计不仅丰富了游戏的玩法，也展示了如何通过继承和多态实现灵活的功能扩展。通过这些具体实现，我们可以更好地理解如何在面向对象编程中使用继承和多态重写来创建功能多样化的类。

任务 11.4　实现贪吃蛇的吞噬与增长

微课视频

任务 11.4：实现贪吃蛇的吞噬与增长

任务目标

本任务是通过编写用于实现贪吃蛇的吞噬与增长的程序，实现贪吃蛇身体的生长算法，了解游戏领域常见的碰撞检测方法，掌握贪吃蛇游戏中基本的碰撞检测算法的编写，掌握将不同模块集成到游戏程序中的方法。

任务 11.4　实现贪吃蛇的吞噬与增长

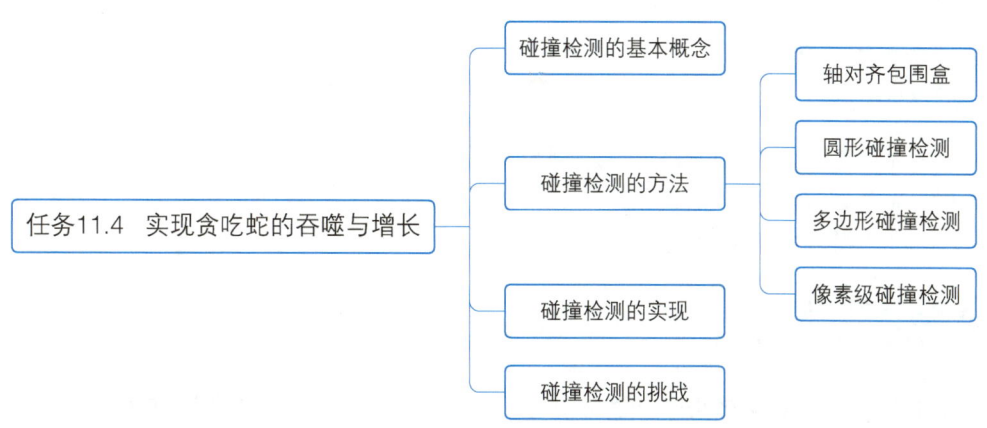

任务描述

本节,我们重点聚焦于如何设计游戏的碰撞检测机制以及贪吃蛇的生长、吞噬功能。具体任务包括以下几个方面。

(1) 碰撞检测机制。设计一个高效的碰撞检测系统,用于判断贪吃蛇与食物、障碍物之间的碰撞。此系统应能够准确检测蛇头与食物之间的接触,触发相应的事件,如增加蛇的长度或改变蛇的速度。同时,还需处理蛇与障碍物的碰撞情况,确保游戏的逻辑正确性。

(2) 蛇的生长功能。实现贪吃蛇的生长机制,使其在吞噬食物后能正确地增加长度。通过修改蛇的身体结构,动态调整蛇的长度,以反映其生长过程。生长过程应自然流畅,确保玩家在游戏中体验到明显的变化。

(3) 吞噬功能。设计蛇的吞噬逻辑,确保当蛇吃到食物时,能触发预期的效果。具体包括更新蛇的长度、调整游戏分数、处理食物的消失等。每种食物类型应具有独特的效果,例如增长蛇的长度、提升或降低蛇的移动速度。任务效果如图 11-5 所示。

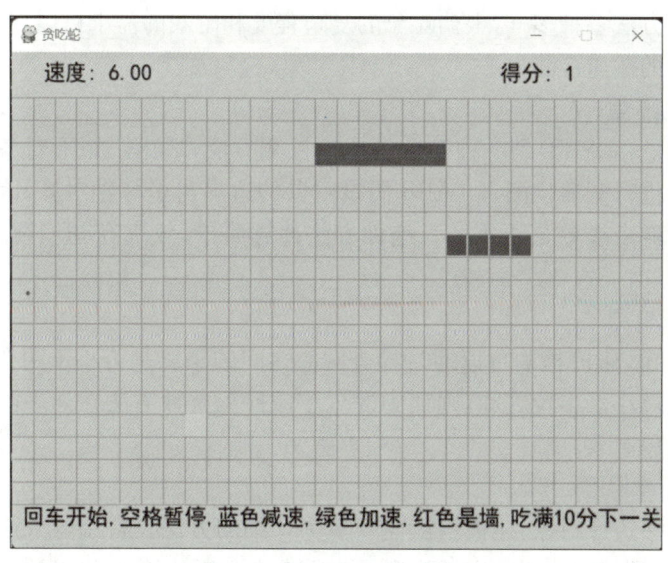

图 11-5　任务 11.4 效果

项目 11　开发"贪吃蛇"小游戏

任务分析

（1）完善贪吃蛇类，补充生长、吃食物等功能。
（2）完善游戏的碰撞检测机制。
（3）完善游戏以集成以上功能。

知识储备

碰撞检测是计算机图形学和游戏开发中的一个核心问题，它涉及如何判断两个或多个对象是否发生了相撞。在游戏中，碰撞检测不仅是实现游戏互动的基础，还直接影响游戏的玩法和体验。理解和实现有效的碰撞检测对游戏开发者至关重要，尤其是在设计动作类游戏、冒险游戏以及类似于贪吃蛇这样的小游戏时。

一、碰撞检测的基本概念

在游戏开发中，碰撞检测指的是判断游戏对象之间是否发生了重叠或交互的过程。这个过程通常涉及两个或多个游戏对象的边界检测，以确定它们是否接触。碰撞检测的核心任务是识别并处理游戏对象间的交互，如角色与障碍物的碰撞、子弹与命中敌人等。

碰撞检测不仅用于判断物体是否碰撞，还可以用来触发游戏中的各种事件，比如角色获得积分、完成任务或触发游戏失败等。因此，设计高效且准确的碰撞检测算法是游戏开发中的一个重要环节。

二、碰撞检测的方法

碰撞检测的方法多种多样，根据对象的复杂程度和游戏的需求可以选择不同的算法。以下是几种常见的碰撞检测方法。

1. 轴对齐包围盒

轴对齐包围盒（AABB）是一种简单的碰撞检测方法，适用于矩形对象。它通过计算对象的边界框来进行碰撞检测。AABB 假设对象的边界与坐标轴对齐，因此其碰撞检测只需检查对象的四个边界是否重叠。这种方法计算简单，效率高，但对旋转对象的处理较差。

2. 圆形碰撞检测

对于圆形对象，碰撞检测可以通过检查圆心之间的距离是否小于两个圆的半径之和来实现。如果距离小于半径之和，则认为发生了碰撞。这种方法在处理圆形或类似圆形的对象时较为简单高效。

3. 多边形碰撞检测

对于复杂的多边形对象，碰撞检测需要更为精细的方法。常用的方法包括分离轴定理（SAT），它通过测试多边形之间的投影是否重叠来判断碰撞。SAT 适用于各种形状的多边形,但计算复杂度较高。

4. 像素级碰撞检测

像素级碰撞检测是一种更为精确的方法,通过比较两个对象的像素图像来判断是否发生了碰撞。这种方法能够处理不规则形状的对象,但计算量大,效率较低,因此通常用于需要高精度检测的场合。

三、碰撞检测的实现

在游戏开发中,碰撞检测的实现通常需要考虑以下几个步骤。

(1) 定义对象的边界。对于每个游戏对象,首先需要定义其边界。边界可以是矩形、圆形或多边形等,具体取决于对象的形状和需求。

(2) 计算碰撞区域。对于每帧游戏更新,计算对象的位置,并更新其边界位置。然后,通过选择合适的碰撞检测方法,检查这些边界是否发生重叠。

(3) 处理碰撞结果。一旦检测到碰撞,需要根据游戏逻辑处理碰撞结果。例如,更新角色的状态、调整游戏得分、触发动画效果等。

(4) 优化碰撞检测。在复杂的游戏场景中,可能存在大量的游戏对象。为了提高碰撞检测的效率,通常需要采用空间分割技术(如四叉树、网格划分)来减少需要检测的对象对数。

四、碰撞检测的挑战

尽管碰撞检测是游戏开发中的一个重要功能,但它也面临一些挑战,例如:碰撞检测的计算可能会消耗大量的计算资源,特别是在对象数量较多时,为了提高性能,通常需要优化算法和数据结构,以减少不必要的计算;高精度的碰撞检测(如像素级检测)虽然可以提供准确的结果,但计算开销较大,需要在精度和效率之间找到一个平衡点,根据实际需求选择合适的方法;游戏中的对象通常是动态变化的,如何实时更新对象的状态并准确检测碰撞是一个复杂的问题,需要有效地管理对象的运动和状态变化,以确保碰撞检测的准确性。

碰撞检测在游戏开发中扮演着至关重要的角色,它不仅确保了游戏的互动性,还影响游戏的整体体验,通过合理选择和优化碰撞检测算法,我们可以实现准确且高效的游戏逻辑。

任务实施

通过以下步骤完成任务要求。
(1) 完善贪吃蛇类,补充生长、吃食物等功能。
(2) 完善游戏的碰撞检测机制。
(3) 完善游戏以集成以上功能。

步骤一:完善贪吃蛇类,补充生长功能。根据分析,我们进一步完善贪吃蛇类的函数 grow(),用于更新贪吃蛇的生长行为,代码如下:

源代码下载

任务 11.4:实现贪吃蛇的吞噬与增长

```python
def grow(self):
    new_pos = self.next_pos()
    self.body.appendleft(new_pos)
```

步骤二：完善游戏的碰撞检测机制。由于贪吃蛇游戏中的地图为网格，因此使用简单的碰撞检测算法即可高效地满足游戏所需的碰撞检测需求，我们在地图类中添加碰撞检测函数。check_collision()函数的作用是检测蛇在下一步移动中是否与地图上的任何障碍物（如边界、蛇身或墙体）发生碰撞。通过这种检测，游戏可以判断蛇是否需要结束游戏或进行其他处理。这种碰撞检测确保了游戏的规则被严格遵守，游戏体验更加真实和可靠。代码如下：

```python
def check_collision(self, snake):
    pos = snake.next_pos()
    # 检查边界碰撞
    if pos in self.boundary:
        return True
    # 检查蛇身碰撞
    if pos in snake.body:
        return True
    # 检查墙体碰撞
    if pos in self.wall:
        return True
    return False
```

步骤三：进一步完善游戏功能。最后，我们还需进一步完善游戏的其他代码，以集成以上功能。

任务小结

本节内容集中在三个关键方面：首先，完善贪吃蛇类，增强其生长和吞噬食物的功能，确保蛇在吃到食物时能够正确增加长度。其次，优化了游戏的碰撞检测机制，准确识别蛇与食物、障碍物之间的碰撞，确保游戏逻辑的正确性。最后，进一步完善游戏功能，提高整体体验，包括调整游戏的平衡性和互动性。

设计贪吃蛇的道具

任务目标

本任务主要目标是通过设计并实现基于食物基类的眩晕食物和无敌食物两种特殊道具,从而掌握贪吃蛇游戏中简单食物道具的设计与开发技能,掌握如何在贪吃蛇游戏中添加新功能,提升面向对象设计的思维能力,了解游戏道具设计的基本方法。通过此任务理解多样性与创意在游戏设计中的重要性。

任务 11.5:设计贪吃蛇的道具

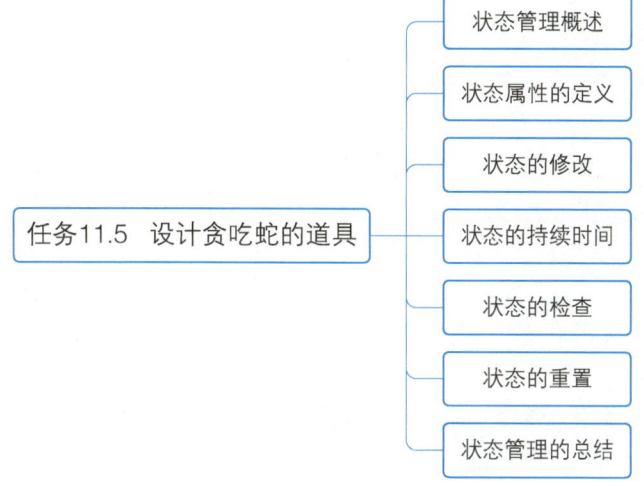

任务描述

在贪吃蛇游戏项目中,我们已经建立了一个基础的食物类,并实现了贪吃蛇吃食物的基本功能。为了增加游戏的多样性和深度,本小节将专注于设计并实现两种特殊的食物道具:眩晕食物和无敌食物。

(1) 眩晕食物(FoodDizzy)。其功能是当贪吃蛇吃到眩晕食物时,其移动方向将在一段时间内变得不可控,模拟出"眩晕"的效果。实现细节是创建一个 FoodDizzy 类,继承自食物基类。在 work 方法中实现眩晕逻辑,设置一个定时器来控制眩晕状态的持续时间。

(2) 无敌食物(FoodInvincible)。其功能是当贪吃蛇吃到无敌食物时,它将获得一段时间的无敌状态,在此期间,任何碰撞(包括撞到墙壁或自身)都不会导致游戏结束。具体是创建一个 FoodInvincible 类,同样继承自食物基类。在 work()方法中实现无敌逻辑,设置一个标志位来表示贪吃蛇的无敌状态,并通过定时器来控制无敌状态的持续时间。

在碰撞检测逻辑中,检查贪吃蛇是否处于无敌状态,如果是,则忽略碰撞带来的负面效果。

任务效果如下。

── 当前轮次:1 ──
── 当前轮次:2 ──
── 当前轮次:3 ──
贪吃蛇处于<眩晕状态>,时间剩余 4 轮
── 当前轮次:4 ──
贪吃蛇处于<眩晕状态>,时间剩余 3 轮
── 当前轮次:5 ──
贪吃蛇处于<眩晕状态>,时间剩余 2 轮
── 当前轮次:6 ──
贪吃蛇处于<眩晕状态>,时间剩余 1 轮
── 当前轮次:7 ──
── 当前轮次:8 ──
── 当前轮次:9 ──
── 当前轮次:10 ──
贪吃蛇处于<无敌状态>,时间剩余 4 轮
── 当前轮次:11 ──
贪吃蛇处于<无敌状态>,时间剩余 3 轮
── 当前轮次:12 ──
贪吃蛇处于<无敌状态>,时间剩余 2 轮
── 当前轮次:13 ──
贪吃蛇处于<无敌状态>,时间剩余 1 轮
── 当前轮次:14 ──
── 当前轮次:15 ──

任务分析

在实现眩晕食物和无敌食物的过程中,我们需要考虑以下几个关键点:利用面向对象编程中的继承和多态特性,确保眩晕食物和无敌食物能够重用食物基类的代码,并扩展出各自独特的功能;实现眩晕和无敌状态的持续时间控制,我们需要引入一个可靠的定时器机制,这可以通过在 Snake 类中设计一个简单的定时变量来控制;完善状态管理,持续跟踪和处理贪吃蛇的状态(如是否眩晕、是否无敌),以确保状态的变化能够实时反映在游戏中。

具体的任务过程为:

(1) 编写眩晕食物类。
(2) 编写无敌食物类。
(3) 编写基于新食物类的模拟程序。

知识储备

在游戏开发中,对象的状态管理是非常重要的,因为游戏对象通常具有不同的属性和状态,这些状态会随着游戏的进行而变化。有效的状态管理有助于实现游戏逻辑、增强游戏体验,并确保游戏的稳定性。

一、状态管理概念

状态管理指的是对游戏对象的状态进行跟踪、修改和控制。游戏对象的状态可能包括位置、速度、生命值、特效状态等。这些状态的变化可以影响游戏的进程和玩家的体验。例如,贪吃蛇的眩晕状态、无敌状态和位置都是需要管理的关键状态。

二、状态属性的定义

游戏对象通常会有多个状态属性。这些属性的值可以是整数、浮点数、布尔值或其他数据类型。通过定义这些属性,我们可以记录游戏对象的当前状态,并在游戏逻辑中使用这些状态。

三、状态的修改

状态的修改通常通过类的方法来实现。方法可以根据游戏中的事件或条件来调整状态。例如,当贪吃蛇吃到眩晕食物时,需要修改它的状态为眩晕。

四、状态的持续时间

有些状态(如眩晕或无敌)需要在一段时间内保持。管理这些状态的持续时间通常涉及一个计时器机制。状态的持续时间可以通过递减的方式实现。

五、状态的检查和重置

在游戏逻辑中,需要根据对象的状态来决定行为。例如,在贪吃蛇的移动逻辑中,需要检查是否处于眩晕状态,从而决定是否允许移动。

在某些情况下,状态需要被重置,例如,玩家的游戏结束时需要重置游戏对象的状态。状态重置可以在对象的生命周期结束时或状态达到某个条件时进行。

任务实施

源代码下载

任务 11.5:设计贪吃蛇的道具

通过以下步骤完成任务要求。
(1)编写眩晕食物类。
(2)编写无敌食物类。
(3)编写基于新食物类的模拟程序。

步骤一:编写眩晕食物类 FoodDizzy。FoodDizzy 类应当继承于 Food 基类,并实现其一系列方法,例如被贪吃蛇吃掉时触发的效果,代码如下:

```python
class FoodDizzy(Food):
    def __init__(self):
        super().__init__()
        self.name = 'Food Dizzy'
        self.score = 2
        self.color = (0,0,0) # 黑色
    def work(self,snake):
        snake.dizzy = 10
```

上述代码中,self.name 定义了食物的名称;self.score 定义了食物的分数值;self.color 定义了食物的颜色,这里使用黑色(0,0,0);work()方法用于定义当贪吃蛇吃到这种食物时产生的效果。这里将贪吃蛇的 dizzy 属性设为 10,这个值代表眩晕的持续时间。

步骤二:编写无敌食物类 FoodInvincible。FoodInvincible 类应当继承于 Food 基类,并实现其一系列方法,例如被贪吃蛇吃掉时触发的效果,代码如下:

```python
class FoodInvincible(Food):
    def __init__(self):
        super().__init__()
        self.name = 'Food Invincible'
        self.score = 2
        self.color = (255,0,255) # 紫色
    def work(self,snake):
        snake.invincible = 10
```

上述代码中,self.name 定义了食物的名称;self.score 定义了食物的分数值;self.color 定义了食物的颜色,这里使用紫色(255,0,255);work()方法定义了当贪吃蛇吃到这种食物时应产生的效果,将贪吃蛇的 Invincible 属性设为 10,这个值代表无敌状态的持续时间(单位时间),贪吃蛇在此期间不会受到伤害。

步骤三:编写基于新食物类的模拟程序。由于引入了无敌效果和眩晕效果,因此需要对蛇的行为逻辑进一步完善,以实时跟踪蛇的各种状态,来匹配以上引入的新类,对于贪吃蛇的前进函数,修改为如下代码:

```python
def move(self):
    # 处理无敌时间
    if self.invincible > 0:
        self.invincible -= 1
    # 处理眩晕时间
    if self.dizzy > 0:
```

```
        self.dizzy -= 1
        return
    # 走一步
    new_pos = self.next_pos()
    self.body.appendleft(new_pos)
    self.body.pop()
```

以上代码首先进行了贪吃蛇的无敌时间处理,检查 self.invincible 是否大于 0(其中 self.invincible 表示贪吃蛇的无敌状态持续时间)。如果贪吃蛇处于无敌状态(invincible 值大于 0),则每次调用 move()方法时,将 self.invincible 减 1,以逐步减少无敌时间。然后进行眩晕时间处理,即检查 self.dizzy 是否大于 0(其中 self.dizzy 表示贪吃蛇的眩晕状态持续时间)。如果贪吃蛇处于眩晕状态(dizzy 值大于 0),每次调用 move()方法时,将 self.dizzy 减 1,然后立即返回,不再执行后续的移动操作(在眩晕状态下,贪吃蛇无法移动)。

对地图类中的碰撞检测函数 check_collision,修改为如下代码:

```
def check_collision(self, snake, walls):
    pos = snake.next_pos()
    # 检查边界碰撞
    if pos in self.boundary:
        return True
    # 检查蛇身碰撞
    if pos in snake.body and snake.state <= 0:
        return True
    # 检查墙体碰撞
    if pos in walls and snake.state <= 0:
        return True
    return
```

在以上代码中,首先进行边界碰撞检测,然后蛇身碰撞检测,最后进行墙体碰撞检测。在检测蛇身碰撞时,检查贪吃蛇的下一步位置是否与贪吃蛇身体的其他部分重叠,如果是,并且贪吃蛇不在无敌状态,则返回 True,表示发生了碰撞。在检测墙体被碰撞时,检查贪吃蛇的下一步位置是否与墙体重叠,如果是,并且贪吃蛇不在无敌状态,则返回 True,表示发生了碰撞。

最后,编写基于新食物类的模拟程序的主逻辑。

```
def main():
    running = True
    snake = Snake()
    food_dizzy = FoodDizzy()
```

```
food_invicible = FoodInvincible()
tt = 0
while running:
    tt + = 1
    print(f" - - - 当前轮次：{tt} - - - ")
    # 模拟吃食物
    if tt = = 3:
        snake.eat(food_dizzy)
    if tt = = 10:
        snake.eat(food_invicible)
    if tt > 20:
        running = False
    # 检查状态
    if snake.invincible > 0:
        print(f"贪吃蛇处于＜无敌状态＞,时间剩余 {snake.invincible} 轮")
    if snake.dizzy > 0:
        print(f"贪吃蛇处于＜眩晕状态＞,时间剩余 {snake.dizzy} 轮")
    snake.move()
```

任务小结

本任务通过设计并实现基于食物基类的眩晕食物（FoodDizzy）和无敌食物（FoodInvincible）两种特殊道具,拓展了贪吃蛇小游戏的功能,增加了更多的趣味性和挑战性。为了将新加入的类集成到现有的游戏框架中,还进一步完善了贪吃蛇类（Snake）和地图类（Game Map）。

项目 11 综合实战

源代码下载

项目 11 综合实战

实战描述

本项目任务是通过设计一个完整的贪吃蛇游戏程序,能够运用所学知识有效的解决在开发过程中遇到的问题,并能够在基础游戏功能实现的基础上,进行功能扩展和优化,例如添加不同的食物类型以及改进游戏性能;掌握 Pygame 库的基础用法,如创建窗口、绘制图形、处理用户输入和更新屏幕等,熟悉游戏开发中的核心概念,包括游戏循环、事件处理、碰撞检测和状态管理等,理解如何在游戏中使用数据结构（如列表、队列）来管理游戏状态和逻辑,例如蛇的身体部位和食物的位置。此外,通过本节实战还能锻炼系统性思维和逻辑推理能力,提高对复杂问题进行分解和解决的能力,激发创造力并应用于实际开发中。任务效果如图 11-6 所示。

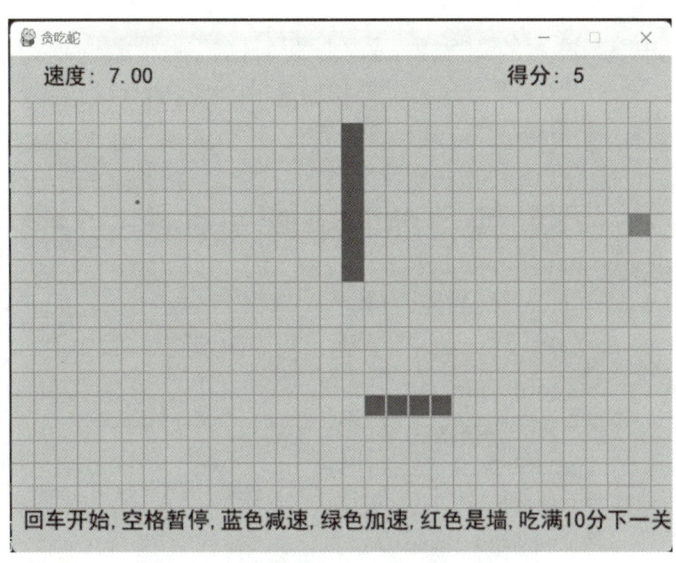

图 11-6 项目 11 综合实战任务效果

 实战分析

通过以下步骤完成本节任务。
(1) 集成前几节编写的类。
(2) 完善游戏主循环逻辑。

 项目实施

步骤一:集成前几节编写的类。上面几节我们已经建立好了贪吃蛇类(Snake)、地图类(GameMap)、食物类(Food)等基础类,实现了以下功能:贪吃蛇的转向、吞噬、生长及速度设置;地图的构建、物体的碰撞检测、地图的绘制;食物及特殊道具的构建、派生以及效果;游戏整体框架的搭建、开始、暂停、退出以及关卡设计等。此处,将前面建立好的类集成到一个文件中。

步骤二:完善游戏主循环逻辑。集成上述功能到游戏框架的关键是如何设计游戏的主循环逻辑,代码如下:

```
if not game_over:
    curTime = time.time()
```

操作演示

项目 11 综合实战

```
            if curTime - last_move_time > 1 - snake.speed:
                if not pause:
                    last_move_time = curTime
                    next_s = snake.next_pos()
                    if food and next_s = = (food.x, food.y):
                        score + = food.score
                        snake.eat(food)
                        if score > = level * 10:
                            level + = 1
                            game_map.generate_wall()
                        game_map.generate_food(snake)
                    else:
                        if game_map.check_collision(snake):
                            game_over = True
                        else:
                            snake.move()
                else:
                    Print_Txt(screen, font2, 90, 200, f'游戏暂停,空格继续')
```

其中,如果蛇没有吃到食物,检查蛇是否与地图上的任何障碍物(如墙体或自身)发生了碰撞。如果发生碰撞,则将 game_over 设为 True,结束游戏;如果没有发生碰撞,将蛇移动到下一位置。此外,通过 last_move_time 和 curTime 来控制贪吃蛇的速度。

项目小结

本项目通过基于 Pygame 库设计经典的贪吃蛇小游戏,系统讲解面向对象编程思想、事件驱动机制及游戏循环的实现,涉及游戏界面创建、图形绘制与交互逻辑处理、数据的存储等操作,同时结合前面学习的程序结构设计、类和对象的设计、代码的复用等内容,提升程序综合设计能力,深入理解软件开发的模块化思维与系统架构意识,进而增强其创新实践能力与工程应用素养。

项目 11 拓展　　开发贪吃蛇大作战

项目拓展描述

在前面项目中,已经分别完成了由玩家操控和由 AI 操控的贪吃蛇游戏,为了提升游戏的趣味性和挑战性，下一步需要设计并实现一个更完善的在贪吃蛇大作战游戏，游戏中应同时有玩家和 AI 分别控制的两条贪吃蛇同时参与竞争。此项目的关键在于将两条不同行为逻辑的贪吃蛇集成到游戏主循环中，并能够同时处理两条贪吃蛇的碰撞检测、生长机制、绘制、实时状态游戏结束判定。为实现以上功能，需对代码中的速度检测模块、碰撞检测函数、绘制蛇体函数、食物和墙体生成函数进行对应的修改，力求提供完整的游戏体验。

项目拓展效果展示

项目拓展效果如图 11-7 所示。

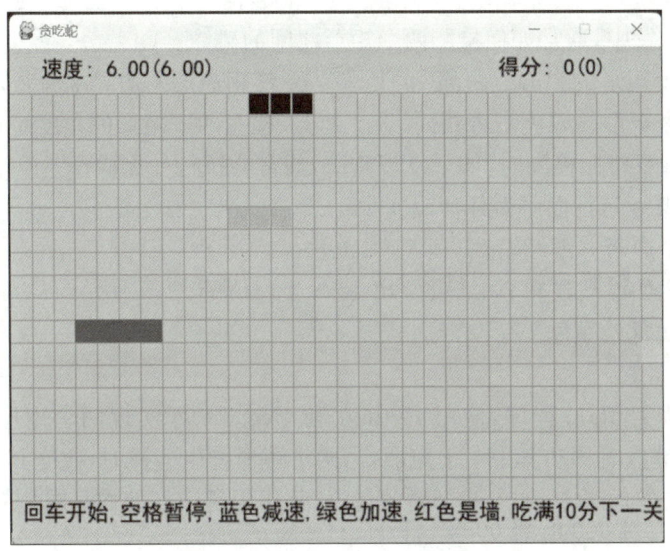

图 11-7 项目 11 拓展效果

课 后 练 习

一、选择题

1. Pygame 是一个用于什么目的的库？（   ）
   A. 数据分析　　　　　　　　　　B. 图形用户界面设计
   C. 游戏开发　　　　　　　　　　D. 网络编程
2. 要使用 Pygame，需要首先执行哪个命令？（   ）
   A. import pygame　　　　　　　　B. from pygame import *
   C. pygame.init()　　　　　　　　D. pygame.load()
3. 在 Pygame 中，哪个模块用于处理事件和输入？（   ）
   A. pygame.input　　　　　　　　B. pygame.tops
   C. pygame.event　　　　　　　　D. pygame.controls

4. 在 Pygame 中，如何处理键盘输入以控制蛇的方向？（　　）

A. 使用 pygame.event.get() 检查键盘事件

B. 使用 pygame.key.get_pressed() 获取当前按键状态

C. 使用 pygame.mouse.get_pos() 追踪鼠标位置

D. 使用 pygame.event.wait() 等待事件发生

5. 在贪吃蛇游戏中，如何设置蛇的移动速度？（　　）

A. 调整蛇的移动方向　　　　　　　B. 修改游戏循环中的延迟时间

C. 增加蛇的长度　　　　　　　　　D. 改变屏幕的刷新率

6. 设计贪吃蛇游戏中不同功能的食物时，需要用到什么类设计方法？（　　）

A. 继承　　　　　B. 循环　　　　　C. 链表　　　　　D. 随机

7. 在游戏开发中，通常如何检测两个矩形之间的碰撞？（　　）

A. 计算两个矩形的中心点距离　　　B. 使用矩形的边界框检查是否重叠

C. 判断两个矩形的颜色是否相同　　D. 检查两个矩形的角度是否匹配

8. 在实现游戏碰撞检测时，如果发现碰撞，通常会执行什么操作？（　　）

A. 让游戏继续运行而不做任何改变

B. 播放一个声音并继续游戏

C. 执行特定的游戏逻辑，如结束游戏、减少生命值等

D. 改变游戏背景颜色

二、程序设计题

1. 编写一个 Python 程序，使用 Python 和 Pygame 库实现两个矩形碰撞检测的程序，在用户按下键盘时移动其中一个矩形，当两个矩形发生碰撞时，改变其颜色以示反馈。

2. 在原贪吃蛇代码中，加入一个新的食物，其作用是让蛇的蛇身减短一截。

项目 12

开发人工智能手势识别系统

导读

随着人工智能技术的迅猛发展,手势识别系统作为人机交互的重要方式,逐渐引起了广泛关注。手势识别不仅能提供更加自然和直观的操作体验,还在智能控制、虚拟现实等领域展现出巨大的潜力。本项目旨在通过实践项目掌握手掌识别和人机交互的基础知识和技能,这不仅有助于深入理解计算机视觉和人工智能技术,还能激发在科技领域的兴趣与创新思维,为未来的职业发展打下坚实的基础。

项目描述

2024年的世界人工智能大会聚焦在大模型、算力、机器人、自动驾驶等重点领域,集中展示一批"人工智能+"创新应用最新成果,首发一批创新产品。而在现代人机交互技术中,手势识别作为一种直观的输入方式,正逐渐成为重要的研究领域。通过手势识别技术,用户可以用手势直接与设备进行交互,而无须传统的物理输入设备,这不仅提升了用户体验,还为各类应用场景提供了更为灵活和便捷的操作方式。

在本项目中,我们将系统性地介绍如何利用 Python 语言及其 OpenCV 库及 Mediapipe 库来开发一个简单而实用的手势识别系统。具体来说,项目将涵盖以下几个方面的内容:学习 OpenCV 库基础知识、采集手掌信息、进行手势识别、基于手掌的人机交互、手掌控制鼠标以及手掌控制音量等。通过这些内容的学习和实践,不仅能够理解手势识别的核心技术,还能掌握如何将这些技术应用于实际场景中,进一步提升自己的编程和技术应用能力。本项目实现效果如图12-1所示。

项目 12　开发人工智能手势识别系统

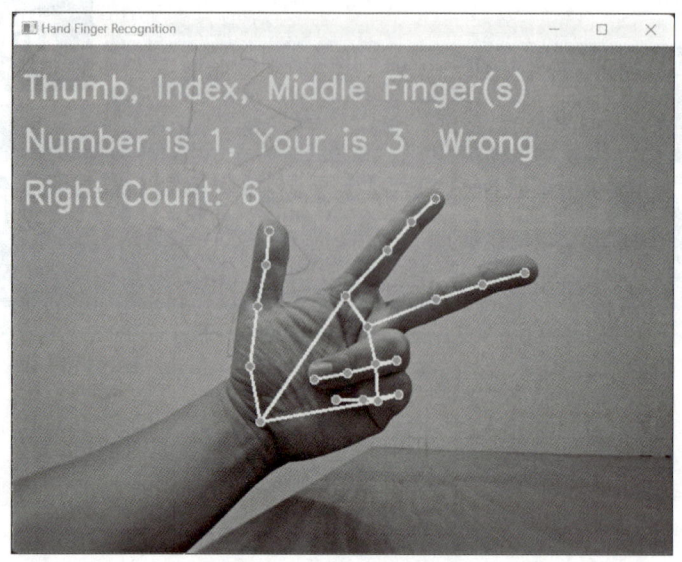

图 12-1　项目 12 实现效果

思维导图

项目12　开发人工智能手势识别系统
- 任务12.1　部署OpenCV库的开发环境
- 任务12.2　采集手掌信息
- 任务12.3　手掌手势识别
- 任务12.4　设计手掌指尖识别
- 任务12.5　开发手掌人机交互程序
- 项目12综合实战
- 项目12拓展　识别手掌控制计算机音量

项目目标

1. 能力目标

（1）能够熟练掌握 OpenCV 库的基础操作，包括图像读取、处理和显示。
（2）能够开发基于手掌的人机交互，实现通过手势控制鼠标的基本操作。
（3）能够编程调节系统音量，通过识别特定手势来实现音量的增减。

2. 知识目标

(1) 了解并掌握计算机视觉领域的基本概念和技术,包括图像处理、特征提取、模式识别等。

(2) 掌握 OpenCV 库的主要功能和常用方法,了解其在计算机视觉项目中的应用。

(3) 掌握人机交互的基本原理和实现方式,了解如何通过手势识别技术增强用户体验。

3. 素养目标

(1) 通过本项目实践培养创新意识和实践能力,提高团队协作和沟通能力,学会在团队中分工合作、共同完成任务。

(2) 增强自主学习能力和解决问题的能力,能够独立面对挑战并找到有效的解决方案。

(3) 树立正确的科技观和价值观,明确人工智能技术在社会发展和个人成长中的重要作用。

任务 12.1 部署 OpenCV 库的开发环境

任务目标

微课视频

任务 12.1:
部署 OpenCV
开发环境

本任务的核心目标是通过安装并配置 OpenCV 库的开发环境,在 Python 中正确使用 OpenCV 库进行图像处理和计算机视觉任务,学习并掌握 OpenCV 库的基本使用方法,包括图像的读取、显示和保存,以及摄像头的打开、显示,为后续的手势识别任务打下基础。此外,通过实际操作与编程,了解如何通过 OpenCV 库处理和分析图像数据,为手掌信息的采集和处理做准备,培养勇于克服困难的攀登精神。

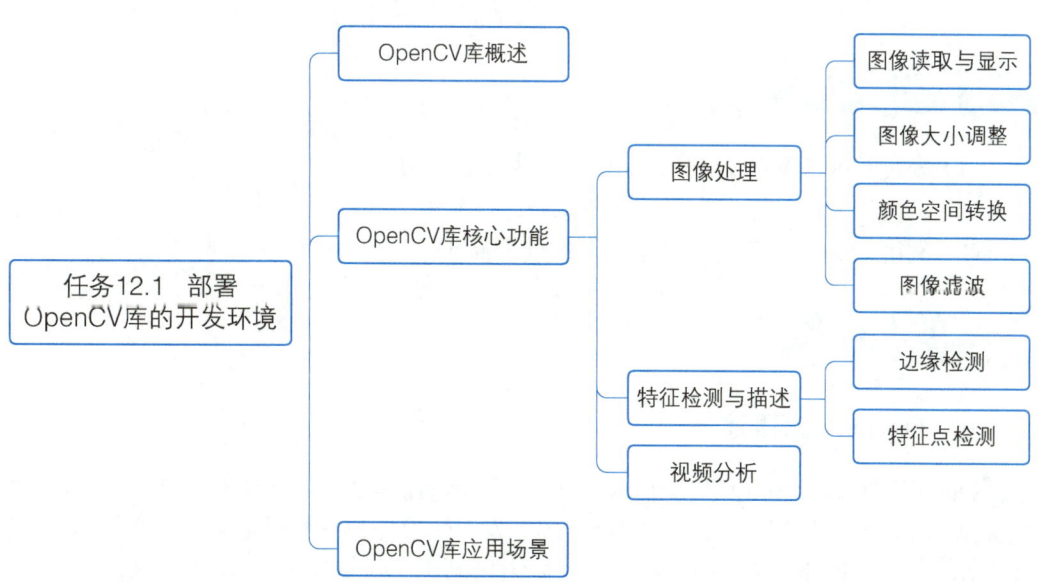

项目 12　开发人工智能手势识别系统

任务描述

OpenCV 库是 Python 中用于处理视觉任务的强大功能库,本节将重点完成以下任务:使用 Python 包管理工具(如 pip)安装 OpenCV 库,配置简单的开发环境,能够顺利导入 OpenCV 库;调用计算机的摄像头来捕捉图像进行显示;掌握 OpenCV 库的关于图像的基本功能函数及其用法,并对图像进行简单处理。通过实际编写和调试代码,能熟练使用 OpenCV 进行基础的图像处理,并能够提高编程能力和问题解决能力,为后续开发人工智能手势识别系统提供实践经验。本任务效果如图 12-2 所示。

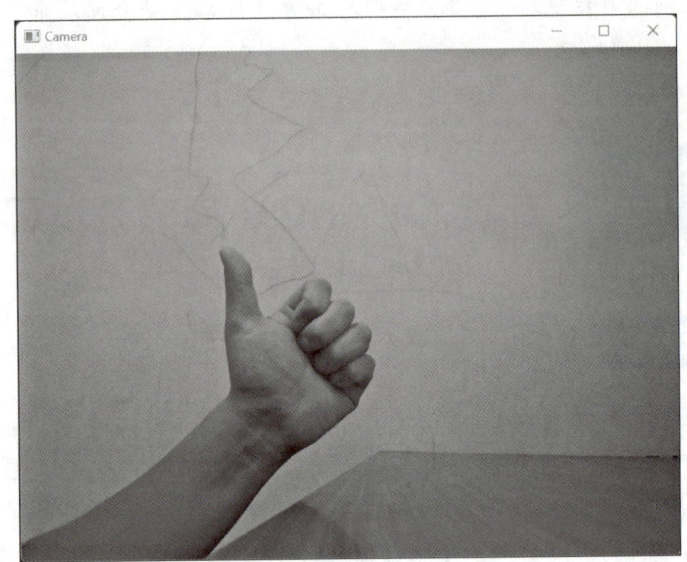

图 12-2　任务 12.1 效果

任务分析

(1) 安装 OpenCV 库,编写验证代码确认安装成功。
(2) 调用计算机的摄像头来捕捉图像并进行显示。
(3) 利用 OpenCV 库进行基本的图像处理操作。

知识储备

一、OpenCV 库概述

OpenCV(Open Source Computer Vision Library)库是一个开源的计算机视觉库,旨在提供丰富的计算机视觉功能和工具,帮助开发者快速构建各种视觉应用。它由 Intel 公司开发,后来由 Willow Garage 和 Itseez(后来更名为 OpenCV.org)等社区维护和扩展。

OpenCV 库不仅包含计算机视觉的基础功能,还支持深度学习、图像处理、视频分析等高级应用。

二、OpenCV 库的核心功能

1. 图像处理

OpenCV 库的图像处理模块提供了丰富的功能,包括图像读取、写入、显示,以及对图像进行各种操作,如调整大小、裁剪、旋转、变换、滤波等。OpenCV 库支持多种图像格式,用户可以轻松地加载和保存图像数据。此外,库中包含多种图像增强和转换算法,例如直方图均衡、边缘检测和锐化等,可以有效地提高图像质量和特征提取性能,具体包括以下几类函数。

(1) 图像读取与显示类函数。① cv2.imread(filename,flags) 函数用于读取图像文件。其中,filename 是图像文件的路径,flags 指定读取模式(如彩色、灰度等)。例如,cv2.IMREAD_COLOR 读取彩色图像,cv2.IMREAD_GRAYSCALE 读取灰度图像。② cv2.imshow(window_name,img) 函数用于在指定窗口中显示图像。其中,window_name 是窗口标题,img 是要显示的图像数据。③ cv2.imwrite(filename,img) 函数用于将图像数据保存到文件中。其中,filename 是保存路径,img 是要保存的图像数据。

(2) 图像大小调整类函数。cv2.resize(src, dsize, fx, fy, interpolation) 函数用于调整图像的大小。其中,src 是原图像,dsize 是目标大小,fx 和 fy 是沿 x 和 y 轴的缩放因子,interpolation 是插值方法(如 cv2.INTER_LINEAR、cv2.INTER_NEAREST)。

(3) 颜色空间转换类函数。cv2.cvtColor(src, code) 函数用于转换图像的颜色空间。常用的转换代码包括 cv2.COLOR_BGR2GRAY(BGR 到灰度图)、cv2.COLOR_BGR2HSV(BGR 到 HSV)、cv2.COLOR_GRAY2BGR(灰度图到 BGR)等。

(4) 图像滤波。① cv2.GaussianBlur(src, ksize, sigmaX) 函数使用高斯滤波器对图像进行平滑,ksize 是滤波器的大小,sigmaX 是高斯核的标准差。② cv2.medianBlur(src, ksize) 使用中值滤波器进行平滑,ksize 是滤波器的大小。

2. 特征检测与描述

(1) 边缘检测。cv2.Canny(image, threshold1, threshold2) 函数使用 Canny 边缘检测算法检测图像中的边缘,其中,threshold1 和 threshold2 是两个阈值,用于边缘检测的边缘强度。

(2) 特征点检测。OpenCV 库还提供了一系列用于特征点检测和描述的函数,这些函数可以帮助我们从图像中提取关键点,并为这些关键点计算特征描述符,并用于图像识别或匹配等高级任务。具体函数有:

1) cv2.SIFT_create() 函数用于创建 SIFT(尺度不变特征变换)特征检测器和描述符的函数。其中,SIFT 是一种用于从图像中提取和描述局部特征的算法,它可以识别图像中的关键点并计算这些关键点的描述符,且具有尺度和旋转不变性,能够在不同尺度和方向下稳定地检测特征点,这对于图像匹配和物体识别非常有用。

2) cv2.xfeatures2d.SURF_create() 函数用于创建 SURF 特征检测器和描述符对象,

SURF 是一种加速版的 SIFT 特征检测器，具有更快的计算速度和良好的特征匹配性能。

3）cv2.ORB_create() 函数用于创建 ORB 特征检测器和描述符对象，ORB 是一种结合了 FAST 特征点检测器和 BRIEF 描述符的算法，具有旋转不变性且计算速度较快，适合实时应用。

以上特征点检测函数各有优缺点和适用场景。总的来说，SIFT 和 SURF 在尺度和旋转不变性方面表现优秀，但计算量较大；ORB 是一个较为高效的选择，适合实时应用。我们应当根据实际需求和应用场景选择合适的算法，从而获得最佳的效果。

3. 视频分析

cv2.VideoCapture(source) 函数用于创建一个视频捕捉对象，该对象可以从视频文件、摄像头或其他视频输入设备读取视频帧。其中，source 参数可以是指定视频源、视频文件的路径（如 video.mp4）、摄像头的设备索引（0 表示默认摄像头，1 表示第二个摄像头，以此类推）或 URL 地址（如果需要从网络摄像头或视频流中捕捉视频）。

cv2.VideoCapture.read() 函数从视频捕捉对象中读取一帧视频。它返回两个值：第一个返回值为布尔值 ret，它表示是否成功读取到一帧视频，如果 ret 为 True，表示成功读取，如果为 False，表示读取失败（例如视频播放完毕或摄像头无法访问）；第二个返回值为 frame，表示读取到的图像帧数据。

三、OpenCV 库的应用场景

OpenCV 库的应用场景相当广泛，包括以下几个方面。

（1）图像处理。在医疗图像分析、工业检测、图像修复等领域应用广泛，例如在医学图像处理中，可以利用 OpenCV 库进行图像的增强、分割等操作。

（2）视频监控。OpenCV 库用于实时视频监控和分析，能够进行目标检测、行为分析等，常见应用包括智能安防系统、交通监控等。

（3）增强现实。结合计算机视觉技术，能够开发增强现实（AR）应用，实现虚拟物体与现实环境的融合。

（4）自动驾驶。在自动驾驶系统中，OpenCV 库用于图像识别和处理，包括车道检测、交通标志识别等。

（5）人机交互。通过手势识别、面部表情分析等技术实现自然的人机交互界面，例如本项目所涉及的手势识别和分析。

任务实施

通过以下步骤完成任务要求。
（1）安装 OpenCV 库，编写验证代码确认安装成功。
（2）调用计算机的摄像头来捕捉图像并进行显示。
（3）利用 OpenCV 库进行基本的图像处理操作。
步骤一：安装并验证 OpenCV 库。使用 Python 的包管理工具（如 pip）安装 OpenCV

源代码下载

任务 12.1：
部署 OpenCV
开发环境

库,可以通过以下命令来安装 OpenCV 库的基本版本。

```
pip install opencv - python
# 或者以下命令
pip3 install opencv - python
```

安装完成后,接着配置 OpenCV 库的路径和环境变量,确保能够在 Python 中成功导入并使用 OpenCV 库。通常情况下,如果使用 PyCharm 或 VS Code 作为编辑器,则无须自己手动配置环境变量。

最后,使用以下代码来验证 OpenCV 库已安装成功。如果已经安装成功,以下代码会输出 OpenCV 库的版本号。

```
import cv2
print(cv2.__version__)
```

步骤二:调用计算机的摄像头来捕捉图像并进行显示。接下来,我们将调用 OpenCV 库中的摄像头相关函数来捕捉摄像头所拍摄的图像,并使用 imshow()函数进行显示。运行代码前,请确保本地计算机的摄像头设备可用。代码如下:

```
import cv2
# 打开默认摄像头(设备索引为 0)
cap = cv2.VideoCapture(0)
# 检查摄像头是否成功打开
if not cap.isOpened():
    print("无法打开摄像头")
    exit()
while True:
    # 捕捉一帧
    ret, frame = cap.read()
    # 如果成功捕捉到帧
    if not ret:
        print("无法接收帧,退出...")
        break
    # 显示捕捉到的图像
    cv2.imshow('Camera', frame)
    # 按 'q' 键退出
    if cv2.waitKey(1) & 0xFF == ord('q'):
```

```
        break
# 释放摄像头和关闭所有窗口
cap.release()
cv2.destroyAllWindows()
```

保存上述代码为 Python 脚本文件,例如 capture_camera.py,运行程序后,会看到一个窗口显示摄像头捕捉到的画面,按下 q 键可以退出程序并关闭窗口。

步骤三:利用 OpenCV 库进行基本的图像处理操作。

本节最后,我们尝试使用 OpenCV 库所提供的函数对图像进行简单的处理,具体包括灰度转换、图像平滑、边缘检测、图像缩放、直方图均衡化、图像旋转,代码如下:

```
import cv2
import numpy as np
# 读取图像
image = cv2.imread('img.png')
# 显示原始图像
cv2.imshow('Original Image', image)
# 1. 转换为灰度图像
gray_image = cv2.cvtColor(image, cv2.COLOR_BGR2GRAY)
cv2.imshow('Gray Image', gray_image)
# 2. 图像平滑(高斯模糊)
blurred_image = cv2.GaussianBlur(image, (15, 15), 0)
cv2.imshow('Blurred Image', blurred_image)
# 3. 边缘检测(Canny 算法)
edges = cv2.Canny(gray_image, 100, 200)
cv2.imshow('Edges', edges)
# 4. 图像缩放
width, height = 800, 600
resized_image = cv2.resize(image, (width, height))
cv2.imshow('Resized Image', resized_image)
# 5. 直方图均衡化
equalized_image = cv2.equalizeHist(gray_image)
cv2.imshow('Equalized Image', equalized_image)
# 6. 图像旋转
center = (image.shape[1] // 2, image.shape[0] // 2)
rotation_matrix = cv2.getRotationMatrix2D(center, 45, 1.0)
```

```
rotated_image = cv2.warpAffine(image, rotation_matrix, (image.
shape[1], image.shape[0]))
cv2.imshow('Rotated Image', rotated_image)
# 等待键盘输入,按任意键关闭所有图像窗口
cv2.waitKey(0)
cv2.destroyAllWindows()
```

运行以上代码,可以看到通过不同图像处理函数对原始图像的处理结果,如图 12-3 所示。

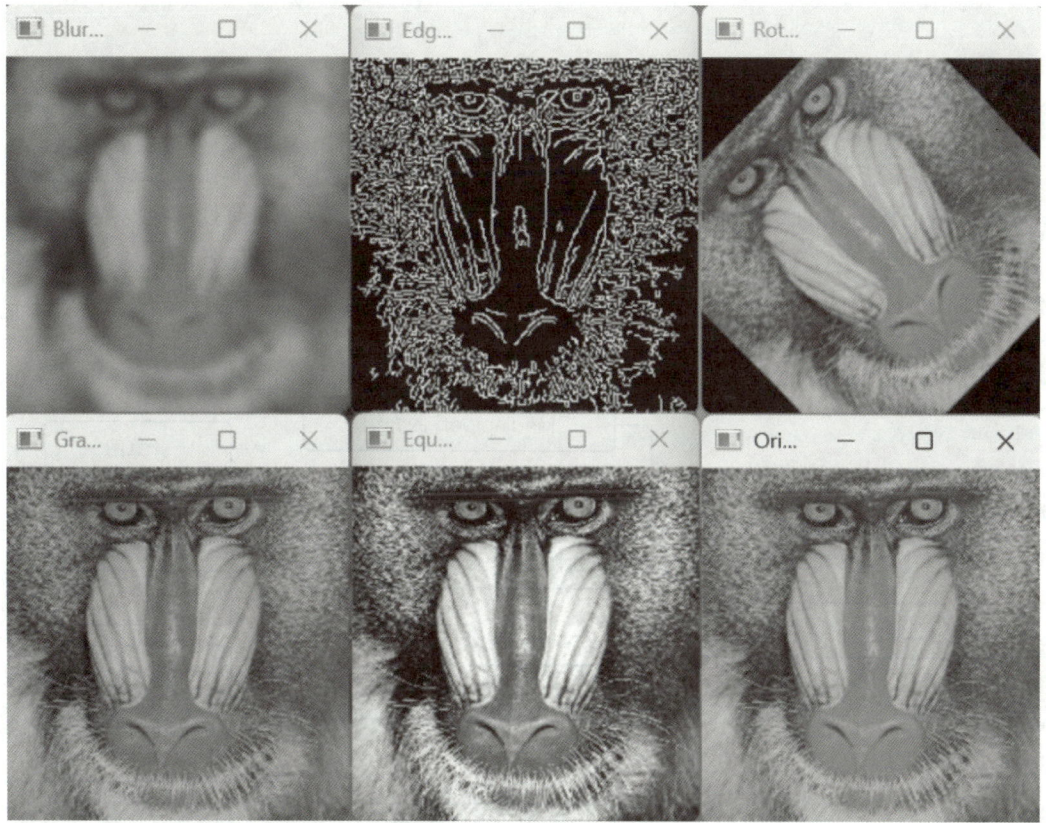

图 12-3 通过不同图像处理函数对原始图像的处理结果

任务小结

在本节实践中,重点关注了 OpenCV 库并掌握其基本功能,为后续的手势识别系统开发奠定基础。首先,通过使用 Python 包管理工具(如 pip)安装 OpenCV 库,确保可以顺利导入和使用 OpenCV 库。然后,学习了如何调用计算机摄像头捕捉实时图像并显

示,理解了如何处理视频流,这对于未来的手势识别任务至关重要。此外,在图像处理方面,通过一个集成多种图像处理函数的示例代码,展示了 OpenCV 库的基本功能,包括图像的读取、显示和处理,熟悉了图像的裁剪、缩放、旋转等基本操作。这些技能将有助于处理和分析图像数据,为采集和处理手掌信息做准备。总的来说,本章通过实际操作和代码练习,使学生掌握了 OpenCV 库的基本使用方法,提升了编程能力和问题解决能力,为后续开发更复杂的计算机视觉应用提供了宝贵的实践经验。

任务 12.2 采集手掌信息

微课视频

任务 12.2:采集手掌信息

任务目标

本任务的核心目标是通过安装 Mediapipe 库并使用该库开发一个在摄像头捕捉的画面中检测手掌信息的程序,了解手掌关键点检测的算法原理,理解如何处理和分析实时视频流数据,掌握手掌关键点的构成及绘制,提升编程能力和解决视觉任务的能力。完成本节实践任务不仅能够提升编程能力,还能够加强在解决计算机视觉任务中的实践经验,培养实践能力和团队协作能力。

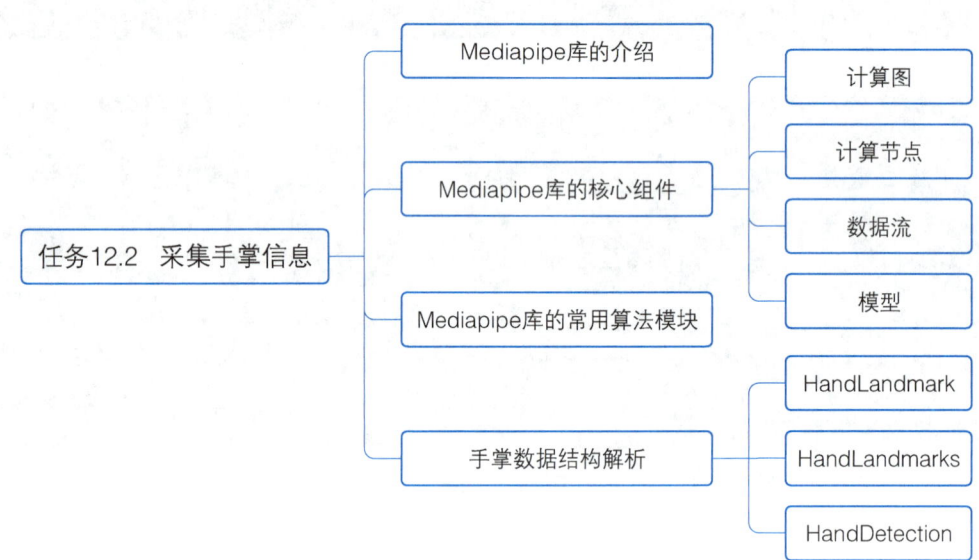

任务描述

Mediapipe 库是一个开源的跨平台框架,它提供了大量的解决方案,用于构建高性能、跨平台的计算机视觉应用。本节将了解、熟悉并掌握基于 Mediapipe 库的手掌检测方法,具体包括:① 安装 Mediapipe 库;② 使用 Mediapipe 库提供的手部检测模块来实时探测摄像头所采集的视觉图像信息中的手掌;③ 提取检测结果中的 21 个关键点的归一化坐标,并在摄像头画面上绘制手部关键点和连接线,以便直观地展示检测结果;④ 在实践过程中,学习手掌关键点检测的算法原理。本任务效果如图 12-4 所示。

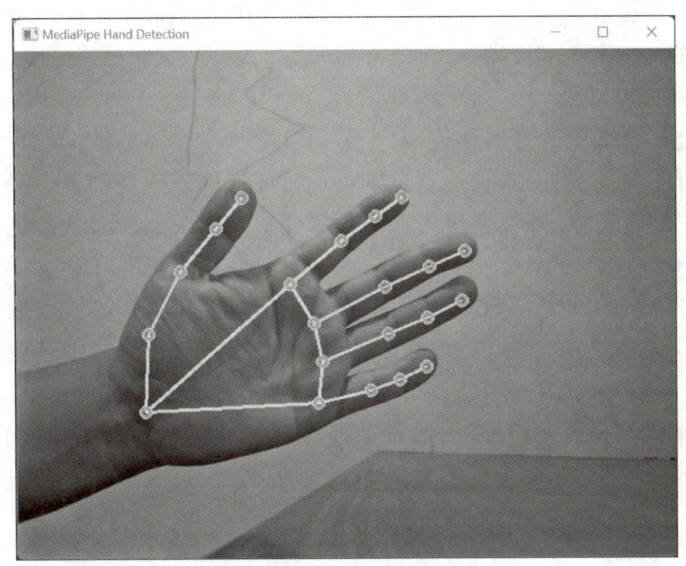

图 12-4　任务 12.2 效果

任务分析

(1) 安装 Mediapipe 库。
(2) 检测手掌目标。
(3) 绘制并显示手掌关键点。

知识储备

一、Mediapipe 库的介绍

Mediapipe 库是一个由 Google 提供的开源框架,专门用于实时处理计算机视觉任务。它能够处理图像和视频流中的各种视觉数据,并提供多个预训练的模型和工具,用于实现诸如手部检测、面部识别、姿态估计等功能。

Mediapipe 库的特点和优势包括:① Mediapipe 库的 API 设计简洁易懂,易于学习和使用;② Mediapipe 库使用计算图优化算法的执行流程,可以实现高性能的实时处理;③ Mediapipe 库支持多种操作系统,包括 Windows、Linux、macOS OS、Android 和 iOS;④ Mediapipe 库的算法模块是高度模块化的,可以轻松地组合和扩展不同的算法。

二、Mediapipe 库的核心组件

Mediapipe 库主要由以下几个核心组件构成。

1. 计算图(Graph)

Mediapipe 库使用计算图来表示数据处理流程。计算图是一种图形化的表示方式,它将数据流和处理步骤组织成一个有向图。在计算图中,节点表示不同的数据处理操作,边表示数据在这些操作之间的流动。

2. 计算节点(Calculator)

计算节点是计算图中的基本单位,每个节点负责一个具体的数据处理任务。例如,某些节点可能负责图像的预处理,其他节点则负责特征提取或模型推理。Mediapipe 库提供了多种预定义的计算节点,开发者也可以根据需要自定义节点。

3. 数据流(Data Streams)

数据流是计算图中的信息传递路径,每个节点通过数据流接收输入数据,并将处理结果通过数据流传递给下一个节点。数据流可以是图像数据、视频帧或其他类型的数据。

4. 模型(Model)

Mediapipe 库包含了多个预训练的机器学习模型,用于完成不同的视觉任务,这些模型经过大量的数据训练,可以在实时场景中高效地进行目标检测、特征提取和姿态估计等任务。

三、Mediapipe 库的常用算法模块

(1) 人脸检测。Mediapipe 库的面部检测模块使用深度学习模型来识别面部区域,并提供面部边界框的位置。这些边界框可以用于后续的面部特征分析和处理。

(2) 手掌检测。通过深度学习模型,Mediapipe 库能够从视频流中提取手部的 21 个关键点,并对这些关键点进行实时跟踪。

(3) 姿态估计。Mediapipe 库的姿态估计模块能够识别人体的 33 个关键点,涵盖了从头部到脚部的主要关节和骨骼位置。这些关键点可以用于分析人体的运动姿态和动作轨迹。

(4) 目标检测。Mediapipe 库的 Object Detection 模块使用深度学习模型来识别和定位图像中的各种对象,模型能够返回每个对象的边界框位置和类别标签。

四、手掌数据结构解析

HandLandmark 是 Mediapipe 库手部检测模块的核心数据结构之一,用于表示手部上的关键点。每个关键点表示手部的一个特定位置,例如手指关节或掌心。HandLandmark 包含以下信息。

(1) 坐标。即每个关键点的三维坐标,通常是相对于图像的归一化坐标。归一化坐标的范围是[0,1],表示相对于图像宽度和高度的比例位置。

(2) 索引。即每个关键点的唯一标识符,通常从 0 到 20,表示手部的 21 个关键点,包括手掌中心和手指的关节位置。

HandLandmarks 是 Mediapipe 库用于表示手部检测结果的集合数据结构。它包含

了手部的 21 个关键点，每个关键点都由一个 HandLandmark 数据结构表示。

HandDetection 是 Mediapipe 中用于表示检测到的手部区域的结构。它包含了手部在图像中的边界框信息。每个手部检测结果包括：用于表示手部区域的矩形框（Bounding Box）和手部关键点集合（HandLandmarks）。

任务实施

源代码下载

任务 12.2：采集手掌信息

通过以下步骤完成任务要求。
(1) 安装 Mediapipe 库。
(2) 检测手掌目标。
(3) 绘制并显示手掌关键点。

步骤一：安装 Mediapipe 库。使用 Python 的包管理工具（如 pip）安装 OpenCV 库，可以通过以下命令来安装 OpenCV 库的基本版本。

```
pip install mediapipe
```

最后，使用以下代码来验证 Mediapipe 库已安装成功。如果没有错误提示，并且看到输出的消息"MediaPipe 库安装成功"，说明 MediaPipe 库已经正确安装。

```
import mediapipe as mp
print("MediaPipe 库安装成功")
```

步骤二：检测手掌目标。要检测手掌目标，首先，需要初始化 Mediapipe 库的手势模块，代码如下：

```
import mediapipe as mp
mp_hands = mp.solutions.hands
hands = mp_hands.Hands(model_complexity = 0,
                       min_detection_confidence = 0.5,
                       min_tracking_confidence = 0.5)
mp_drawing = mp.solutions.drawing_utils
```

以上代码完成了手掌模型的初始化工作。具体的，model_complexity 参数用于模型复杂度，值为 0 表示较低复杂度，计算和处理速度较快；值为 1 表示较高复杂度，可能提供更准确的结果；min_detection_confidence 参数用于确定是否检测到手部的阈值，值越高，检测要求越严格；min_tracking_confidence 参数用于确定是否跟踪手部的阈值，值越高，跟踪要求越严格。

然后，使用代码打开摄像头，利用检测器的 process() 函数来检测摄像头图像中的手

365

掌目标,代码如下:

```
# 开启摄像头
cap = cv2.VideoCapture(0)
success, image = cap.read()
    if not success:
        print("Ignoring empty camera frame.")
        continue
    # 转换色彩空间到 RGB
    image = cv2.cvtColor(image, cv2.COLOR_BGR2RGB)
    # 手势检测
    results = hands.process(image)
```

步骤三:绘制并显示手掌关键点。要绘制手掌的关键点,需要循环遍历检测器的检测结果,然后根据关键点的坐标把每个关键点绘制到目标图像中,代码如下:

```
# 如果没有检测到手势,则继续
if not results.multi_hand_landmarks:
    print("No hands found")
    continue
# 绘制手部轮廓和关键点
for hand_landmarks in results.multi_hand_landmarks:
    mp_drawing.draw_landmarks(
        image,
        hand_landmarks,
        mp_hands.HAND_CONNECTIONS,
        mp_drawing.DrawingSpec(color = (245,117,66), thickness = 2, circle_radius = 4),
        mp_drawing.DrawingSpec(color = (243, 213, 143), thickness = 2, circle_radius = 2)
    )
# 将色彩空间转换回 BGR
image = cv2.cvtColor(image, cv2.COLOR_RGB2BGR)
# 显示处理后的画面
cv2.imshow('MediaPipe Hand Detection', image)
```

其中,在绘制关键点时,遍历检测到的所有手部关键点列表,每个 hand_landmarks 包含单个手部的关键点数据,然后使用 mp_drawing.draw_landmarks 函数绘制手部的关键点和连接线,并分别指定不同的颜色和样式。

任务小结

本节使用了 Mediapipe 库来实现手掌检测和关键点绘制。首先,安装了 Mediapipe 库。接下来的步骤包括使用 Mediapipe 的手部检测模块实时检测摄像头捕捉的画面中的手掌。在这一过程中,我们提取了 21 个关键点的归一化坐标,并在画面上绘制这些关键点及其连接线,以便直观展示检测结果。通过这些实践,不仅能够掌握手部检测的算法原理,还能够在编程和解决视觉任务的能力上得到提升。这些技能在手势控制、增强现实(AR)和虚拟现实(VR)等领域具有广泛的应用前景。总结来说,本节实践任务旨在通过 Mediapipe 库的应用,理解计算机视觉的基本原理,并能够将这些知识应用于实际编程中,从而为解决更多复杂视觉问题打下坚实的基础。

任务 12.3 识别手掌手势

任务目标

本节目标是通过开发识别手掌手势这一程序,掌握 Mediapipe 库检测的手掌关键点的特性,了解手势识别的基本方法,掌握并挖掘特定手势的特征,学会通过关键点匹配特定的手势特征,理解动态手势的识别与跟踪的原理与方法,掌握 OK 手势的分析与识别,从而能够在实际应用中识别和响应各种手势,从而为手势控制和人机交互技术的开发打下坚实的基础。

任务 12.3:识别手掌手势

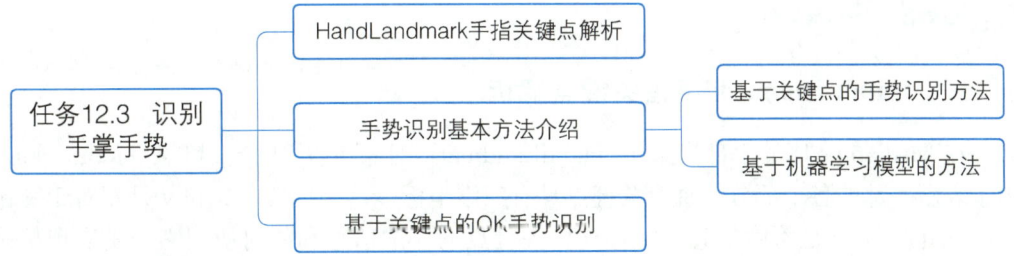

任务描述

本任务需要编写代码来捕捉摄像头图像,应用 Mediapipe 进行手部检测,并对检测到的关键点进行处理和分析。通过对关键点位置关系的分析,例如拇指指尖与食指指尖的距离,中指、无名指和小拇指的相对高度等,学生可以开发算法来匹配和识别这些手势。

例如,对于 OK 手势,则通过判定食指指尖与拇指指尖的距离,以及中指、无名指、小拇指的指尖高度来实现 OK 手势的判断。通过调整参数和优化算法,可以提高手势识别的准确性。本任务效果如图 12-5 所示。

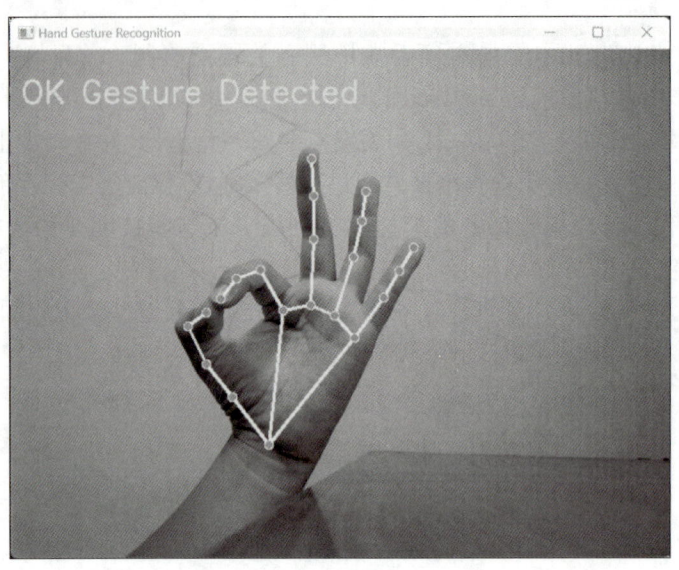

图 12-5　任务 12.3 效果

(1) 检测手掌目标和关键点。
(2) 提取特定的手掌关键点。
(3) 通过关键点位置关系判定 OK 手势。

一、HandLandmark 手指关键点解析

在 Mediapipe 库的手部模型中,HandLandmark 对象包含 21 个关键点(landmarks),用于表示手部的各个部分。每个关键点具有三维坐标(x,y,z),其中 x 和 y 是相对于图像的归一化坐标,z 是深度信息。掌握这些关键点的详细信息和如何使用它们是实现精确手势识别和其他手部相关应用的基础。HandLandmark 手指关键点解析见表 12-1。

表 12-1　HandLandmark 手指关键点解析

0 号:手掌根部	2 号:拇指第一关节
1 号:拇指根部(根关节)	3 号:拇指第二关节

续 表

4号：拇指指尖	13号：无名指根部(根关节)
5号：食指根部(根关节)	14号：无名指第一关节
6号：食指第一关节	15号：无名指第二关节
7号：食指第二关节	16号：无名指指尖
8号：食指指尖	17号：小拇指根部(根关节)
9号：中指根部(根关节)	18号：小拇指第一关节
10号：中指第一关节	19号：小拇指第二关节
11号：中指第二关节	20号：小拇指指尖
12号：中指指尖	

> **小提示** Mediapipe库中的坐标是归一化的，通常范围在0到1之间，因此需要根据实际应用场景进行适当的缩放和调整。另外，手势识别需要考虑到光线、手的角度和位置等因素，可能需要对关键点数据进行预处理和后处理，以提高识别的准确性和鲁棒性。

二、手势识别基本方法介绍

手势识别是许多人机交互应用的重要组成，是计算机视觉领域中一个重要分支，手势识别方法主要可以分为两类：一类是基于关键点的方法；另一类是基于机器学习模型的方法。

1. 基于关键点的手势识别方法

基于关键点的方法主要通过检测和分析手部的关键点来识别手势。这些关键点是手部在图像中各个重要位置的坐标，通常由计算机视觉技术获取。例如，Mediapipe库的手部模型提供了21个关键点，涵盖了手掌及各个手指的根部、关节和指尖等位置，通过对这些关键点进行分析，可以提取出描述手势的特征。

这一类方法的优点是通常能够在较低的计算成本下实现实时手势识别，易于解释和理解手势的表示方式；缺点是对于复杂手势，关键点特征可能不足以全面描述手势的细微差别，可能需要较为复杂的特征组合，且在光线变化或手部遮挡情况下，关键点检测的鲁棒性可能较差。通常应用于智能家居控制、虚拟现实、增强现实、游戏控制等领域。

2. 基于机器学习模型的方法

这一类方法通常包括特征提取和分类两个主要阶段。与基于关键点的方法不同，基于机器学习的方法更侧重于从数据中自动学习手势特征，而不是依赖于手工设计的特征。

具体包括以下几个步骤：① 数据收集，收集包含各种手势的图像或视频数据，这些数据需要经过标注，以提供训练所需的手势标签；② 特征提取，使用深度学习模型（如卷积神经网络 CNN）自动从图像中提取特征，这些特征能够捕捉手势的空间和时间信息；③ 模型训练，即使用标注数据训练机器学习模型，常用的模型包括 CNN、长短时记忆网络（LSTM）等，CNN 适合从图像中提取空间特征，而 LSTM 可以处理时间序列数据，适用于动态手势识别；④ 手势分类，即将训练好的模型应用于新的手势数据进行分类，模型输出的结果是预测的手势类别。

基于机器学习模型的方法的优点是深度学习模型能够自动从数据中学习复杂的手势特征，通常具有较高的识别准确率，且能够处理多样化的手势和变化，包括不同手部姿态、手势的速度和方向等；缺点是深度学习模型需要大量的计算资源和数据进行训练，通常需要较高的计算成本，且模型的内部机制较为复杂，解释模型的决策过程相对困难。基于关键点的方法和基于机器学习模型的方法各有优缺点，适用于不同的应用场景，且识别指尖的方法有很多，需要根据具体应用场景来选择合适的解决方案。

三、基于关键点的 OK 手势识别思路

在本节中，我们采用基于关键点的 OK 手势识别方法，考虑到 OK 手势的外观特征，我们发现该姿势中食指指尖与大拇指指尖距离非常近，并且中指指尖、无名指指尖和小拇指指尖的空间位置通常都高于食指的第一关节位置，因此以上述标准来作为判别手势是否为 OK 手势的依据。

源代码下载

任务 12.3：识别手掌手势

任务实施

通过以下步骤完成任务要求。
（1）检测手掌目标和关键点。
（2）提取特定的手掌关键点。
（3）通过关键点位置关系判定 OK 手势。

步骤一：检测手掌目标和关键点。首先，通过以下代码初始化手掌检测器，并从摄像头采集的图像中检测手掌关键点。

```
# 初始化 Mediapipe 手部检测
mp_hands = mp.solutions.hands
hands = mp_hands.Hands()
mp_drawing = mp.solutions.drawing_utils
# 捕获视频并检测手势
cap = cv2.VideoCapture(0)
ret, frame = cap.read()
    if not ret:
```

```
        continue
    # 将图像转换为 RGB
    rgb_frame = cv2.cvtColor(frame, cv2.COLOR_BGR2RGB)
    results = hands.process(rgb_frame)
```

步骤二：提取特定的手掌关键点。在本节任务中,以使用关键点来作为判定手势的基础。因此,根据 landmarks 的关键点编号,需要提取 8 号(拇指指尖)、4 号(食指指尖)、6 号(食指第一关节)、12 号(中指指尖)、16 号(无名指指尖)、20 号(小拇指指尖)。代码如下：

```
hand_landmarks = results.multi_hand_landmarks[0]
# 拇指和食指指尖坐标
thumb_tip = hand_landmarks.landmark[4]
index_tip = hand_landmarks.landmark[8]
# 食指第一关节坐标
index_pip = hand_landmarks.landmark[6]
# 中指、无名指、小拇指指尖坐标
middle_tip = hand_landmarks.landmark[12]
ring_tip = hand_landmarks.landmark[16]
pinky_tip = hand_landmarks.landmark[20]
```

步骤三：通过关键点位置关系判定 OK 手势。最后,以下述标准来作为判别手势是否为 OK 手势的依据：即计算食指指尖与大拇指指尖距离是否小于阈值,且中指指尖、无名指指尖和小拇指指尖的空间位置高于食指的第一关节位置,且食指指尖与大拇指指尖低于食指的第一关节位置。首先定义一个关键点距离函数。

```
# 计算两个点之间的距离
def calculate_distance(p1, p2):
    return math.sqrt((p1.x - p2.x) ** 2 + (p1.y - p2.y) ** 2)
```

然后,结合上述判断标准,使用如下函数作为判断是否为 OK 手势的依据。

```
# 判断是否为 OK 手势
def is_ok_gesture(hand_landmarks):
    # 拇指和食指指尖坐标
    thumb_tip = hand_landmarks.landmark[4]
```

项目 12 开发人工智能手势识别系统

```python
index_tip = hand_landmarks.landmark[8]
# 食指第一关节坐标
index_pip = hand_landmarks.landmark[6]
# 中指、无名指、小拇指指尖坐标
middle_tip = hand_landmarks.landmark[12]
ring_tip = hand_landmarks.landmark[16]
pinky_tip = hand_landmarks.landmark[20]
# 拇指指尖与食指指尖的距离
distance_thumb_index = calculate_distance(thumb_tip, index_tip)
# 中指、无名指、小拇指指尖是否高于食指第三关节
thumb_above_index_pip = thumb_tip.y > index_pip.y
index_above_index_pip = index_tip.y > index_pip.y
middle_above_index_pip = middle_tip.y < index_pip.y
ring_above_index_pip = ring_tip.y < index_pip.y
pinky_above_index_pip = pinky_tip.y < index_pip.y
# 判断条件：拇指和食指指尖重合且中指、无名指、小拇指指尖高于食指第三关节
return (distance_thumb_index < 0.05 and  # 距离阈值可以根据实际情况调整
        thumb_above_index_pip and index_above_index_pip and
        middle_above_index_pip and ring_above_index_pip and
        pinky_above_index_pip)
```

任务小结

在本节实践任务中，着重于探索和掌握 Mediapipe 库的手部关键点检测技术，以及其应用于手势识别领域的潜力。通过学习手势识别的算法和原理，以及学习如何运用 Mediapipe 库提供的关键点数据，在编程实践中实现了对特定手势的识别，比如经典的 OK 手势。任务不仅仅局限于静态图片里的手势辨识，还扩展到了对手部动态动作的捕捉和跟踪上，最终构建了一个可以实时响应手部动作的手势识别系统。

在实践过程中，利用编写代码的方式，从摄像头捕捉图像，应用 Mediapipe 库进行手部检测和关键点提取。通过对这些关键点的分析，比如拇指和食指的距离或是其他手指的相对高度，将逐步掌握如何开发算法去匹配和识别特定手势。为提高识别的准确性和系统的稳定性，还通过调整算法参数和优化代码来提升性能，这对提升解决实际问题的能力是一个很好的锻炼机会，这一过程不仅是技术水平上的提升，也是实际应用能力的培养，为将来的手势交互和人机界面技术的开发打下了坚实的基础。

任务 12.4 设计手掌指尖识别

任务目标

本任务的目标是编写一个程序,通过手掌与手指指尖关键点之间的位置关系来判断用户伸出的是哪几个手指。学会 Mediapipe 库的基本使用方法,更加深入地理解手指关键点的位置关系以及在手势识别中的应用,掌握手部关键点坐标的提取与处理,掌握视觉识别结果可视化的基本方法。

任务 12.4:设计手掌指尖识别

```
任务12.4 设计手掌指尖识别 ─┬─ 向量间的点积
                        ├─ 向量间的夹角
                        └─ 向量在手指姿态识别中的应用
```

任务描述

在实践中,需要理解每个手指的关键点在手掌中的具体位置,如拇指的根部、指关节和指尖,以及其他手指的相应位置。通过这些关键点的相对位置,可以推断出手指的伸展状态。例如,当食指的各个关节角度都接近 180 度时,则可以判断该食指为伸展状态;而当所有手指的指尖都相对接近且手掌基本展开时,则可以识别为手掌完全展开的状态。通过对各个手指关键点位置的分析,将用户伸出的手指输出到图像中。本任务效果如图 12-6 所示。

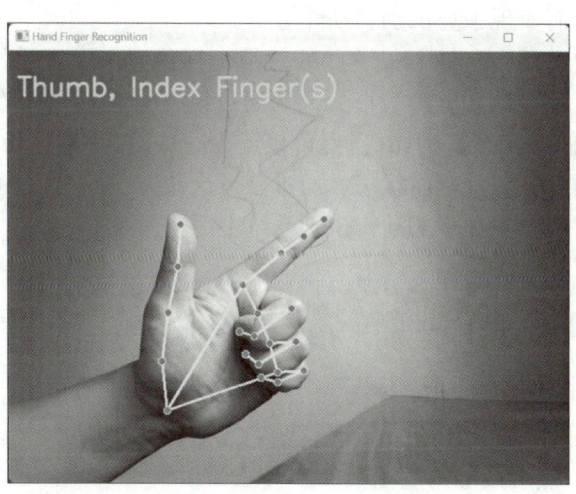

图 12-6 任务 12.4 效果

> 任务分析

一、向量间的点积

两个 n 维空间中的向量 $\boldsymbol{a}=(a_1,a_2,\cdots,a_n)$ 和 $\boldsymbol{b}=(a_1,b_2,\cdots,b_n)$ 之间的点积定义为

$$\boldsymbol{a}\cdot\boldsymbol{b}=a_1b_1+a_2b_2+\cdots+a_nb_n$$

其满足性质：
(1) 交换律：$\boldsymbol{a}\cdot\boldsymbol{b}=\boldsymbol{b}\cdot\boldsymbol{a}$。
(2) 分配律：$\boldsymbol{a}\cdot(\boldsymbol{b}+\boldsymbol{c})=\boldsymbol{a}\cdot\boldsymbol{b}+\boldsymbol{a}\cdot\boldsymbol{c}$。
(3) 结合律：$(\eta\boldsymbol{a})\cdot\boldsymbol{b}=\eta(\boldsymbol{a}\cdot\boldsymbol{b})$，其中 η 是标量。

点积的几何意义与向量的长度和夹角相关，具体来说

$$\boldsymbol{a}\cdot\boldsymbol{b}=|\boldsymbol{a}||\boldsymbol{b}|\cos\theta$$

其中，$|\boldsymbol{a}|$ 和 $|\boldsymbol{b}|$ 分别是对应向量的模（长度），θ 是它们之间的夹角。

二、向量间的夹角

给定两个向量 $\boldsymbol{a}$ 和 $\boldsymbol{b}$，它们之间的夹角可以通过以下公式计算，即

$$\cos\theta=\frac{\boldsymbol{a}\cdot\boldsymbol{b}}{|\boldsymbol{a}||\boldsymbol{b}|}$$

三、向量在手指姿态识别中的应用

在手指动作分析中，向量夹角可以用于判断手指四个关键点的伸展状态。手指的四个关键点通常是指指根、指节、指尖等，通过计算这些点之间的向量夹角，可以评估手指的弯曲和伸展状态，从而实现手势识别和动作分析。

具体来说，首先需要确定每个关键点的三维坐标位置。设定手指关键点为 A、B、C、和 D，分别表示指根、指节 1、指节 2、指尖。然后可以计算它们之间构造的向量所形成的夹角来判断手指的伸展状态。例如，当夹角接近 180 度时，手指处于完全伸展状态；而夹角接近 0 度时，手指处于完全弯曲状态。通过分析这些夹角的变化，可以识别出手指的具体动作，进而用于手势控制和手部动作识别系统中。

> 任务实施

通过以下步骤完成任务要求。
(1) 检测手掌目标和关键点。
(2) 编写计算三点形成的角度函数。
(3) 编写判断手指是否伸展函数。

源代码下载

任务 12.4：设计手掌指尖识别

(4) 完善程序框架。

步骤一：检测手掌目标和关键点。首先，通过以下代码初始化手掌检测器，并从摄像头采集的图像中检测手掌关键点。

```
# 初始化 MediaPipe 手部检测
mp_hands = mp.solutions.hands
hands = mp_hands.Hands()
mp_drawing = mp.solutions.drawing_utils
# 捕获视频并检测手势
cap = cv2.VideoCapture(0)
ret, frame = cap.read()
    if not ret:
        continue
    # 将图像转换为 RGB
    rgb_frame = cv2.cvtColor(frame, cv2.COLOR_BGR2RGB)
    results = hands.process(rgb_frame)
```

步骤二：编写计算三点形成的角度函数。为了判断手指是否伸展，需要检查手指关键点之间的夹角，而夹角可由三点之间的两个向量夹角来计算，因此需要编写计算向量间夹角的函数，代码如下：

```
# 定义一个函数来计算三点形成的角度
def calculate_angle(p1, p2, p3):
    v1 = (p1.x - p2.x, p1.y - p2.y)
    v2 = (p3.x - p2.x, p3.y - p2.y)
    dot_product = v1[0] * v2[0] + v1[1] * v2[1]
    magnitude_v1 = math.sqrt(v1[0] ** 2 + v1[1] ** 2)
    magnitude_v2 = math.sqrt(v2[0] ** 2 + v2[1] ** 2)
    if magnitude_v1 == 0 or magnitude_v2 == 0:
        return 0
    cos_angle = dot_product / (magnitude_v1 * magnitude_v2)
    angle = math.degrees(math.acos(min(1, max(-1, cos_angle))))
    return angle
```

上述代码首先计算 v1 和 v2 的点积，然后计算其模长，然后进行检查：如果任意一个向量的模为零（即向量长度为零），返回角度为 0，因为计算夹角无意义。接着，计算向量夹角的余弦值，使 math.acos() 函数计算夹角的弧度值，并用 math.degrees() 函数将弧度转换为角度,最后返回计算得到的夹角值。

步骤三:编写判断手指是否伸展函数。通过遍历手指关键点来判断手指是否伸展,代码如下:

```
# 定义一个函数来判断手指是否伸出
def is_finger_straight(landmarks, finger_indices):
    angles = [
        calculate_angle(landmarks[i], landmarks[j], landmarks[k])
        for i, j, k in finger_indices
    ]
    # 判断手指是否伸直,阈值可以根据实际情况调整
    return all(angle > 160 for angle in angles)
```

该函数首先计算出所有手指关节的夹角,并将这些角度存储在 angles 列表中。然后,它使用 all 函数判断所有角度的值是否大于某个阈值(此处设置为 160 度)。如果所有关节的夹角都大于或者等于 160 度,它认为手指是伸直的,返回 True;如果有任何一个关节的夹角小于 160 度,则认为手指未完全伸直,返回 False。此外,手指是否伸直的阈值 160 度可以根据实际应用场景进行调整。实际上,不同的手势识别系统和不同的应用场景可能会有不同的阈值。

步骤四:完善程序框架。最后,按规则分别提取五个手指的关键点进行伸展判断,并将判断结果写入图像并展示,核心代码如下:

```
while True:
    ret, frame = cap.read()
    if not ret:
        break
    rgb_frame = cv2.cvtColor(frame, cv2.COLOR_BGR2RGB)
    results = hands.process(rgb_frame)
    if results.multi_hand_landmarks:
        for landmarks in results.multi_hand_landmarks:
            keypoints = [landmark for landmark in landmarks.landmark]
            # 定义每个手指的关键点索引
            thumb_indices = [(1, 2, 3)]      # 拇指的指关节角度索引
            index_indices = [(5, 6, 7)]      # 食指的指关节角度索引
            middle_indices = [(9, 10, 11)]   # 中指的指关节角度索引
            ring_indices = [(13, 14, 15)]    # 无名指的指关节角度索引
            pinky_indices = [(17, 18, 19)]   # 小拇指的指关节角度索引
```

```
            thumb_straight = is_finger_straight(keypoints, thumb_
indices)
            index_straight = is_finger_straight(keypoints, index_
indices)
            middle_straight = is_finger_straight(keypoints, middle_
indices)
            ring_straight = is_finger_straight(keypoints, ring_
indices)
            pinky_straight = is_finger_straight(keypoints, pinky_
indices)
            # 显示识别结果
            text = []
            if thumb_straight:
                text.append('Thumb')
            if index_straight:
                text.append('Index')
            if middle_straight:
                text.append('Middle')
            if ring_straight:
                text.append('Ring')
            if pinky_straight:
                text.append('Pinky')
            # 在图像上显示结果
            if text:
                cv2.putText(frame, ', '.join(text) + ' Finger(s)',
                        (10, 50), cv2.FONT_HERSHEY_SIMPLEX,
                        1, (0, 255, 0), 2, cv2.LINE_AA)
            mp_drawing.draw_landmarks(frame,
                                landmarks,
                                mp_hands.HAND_CONNECTIONS)
    cv2.imshow('Hand Finger Recognition', frame)
```

任务小结

本节的实践任务通过手掌关键点来识别手指的伸展状态,包括提取和处理 Mediapipe 库检测到的手部关键点坐标,通过计算手指关键点之间的夹角来判断手指的舒展状态,并将识别结果可视化到图像上。最后，整合上述功能，完善程序框架，使其能够准确识别并输出手指的伸展状态。通过这一实践，能够更深入地理解手指关键点之间的空间关系，提高智能交互系统开发的技能。

任务 12.5　开发手掌人机交互程序

微课视频

任务 12.5：开发手掌人机交互程序

任务目标

本节任务目标是通过开发一个通过计算机视觉技术识别用户手指的伸展状态并与程序随机生成的数字进行匹配的人机交互演示程序，掌握随机数的生成方法，理解人机交互程序的设计原则和方法，掌握手指伸展状态识别的基本原理和方法，培养实际项目开发能力和解决复杂问题的能力，此外，通过关注用户交互的趣味性和有效性，将增强对用户需求和体验的关注，培养以人为本的技术设计理念，形成正确的科技观和价值观。

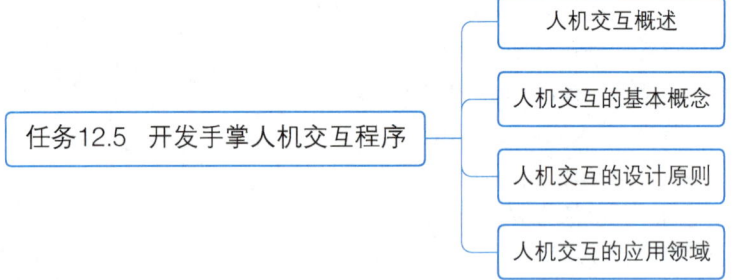

任务描述

本节任务中，我们将编写一个基于计算机视觉的手势识别程序，实现一个实时的人机交互系统。程序的核心功能包括：① 随机数字生成，程序将在每次循环中生成一个 0 到 5 之间的随机数字，并将其显示给用户；② 手指检测与识别，使用 Mediapipe 库对用户的手部进行实时检测，识别手指的关键点，通过计算关节之间的角度来判断每个手指是否伸出；③ 数量匹配，检测到手指的伸展状态后，统计用户伸出的手指数量，并与随机生成的数字进行比较；④ 结果反馈，根据用户的手指数量是否与随机数字匹配，程序将显示正确或错误的反馈信息。如果匹配，则显示"Right"；否则，显示"Wrong"，并将正确的次数显示到屏幕中。程序将在主循环中持续运行，不断捕捉摄像头图像，处理手部关键点数据，并根据实时检测结果更新屏幕显示。本任务效果如图 12-7 所示。

任务 12.5　开发手掌人机交互程序

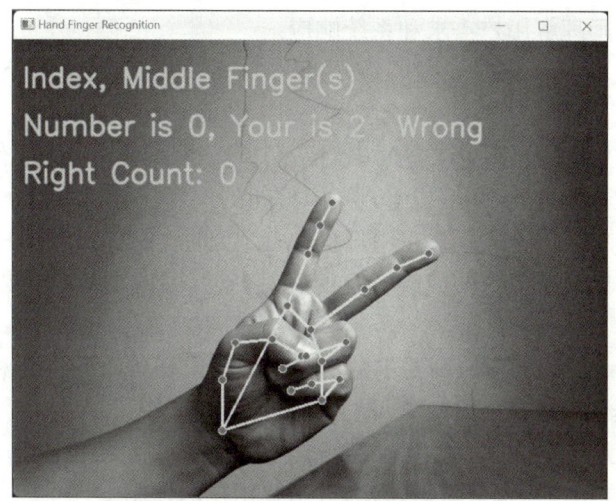

图 12-7　任务 12.5 效果

任务分析

(1) 检测手指伸展状态，并计数。
(2) 生成随机数字，判断数字与用户伸出的手指数量是否相同。
(3) 识别结果可视化。

知识储备

一、人机交互概述

人机交互(Human-Computer Interaction,简称 HCI)是研究人类如何与计算机系统进行交互的学科。它涉及计算机系统的设计、评估和实施,旨在提高计算机系统的用户友好性和效率。人机交互的研究领域涵盖了计算机科学、心理学、设计学、认知科学等多个学科,目的是优化用户体验,使计算机系统更加易用、直观和有效。

二、人机交互的基本概念

(1) 交互界面。交互界面是用户与计算机系统进行信息交流的媒介,它包括硬件接口(如鼠标、键盘、触摸屏)和软件界面(如图形用户界面、命令行界面),界面的设计直接影响用户的操作效率和体验。

(2) 用户体验。用户体验指的是用户在使用计算机系统过程中的总体感受,良好的用户体验应包括系统的易用性、可访问性、功能性和美观性,需要考虑用户的需求和期望,以创造出符合用户心理预期的交互界面。

(3) 交互模型。交互模型用于描述用户与计算机系统之间的信息传递过程。常见的交互模型包括输入—处理—输出模型(IPO 模型)和用户—任务—系统模型(UTS 模型),

这些模型帮助设计师理解用户需求和系统响应。

三、人机交互的设计原则

（1）一致性。一致性原则要求界面中的元素和操作保持一致。这有助于用户形成对系统操作的一致性预期，减少学习成本，例如，按钮的位置、颜色和功能应保持一致。

（2）反馈。反馈原则要求系统在用户操作后立即提供反馈。这可以是视觉上的（如按钮变色）、听觉上的（如提示音）或触觉上的（如震动），及时的反馈可以帮助用户确认操作是否成功。

（3）简化操作。简化操作原则要求减少用户在完成任务时的步骤和复杂度。设计师应避免不必要的操作和复杂的界面，以提高用户的操作效率。

（4）用户控制。用户控制原则要求用户能够主动控制系统的操作，系统应提供明确的操作选项，并允许用户撤销或重做操作，以增强用户的控制感。

（5）易用性。易用性原则强调系统应简单易用，降低用户的学习曲线。界面应直观，功能应易于发现和使用，以提升用户体验。

四、人机交互的应用领域

人机交互的应用领域包括桌面应用、移动应用、嵌入式系统、虚拟现实与增强现实。桌面应用程序是传统的计算机应用程序，如文字处理软件、电子表格软件和图形设计软件。良好的用户界面设计可以提升这些应用程序的操作效率和用户满意度；移动应用程序在智能手机和平板电脑上运行。由于屏幕尺寸限制和触控操作的特殊性，移动应用的设计需特别考虑用户的触控体验和界面布局；嵌入式系统广泛应用于家电、汽车和工业设备等领域。这些系统通常具有特定的功能需求和操作环境，需要设计简洁、易于操作的用户界面；虚拟现实（VR）和增强现实（AR）技术提供了沉浸式的用户体验。这些技术要求设计师考虑用户的空间感知和交互方式，以创造出真实而自然的虚拟环境。

源代码下载

任务 12.5：开发手掌人机交互程序

任务实施

通过以下步骤完成任务要求。
（1）检测手指伸展状态，并计数。
（2）生成随机数字，判断数字与用户伸出的手指数量是否相同。
（3）识别结果可视化。

步骤一：检测手指伸展状态并计数。与上节相同，首先通过手指关键点来判定手指的伸展状态，代码如下：

```python
# 定义一个函数来计算三点形成的角度
def calculate_angle(p1, p2, p3):
    v1 = (p1.x - p2.x, p1.y - p2.y)
```

```
    v2 = (p3.x - p2.x, p3.y - p2.y)
    dot_product = v1[0] * v2[0] + v1[1] * v2[1]
    magnitude_v1 = math.sqrt(v1[0] ** 2 + v1[1] ** 2)
    magnitude_v2 = math.sqrt(v2[0] ** 2 + v2[1] ** 2)
    if magnitude_v1 == 0 or magnitude_v2 == 0:
        return 0
    cos_angle = dot_product / (magnitude_v1 * magnitude_v2)
    angle = math.degrees(math.acos(min(1, max(-1, cos_angle))))
    return angle
# 定义一个函数来判断手指是否伸出
def is_finger_straight(landmarks, finger_indices):
    angles = [
        calculate_angle(landmarks[i], landmarks[j], landmarks[k])
        for i, j, k in finger_indices
    ]
    # 判断手指是否伸直,阈值可以根据实际情况调整
    return all(angle > 160 for angle in angles)
```

然后,在主程序中进行计数,核心代码如下:

```
thumb_straight = is_finger_straight(keypoints, thumb_indices)
index_straight = is_finger_straight(keypoints, index_indices)
middle_straight = is_finger_straight(keypoints, middle_indices)
ring_straight = is_finger_straight(keypoints, ring_indices)
pinky_straight = is_finger_straight(keypoints, pinky_indices)
# 显示识别结果
finger_cnt = 0
text = []
if thumb_straight:
    text.append('Thumb')
    finger_cnt += 1
if index_straight:
    text.append('Index')
    finger_cnt += 1
if middle_straight:
    text.append('Middle')
```

```
        finger_cnt + = 1
if ring_straight:
    text.append('Ring')
    finger_cnt + = 1
if pinky_straight:
    text.append('Pinky')
    finger_cnt + = 1
```

其中，依次检测五个手指的伸展状态，并进行统计。

步骤二：生成随机数字，判断数字与用户伸出的手指数量是否相同。使用 random.randint 函数生成 0 到 5 之间的数字，并判断是否与伸展的手指数量相同，如果相同，则正确次数加 1。核心代码如下：

```
rr = ''
if random_number = = finger_cnt:
    random_number = random.randint(0, 5)
    right_cnt + = 1
    rr = 'Right'
else:
    rr = 'Wrong'
```

步骤三：识别结果可视化。最后，使用绘图函数显示反馈信息，核心代码如下：

```
# 绘制反馈
cv2.putText(frame, f'Number is {random_number}, Your is {finger_cnt}' + rr,
            (10, 100), cv2.FONT_HERSHEY_SIMPLEX,
            1, (0, 255, 0), 2, cv2.LINE_AA)
# 绘制正确次数
cv2.putText(frame, f'Right Count: {right_cnt}',
            (10, 150), cv2.FONT_HERSHEY_SIMPLEX,
            1, (0, 255, 0), 2, cv2.LINE_AA)
```

任务小结

本章任务聚焦于开发一个基于计算机视觉的手势识别系统，用于演示人机交互的实际应用。在此程序中,用户需要根据屏幕上随机生成的数字,伸出对应数量的手指,系统则通过实时检测和匹配来评估用户的操作。具体而言,程序首先在每个循环中生成一个 0~5 之间的随机数字,并显示在屏幕上;接着,程序利用计算机视觉技术实时识别用户的手指状态,分析伸展的手指数量;通过将识别结果与随机数字进行比较,系统会反馈用户操作的正确性,并相应地显示"Right"或"Wrong"信息;此外,程序还会统计并显示用户操作的正确次数,进一步提升互动体验。通过这一任务,更好地掌握了计算机视觉和人机交互的基本技能,增强了实践能力和创新意识。

项目 12 综合实战

 实战描述

本节将前面的内容进行集成,设计并实现基于手掌识别的人机交互系统。要求当用户给出 OK 手势时,开始检测用户伸出手指的数量是否等于程序随机给出的数字。如果用户伸出的手指数量与随机生成的数字一致,程序将显示"Right",并显示正确的次数;否则,显示"Wrong"。本实践环节的关键在于如何将手势识别集成到手指伸展数量识别的程序框架中,从而完成规定的任务目标。

这种综合性项目将锻炼创新能力和伦理意识,为未来的科技职业生涯提供了重要的素养基础,实现效果如图 12-8 所示。

源代码下载

项目 12 综合实战

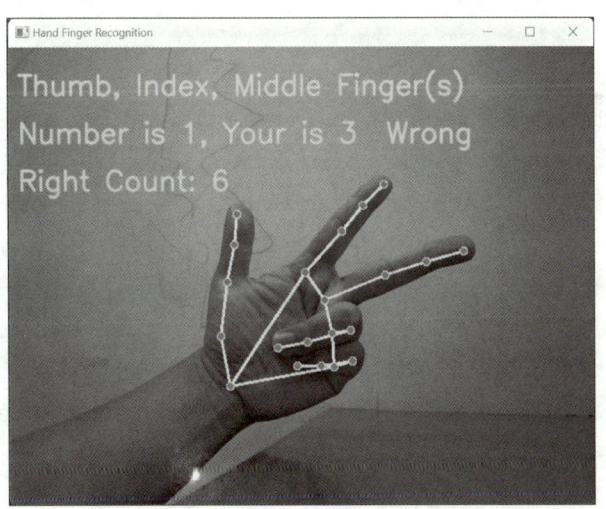

图 12-8 项目 12 综合实战实现效果

 实战分析

(1) 初始化手部检测器。

（2）设计 OK 手势的判断函数。
（3）设计手指伸展识别函数。
（4）将检测 OK 手势的逻辑代码集成到主循环。
（5）将判断结果和反馈信息输出到图像。

操作演示

项目 12 综合实战

项目实施

步骤一：初始化手部检测器。核心代码如下：

```
# 初始化 Mediapipe 手部检测模块
mp_hands = mp.solutions.hands
mp_drawing = mp.solutions.drawing_utils
# 初始化手部检测
hands = mp_hands.Hands()
```

步骤二：设计 OK 手势的判断函数，将前面对应的函数集成到此处即可。

步骤三：设计手指伸展识别函数，来识别用户手指伸出的数量，同样，将前面对应的函数集成到此处即可。

步骤四：将检测 OK 手势的逻辑代码集成到主循环中，当用户伸出 OK 手势时，程序才开始检测伸展手指的数量，否则不做检测。此逻辑由一个全局变量 start 控制，核心代码如下：

```
if results.multi_hand_landmarks:
    for landmarks in results.multi_hand_landmarks:
        if not start:
            if is_ok_gesture(landmarks):
                cv2.putText(frame, 'OK Gesture Detected', (10, 50), cv2.FONT_HERSHEY_SIMPLEX, 1, (0, 255, 0), 2)
                start = True
        if start:
            keypoints = [landmark for landmark in landmarks.landmark]
            # 进行手指伸展的识别
```

步骤五：将判断结果和反馈信息输出到图像中，核心代码如下：

```
cv2.putText(frame, f'Number is {random_number}, Your is {finger_cnt}  ' + rr,
```

```
                (10, 100), cv2.FONT_HERSHEY_SIMPLEX,
                1, (0, 255, 0), 2, cv2.LINE_AA)
    cv2.putText(frame, f'Right Count: {right_cnt}',
                (10, 150), cv2.FONT_HERSHEY_SIMPLEX,
                1, (0, 255, 0), 2, cv2.LINE_AA)
    mp_drawing.draw_landmarks(frame, landmarks, mp_hands.HAND_
    CONNECTIONS)
```

项目小结

本项目以 OpenCV 库和 Mediapipe 库作为主要框架,开发了一套高效的人工智能手势识别系统,通过学习视觉图像分析的核心技术,深入掌握手势识别系统中的手掌检测、关键点提取与动作映射等实现原理;通过学习 OpenCV 库的图像处理模块、Mediapipe 库的核心组件、向量在手指识别的应用等知识,进而能够基于 Python 动手实践来完成复杂项目的开发。

项目 12 拓展　识别手掌控制计算机音量

项目拓展描述

源代码下载

项目 12 拓展案例

随着人机交互技术的不断进步,用户体验的改善已成为技术开发的重要方向之一。传统的音量调节方式通常依赖于物理按钮或软件界面,这种方法不仅烦琐,还可能影响用户的操作流畅性和便捷性。为了提高交互的自然性和直观性,基于手势的控制系统应运而生。通过手势识别技术,用户可以更直观、便捷地控制设备,而无须接触任何物理按钮或界面。本项目的核心目标是基于通过 Mediapipe 库的手部检测模块开发一个能够通过手势调整计算机音量的程序,用户通过简单的手势操作,系统实时捕捉手部动作,并根据手指之间的距离动态调整音量。此外,还能通过屏幕上的视觉反馈,进一步提升用户操作的直观性和反馈效果。整个过程在不断读取摄像头图像的同时,确保手势与音量调节之间的高度同步,提供流畅的用户体验。项目鼓励关注技术应用中的人本理念,增强对科技进步带来的社会变革的敏感性与思考。

项目拓展效果展示

项目拓展效果如图 12-9 所示。

项目 12　开发人工智能手势识别系统

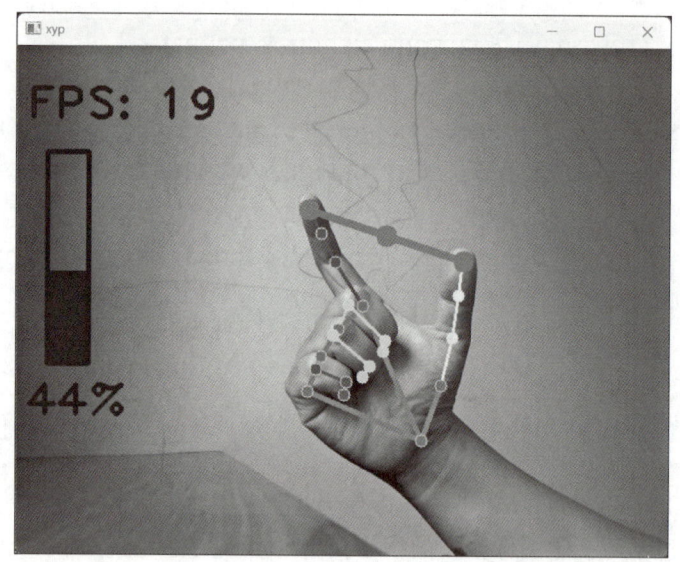

图 12-9　项目 12 拓展效果

课　后　练　习

一、选择题

1. OpenCV 库的主要功能是什么？（　　）
   A. 数据库管理　　　　　　　　B. 图像处理和计算机视觉
   C. 网络通信　　　　　　　　　D. 操作系统管理
2. 在 OpenCV 库中，如何显示一张图片？（　　）
   A. cv2.display('title', img)　　B. cv2.show('title', img)
   C. cv2.imshow('title', img)　　D. cv2.view('title', img)
3. 在 OpenCV 库中，如何将图像转换为灰度图像？（　　）
   A. cv2.to_gray(img)
   B. cv2.convert(img, cv2.COLOR_BGR2GRAY)
   C. cv2.cvtColor(img, cv2.COLOR_BGR2GRAY)
   D. cv2.gray(img)
4. 在 OpenCV 库中，如何获取视频的每一帧？（　　）
   A. cv2.read_frame(video)　　　B. cv2.capture_frame(video)
   C. cv2.get_frame(video)　　　　D. video.read()
5. Mediapipe 库中的 Hands 模块主要用于什么功能？（　　）
   A. 识别面部表情　　　　　　　B. 手部姿态估计
   C. 语音识别　　　　　　　　　D. 物体检测
6. Mediapipe 库手势识别中的 landmarks 是什么？（　　）

A. 手势的分类标签 B. 手部的关键点位置
C. 手势的描述文本 D. 手势的动画效果

7. 如何从 Mediapipe 库手部模型中获取每个手的关键点坐标？（   ）

A. results.landmarks B. results.multi_hand_landmarks
C. results.hand_points D. results.keypoints

8. Mediapipe 库手势识别的 connection 参数用于什么？（   ）

A. 连接关键点的颜色

B. 连接关键点的线宽

C. 连接关键点的列表，用于绘制手部骨架

D. 连接不同手的距离

二、程序设计题

1. 编写一个 Python 程序，用户利用手势控制当前显示窗口的大小。

2. 编写一个 Python 程序，识别用户的剪刀、包袱、锤手势。

参考文献

[1] 罗大伟,李洪建.Python 程序开发[M].北京:人民邮电出版社,2022.
[2] 黄锐军.Python 程序设计(第 2 版)[M].北京:高等教育出版社,2021.
[3] 钟雪灵,郑桂荣.Python 数据可视化[M].北京:高等教育出版社,2024.
[4] 李艳,李业刚.Python 程序设计教程[M].北京:高等教育出版社,2023.
[5] 杨智勇,赵杰.Python 程序设计案例教程[M].北京:高等教育出版社,2022.
[6] 孙仁鹏,何淼等.数据分析应用项目化教程(Python)[M].北京:高等教育出版社,2023.
[7] 陈波,熊心志等.Python 编程基础及应用实验教程[M].北京:高等教育出版社,2022.
[8] 徐国庆.职业教育项目课程原理与开发[M].上海:华东师范大学出版社,2016.

郑重声明

高等教育出版社依法对本书享有专有出版权。任何未经许可的复制、销售行为均违反《中华人民共和国著作权法》，其行为人将承担相应的民事责任和行政责任；构成犯罪的，将被依法追究刑事责任。为了维护市场秩序，保护读者的合法权益，避免读者误用盗版书造成不良后果，我社将配合行政执法部门和司法机关对违法犯罪的单位和个人进行严厉打击。社会各界人士如发现上述侵权行为，希望及时举报，我社将奖励举报有功人员。

反盗版举报电话　（010）58581999　58582371
反盗版举报邮箱　dd@hep.com.cn
通信地址　北京市西城区德外大街4号　高等教育出版社知识产权与法律事务部
邮政编码　100120